Instructor's Annotated Edition

5ème Édition

Interaction

Révision de grammaire française

Susan St. Onge
CHRISTOPHER NEWPORT UNIVERSITY

Ronald St. Onge
COLLEGE OF WILLIAM AND MARY

Katherine Kulick
COLLEGE OF WILLIAM AND MARY

HH
Heinle & Heinle Publishers
I(T)P an International Thomson Publishing company
Boston, Massachusetts 02116 U.S.A.

• Boston • Albany • Bonn • Cincinnati • Detroit • Madrid • Melbourne • Mexico City •
• New York • Paris • San Francisco • Singapore • Tokyo • Toronto • Washington •

The publication of *Interaction, Fifth Edition* was directed by the members of the Heinle & Heinle College Foreign Language Publishing Team:

Wendy Nelson, *Editorial Director*
Tracie Edwards, *Market Development Director*
Esther Marshall, *Senior Production Services Coordinator*
Tom Pauken, *Associate Development Editor*

Also participating in the publication of this program were:

Publisher: **Vincent P. Duggan**
Project Manager: **Julianna Nielsen, Sloane Publications**
Compositor: **A Plus Publishing Services**
Images Resource Director: **Jonathan Stark**
Assistant Market Development Director: **Kristen Murphy-LoJacono**
Production Assistant: **Lisa Cutler**
Manufacturing Coordinator: **Wendy Kilborn**
Photo Coordinator: **Julianna Nielsen**
Interior Designer: **Kenneth Holman**
Cover Illustration: **Tony Stone Images**
Cover Designer: **Ha Nguyen**

Library of Congress Cataloging-in-Publication Data

St. Onge, Susan S.
Interaction : révision de grammaire française / Susan St. Onge, Ronald St. Onge, Katherine Kulick. -- 5ème éd.
p. cm.
ISBN 0-8384-8114-0 (student text). -- ISBN 0-8384-8107-8 (instructor's annotated edition).
1. French language--Textbooks for foreign speakers--English.
2. French language--Grammar. I. St. Onge, Ronald R. II. Kulick, Katherine M. III. Title.
PC2129.E5S7 1999
448.2'421--dc21 98-43216
CIP

Manufactured in the United States of America

ISBN: 0-8384-8114-0 Student text
0-8384-8107-8 Instructor's text

10 9 8 7 6 5 4 3 2 1

A new INTERACTION *for a new generation of French learners*

Interaction 5/e offers unparalleled support for the study of language, culture and literature at the intermediate level—now **all in a single textbook!** This new edition builds on the strengths of earlier editions, while integrating a broader range of cultural and literary content and language learning technologies—including a text-tied video, guided Internet activities, Reading Assistant software, and *Système-D* Writing Assistant software to support the book's process-writing approach.

The ultimate goal of *Interaction* remains to encourage the use of spoken French, and to develop students' ability to function in realistic contexts. To this end, the systematic and unified presentation of grammar enables students of varying abilities and backgrounds to develop the skills necessary to succeed in upper-division coursework.

What do today's intermediate French learners need...in textbook organization?

1. A single book. You and your students have told us what you want: a manageable amount of material presented in a **convenient one-book format.** This new edition of *Interaction* has eliminated the separate readers that accompanied past editions. Instead, up-to-date cultural and literary selections enhance *Interaction*'s respected grammar content in a handy, one-book format.

2. Flexibility. Reviewers told us to keep the ten-chapter organization, but to increase the book's flexibility through a greater range of activities, as well as a more provocative mix of grammar, vocabulary presentation, traditional and contemporary culture, literature, and strategy development.

"What makes *Interaction* better than other books is the integrating of both culture and literature."

— Catherine Ploye,
University of California, San Diego

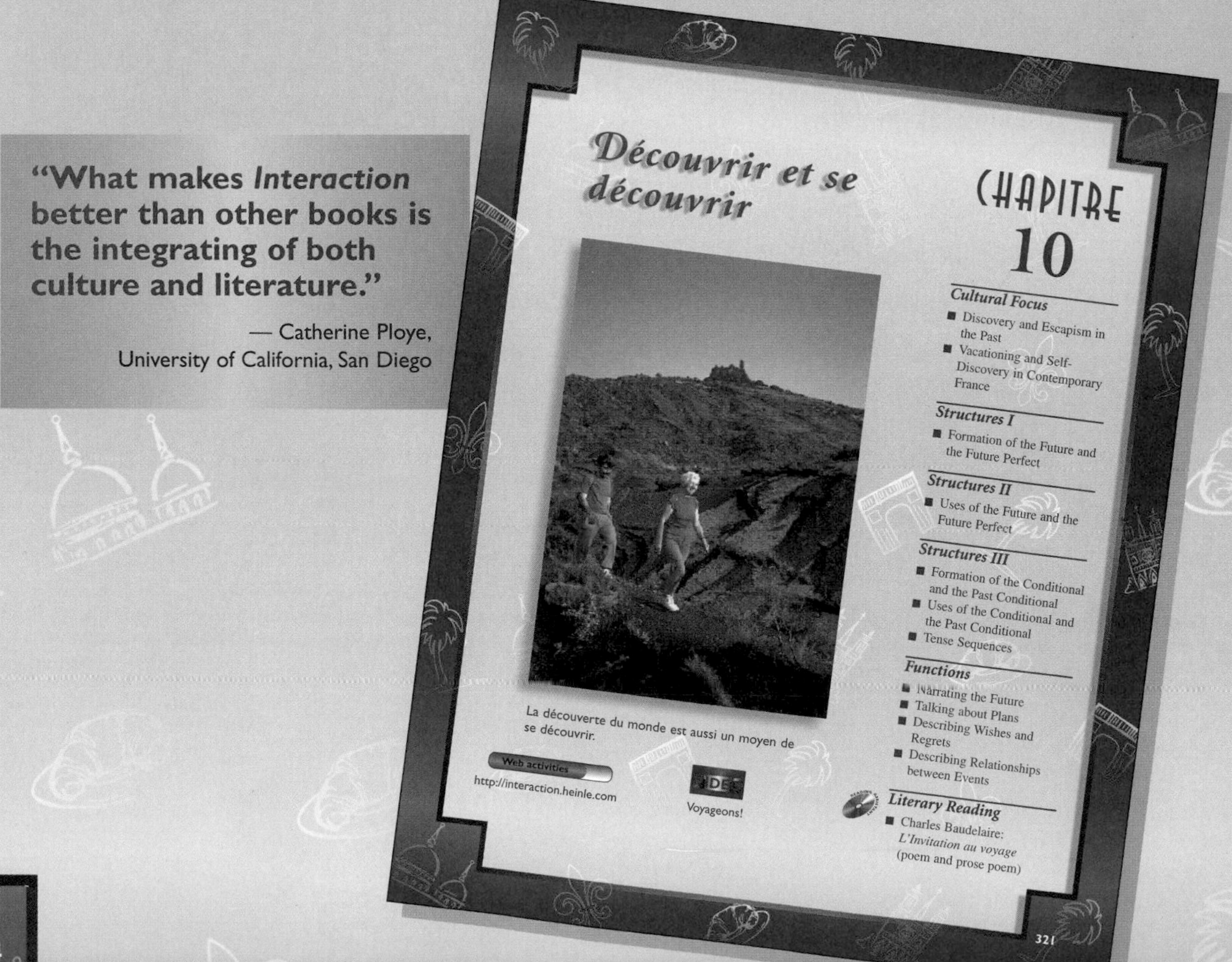

Découvrir et se découvrir

CHAPITRE 10

Cultural Focus
- Discovery and Escapism in the Past
- Vacationing and Self-Discovery in Contemporary France

Structures I
- Formation of the Future and the Future Perfect

Structures II
- Uses of the Future and the Future Perfect

Structures III
- Formation of the Conditional and the Past Conditional
- Uses of the Conditional and the Past Conditional
- Tense Sequences

Functions
- Narrating the Future
- Talking about Plans
- Describing Wishes and Regrets
- Describing Relationships between Events

Literary Reading
- Charles Baudelaire: *L'Invitation au voyage* (poem and prose poem)

La découverte du monde est aussi un moyen de se découvrir.

Web activities
http://interaction.heinle.com

Voyageons!

321

What do today's intermediate French learners need...in language presentation?

1. More than a simple list of vocabulary items.

Reflecting the cultural richness of this new edition, *Interaction* **introduces new vocabulary in context through updated *Notes culturelles*** that provide fascinating insights and analysis of French and Francophone contemporary and traditional cultures. Revised vocabulary-building activities combine form and meaning to provide effective language practice. The ***Lexique personnel*** feature encourages students to build their own vocabulary lists of meaningful words and further supports the personalization of *Interaction 5/e*.

2. Crystal clear grammar explanations.

Today's intermediate students need extremely clear grammar presentation since many of them may have had only rudimentary exposure to French grammar . . . and that may have occurred several years ago. Long lauded for the clarity and thoroughness of its grammar presentation, *Interaction*'s grammar explanations ***(Structures)*** are clear enough to be assigned outside of class for self-review. *Interaction*'s scope and sequence of grammar prepares second-year students to continue on to upper-division coursework, and to meet the expectations of literature and culture professors later on. The handy ***Rappel!*** feature, popular in the last edition, has been kept; just as it does on French roads, the *Rappel* sign reminds students of the basic rules when operating in troublesome areas.

"Explanations are concise and honest—thorough yet not to the point of beleaguering the issue."

– Janet Loy, Taylor University

Note culturelle

Pour les Français, les vacances sont sacrées et, parmi les Européens, ils sont particulièrement avantagés pour en profiter. La France arrive en seconde position derrière l'Allemagne pour la durée annuelle des vacances. Depuis 1936, année où les salariés français sous le gouvernement de gauche du Front Populaire ont obtenu le droit à deux semaines de congés payés par an, les vacances annuelles sont devenues de plus en plus longues. Une cinquième semaine a été accordée en 1982. Le phénomène des congés payés a eu une influence considérable sur la conception des loisirs en France. Aujourd'hui, beaucoup se demandent s'il est préférable de diviser leur année en onze mois de dur labeur avec, en perspective, un mois de détente, ou s'il ne vaudrait pas mieux concevoir un meilleur équilibre tout au long de l'année.

Dans beaucoup de pays, la notion de «week-end», c'est-à-dire deux jours consécutifs sans travail en fin de semaine, existe depuis longtemps. En France, le dimanche est jour de repos, mais le samedi (ou le lundi pour les commerçants) ne l'a pas toujours été. L'idée de pouvoir disposer de deux jours pour se promener, flâner à la maison, bricoler ou se détendre est une conquête assez récente. On estime qu'il y a environ 2,5 millions de résidences secondaires en France, ce qui expliquerait pourquoi tant de gens passent si souvent un ou deux jours chez des parents ou des amis au cours de l'année. Et le repas du dimanche midi, en famille, reste bien enraciné dans les mœurs des Français, qu'on reste chez soi ou qu'on se retrouve chez d'autres.

Depuis quelques années, une nouvelle pratique s'est aussi ajoutée aux habitudes des Français, celle des vacances d'hiver. Ce sont surtout les jeunes, les cadres ou directeurs d'entreprise, et les membres des professions libérales qui en profitent pour partir aux sports d'hiver ou pour séjourner à la campagne. Les vacances scolaires, quinze jours en décembre-janvier, puis quinze jours en février-mars, ont également encouragé l'élargissement des types de loisirs offerts aux jeunes ainsi qu'aux parents qui les accompagnent parfois. Les Jeux olympiques d'Albertville, en 1992, ont aussi contribué à stimuler le goût des vacanciers pour les activités sportives d'hiver.

Les Français sont donc assez nombreux à partir en vacances plusieurs fois pendant l'année. Mais pour eux, ce sont encore les mois de juillet et d'août qui constituent la période des «grandes vacances». Le fait de prendre des vacances à ... année s'est généralisé dans la population. La façon dont on ... de la catégorie sociale à laquelle on ...

Vocabulaire actif

Les activités

se baigner to swim
bénéficier (de) to benefit (from)
bricoler to putter
se faire bronzer to get a suntan
faire des économies to save money
faire le graissage to lubricate (the car)
faire le plein to fill the gas tank
faire la vidange to change the oil
flâner to loaf around
s'occuper de to take care of
profiter de to take advantage of
se renseigner to obtain information
rouler to drive
signaler to indicate

Les possibilités de vacances

la **Côte** the Riviera
un **dépliant** brochure, folder
une **escale** stopover
un **forfait vacances** vacation package deal
les **moyens** *(m pl)* (financial) means
un **rabais** discount
une **randonnée** hike
une **résidence secondaire** vacation home
une **station balnéaire** seaside resort
des **vacances vertes** *(f pl)* eco-tourism
des **vols-vacances** *(m pl)* reduced airfares for vacation travel

Pour voyager en voiture

l'**autoroute** *(f)* superhighway
la **batterie** battery
les **freins** *(m pl)* brakes
un(e) **garagiste** garage operator
le ***Guide Michelin*** popular French travel guide
la **mise au point** tune-up
un **pneu** tire
la **pression** pressure

A l'hôtel

un **acompte** deposit
des **gîtes** *(m pl)* hostels
l'**hébergement** *(m)* housing
un **hôtelier** / une **hôtelière** hotel manager
le **séjour** stay
un **tarif (réduit)** a (reduced) rate

Les caractéristiques

casanier(-ière) stay-at-home
compris(e) included
forfaitaire all-inclusive
intéressant(e) (financially) advantageous

3. comment / tu / voyager / normalement?
4. tu / préférer / voyager / en voiture, en avion ou par le train?
5. quel / être / ton voyage / le plus intéressant?
6. tu / faire / déjà / un voyage organisé?
7. tu / profiter / déjà / d'un voyage à prix forfaitaire?
8. combien / on / payer / le vol, le séjour et les repas quand on va en Flori

Structures II

Uses of the Future and the Future Perfect

Uses of the Future

The simple future tense expresses an action that will take place at a future time It is the equivalent of the English *will (shall)*... [2]

Je **partirai** en juillet. — ***I'll leave** in July.*
Ils **prendront** le train. — *They **will take** the train.*

In conversation, the present tense is sometimes used instead of the future.

—Quand est-ce que vous **partirez?**
—Je **pars** demain.

[2]The future formed with **aller** + infinitive expresses an action that is more certain and immediate and is equivalent to the English *to be going to* + infinitive. Although these two future constructions are technically not interchangeable, the distinction between them is very fine, and in conversation a strict distinction is not always observed.

Je **vais partir** tout de suite. — ***I am going to leave** right now.*
Je **partirai** peut-être un jour. — ***I will** perhaps **leave** one day.*

Chapitre 10 • Découvrir et se découvrir 329

Rappel! Rappel!

Note that if you use the simple future in the subordinate clause, you are implying that the actions of both clauses will take place in the same time frame.

The future perfect in the subordinate clause implies that the action of that clause must take place and be completed before the main action can take place.

This distinction is often up to the speaker, and both the simple future and the future perfect are used following the conjunctions in question.

Quand il **partira,** / **sera parti,** } nous irons en vacances.

Dès que vous **achèterez** / **aurez acheté** } les billets, nous partirons.

BUT:

Après que j'aurai consulté une agence de voyages, nous prendrons une décision.

2. Après avoir passé quelques mois dans une famille à Paris, vous pensez faire une excursion pendant les grandes vacances avec la fille de vos hôtes. Vous

What do today's intermediate students need...in culture presentation?

All the studies confirm it: students who choose to study French do so because they are interested in both "High-C" culture (for example art, literature, architecture) and "Low-C" culture (what is a student in France like? What are dining habits like around the Francophone world?). This new edition of *Interaction* **immerses students in the diversity of French-speaking cultures.** A new feature, the ***Perspectives culturelles,*** opens each chapter. Students explore the chapter's theme (such as the media) from the perspective of *Culture génerale* (de Gaulle's pivotal use of radio and television broadcasting) contrasted with *Culture contemporaine* (for example, "Netiquette" and a **lexique** of software terminology). The ***Perspectives culturelles*** are enhanced by photos and art reproductions to bring unfamiliar events and individuals into focus.

Notes culturelles serve both to further **explore the chapter's theme, and to present new vocabulary in context.** Each chapter also includes several authentic readings (culled from the press, advertising, statistical reports, etc.) to build reading comprehension while deepening cultural understanding.

And because recent studies indicate that students both like reading authentic literature and benefit greatly from it, each chapter of *Interaction* now ends with an **authentic literary selection** with appropriate pre- and post-reading support material.

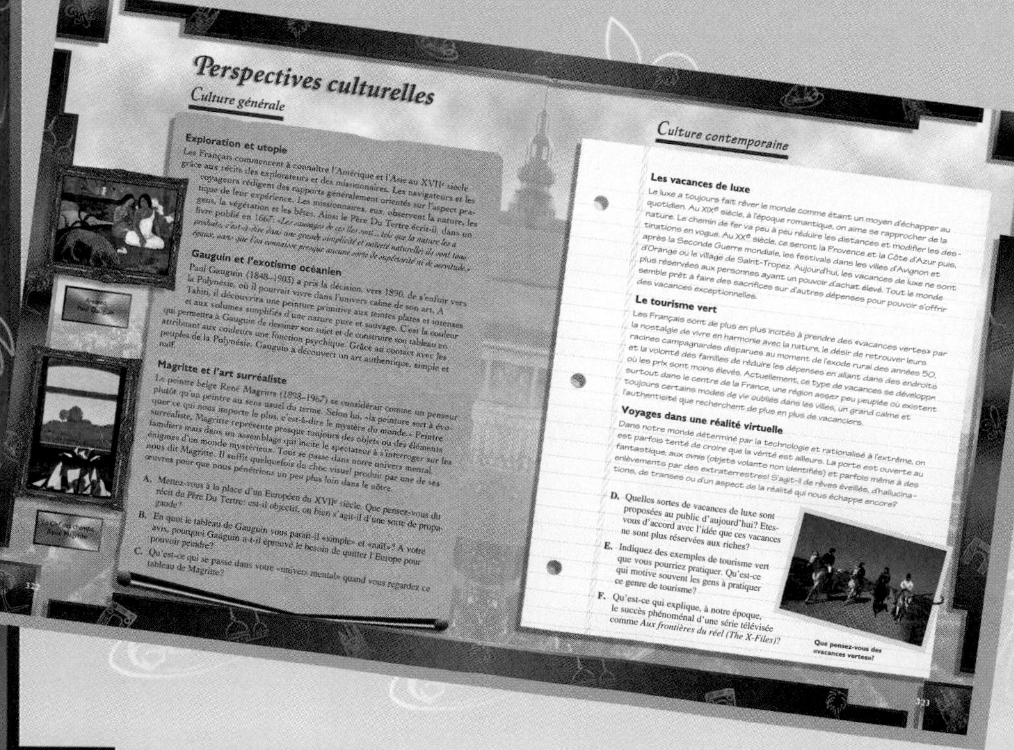

Perspectives culturelles

Culture générale

Exploration et utopie

Les Français commencent à connaître l'Amérique et l'Asie au XVIIe siècle
grâce aux récits des explorateurs et des missionnaires. Les navigateurs et les
voyageurs rédigent des rapports généralement orientés sur l'aspect pratique de leur expérience. Les missionnaires, eux, observent la nature, les
gens, la végétation et les bêtes. Ainsi le Père Du Tertre écrit-il, dans un
livre publié en 1667: *«Les sauvages de ces îles sont... tels que la nature les a
produits, c'est-à-dire dans une grande simplicité et naïveté naturelles ils sont tous
égaux, sans que l'on connaisse presque aucune sorte de supériorité ni de servitude.»*

Gauguin et l'exotisme océanien

Paul Gauguin (1848–1903) a pris la décision, vers 1890, de s'enfuir vers
la Polynésie, où il pourrait vivre dans l'univers calme de son art. A
Tahiti, il découvrira une peinture primitive aux teintes plates et intenses
et aux volumes simplifiés d'une nature pure et sauvage. C'est la couleur
qui permettra à Gauguin de dessiner son sujet et de construire son tableau en
attribuant aux couleurs une fonction psychique. Grâce au contact avec les
peuples de la Polynésie, Gauguin a découvert un art authentique, simple et
naïf.

Magritte et l'art surréaliste

Le peintre belge René Magritte (1898–1967) se considérait comme un penseur
plutôt qu'un peintre au sens usuel du terme. Selon lui, «la peinture sert à évoquer ce qui nous importe le plus, c'est-à-dire le mystère du monde.» Peintre
surréaliste, Magritte représente presque toujours des objets ou des éléments
familiers mais dans un assemblage qui incite le spectateur à s'interroger sur les
énigmes d'un monde mystérieux. Tout se passe dans notre univers mental,
nous dit Magritte. Il suffit quelquefois du choc visuel produit par une de ses
œuvres pour que nous pénétrions un peu plus loin dans le nôtre.

A. Mettez-vous à la place d'un Européen du XVIIe siècle. Que pensez-vous du
récit du Père Du Tertre: est-il objectif, ou bien s'agit-il d'une sorte de propagande?

B. En quoi le tableau de Gauguin vous paraît-il «simple» et «naïf»? A votre
avis, pourquoi Gauguin a-t-il éprouvé le besoin de quitter l'Europe pour
pouvoir peindre?

C. Qu'est-ce qui se passe dans votre «univers mental» quand vous regardez ce
tableau de Magritte?

Culture contemporaine

Les vacances de luxe

Le luxe a toujours fait rêver le monde comme étant un moyen d'échapper au
quotidien. Au XIXe siècle, à l'époque romantique, on aime se rapprocher de la
nature. Le chemin de fer va peu à peu réduire les distances et modifier les destinations en vogue. Au XXe siècle, ce seront la Provence et la Côte d'Azur puis,
après la Seconde Guerre mondiale, les festivals dans les villes d'Avignon et
d'Orange ou le village de Saint-Tropez. Aujourd'hui, les vacances de luxe ne sont
plus réservées aux personnes ayant un pouvoir d'achat élevé. Tout le monde
semble prêt à faire des sacrifices sur d'autres dépenses pour pouvoir s'offrir
des vacances exceptionnelles.

Le tourisme vert

Les Français sont de plus en plus incités à prendre des «vacances vertes» par
la nostalgie de vivre en harmonie avec la nature, le désir de retrouver leurs
racines campagnardes disparues au moment de l'exode rural des années 50,
et la volonté des familles de réduire les dépenses en allant dans des endroits
où les prix sont moins élevés. Actuellement, ce type de vacances se développe
surtout dans le centre de la France, une région assez peu peuplée où existent
toujours certains modes de vie oubliés dans les villes, un grand calme et
l'authenticité que recherchent de plus en plus de vacanciers.

Voyages dans une réalité virtuelle

Dans notre monde déterminé par la technologie et rationalisé à l'extrême, on
est parfois tenté de croire que la vérité est ailleurs. La porte est ouverte au
fantastique, aux ovnis (objets volants non identifiés) et parfois même à des
enlèvements par des extraterrestres! S'agit-il de rêves éveillés, d'hallucinations, de transes ou d'un aspect de la réalité qui nous échappe encore?

D. Quelles sortes de vacances de luxe sont proposées au public d'aujourd'hui? Etes-vous d'accord avec l'idée que ces vacances ne sont plus réservées aux riches?

E. Indiquez des exemples de tourisme vert que vous pourriez pratiquer. Qu'est-ce qui motive souvent les gens à pratiquer ce genre de tourisme?

F. Qu'est-ce qui explique, à notre époque, le succès phénoménal d'une série télévisée comme *Aux frontières du réel (The X-Files)*?

Que pensez-vous des «vacances vertes»?

323

> **"The attention to culture in the chapter openers makes this feature stand out...Good blend of interesting information, visuals and a bridge to the students' own experience."**
>
> —Cheryl Krueger, University of Virginia

What do today's intermediate students need...in literary studies?

Students of French have chosen to study French in part because they want to learn about literature—and not just the canonical authors, but a range of French and francophone male and female voices. A new feature of *Interaction* is the ***Perspectives littéraires,* a provocative selection of literary texts** framed by helpful pre- and post-reading activities. All selections relate to the chapter theme, and bring each chapter full circle by connecting to the ***Perspectives culturelles*** that open each chapter.

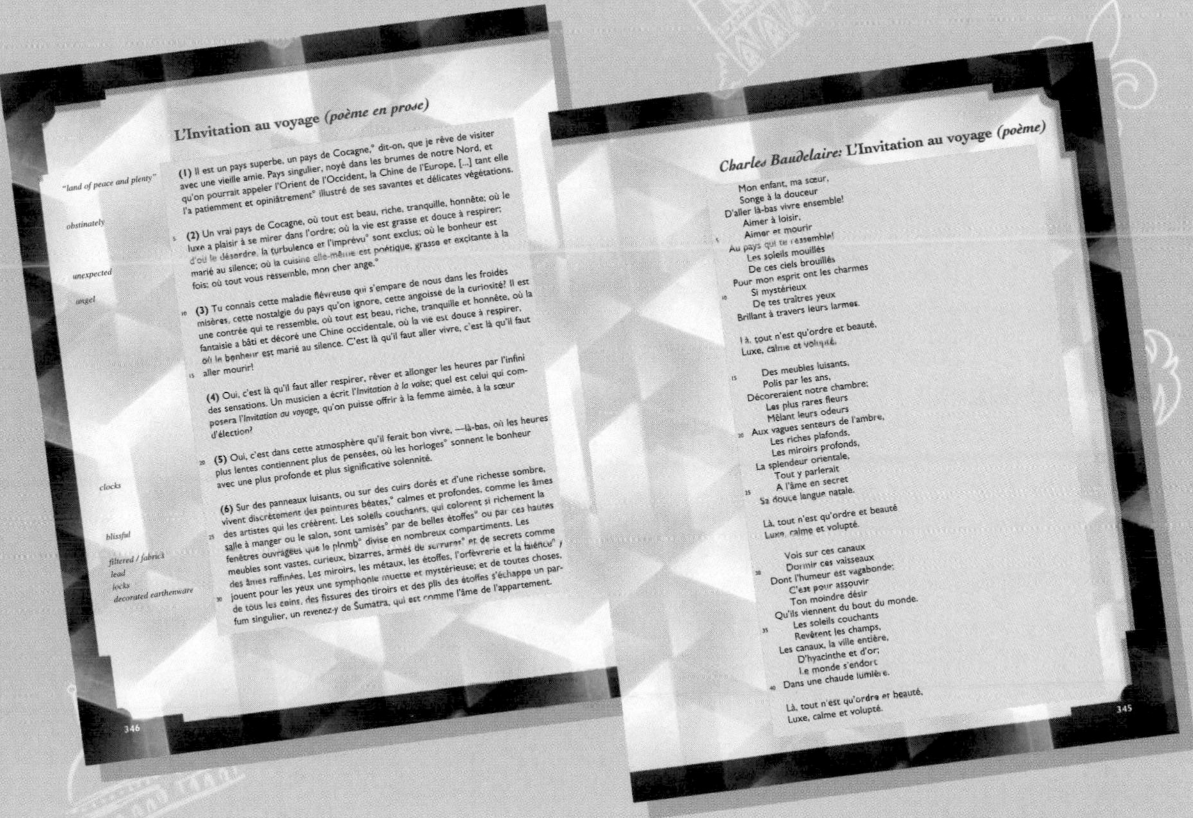

L'Invitation au voyage *(poème en prose)*

(1) Il est un pays superbe, un pays de Cocagne,° dit-on, que je rêve de visiter avec une vieille amie. Pays singulier, noyé dans les brumes de notre Nord, et qu'on pourrait appeler l'Orient de l'Occident, la Chine de l'Europe, [...] tant elle l'a patiemment et opiniâtrement° illustré de ses savantes et délicates végétations.

(2) Un vrai pays de Cocagne, où tout est beau, riche, tranquille, honnête; où le luxe a plaisir à se mirer dans l'ordre; où la vie est grasse et douce à respirer; d'où le désordre, la turbulence et l'imprévu° sont exclus; où le bonheur est marié au silence; où la cuisine elle-même est poétique, grasse et excitante à la fois; où tout vous ressemble, mon cher ange.°

(3) Tu connais cette maladie fiévreuse qui s'empare de nous dans les froides misères, cette nostalgie du pays qu'on ignore, cette angoisse de la curiosité? Il est une contrée qui te ressemble, où tout est beau, riche, tranquille et honnête, où la fantaisie a bâti et décoré une Chine occidentale, où la vie est douce à respirer, où le bonheur est marié au silence. C'est là qu'il faut aller vivre, c'est là qu'il faut aller mourir!

(4) Oui, c'est là qu'il faut aller respirer, rêver et allonger les heures par l'infini des sensations. Un musicien a écrit l'*Invitation à la valse*; quel est celui qui composera l'*Invitation au voyage*, qu'on puisse offrir à la femme aimée, à la sœur d'élection?

(5) Oui, c'est dans cette atmosphère qu'il ferait bon vivre, —là-bas, où les heures plus lentes contiennent plus de pensées, où les horloges° sonnent le bonheur avec une plus profonde et plus significative solennité.

(6) Sur des panneaux luisants, ou sur des cuirs dorés et d'une richesse sombre, vivent discrètement des peintures béates,° calmes et profondes, comme les âmes des artistes qui les créèrent. Les soleils couchants, qui colorent si richement la salle à manger ou le salon, sont tamisés° par de belles étoffes° ou par ces hautes fenêtres ouvragées que le plomb° divise en nombreux compartiments. Les meubles sont vastes, curieux, bizarres, armés de serrures° et de secrets comme des âmes raffinées. Les miroirs, les métaux, les étoffes, l'orfèvrerie et la faïence° jouent pour les yeux une symphonie muette et mystérieuse; et de toutes choses, de tous les coins, des fissures des tiroirs et des plis des étoffes s'échappe un parfum singulier, un revenez-y de Sumatra, qui est comme l'âme de l'appartement.

"land of peace and plenty"
obstinately
unexpected
angel
clocks
blissful
filtered / fabrics
lead
locks
decorated earthenware

346

Charles Baudelaire: L'Invitation au voyage *(poème)*

Mon enfant, ma sœur,
Songe à la douceur
D'aller là-bas vivre ensemble!
Aimer à loisir,
Aimer et mourir
Au pays qui te ressemble!
Les soleils mouillés
De ces ciels brouillés
Pour mon esprit ont les charmes
Si mystérieux
De tes traîtres yeux
Brillant à travers leurs larmes.

Là, tout n'est qu'ordre et beauté,
Luxe, calme et volupté.

Des meubles luisants,
Polis par les ans,
Décoreraient notre chambre;
Les plus rares fleurs
Mêlant leurs odeurs
Aux vagues senteurs de l'ambre,
Les riches plafonds,
Les miroirs profonds,
La splendeur orientale,
Tout y parlerait
A l'âme en secret
Sa douce langue natale.

Là, tout n'est qu'ordre et beauté
Luxe, calme et volupté.

Vois sur ces canaux
Dormir ces vaisseaux
Dont l'humeur est vagabonde;
C'est pour assouvir
Ton moindre désir
Qu'ils viennent du bout du monde.
Les soleils couchants
Revêtent les champs,
Les canaux, la ville entière,
D'hyacinthe et d'or;
Le monde s'endort
Dans une chaude lumière.

Là, tout n'est qu'ordre et beauté,
Luxe, calme et volupté.

345

> **"The *Notes culturelles* and *Perspectives littéraires* are closely tied together and reinforce each other both thematically and through the use of vocabulary. The *Note culturelle* serves as an advance organizer. The pre-reading strategies are excellent!"**
>
> –Alice Cataldi, University of Illinois

What do today's intermediate students need...in aural/oral skill development?

Placed strategically at a point in the chapter when students are becoming increasingly comfortable with the structures, functions, and vocabulary, the ***Pour s'exprimer*** **section is designed to develop aural comprehension** through activities tied to the Student Audio CD. Progressing from brief comprehension exercises (*A l'écoute*) through practical strategies for managing conversations *(A vous la parole*) and on to open-ended activities *(Situations)*, *Interaction*'s development of both listening and speaking skills empowers students to actually <u>use</u> their French . . . in the classroom, and in the world.

> **"A good mix of activities, many of which are excellent for paired activities and small group work. Should be practical for in-class use."**
>
> —Janet Loy, Taylor University

Pour s'exprimer

Avant de faire les activités suivantes, écoutez la conversation de ce jeune ménage.

CONTEXTE: Beaucoup de Français se demandent où passer leurs vacances d'été. Le jeune ménage que nous allons maintenant entendre se pose aussi la question. Le couple a déjà un enfant, le petit Loïc, et en attend un deuxième. Elle voudrait faire ceci, lui voudrait faire cela. Comment pourra-t-on sortir de cette impasse?

A l'écoute

1. On entend mentionner dans le dialogue quatre noms de lieux: une région et trois villes. Quels sont ces noms? Quels renseignements dans le texte vous permettent de les situer en France?
2. L'homme et la femme ont des idées bien arrêtées en ce qui concerne leurs grandes vacances! Combien d'arguments la femme donne-t-elle pour convaincre son mari qu'elle a raison? Pourquoi le mari veut-il aller ailleurs?
3. Qui propose le compromis? Y a-t-il, à votre avis, une autre solution? Qu'auriez-vous fait à la place de la femme ou du mari dans une situation pareille?
4. Quel moyen de transport sera utilisé pour partir en vacances? Quels préparatifs faudra-t-il faire avant de se mettre en route?

A vous la parole

On emploie aussi le verbe **aller + infinitif** pour parler des actions à venir. Il y a une distinction entre cette forme et une action exprimée au **futur simple,** par exemple, **je vais travailler / je travaillerai.** Normalement, on utilise **aller + infinitif** pour exprimer un futur proche et le verbe au **futur simple** pour parler d'actions qui sont plus éloignées dans le temps. Il s'agit d'une distinction qui ne se fait pas rigoureusement, mais qu'on a tendance à faire, même dans la conversation.

Employez les éléments suivants pour poser des questions à des camarades de classe. Il faut choisir entre la forme **aller + infinitif** ou le **futur simple,** selon le contexte.

1. après ce cours / tu / travailler / en bibliothèque?
2. quand / tu / recevoir / ton diplôme?
3. le week-end prochain / tu / dîner / au restaurant?
4. à quelle heure / tu / rentrer / ce soir?
5. dans cinq ans / tu / habiter / toujours dans cette ville?
6. quand / tu / finir / tes études?
7. pendant la semaine / tu / aller / au cinéma?
8. où / tu / passer / les vacances d'été?
9. où / tu / vouloir / habiter dans dix ans?
10. tu / déjeuner / au restaurant universitaire aujourd'hui?

Chapitre 10 • Découvrir et se découvrir 335

What do today's intermediate students need...in activities?

One word: variety. New to the fifth edition of *Interaction* is the **greater variety of activities,** from form-based exercises through pair-work (conveniently identified with icons) and on to creative, open-ended activities that synthesize the linguistic and cultural content of the chapter.

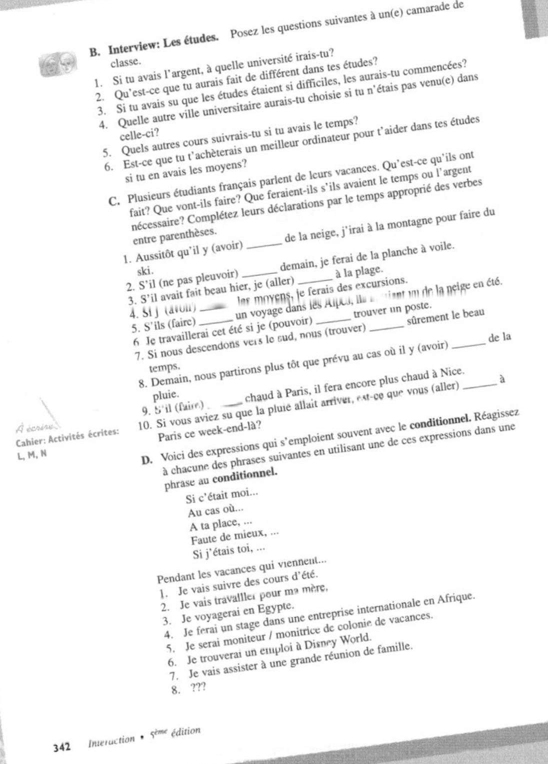

B. Interview: Les études. Posez les questions suivantes à un(e) camarade de classe.

1. Si tu avais l'argent, à quelle université irais-tu?
2. Qu'est-ce que tu aurais fait de différent dans tes études?
3. Si tu avais su que les études étaient si difficiles, les aurais-tu commencées?
4. Quelle autre ville universitaire aurais-tu choisie si tu n'étais pas venu(e) dans celle-ci?
5. Quels autres cours suivrais-tu si tu avais le temps?
6. Est-ce que tu t'achèterais un meilleur ordinateur pour t'aider dans tes études si tu en avais les moyens?

C. Plusieurs étudiants français parlent de leurs vacances. Qu'est-ce qu'ils ont fait? Que vont-ils faire? Que feraient-ils s'ils avaient le temps ou l'argent nécessaire? Complétez leurs déclarations par le temps approprié des verbes entre parenthèses.

1. Aussitôt qu'il y (avoir) ______ de la neige, j'irai à la montagne pour faire du ski.
2. S'il (ne pas pleuvoir) ______ demain, je ferai de la planche à voile.
3. S'il avait fait beau hier, je (aller) ______ à la plage.
4. Si j' (avoir) ______ les moyens, je ferais des excursions. [illegible] de la neige en été.
5. S'ils (faire) ______ un voyage dans les Alpes, ils [illegible]
6. Je travaillerai cet été si je (pouvoir) ______ trouver un poste.
7. Si nous descendons vers le sud, nous (trouver) ______ sûrement le beau temps.
8. Demain, nous partirons plus tôt que prévu au cas où il y (avoir) ______ de la pluie.
9. S'il (faire) ______ chaud à Paris, il fera encore plus chaud à Nice.
10. Si vous aviez su que la pluie allait arriver, est-ce que vous (aller) ______ à Paris ce week-end-là?

À écrire
Cahier: Activités écrites: L, M, N

D. Voici des expressions qui s'emploient souvent avec le **conditionnel.** Réagissez à chacune des phrases suivantes en utilisant une de ces expressions dans une phrase au **conditionnel.**

Si c'était moi...
Au cas où...
A ta place, ...
Faute de mieux, ...
Si j'étais toi, ...

Pendant les vacances qui viennent...

1. Je vais suivre des cours d'été.
2. Je vais travailler pour ma mère.
3. Je voyagerai en Egypte.
4. Je ferai un stage dans une entreprise internationale en Afrique.
5. Je serai moniteur / monitrice de colonie de vacances.
6. Je trouverai un emploi à Disney World.
7. Je vais assister à une grande réunion de famille.
8. ???

342 *Interaction* • 5ème édition

E. Le rêve et la réalité. Pour chacun des thèmes suivants, composez une phrase au **conditionnel** pour exprimer ce que vous voudriez. Ensuite, composez une phrase au **futur** pour dire ce qui arrivera probablement.

1. terminer mes études
2. recevoir mon diplôme
3. trouver un poste
4. se marier
5. voyager
6. habiter

Interactions

Activité 1. Autrement. Si vous n'étiez pas venu(e) ici faire des études, qu'est-ce que vous auriez fait? Seriez-vous allé(e) à une autre université? Auriez-vous habité à l'étranger? Où auriez-vous travaillé? En quoi est-ce que votre vie aurait pu être différente?

Activité 2. Le mythe du voyage. [illegible] a un fort contenu symbolique. Un voyage, au sens propre, permet de changer de lieu, d'identité, d'[illegible], d'habitudes, bref, de vie. Mais on peut aussi «voyager» au sens figuré, s'évader de soi-même. Le rêve est le véhicule essentiel de cette évasion; l'imagination, le support. Pour chacun des «voyages» suivants, décrivez ce qu'on cherche à trouver, ou ce qu'on essaie de fuir dans sa propre vie.

1. Les villages du *Club Méditerranée* offrent un confort, une qualité de vie et une sécurité supérieurs à ceux que l'on trouve localement.
2. *Disneyland Paris* a pour vocation de faire entrer les visiteurs dans un monde magique, plus beau que la réalité.
3. Les jeux vidéo et les techniques de «réalité virtuelle» sont d'autres exemples, plus élaborés, de cette volonté de simuler la vie.

Activités orales
Cahier: Activités orales: I, J, K

À écrire
Cahier: Activités écrites: O, P, S'exprimer par écrit

Disneyland, Paris

Chapitre 10 • *Découvrir et se découvrir* 343

"The exercises in [other books] are not as fun or creative as those in *Interaction*..."

–Cheryl Krueger, University of Virginia

"The open-ended activities are authentic and relevant to the students' lives. They should be motivating."

–Alice Cataldi, University of Delaware

What do today's intermediate students need...in writing instruction?

Guidance. Many students today are still developing their writing skills in English, never mind in French. With this in mind, each chapter of the ***Cahier de laboratoire et de travaux pratiques*** culminates in carefully-guided writing activities using a process-writing approach. Each activity is correlated to the latest release of *Système-D* Writing Assistant software, further building important composition skills.

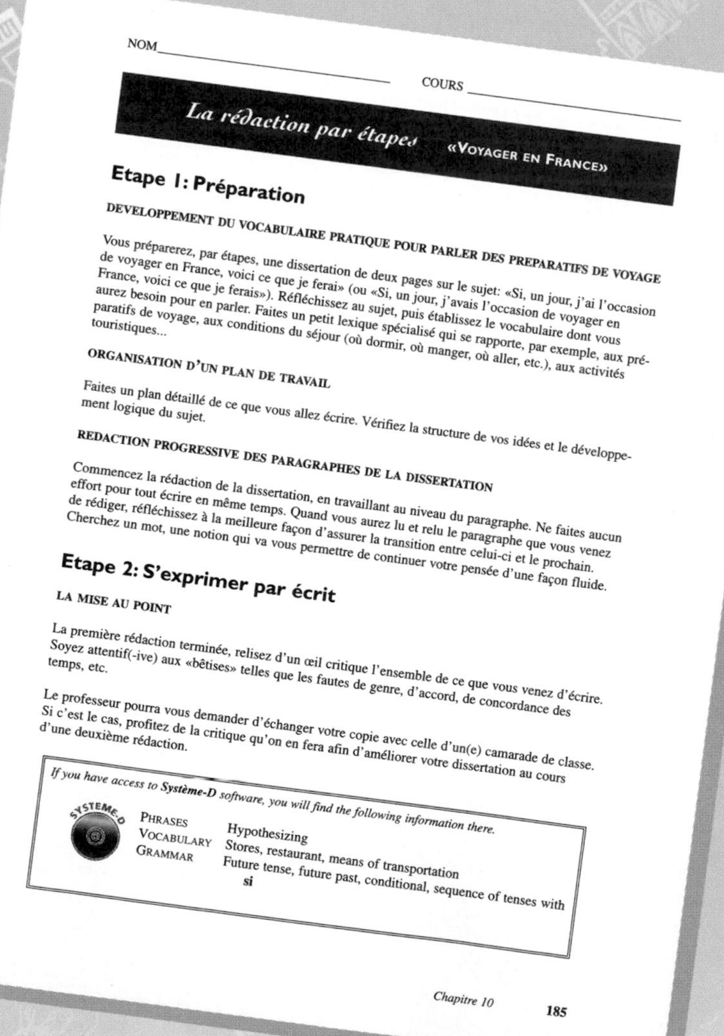

NOM ____________________ COURS ____________________

La rédaction par étapes «VOYAGER EN FRANCE»

Etape 1: Préparation

DEVELOPPEMENT DU VOCABULAIRE PRATIQUE POUR PARLER DES PREPARATIFS DE VOYAGE

Vous préparerez, par étapes, une dissertation de deux pages sur le sujet: «Si, un jour, j'ai l'occasion de voyager en France, voici ce que je ferai» (ou «Si, un jour, j'avais l'occasion de voyager en France, voici ce que je ferais»). Réfléchissez au sujet, puis établissez le vocabulaire dont vous aurez besoin pour en parler. Faites un petit lexique spécialisé qui se rapporte, par exemple, aux préparatifs de voyage, aux conditions du séjour (où dormir, où manger, où aller, etc.), aux activités touristiques...

ORGANISATION D'UN PLAN DE TRAVAIL

Faites un plan détaillé de ce que vous allez écrire. Vérifiez la structure de vos idées et le développement logique du sujet.

REDACTION PROGRESSIVE DES PARAGRAPHES DE LA DISSERTATION

Commencez la rédaction de la dissertation, en travaillant au niveau du paragraphe. Ne faites aucun effort pour tout écrire en même temps. Quand vous aurez lu et relu le paragraphe que vous venez de rédiger, réfléchissez à la meilleure façon d'assurer la transition entre celui-ci et le prochain. Cherchez un mot, une notion qui va vous permettre de continuer votre pensée d'une façon fluide.

Etape 2: S'exprimer par écrit

LA MISE AU POINT

La première rédaction terminée, relisez d'un œil critique l'ensemble de ce que vous venez d'écrire. Soyez attentif(-ive) aux «bêtises» telles que les fautes de genre, d'accord, de concordance des temps, etc.

Le professeur pourra vous demander d'échanger votre copie avec celle d'un(e) camarade de classe. Si c'est le cas, profitez de la critique qu'on en fera afin d'améliorer votre dissertation au cours d'une deuxième rédaction.

If you have access to ***Système-D*** *software, you will find the following information there.*

SYSTEME-D

PHRASES	Hypothesizing
VOCABULARY	Stores, restaurant, means of transportation
GRAMMAR	Future tense, future past, conditional, sequence of tenses with **si**

Chapitre 10 185

What do intermediate students need...in technology?

Two words: The best. Your students want access to the same level of support materials they used in first-year French courses. With *Interaction,* you can access the best of technology to reach your instructional goals, including:

- ***Système-D,* the award-winning Writing Assistant software** (now with a handy spellchecker, pronunciation of dictionary words, and a brand-new update of vocabulary and functions)
- The new *Interaction* **Reading Assistant software,** containing key readings from *Interaction* with hot-word glosses and invaluable guidance to make reading authentic French literature more accessible and rewarding
- A **new text-tied video,** filmed on location in Quebec, Guadeloupe, and France, featuring unscripted interviews with native speakers
- The *Interaction* **Web site,** with carefully-structured activities that guide students through authentic Web sites to further explore the themes of each chapter

> **"[The Reading Assistant] is better than the type of FL software that's currently available...Hearing the text read makes it more compelling and might motivate the student to consult the software multiple times."**
>
> —James Davis, University of Arkansas

Interaction 5/e: A new generation of INTERACTION *for a new generation of French learners*

INSTRUCTOR'S NOTES

INSTRUCTOR'S NOTES

INSTRUCTOR'S NOTES

INSTRUCTOR'S NOTES

INSTRUCTOR'S NOTES

5ème édition

Interaction

Révision de grammaire française

Susan St. Onge
CHRISTOPHER NEWPORT UNIVERSITY

Ronald St. Onge
COLLEGE OF WILLIAM AND MARY

Katherine Kulick
COLLEGE OF WILLIAM AND MARY

HEINLE & HEINLE PUBLISHERS
I(T)P AN INTERNATIONAL THOMSON PUBLISHING COMPANY
BOSTON, MASSACHUSETTS 02116 U.S.A.

• BOSTON • ALBANY • BONN • CINCINNATI • DETROIT • MADRID • MELBOURNE • MEXICO CITY •
• NEW YORK • PARIS • SAN FRANCISCO • SINGAPORE • TOKYO • TORONTO • WASHINGTON •

The publication of *Interaction, Fifth Edition* was directed by the members of the Heinle & Heinle College Foreign Language Publishing Team:

Wendy Nelson, *Editorial Director*
Tracie Edwards, *Market Development Director*
Esther Marshall, *Senior Production Services Coordinator*
Tom Pauken, *Associate Development Editor*

Also participating in the publication of this program were:

Publisher: **Vincent P. Duggan**
Project Manager: **Julianna Nielsen, Sloane Publications**
Compositor: **A Plus Publishing Services**
Images Resource Director: **Jonathan Stark**
Assistant Market Development Director: **Kristen Murphy-LoJocano**
Production Assistant: **Lisa Cutler**
Manufacturing Coordinator: **Wendy Kilborn**
Photo Coordinator: **Julianna Nielsen**
Interior Designer: **Kenneth Holman**
Cover Illustration: **Tony Stone Images**
Cover Designer: **Ha Nguyen**

Library of Congress Cataloging-in-Publication Data

St. Onge, Susan S.
Interaction : révision de grammaire française / Susan St. Onge, Ronald St. Onge, Katherine Kulick. -- 5ème éd.
p. cm.
ISBN 0-8384-8114-0 (student text).
1. French language--Textbooks for foreign speakers--English. 2. French language--Grammar. I. St. Onge, Ronald R. II. Kulick, Katherine M. III. Title.
PC2129.E5S7 1999
448.2'421--dc21 98-43216
CIP

Manufactured in the United States of America

ISBN: 0-8384-8114-0

10 9 8 7 6 5 4 3 2 1

Interaction

Table des matières

CHAPITRE 3 *La vie des jeunes* 65

CHAPITRE 4 *Les télécommunications* 103

CHAPITRE 5 *La presse et le message* 137

CHAPITRE 6 *Le mot et l'image* 177

CHAPITRE 7 *Les transports et la technologie* 211

CHAPITRE 8 *A la fac* 249

CHAPITRE 9 *La francophonie* 287

CHAPITRE 10 *Découvrir et se découvrir* 321

Préface

Interaction: Révision de grammaire française, Fifth Edition is everything it always was, and more! First and foremost, *Interaction* continues to offer a systematic and unified presentation of intermediate structures and functions. For the instructor, the straightforward explanations, universally praised by reviewers, users and students, continue to make *Interaction* adaptable to intermediate student populations of varied preparations. (In addition, an *Instructor's Annotated Edition* provides practical suggestions, based on recent research in foreign language acquisition theory, for dynamic use of materials in the classroom and in the language laboratory.) For the student, it has the capacity of answering needs brought about by a wide range of ability levels and backgrounds. It can be used as a third-, fourth-, or fifth-semester text in colleges and universities, or as a third- or fourth-year text in secondary schools.

Perhaps the most important feature of *Interaction* continues to be its flexibility as a teaching tool. Because teaching-learning situations vary widely across the nation, college-level intermediate French classes (as well as upper-level high school French classes) have traditionally included students with disparate backgrounds and preparations. These courses have customarily been oriented toward both review and continued development of the four language skills. *Interaction*'s straightforward explanations of grammar enable students to recall the essentials of the language while achieving the main goal of the textbook—to move progressively from the comprehension and use of structure to varied levels of communication in French.

Features of the *Fifth Edition*

The revisions in this *Fifth Edition* were based on recent research about second language acquisition, suggestions from reviewers, and on the author's classroom experience with the text. We have concentrated on incorporating feedback from users, while maintaining the integrity of the features that contributed to making *Interaction* one of the most widely-used intermediate French texts in the country. The most significant features of *Interaction, Fifth Edition* include the introduction of High-C culture in its totally revised chapter opening sequences and the addition of literary readings accompanied by extensive reading skills development activities.

Scope and Sequence

Interaction still has ten chapters. This length has proven suitable for use in a one-semester course or in a full-year course when supplemented by readings and other activities.

The order in which grammar is presented in *Interaction* allows students to move in progressive steps: the elements most necessary for basic communication precede those used in more complex expression. The first three chapters establish the linguistic foundation necessary for basic, functional use of the language. Chapter 3 now contains a review of numbers, dates, and time, practical notions that students often need to review early in the course. Chapters 4 and 5 review one of the most difficult concepts of French grammar for an English speaker: the past tenses. Users of previous editions have praised the effectiveness of this presentation of the past tenses, which deemphasizes rules and stresses communication through choice of a given past tense.

Chapter 6 treats interrogative adverbs, pronouns, and the adjective **quel.** Object, possessive, and demonstrative pronouns follow immediately in Chapter 7, earlier than in previous editions, to provide continuity and encourage more sophisticated oral and written style though the use of pronouns. Chapter 8, in addition to emphasizing the more common subjunctive constructions, explains the psychological aspects of this mood. Chapter 9 deals with prepositions in general and especially in conjunction with infinitives. It has also been streamlined to focus on the relative pronoun, all other pronouns having now been introduced in earlier chapters. Chapter 10 has been lightened by the removal of information about numbers and expressions of time, and now focuses on the future and conditional tenses.

Chapter Format

The basic chapter format of *Interaction* has been retained, but within this framework, significant revisions have been made to adapt *Interaction, Fifth Edition* to the changing needs of today's intermediate French classroom and to enhance the progression of skills development within each chapter. An individual chapter is based on the following pattern:

Chapter openers. A totally new chapter opening feature has been designed. This **Perspectives culturelles** segment presents an element of Hi-C culture, providing an historical perspective on the chapter theme, and then offers an immediate contrast of that element with a related aspect of contemporary daily culture. Both cultural elements are presented visually, through photographs and realia, and are accompanied by activities that enable students to interact immediately with the cultural information. These activities are also designed to serve as advance organizers for the structures, functions and theme of the unit.

Note culturelle. Immediately following the ***Perspectives culturelles,*** a ***Note culturelle*** expands upon the cultural theme presented in the opening pages, introduces relevant concepts and vocabulary, and serves as a bridge to the activities in the body of the unit.

Vocabulaire actif. Specialized vocabulary items pertinent to each chapter's cultural theme appear in the French-English ***Vocabulaire actif*** immediately following the ***Note culturelle.*** These words are also included in the end glossary of the text. Once a vocabulary item has been introduced, it is not listed again unless it has been used with a different meaning. The *Fifth Edition* continues to group vocabulary items thematically, rather than alphabetically. This presentation facilitates the use of these practical expressions in the productive skills of writing and conversation by linking them within their most frequently used contexts. All vocabulary that is presented elsewhere only for recognition is contained in the end glossary. The ***Exercices de vocabulaire*** that accompany the ***Vocabulaire actif*** have been thoroughly revised to familiarize students even more effectively with the essential vocabulary and cultural content of the chapter. Identification of key items from the ***Vocabulaire actif*** leads to the use of the other lexical elements within specific grammatical structures provided for this purpose.

Structures. The ultimate goal of *Interaction* remains unchanged: to encourage the use of spoken French in the classroom and to develop students' ability to function in realistic contexts.

Especially difficult points of French usage are found in the ***Rappel!*** section. When the French wish to call a driver's attention to street repairs or construction work, they place a ***Rappel!*** sign near the potentially hazardous site as a reminder that particular caution should be exercised when passing near by. *Interaction* likewise urges students to remember the basic rules of the road and to apply them with prudence when operating in troublesome areas. The basic premise of *Interaction* is that students, like their counterparts on the French roads, have already demonstrated a knowledge of fundamental principles but must now be guided through hazardous zones, which, experience has shown, require special reminders and warnings.

Discrete point activities. The numbered activities within the ***Structures*** sections are short, highly-controlled drills designed to verify mastery of the individual elements of structure as they are presented. This material throughout the *Fifth Edition* is contextualized, and all of these activities have been reviewed in order to enhance their effectiveness, their level of interest to today's students, and their relevance to an increasingly diverse student population. In addition, every item has been reviewed to ensure that each one leads students to produce authentic utterances and represents a viable linguistic pattern. Instructors may use these activities for in-class verification or assign them as independent work in order to devote more class time to open-ended and conversational activities.

A set of ***Synthèses*** activities occurs after each grouping of related grammar points in a chapter and provides combined practice of concepts presented up to that juncture.

A key feature of *Interaction, Fifth Edition* is that a variety of activities are now interspersed throughout each chapter. The material available for each class meeting goes beyond the review of structures, and each segment of the chapter contains activities that are more open-ended, interesting, and challenging. For example, the ***Lexique personnel*** falls at a juncture in the unit that encourages students to acquire a vocabulary that is personalized and relevant to their own situations. This sequence is designed to help students feel at ease with the cultural and lexical context that forms the basis of the chapter and to activate this material in a somewhat controlled context.

Interactions. The ***Interactions*** sections provide additional opportunity for guided personal expression and encourage students to activate the material of the unit presented to that point. The open-ended nature of the ***Interactions*** activities offer students the opportunity to demonstrate functional, conversational language use, and the topics can be easily personalized to reflect individual student interests and circumstances. These ***Interactions*** sections are interspersed throughout each chapter, reinforcing and recycling important vocabulary and structures.

Pour s'exprimer. Placed strategically at a point in the chapter when students are becoming increasingly comfortable with the structures, functions and vocabulary, the ***Pour s'exprimer*** section is designed to develop the aural comprehension skill. The student CD contains authentic conversations, recorded by native speakers. Instructors have a wide variety of options in working with this audio program and its accompanying activities. The ***A l'écoute*** section in the student text provides activities that encourage students to detect the cohesion and coherence of the conversation and to guess at its overall meaning from context clues that reach beyond individual words. Following this work with the recorded conversational model, the ***A vous la parole*** segment presents circumstances based on the model and overall theme of the chapter designed to encourage students to incorporate authenticity into their speaking by teaching them to use fillers, idiomatic expressions, and other turns of phrase that characterize native French speech. Finally, a series of ***Situations*** culminates this segment of the chapter. These open-ended activities present contexts that require students to function in French while demonstrating mastery of the chapter's structures, vocabulary, and cultural information. Note that a transcript of the ***Pour s'exprimer*** dialogues can be found on Heinle & Heinle's Web site, at **http://interaction.heinle.com**.

Perspectives littéraires. ***Perspectives littéraires*** is a completely new, exciting feature in *Interaction, Fifth Edition,* offering short literary readings accompanied by pre- and post-reading skills development activities. These readings are graded in length and level of difficulty throughout the text and have been selected to represent a cross section of authors, genres and eras. Many are excerpts, but some pieces of poetry or short prose are used in entirety. All selections are relevant to the unit theme and bring each unit full circle by relating to the Hi-C cultural context presented in the ***Perspectives littéraires*** chapter opening sequence.

This feature is not designed to turn *Interaction, Fifth Edition* into a reader or even a self-contained, "all in one" textbook. Rather, selections have been purposefully kept short to enhance the flexibility of the text. Instructors can use these readings for further discussion of the unit's cultural information and theme. These reading selections could also be used to work on reading skills development or serve as an advance organizer activity for additional readings. As with almost all other features of *Interaction,* the ***Perspectives littéraires*** could, of course, be skipped by instructors who use a separate reader in conjunction with *Interaction*. Our goal is to provide yet another element of flexibility within the text for instructors who choose to use it.

Technology

Interaction, Fifth Edition makes greater use than ever of different applications of technology to foreign language learning. *Le français dans le monde,* a video program thematically linked to each of the textbook's chapters, reinforces *Interaction*'s cultural dimension while providing excellent opportunities for further development of aural comprehension and conversational skills within an authentic audiovisual context. The writing activities in the *Cahier* are referenced to the *Système-d* software writing program, so that instructors who have access to this tool can make it available to students for lexical and linguistic help in creating their writing assignments. *Interaction, Fifth Edition* is also accompanied by a *Test Bank* on dual-platform *CD-ROM.* Instructors can easily create materials for evaluation by picking and choosing among the suggested test items and can tailor every evaluation instrument to the specific level and focus of the class. One of the most significant innovations in this edition is a set of WWW activities for each chapter that are related to the cultural and thematic focus of the unit.

We are very excited by the new *Interaction, Fifth Edition.* We truly feel that it builds on the very best, "tried and true" elements of earlier editions, while incorporating new features that bring the *Interaction* intermediate program to the threshold of the new century and beyond.

SSStO
RRStO
KMK

Acknowledgments

We would like to thank those users and reviewers of *Interaction* who read the manuscript in its various stages, and who offered invaluable comments, suggestions and advice:

Diane Adler, North Carolina State University
Donna Apgar, Central Piedmont Community College
Thomas Blair, City College of San Francisco
Alice Cataldi, University of Delaware
Wayne Ishiwaka, Harvard University
Candace Kone, University of Virginia
Cheryl Krueger, University of Virginia
Janet Loy, Taylor University
Elaine McKee, State College of New York
Ruth Nybakken, Ohio University
Catherine Ploye, University of California—San Diego
Linda Rouillard, University of Illinois
Jane Smith, University of Maine
Amie Tannenbaum, Gettysburg College
Nancy Virtue, Indiana University—Purdue University Ft. Wayne

Much appreciation for their enthusiasm, dedication and support goes to the editorial staff of Heinle & Heinle, without whose vision, support, commitment and skills this project would not have been possible: Vincent Duggan, Wendy Nelson, Esther Marshall, Tracie Edwards, Tom Pauken, Jonathan Stark, Kristen Murphy-LoJocano, Wendy Kilborn.

Very special thanks, as always, to Julianna Nielsen, our project manager for this and many other projects: We literally couldn't do it without her!

We also want to extend our appreciation to... a really wonderful group of intermediate students at Christopher Newport University who participated in the field testing of these materials and whose input and encouragement were invaluable, and to Déborah Elder, who provided invaluable assistance with some of the least glamorous of editorial tasks.

Thanks also to the freelancers who worked on the book: Sophie Masliah, copyeditor; Anita Raducanu, A Plus Publishing Services, compositor; Kenneth Holman, designer; Pat Menard, Lucie Teegarden, and Nicole Dicop-Hineline, proofreaders.

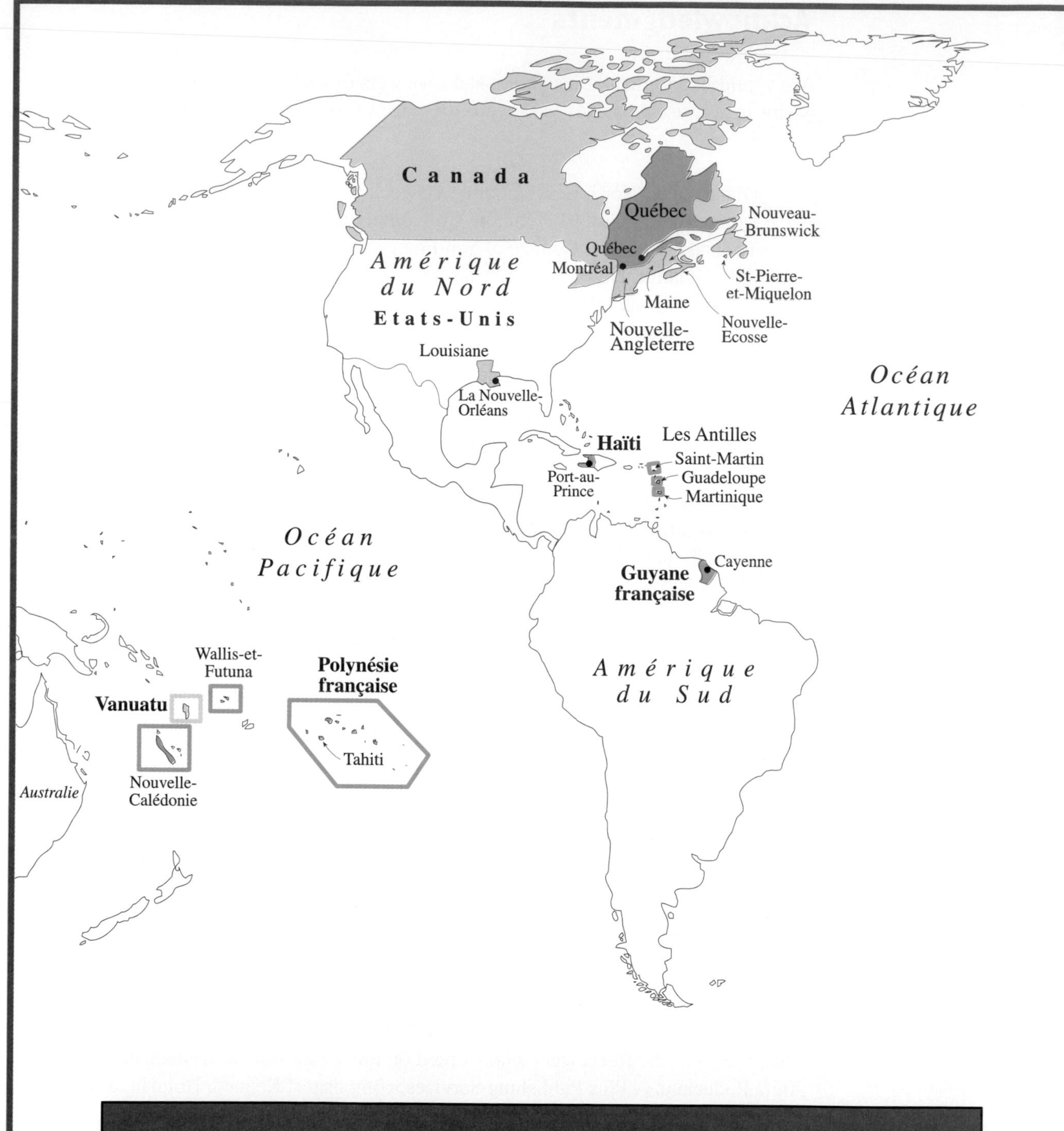

Le monde francophone

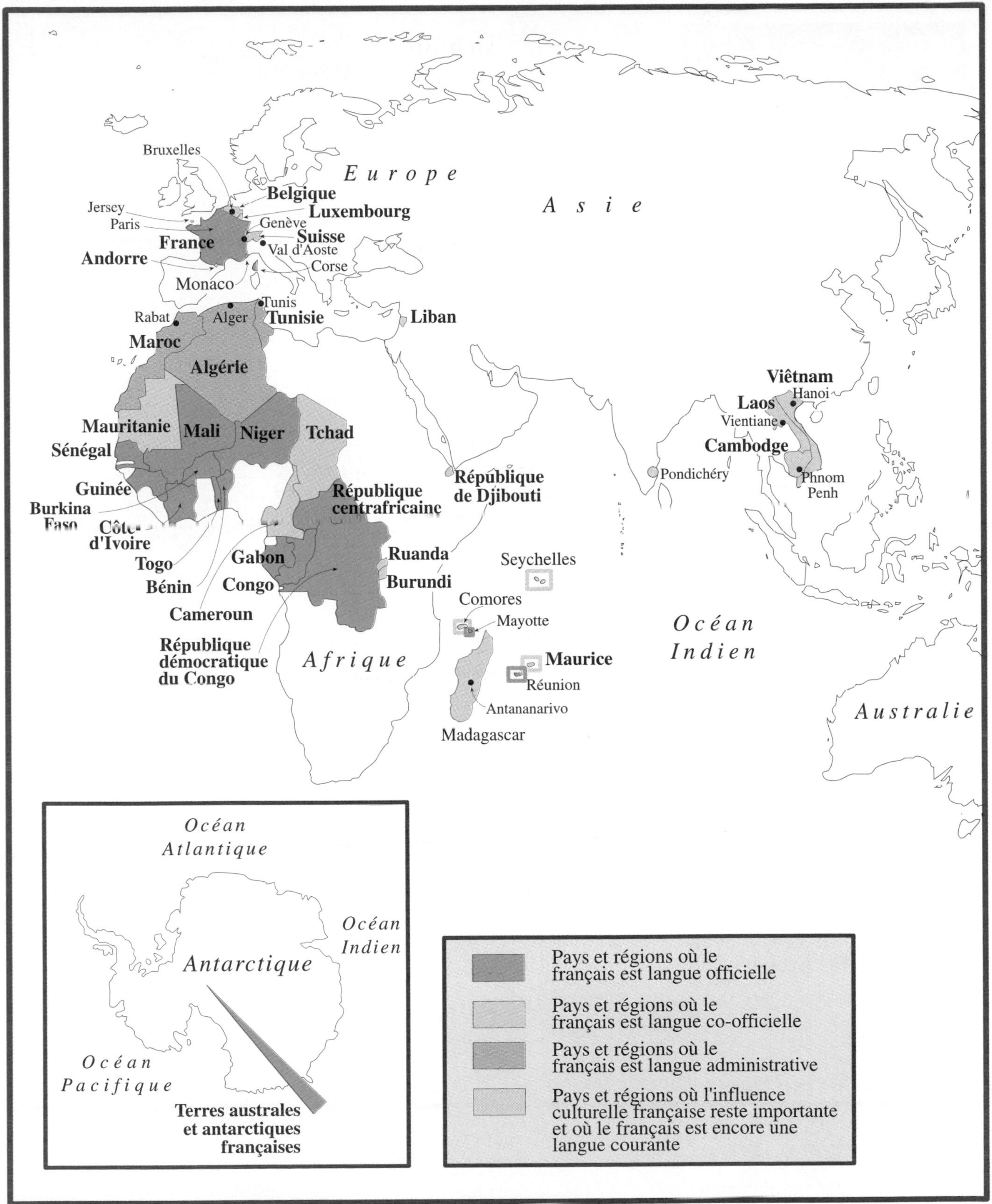

Europe
Asie
Bruxelles
Belgique
Luxembourg
Jersey
Paris
Genève
Suisse
Val d'Aoste
France
Andorre
Corse
Monaco
Tunis
Rabat
Alger
Tunisie
Liban
Maroc
Algérie
Mauritanie
Mali
Niger
Tchad
Sénégal
Guinée
Burkina Faso
Côte-d'Ivoire
Togo
Bénin
République centrafricaine
République de Djibouti
Gabon
Congo
Cameroun
Ruanda
Burundi
République démocratique du Congo
Afrique
Seychelles
Comores
Mayotte
Maurice
Réunion
Antananarivo
Madagascar
Viêtnam
Hanoi
Laos
Vientiane
Cambodge
Phnom Penh
Pondichéry
Océan Indien
Australie
Océan Atlantique
Océan Indien
Antarctique
Océan Pacifique
Terres australes et antarctiques françaises
Pays et régions où le français est langue officielle
Pays et régions où le français est langue co-officielle
Pays et régions où le français est langue administrative
Pays et régions où l'influence culturelle française reste importante et où le français est encore une langue courante

France
MER DU NORD
Pays-Bas
Allemagne
Grande-Bretagne
Dunkerque
Calais
Belgique
NORD-PAS-DE-CALAIS
Lille
Valenciennes
MANCHE
Luxembourg
Amiens
Cherbourg
HAUTE-NORMANDIE
PICARDIE
Le Havre
Rouen
Meuse
Rhin
Reims
Metz
Caen
Seine
LORRAINE
ALSACE
BASSE-NORMANDIE
Paris
CHAMPAGNE-ARDENNE
Saint-Malo
Versailles
Nancy
Strasbourg
Brest
ILE-DE-FRANCE
Fougères
VOSGES
BRETAGNE
Troyes
Rennes
Moselle
Le Mans
Orléans
Seine
Mulhouse
PAYS-DE-LA-LOIRE
Saône
Blois
Chambord
BOURGOGNE
Angers
St-Nazaire
Loire
Tours
Dijon
Besançon
Nantes
Chenonceaux
Chinon
Azay-le-Rideau
Bourges
Chalon-sur-Saône
FRANCHE-COMTE
Suisse
Nevers
JURA
CENTRE
Loire
Poitiers
La Rochelle
Vichy
LIMOUSIN
Clermont-Ferrand
Annecy
OCEAN ATLANTIQUE
Rhône
POITOU-CHARENTES
Limoges
Lyon
Saint Étienne
RHONE-ALPES
Italie
Grenoble
Périgueux
AUVERGNE
ALPES
Bordeaux
MASSIF CENTRAL
Rhône
PROVENCE-ALPES-COTE-D'AZUR
Rodez
AQUITAINE
Garonne
MIDI-PYRENEES
Monte-Carlo
Avignon
Nîmes
Monaco
Tarascon
Grasse
Biarritz
Montpellier
Aix-en-Provence
Bayonne
Toulouse
Béziers
Nice
Pau
Marseille
Toulon
Carcassonne
Narbonne
Cannes
PYRENEES
LANGUEDOC-ROUSSILLON
Perpignan
MER MEDITERRANEE
Espagne
Andorre
CORSE
Ajaccio
0 75 km
©1993 Magellan Geographix SM Santa Barbara CA

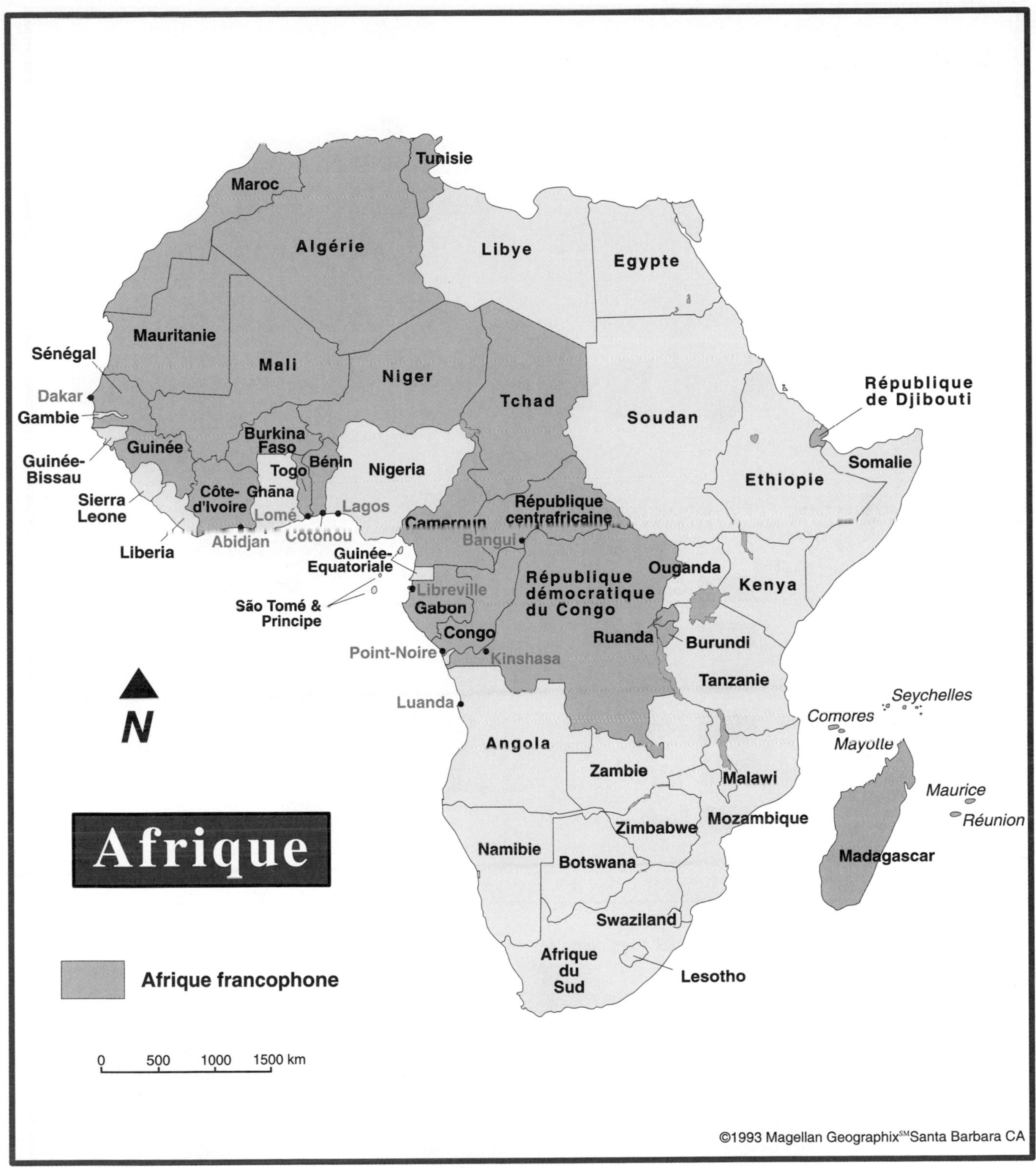

Tunisie
Maroc
Algérie
Libye
Egypte
Mauritanie
Sénégal
Mali
Niger
Tchad
République de Djibouti
Dakar
Gambie
Soudan
Burkina Faso
Guinée
Guinée-Bissau
Bénin
Nigeria
Somalie
Togo
Ethiopie
Sierra Leone
Côte-d'Ivoire
Ghāna
Lagos
République centrafricaine
Lomé
Cameroun
Abidjan
Cotonou
Bangui
Liberia
Guinée-Equatoriale
Ouganda
République démocratique du Congo
Kenya
Libreville
São Tomé & Principe
Gabon
Congo
Ruanda
Burundi
Point-Noire
Kinshasa
Tanzanie
Seychelles
Luanda
Comores
N
Mayotte
Angola
Zambie
Malawi
Maurice
Réunion
Mozambique
Afrique
Zimbabwe
Namibie
Botswana
Madagascar
Swaziland
Afrique du Sud
Lesotho
Afrique francophone
0 500 1000 1500 km
©1993 Magellan Geographix℠ Santa Barbara CA

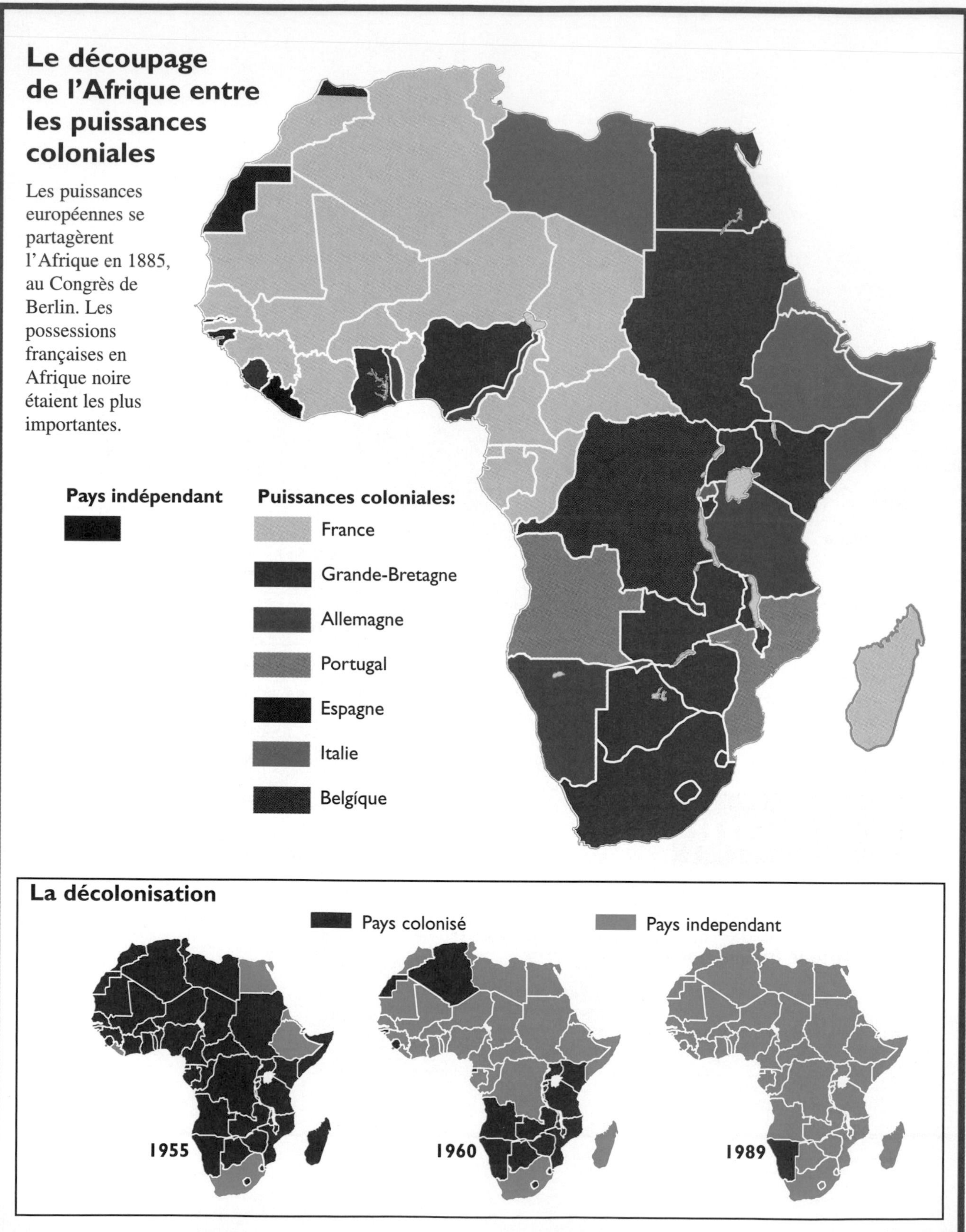

Le découpage de l'Afrique entre les puissances coloniales
Les puissances européennes se partagèrent l'Afrique en 1885, au Congrès de Berlin. Les possessions françaises en Afrique noire étaient les plus importantes.
Pays indépendant
Puissances coloniales:
France
Grande-Bretagne
Allemagne
Portugal
Espagne
Italie
Belgíque
La décolonisation
Pays colonisé
Pays independant
1955
1960
1989

Le commerce et la consommation

CHAPITRE 1

Une juxtaposition intéressante: le commerce du pain traditionnel et le commerçant au téléphone portable.

Cultural Focus

- French Consumer Habits
- Eating Habits

Structures I

- The Present Tense of Regular **-er** Verbs
- Stem-Changing **-er** Verbs
- The Imperative
- The Irregular Verbs **être, avoir, faire, aller**
- **Aller** and **faire** with Infinitives

Structures II

- Nouns
- Articles

Structures III

- **Voilà** and **il y a**

Functions

- Stating Preferences
- Giving Orders and Directions
- Expressing Intentions

Literary Reading

- Boris Vian: *La Complainte du progrès* (poem)

Web activities

http://interaction.heinle.com

Faisons des courses!

Perspectives culturelles

Culture générale

Galerie Vivienne à Paris (1823)

Les galeries marchandes

Avant la période de la Régence (1715–1723), les boutiques des commerçants sont souvent petites, sombres et mal entretenues. Il y a seulement quelques articles à la devanture. Par habitude surtout, certaines rues regroupent plusieurs boutiques d'un même type: drapiers, orfèvres, cordonniers... Au cours du XVIIIe siècle, les divers commerces sont disséminés un peu partout dans la ville. A Paris, c'est dans la rue Saint-Honoré que les premières boutiques de luxe s'établissent dans des lieux couverts consacrés au commerce de détail. La *Galerie Vivienne* ouvre ses portes en 1823 et attire une clientèle riche (ou qui désire l'être). Cette pratique qui consiste à rassembler plusieurs petits commerces sous un même toit annonce déjà les centres commerciaux modernes.

Galeries Lafayette à Paris (1895)

Les grands magasins

Dans le commerce traditionnel parisien, la grande innovation de la deuxième moitié du XIXe siècle est la création des grands magasins. *Au Bon Marché* est un des premiers du genre et propose à ses clients, dès 1852: une entrée libre, une marchandise accessible, des prix fixes, l'acceptation des articles rendus par le client, la livraison à domicile et une bibliothèque en libre-service avec buffet gratuit. Les *Galeries Lafayette,* fondées en 1895, sont le plus récent des grands magasins parisiens et, à partir de 1916, des filiales des *Galeries* vont s'établir dans d'autres grandes villes françaises pour créer la première chaîne destinée à répondre aux besoins d'une classe moyenne devenue de plus en plus importante.

A. Selon vous, quelle motivation est à l'origine de la création des galeries marchandes comme la *Galerie Vivienne?* A votre avis, qu'est-ce que l'apparition des galeries marchandes révèle au sujet de la société parisienne de cette époque?

B. En quoi consiste l'innovation des grands magasins au XIXe siècle? Qui sont les nouveaux clients? Quelle évolution sociale explique le succès de ce nouveau type de magasins?

Culture contemporaine

Petites et grandes surfaces

Le monde du commerce en France change radicalement depuis quelques années. Le premier hypermarché, le *Carrefour* de Sainte-Geneviève-des-Bois, près de Paris, ouvre ses portes en 1963. Depuis ce temps, la clientèle quitte progressivement les petites surfaces (petits commerces de quartier, boutiques et magasins spécialisés) pour aller vers les grandes surfaces (supermarchés, hypermarchés et maxidiscomptes). Pour maintenir leur clientèle, certains commerces de proximité offrent des services qu'on ne trouve pas chez les géants: l'épicerie qui reste ouverte jusqu'à 22 h et le dimanche; les multiples stands sur les divers marchés (couverts ou en plein air) où il est quelquefois possible de discuter les prix... Plusieurs secteurs bénéficient aussi d'une protection gouvernementale: les médicaments sont vendus uniquement dans les pharmacies; le prix des livres neufs est strictement réglementé, même dans les grandes librairies comme la *FNAC* (Fédération nationale des achats). Mais le prix est une préoccupation majeure pour la plupart des clients, et les changements d'attitudes des consommateurs ont un effet considérable sur la manière de vendre et d'acheter en France aujourd'hui. On peut même se demander si les petits commerces vont un jour disparaître... La législation actuelle en France semble pourtant indiquer une volonté du gouvernement d'éviter cette situation. Certaines lois récentes sont destinées à la protection des relations commerciales et à la promotion du commerce et de l'artisanat. «La raison du plus fort est toujours la meilleure», dit le proverbe. Mais la tradition est-elle plus forte que les lois du marché?

C. Comparez vos attitudes et vos comportements de consommateur avec les pratiques de vos parents et de vos grands-parents à votre âge. Faites-vous vos achats aux mêmes endroits? Etes-vous plus ou moins matérialiste que vos parents?

D. Expliquez la nature des *malls* qui sont si nombreux de nos jours. Qui fréquente ces endroits et pourquoi? En quoi les galeries marchandes et les grands magasins traditionnels sont-ils les précurseurs de nos centres commerciaux et de nos grandes surfaces?

Un supermarché comme les autres

La *FNAC*: pour acheter ses livres et ses CD à bon marché

Note culturelle: The **Note culturelle** is an integral and essential component of the lesson. It provides a succinct summary of cultural information relevant to the theme of the chapter and highlights important aspects of French culture.

Note culturelle

Actuellement, les Français font environ 35 pour cent de leurs achats (sans compter les automobiles) dans les hypermarchés, supermarchés et grands magasins—contre 25 pour cent il y a dix ans. Cette évolution des attitudes de consommation est déterminée par les changements sociaux. Le modèle traditionnel du père qui travaille pour faire vivre sa famille alors que la mère s'occupe de la maison et fait tous ses achats dans le quartier n'est plus majoritaire. Dans la vie moderne, tout le monde a besoin de gagner du temps et de faire des économies. Beaucoup de ménages aiment aussi effectuer leurs achats en famille. Les grandes surfaces répondent à ces demandes, ce qui explique lc succès incontestable des hypermarchés et du phénomène le plus récent: les magasins de «maxidiscompte».

Le développement des grandes surfaces s'effectue, cependant, au détriment des petits commerçants. Grand nombre de marchands se défendent actuellement pour assurer leur survie. On peut souvent lire sur les sacs en plastique qui proviennent de leurs boutiques un cri de guerre: «Les commerces de proximité—c'est la vie du quartier». En 1996, le gouvernement vient au secours des petits commerçants et interdit, dans certaines circonstances, la création de grandes surfaces et les ventes à perte. C'est un premier pas important pour empêcher la désertification des centres-villes. Mais peut-on compter sur la politique pour modifier les rapports entre les entreprises et les consommateurs?

Il est vrai que les produits coûtent souvent moins cher au supermarché que chez les petits commerçants, mais on n'aime pas toujours faire la queue aux caisses des hypermarchés et on apprécie les petites attentions des marchands, leur «Bonjour, monsieur», «Merci, mademoiselle. Bonne journée!» ainsi que les recommandations professionnelles de l'épicier, du boulanger ou du libraire. En effet, la plupart des Français approuvent les progrès de la technologie mais désirent conserver certains modes de vie traditionnels. Devant la grande mutation technologique et la mondialisation de la société, on cherche un équilibre de vie. La consommation est une dimension de l'existence quotidienne où il est encore possible de dire non à l'indifférence et à l'aspect impersonnel d'un magasin gigantesque, à l'«hyperchoix» ou à la publicité qui incite à consommer toujours plus. Mais ce n'est pas toujours facile. Et les réponses à la question du rapport qualité-prix restent toujours très personnelles. Le client est encore roi!

Discussion

E. Quelle sorte de consommateur êtes-vous? Avez-vous l'impression que les Français ont des attitudes de consommation qui sont assez ou très différentes des comportements que vous observez dans votre propre société? Justifiez votre réponse par des références au texte ou par vos propres observations.

F. Faites deux listes pour analyser les avantages et les inconvénients des grandes surfaces et des petits et moyens commerces du point de vue du consommateur.

G. A votre avis, les commerces de proximité sont-ils condamnés à disparaître un jour? Imaginez que vous êtes un petit commerçant, que faites-vous pour éviter la catastrophe? L'Etat doit-il intervenir pour sauver ce secteur? Comment peut-on assurer un meilleur équilibre entre le commerçant et le client?

Expansion

H. Dans le domaine de l'habillement aujourd'hui, les achats sont-ils influencés davantage par la mode ou par les habitudes vestimentaires? Les consommateurs des siècles passés étaient-ils influencés par les mêmes facteurs que vous? Est-ce que c'est la catégorie sociale d'un individu ou son système de valeurs qui détermine les magasins où il effectue ses achats?

I. Quels sont les petits commerces traditionnels du domaine de l'alimentation? Parmi ces petites surfaces, quels magasins mènent une existence précaire aujourd'hui, à votre avis? Y a-t-il des commerces alimentaires de proximité qui vont se maintenir encore longtemps en France? Expliquez pourquoi.

J. De nos jours, les promotions et la publicité sont indispensables au commerce. A quelles réactions, à quels sentiments des consommateurs est-ce que la publicité s'adresse surtout? Sommes-nous influencés par le rêve ou le réalisme? Par le bon sens ou le désir d'impressionner notre entourage? Est-ce qu'on peut dire la même chose au sujet des clients de la *Galerie Vivienne?* des *Galeries Lafayette?*

Vocabulaire actif: Vocabulary items have been grouped into categories designed to reinforce meaning through association.

Vocabulaire actif

Les activités

acheter to buy
acheter quelque chose sur un coup de tête to buy something on impulse
aimer bien to like
apporter to bring
avoir besoin de to need
coûter to cost
effectuer to make, to bring about
emporter to take away
à ______ carry out
éprouver to feel
faire son marché to go grocery shopping
faire les courses to run errands
oublier to forget
payer to pay
______ en espèces to pay cash
porter to carry

Les produits

Les fruits et légumes

un **abricot** apricot
des **cerises** *(f pl)* cherries
des **champignons** *(m pl)* mushrooms
un **chou-fleur** cauliflower
une **courgette** zucchini
des **fraises** *(f pl)* strawberries
des ***haricots**[1] *(m pl)* beans
un **légume** vegetable
un **oignon** onion
une **pêche** peach
des **petits pois** *(m pl)* peas
une **poire** pear
un **poivron** green pepper
une **pomme** apple
une **pomme de terre** potato
de la **salade** lettuce

La boulangerie / la pâtisserie

une **baguette** loaf of French bread
un **gâteau** cake
du **pain** bread
une **pâtisserie** pastry

Les produits de base

du **café** coffee
de l'**eau** *(f)* water
de la **farine** flour
de l'**huile** *(f)* oil
la **nourriture** food
des **pâtes** *(f pl)* pasta
du **thon** tuna
du **vin** wine

Les produits laitiers

du **beurre** butter
du **fromage** cheese
du **bleu** blue cheese
du **chèvre** goat cheese
du **gruyère** Swiss cheese
du **lait** milk
un **yaourt** yogurt

[1] The asterisk preceding the **h** indicates that it is aspirate. There is no elision or liaison with an aspirate **h.**

Les viandes / les volailles
du **bœuf** beef
une **côte de porc** pork chop
du **jambon** ham
du **poulet** chicken
de la **viande** meat

Les caractéristiques

alimentaire nutritive
épais(se) thick
exploité(e) managed
frais, fraîche fresh
instantané(e) instant
mal entretenu(e) messy
nature plain
parfumé(e) flavored
rôti(e) roasted
surgelé(e) frozen
vestimentaire clothing related

Les magasins

un **achat** purchase
des **aliments** *(m pl)* food
une **allée** aisle
l'**artisanat** *(m)* crafts
une **boucherie** butcher shop
une **boulangerie** bakery
un **cabas** tote bag, handbasket
la **caisse** cash register
un **centre commercial** shopping center, mall
une **charcuterie** delicatessen
un **chariot** shopping cart
un **choix** choice
le **commerce** business
______ **de détail** retail business
______**(s) de proximité** neighborhood stores
la **consommation** buying, consumption
le **consommateur** / la **consommatrice** consumer
une **crémerie** dairy store
la **devanture** storefront
l'**entrée** *(f)* **libre** free access
un **filet** mesh bag
une **filiale** branch store
une **grande surface** very large suburban store
l'**hyperchoix** *(m)* huge selection
un **hypermarché** supermarket / large discount store
la **livraison** delivery
______ **à domicile** home delivery
un **magasin d'habillement** clothes store
le **marchandage** haggling
un **marché** open-air market
un **maxidiscompte** superdiscount
la **mode** fashion
la **mondialisation** globalization
un **panier** basket
un **parking** parking lot
un **prix** price
un **produit** product
une **promotion** special offer
des **provisions** *(f pl)* groceries
la **publicité** advertising, advertisement
un **rayon** department in a store
un **repas** meal
un **sac** sack
un **supermarché** supermarket

Les quantités

assez de enough
une **boîte de** a can of
un **kilo (de)** 2.2 pounds (of)
au ______ by the kilogram
un **litre de** a liter of
un **morceau de** a piece of
pas mal de a good many
une **tranche de** a slice of

Les commerçants

un **boucher** / une **bouchère** butcher
un **boulanger** / une **boulangère** baker
un **caissier** / une **caissière** cashier
un **charcutier** / une **charcutière** delicatessen owner
un **épicier** / une **épicière** grocer
un **marchand** / une **marchande** merchant
un **pâtissier** / une **pâtissière** pastry chef; pastry shopkeeper
un **petit commerçant** small shopkeeper

Exercices de vocabulaire

A. Quelle expression dans chaque groupe ne se rapporte pas aux petits commerces en France? Justifiez votre choix.

1. les magasins d'habillement
   la mondialisation
   des produits en boîte
2. l'hypermarché
   la caisse
   l'artisanat
3. un cabas
   la livraison à domicile
   un grand parking
4. des produits surgelés
   des produits alimentaires
   des pâtes
5. des filiales
   des fruits et des légumes
   de la viande

B. Complétez chaque phrase par une expression appropriée du ***Vocabulaire actif*** pour décrire comment on fait les courses à l'hypermarché en France.

1. On prend la voiture et il faut chercher une place dans le ______.
2. On va mettre tous les achats dans un ______.
3. On cherche du fromage dans le _______ des produits laitiers.
4. Il y a toujours de bonnes _____ qui proposent certains produits à des prix très intéressants.
5. Dans toutes les ______, il y a toujours un grand choix de produits.
6. On peut même trouver un jean dans le rayon des articles ______.
7. On passe à la ______ pour payer ses achats.
8. On doit mettre soi-même tous ses achats dans de petits ______.

Activité orale

Cahier: Activités orales: A, B, C, D

Structures I

The Present Tense of Regular -er Verbs

To form the present tense of regular **-er** verbs, drop the **-er** ending of the infinitive and add the appropriate endings to the remaining stem: **-e, -es, -e, -ons, -ez, -ent.**

INFINITIVE: **chercher** *to look for*	STEM: **cherch-**
je cherch**e**	*I look for*
tu cherch**es**	*you look for*
il / elle / on cherch**e**	*he / she / one looks for*
nous cherch**ons**	*we look for*
vous cherch**ez**	*you look for*
ils / elles cherch**ent**	*they look for*

The present-tense form in French has three English equivalents, including two that contain more than one verb form; for example, **j'oublie** means *I forget, I am forgetting, I do forget.*

To make a present-tense form negative, place **ne** before the verb and **pas** after it.

Tu oublies ton argent? — Non, je **n'**oublie **pas** mon argent.

- Note that the pronoun **on** is used quite frequently in French. **On** is the equivalent of the English indefinite subject *one,* and in informal conversation it can be the equivalent of *we, they,* or *people.* **On** always takes a third-person singular verb form.

En France, **on** achète souvent le pain à la boulangerie. — *In France,* ***one*** *often buys* ***(people*** *often buy) bread at the bakery*

On va au supermarché ce soir? — *Shall* ***we*** *go to the supermarket tonight?*

Rappel! Rappel!

Remember that **tu** and **vous** both mean *you*. The **tu** form is considered to be familiar and is used to address one person—a family member, a close friend, a small child—or an animal. The **vous** form is formal and is used to address strangers, acquaintances, or other adults that one does not know well. **Vous** can be used to address either one person or more than one person.

The **vous / tu** distinction is often puzzling to the English speaker. It may help to keep in mind that the rules governing the use of **vous** and **tu** are usually unwritten social codes. They are even more complicated than outlined here and arc undergoing radical changes in modern French society. For example, French students almost universally use **tu** with each other, and they might be permitted to **tutoyer** a young instructor, but they would certainly say **vous** to most professors. Colleagues in an office or members of any kind of group (professional, social, or other) often democratically use **tu** with each other, but will **vouvoyer** the boss or other individuals perceived to be in authority. The safest policy when visiting France is to use **vous** with all adults until they suggest: **On se tutoie?**

1. Avec des amis, vous préparez un repas élégant. Complétez les phrases suivantes par la forme convenable du verbe entre parenthèses.

1. Nous (préparer) ______ un repas français ou italien?
2. [Nom d'un ami], tu (apporter) ______ du vin?
3. [Noms de deux amis], vous (désirer) ______ manger du bœuf ou du poulet?
4. Je (aimer) ______ faire des quiches.
5. Et [nom d'une amie], elle (manger) ne ______ pas de fromage.
6. Mes copains, en général, (aimer) _______ manger...

2. Vous parlez à Lucienne Kasongo, une étudiante du Congo qui passe l'année dans votre université. Employez le sujet **on** plus les verbes de la liste suivante pour expliquer à Lucienne quelques habitudes des Américains.

manger	détester
aimer bien	dîner
parler au téléphone	passer du temps à
voyager	commander... au restaurant
???	???

Stem-Changing -er Verbs

Some **-er** verbs require spelling changes in the stem of certain persons for pronunciation purposes. The principal types of stem-changing **-er** verbs are summarized as follows.[2]

[2] See ***Appendix B*** for further details on stem-changing verbs.

é → è

préférer *to prefer*
je préfère
tu préfères
il / elle / on préfère
nous préférons
vous préférez
ils / elles préfèrent

espérer *to hope*
j'espère
tu espères
il / elle / on espère
nous espérons
vous espérez
ils / elles espèrent

e → è

acheter *to buy*
j'achète
tu achètes
il / elle / on achète
nous achetons
vous achetez
ils / elles achètent

l → ll

appeler *to call*
j'appelle
tu appelles
il / elle / on appelle
nous appelons
vous appelez
ils / elles appellent

t → tt

jeter *to throw*
je jette
tu jettes
il / elle / on jette
nous jetons
vous jetez
ils / elles jettent

y → i

payer *to pay*
je paie
tu paies
il / elle / on paie
nous payons
vous payez
ils / elles paient

envoyer *to send*
j'envoie
tu envoies
il / elle / on envoie
nous envoyons
vous envoyez
ils / elles envoient

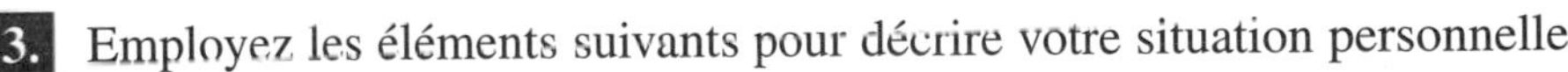

essuyer *to wipe*
j'essuie
tu essuies
il / elle / on essuie
nous essuyons
vous essuyez
ils / elles essuient

c → ç

commencer *to start*
je commence
tu commences
il / elle / on commence
nous commençons
vous commencez
ils / elles commencent

g → ge

manger *to eat*
je mange
tu manges
il / elle / on mange
nous mangeons
vous mangez
ils / elles mangent

Activité 3: Orthographic changes may not be evident in oral responses to this exercise. To check spelling: (1) students may be assigned to write the answers for homework, (2) students may be given a few moments in class to write their responses, or (3) one or more students may write the responses on the board as they are given in class.

3. Employez les éléments suivants pour décrire votre situation personnelle.

1. mes copains et moi / nous / préférer...
2. mes parents / (ne) payer (pas) / mes études à l'université
3. je / (ne) manger (pas) souvent...
4. l'année prochaine / je / espérer...
5. mon (ma) meilleur(e) ami(e) / s'appeler...
6. il (elle) / acheter souvent...
7. chez moi / nous / manger souvent...
8. je / payer cher...

4. Employez les éléments suivants pour poser des questions à vos camarades de classe.

1. tu / manger / souvent au restaurant?
2. tu / aimer / dîner au restaurant universitaire?
3. tu / acheter / beaucoup de cassettes ou de CD?
4. tu / préférer / faire tes devoirs chez toi ou sur le campus?
5. tu / espérer / voyager cet été? Où?
6. tu / payer / tes études toi-même?

Cahier: Activité orale: E

Cahier: Activité écrite: A

The Imperative: As an introduction, ask students to list classroom commands and instructions used daily: **Ouvrez votre livre!, Allez au tableau!, etc.** Such a list enables students to associate the imperative with its natural use in context and provides a familiar starting point for formal discussion of its formation and use.

The Imperative

The imperative forms of a verb are used to give commands, directions, or instructions. There are three imperative forms in French: the familiar **(tu** form), a collective imperative **(nous** form), and the formal or plural **(vous** form). To create the imperative of a regular **-er** verb, simply remove the subject pronoun from the present-tense form. The remaining verb form is the imperative.

parle	speak *(familiar)*
parlons	let's speak *(collective)*
parlez	speak *(formal or plural)*

Note that the ending **s** is dropped in the second-person singular form of regular **-er** verbs, but the **s** is retained when the affirmative command is followed by **y** or **en: achètes-en; penses-y.**

To make a command negative, place **ne** before the imperative form of the verb and **pas** after it.

Yves, **ne mange pas** trop de chocolat!
N'oublions pas le vin pour notre soirée!
Roger et Marie, **n'achetez pas** de pâtisseries!

5. Vous accompagnez les membres du Club de Français au supermarché où vous achetez des provisions pour un repas de fête. Complétez les phrases suivantes par la forme impérative convenable des verbes entre parenthèses.

1. Peter et Jan, (acheter) ______ du fromage.
2. Mark, (chercher) ______ un bon vin, s'il te plaît.
3. Michelle et Nicole, (apporter) ______ ces paquets au chariot.
4. Sylvia, (trouver) ______ des champignons.
5. Shawn, (acheter) ______ assez de poulet pour vingt personnes.
6. Ensuite, (rentrer) ______ tous ensemble pour faire la cuisine.

À écrire
Cahier: Activité écrite: B

The Irregular Verbs être, avoir, faire, aller

Review the present-tense conjugations and the imperative forms of the following commonly used irregular verbs.

être *to be*	**faire** *to do, to make*
je **suis**	je **fais**
tu **es**	tu **fais**
il / elle / on **est**	il / elle / on **fait**
nous **sommes**	nous **faisons**
vous **êtes**	vous **faites**
ils / elles **sont**	ils / elles **font**
IMPERATIVE: **sois, soyons, soyez**	IMPERATIVE: **fais, faisons, faites**

avoir *to have*	**aller** *to go*
j'**ai**	je **vais**
tu **as**	tu **vas**
il / elle / on **a**	il / elle / on **va**
nous **avons**	nous **allons**
vous **avez**	vous **allez**
ils / elles **ont**	ils / elles **vont**
IMPERATIVE: **aie, ayons, ayez**	IMPERATIVE: **va,**[3] **allons, allez**

6. Employez les éléments suivants pour poser des questions à vos camarades de classe.

1. tu / être / étudiant(e) en première année?
2. tu / faire / du sport?
3. tes professeurs / être / plutôt sévères ou indulgents?
4. tu / aller / souvent à la bibliothèque?
5. tu / avoir / des camarades de chambre?
6. tes amis / être / étudiants dans cette université?
7. ton (ta) meilleur(e) ami(e) / être / plutôt extroverti(e) ou réservé(e)?
8. tes amis / aller / souvent / à des soirées?

Activité orale

Cahier: Activités orales: F, G

Aller and faire with Infinitives

Aller + Infinitive

A form of **aller** followed by the infinitive of another verb is one way to speak about the future in French. This construction refers to the near future and corresponds to the English *to be going to* + infinitive.[4]

Je vais acheter du lait.	***I am going to buy*** *some milk.*
Il ne **va** pas **déjeuner** à la maison demain.	***He isn't going to eat lunch*** *at home tomorrow.*
Ils vont aimer le vin.	***They are going to like*** *the wine.*
Vous allez rester ici.	***You are going to stay*** *here.*

Faire + Infinitive

A form of **faire** followed by an infinitive expresses the concept *to have something done.*

Nous faisons préparer un repas spécial.	***We are having*** *a special meal* ***prepared.***
Je fais essuyer la table.	***I'm having*** *the table* ***wiped.***

- Note the differences in word order between French and English. In French, the infinitive immediately follows the form of **faire.**

[3] The imperative form **va** takes an **s** when followed by **y: vas-y.**
[4] For more information on **aller** + infinitive, see ***Chapitre 10.***

7. Employez **aller** + l'infinitif pour indiquer les projets de week-end des personnes suivantes.

1. Je...
2. Mes amis...
3. Mon professeur...
4. Les étudiants de français...
5. Mes copains et moi, nous...
6. Et toi (nom d'un / une camarade de classe), tu... ?

Activité orale

Cahier: Activité orale: H

8. Jim, Sébastien et leurs amis préparent une fête élégante. Ils font faire certaines choses par d'autres personnes. Complétez chaque phrase par la forme appropriée du verbe **faire.**

1. On ______ préparer des hors-d'œuvre.
2. Ils _______ imprimer les invitations.
3. Nous ______ décorer la salle.
4. Tu _______ venir un cuisinier célèbre.
5. Je vais _______ faire des pâtisseries.

À écrire

Cahier: Activité écrite: C

Synthèses

A. Marie, Sophie et Béatrice partagent *(share)* un appartement. Marie raconte à Louise les activités et les habitudes des trois copines. Complétez chaque phrase de Marie par la forme convenable du verbe indiqué.

1. (faire) Nous ______ nos études toutes les trois dans la même université.
2. (écouter) On ______ très souvent la radio.
3. (regarder) Nous ______ la télé pendant le week-end.
4. (aller) On ______ quelquefois au cinéma.
5. (espérer) Moi, j' ______ faire du marketing cette année.
6. (faire) On ______ des courses au supermarché.
7. (manger) Nous ______ presque toujours à l'appartement.
8. (aller) Demain, elles ______ au marché pour acheter des fruits.
9. (préférer / acheter) Béatrice ______ le café instantané, mais Sophie ______ toujours du café moulu *(ground).*
10. (avoir) Elles ______ toujours des courses à faire.

B. Interview

Activité B: Have students report their findings to the entire class.

1. Est-ce que vous aimez les études que vous faites?
2. Est-ce que vous travaillez souvent en bibliothèque?
3. Est-ce que vous dînez souvent au restaurant? Qu'est-ce que vous aimez manger?
4. Est-ce que vous allez souvent au cinéma?
5. D'habitude, qu'est-ce que vous faites le samedi soir?
6. Est-ce que vous regardez beaucoup la télé?
7. Est-ce que vous écoutez souvent la radio?

À écrire

Cahier: Activité écrite: D

Lexique personnel

The **Lexique personnel** enables students to develop personalized lists of their most frequently used words for given topics. Individualized vocabulary learning capitalizes on student interests to better reflect personal vocabulary needs.

Les préférences et les achats

Cherchez les mots qui correspondent aux thèmes suivants:

1. des plats que vous adorez
2. des plats que vous détestez
3. des achats que vous faites souvent au centre commercial
4. des achats que vous faites souvent dans les petits commerces de proximité

En utilisant le vocabulaire du chapitre et votre lexique personnel, complétez les phrases suivantes. Ensuite, posez une question appropriée à un(e) camarade de classe pour déterminer ses préférences.

MODELE J'aime la pizza.
Tu aimes la pizza?

1. J'aime bien le (la, l', les)...
2. Je déteste le (la, l', les)...
3. Je mange souvent du (de la, de l', des)...
4. Je ne mange jamais de (d')...
5. Au centre commercial, j'achète souvent un(e) (du, de la, de l', des)...
6. Dans les petits commerces près de chez moi, j'achète souvent un(e) (du, de la, de l', des)...

Interactions

These activities provide students the opportunity to go beyond the more structured exercises of the chapter and use their developing language skills in open-ended activities that allow for greater personalization and varying responses. The **Interactions** activities are tied to the chapter by functional, structural, or cultural themes.

Activité 1. Au marché. Regardez attentivement cette photo. C'est un marché à Pointe-à-Pitre, en Guadeloupe. Répondez aux questions suivantes.

1. Quels produits se vendent au marché?
2. Quels avantages y a-t-il à faire des courses chez un petit commerçant? dans un hypermarché?
3. Quels produits se vendent sur les marchés en plein air aux Etats-Unis? Est-ce qu'on y trouve d'autres produits que de la nourriture?

Activité 2. Mes préférences. La nourriture est souvent liée à nos activités et à nos sentiments. Indiquez vos préférences culinaires dans les circonstances suivantes.

Quand je suis pressé(e)...	Quand j'ai besoin d'énergie...
Quand je suis fatigué(e)...	Pour fêter mon anniversaire...
Quand je prépare un examen...	Quand... ???

Activité 3. La semaine prochaine. Quels sont vos projets pour la semaine prochaine? Décrivez cinq activités que vous pensez faire pendant la semaine et trois projets que vous avez pour le week-end. Indiquez si vous allez faire ces activités avec quelqu'un ou seul(e).

MODELE La semaine prochaine, mes amis et moi, nous allons travailler en bibliothèque. Je vais passer un examen de biologie.
Le week-end prochain, mon camarade de chambre et moi, nous allons dîner au restaurant pour fêter son anniversaire.

Structures II

Nouns

All French nouns are either masculine or feminine, and there is no fixed rule for determining the gender. You should develop the habit of consulting a dictionary when you are not sure of the gender of a noun.

The plural of most nouns is formed by adding **s** to the singular.

le marché	les marchés
la pêche	les pêches
l'abricot *(m)*	les abricots

Nouns ending in **s, x,** or **z** in the singular do not change in the plural.

le repas	les repas
le prix	les prix
le nez	les nez

Some nouns have irregular plural forms. Some common irregular plurals are listed below. Note that most of these nouns are masculine.[5]

Singular Ending	Plural Ending	Examples	
-eau	**-eaux**	le cout**eau**	les cout**eaux**
-eu	**-eux**	le **feu**	les **feux**
-al	**-aux**	l'anim**al** *(m)*	les anim**aux**
-ou	**-oux**	le bij**ou**	les bij**oux**

A few nouns have very different forms in the plural.

l'œil *(m)*	les yeux	madame	mesdames
monsieur	messieurs	mademoiselle	mesdemoiselles

[5] One common exception is **l'eau** *(water),* which is feminine.

The plural of a family name is indicated in French by the use of the plural definite article, but no **s** is added to the proper name itself.

les Dupont les Martin

1. Complétez la conversation entre un étudiant français et une étudiante américaine en mettant le pluriel des noms suivants au bon endroit dans le dialogue.

boucherie	fruit	magasin	produit *(2 fois)*
consommateur	gâteau	morceau	repas
franc	légume	prix	supermarché

STEPHANE: Les Français achètent très souvent le pain à la boulangerie et la viande, quelques bons _______ de bœuf par exemple, dans les _______ du quartier, surtout pour les grands _______ de famille. Si on cherche des _______ au chocolat ou au Grand Marnier, on préfère aller à la pâtisserie.

SUZANNE: Mais les _______ sont beaucoup plus pratiques, même s'il faut y aller en voiture. Et les _______ sont plus avantageux.

STEPHANE: C'est peut-être vrai, mais la qualité des _______ n'est pas aussi bonne. En plus, les _______ et les _______ sont beaucoup plus frais au marché. Il ne faut pas sacrifier la qualité pour économiser quelques _______.

SUZANNE: Mais les _______ sont plus nombreux dans les grandes surfaces.

STEPHANE: Oui, bien sûr. Mais, même vous autres, les Américains, surtout pour une grande fête, n'achetez-vous pas vos _______ dans des _______ spécialisés qui assurent une excellente qualité?

SUZANNE: Tu as raison. Dans toutes les cultures, on cherche la qualité pour certaines choses et la rapidité pour d'autres.

2. Vous habitez chez Mme Lenoir cet été et vous parlez avec elle pendant qu'elle se prépare à faire les courses. Complétez chaque déclaration en utilisant le pluriel d'une expression de la liste suivante. Il y a peut-être plus d'une réponse possible dans certains cas.

animal	course	fromage	panier	provision
caissière	filet	fruit	pâtisserie	rayon
cerise	fois	légume	petit enfant	sac
chariot	français	oignon	produit	vin rouge

1. J'adore les _______ .
2. Pour faire une soupe on a besoin de _______ et d' _______ .
3. Les _______ sont bons (bonnes) en été.
4. Je préfère les _______ .
5. N'oubliez pas les _______ pour notre soirée.
6. Il fait les provisions deux _______ par semaine.
7. Les _______ sont pratiques pour faire le marché en France.
8. Je déteste les _______ .
9. Les _______ sont nécessaires dans un supermarché.
10. Je n'aime pas faire les _______ .

Articles

The Indefinite Article

The indefinite articles **un, une, des** accompany nouns used in a nonspecific sense and correspond to the English *a, an, some.*

	Singular	Plural
Masculine	**un** rayon	**des** rayons
Feminine	**une** pomme	**des** pommes

After most negative constructions, the indefinite articles **un, une, des** become **de.**

—As-tu **un** billet de cent francs?
—Non, je n'ai pas **de** billet de cent francs.
—Mais tu vas acheter **une** bouteille de vin ou non?
—Non, pas aujourd'hui, je n'achète pas **de** bouteille de vin. Et je ne vais pas non plus acheter **de** boîtes de conserves.

However, the article does not change after the verb **être** used negatively.

—Ce magasin-là, c'est **une** boucherie?
—Non, ce n'est pas **une** boucherie; c'est une charcuterie.
—Et voilà **des** artichauts!
—Non, ce ne sont pas **des** artichauts; ce sont des poivrons.

3. Des amis se retrouvent au café. Que disent-ils et que font-ils? Complétez chaque phrase par la forme convenable de l'article indéfini **(un, une, des, de).**

1. Cherchons ________ table.
2. Moi, je vais prendre ________ frites.
3. Normalement, je ne commande pas ________ coca.
4. _______ express, s'il vous plaît.
5. On a envie de manger ________ sandwichs.
6. Véronique commande ________ Orangina.
7. On apporte à Isabelle ________ tasse de café.
8. Le groupe ne prend pas ________ dessert.

The Definite Article

The forms of the definite article, **le, la, l', les,** correspond to the English word *the.*

	Singular	Plural
Masculine	**le** marché	**les** marchés
Feminine	**la** pâtisserie	**les** pâtisseries
Masculine or Feminine	**l'**hélicoptère	**les** hélicoptères
	l'épicerie	**les** épiceries

The form **l'** is used before both masculine and feminine nouns that begin with a vowel or a mute **h.**[6]

[6] A few French words contain an aspirate **h** and take the definite article **le** or **la: le *héros, le *haricot, le *hors-d'œuvre, le *homard, la *honte, le *huit.** Other exception: **le onze.**

When the definite articles **le** or **les** are preceded by **à** or **de,** the following contractions are made.

à + le → au	Je vais aller **au** marché,
à + les → aux	Il donne le panier **aux** enfants.
de + le → du	Je parle **du** marché.
de + les → des	Elles sont contentes **des** fruits du marché.

There is no contraction with **la** or **l'.**

Elle va **à l'**épicerie. Elle parle **de la** charcuterie d'à côté.

The definite article is normally used to refer to specific persons or things.

—Où vas-tu?	—*Where are you going?*
—Je vais à **la** boulangerie.	—*I'm going to* ***the*** *bakery.*
—N'oublie pas **le** filet et n'oublie pas non plus **les** croissants pour le petit déjeuner.	—*Don't forget* ***the*** *grocery bag and don't forget* ***the*** *croissants for breakfast either.*

The definite article in French has some uses that do not parallel English usage.[7] For example, the definite article is used when speaking of a thing or things in general, in an abstract sense, or as a whole.

La viande coûte cher.	***Meat*** *is expensive.*
Les Français apprécient le progrès.	***French people*** *appreciate progress.*
Les traditions sont importantes en France.	***Tradition*** *is important in France.*

The definite article accompanies nouns that follow the verbs listed below, in both affirmative and negative forms, because such nouns are being used in a general sense.

aimer (mieux)	Ils **n'aiment pas le** vin.
adorer	J'**adore la** salade.
préférer	Nous **préférons les** supermarchés.
détester	Elle **déteste les** champignons.
apprécier	Il **apprécie les** marchés français.

4. Voici une conversation entre Christine et Jacques. Complétez le dialogue en utilisant la forme correcte de l'article défini **(le, la, l', les)** et faites les contractions nécessaires avec **à** ou **de** si nécessaire.

—Christine, tu vas (à) _________ marché?

—Salut, Jacques. Oui, je fais _________ marché de la semaine.

—Ah, et _________ provisions coûtent cher, n'est-ce pas?

—En effet. C'est pourquoi je préfère _________ supermarché. Mais j'aime certains aspects (de) _________ magasins du quartier aussi. J'aime _________ légumes frais et j'adore parler (à) _________ charcutier.

—Tu parles (de) _________ charcutier là-bas, au coin de la rue? Il est gentil, mais je n'aime pas _________ salades composées qu'il y a dans son magasin. Je vais souvent (à) _________ rayon charcuterie (de) _________ supermarché. _________ viande est très bonne à Carrefour.

—Ah! Les goûts et les couleurs... C'est _________ vie, n'est-ce pas?

À écrire
Cahier: Activités écrites: E, F

[7] For other uses of the definite article, see ***Appendix A.***

The Partitive

The partitive is formed with **de** + the definite article. It corresponds to the English words *some* or *any*.

Masculine Noun	J'achète **du** lait.
Feminine Noun	Il commande **de la** viande.
Vowel Sound or Mute **h**	Demandez **de l'**eau.

This construction is called the partitive because it refers to *part* of a whole. In English, we often omit the words *some* or *any*, even when they are implied. In French, you must use the partitive whenever the sense of the sentence limits the quantity to which you are referring. To see if you need to use the partitive, ask yourself: Do I mean all of the concept referred to or only part of it?

J'achète **du** lait.	*I'm buying* ***(some)*** *milk.* (Not all the milk in the store.)
Il commande **de la** viande.	*He orders* ***(some)*** *meat.* (Not all of it.)
Demande **de l'**eau, s'il te plaît.	*Ask for* ***(some)*** *water, please.* (Only part of all the water available.)

Rappel! Rappel!

Note that **des** is considered to be an indefinite article when it is the plural of **un / une** and denotes things that can be singled out and counted: **Il a une pomme. / Il a *des* pommes.** The same form **des** is a true partitive article when it denotes things that cannot be counted: **Il mange *des* épinards** *(spinach).* This distinction is purely grammatical, however, and does not change the basic rules governing the use of the plural article **des.**

In the negative, **de (d')** is used.

Il achète **du** vin.	Il n'achète pas **de** vin.
Je mange **de la** viande.	Je ne mange pas **de** viande.
Jetez **de l'**eau sur le feu.	Ne jetez pas **d'**eau sur le feu.
Elle apporte **des** fruits.	Elle n'apporte pas **de** fruits.

De (d') is also used with a plural adjective that precedes a noun, especially in written French.

Ils ont **des** amis.	Ils ont **de bons** amis.
Elle visite **des** hôtels chers.	Elle visite **de grands** hôtels.
Elle achète **des** fruits.	Elle achète **d'excellents** fruits.

Most expressions of quantity use only **de (d')** before a noun. Here are some widely used expressions of quantity.

assez de *enough*	Tu as **assez de** café?
pas mal de *quite a few*	Il y a **pas mal de** clients dans le magasin.
beaucoup de *a lot, many, much*	Elle fait **beaucoup d'**achats.
peu de *few*	Il y a **peu de** magasins ouverts le dimanche en France.
un peu de *a little*	Achetez **un peu de** fromage.
trop de *too much*	J'ai **trop de** courses à faire.
tant de *so much*	N'achète pas **tant de** vin.
moins de *fewer, less*	Achetons **moins de** fruits.
une bouteille de *a bottle of*	Il apporte **une bouteille de** vin.
un verre de a *glass of*	Il désire **un verre d'**eau.
une tasse de *a cup of*	Je commande **une tasse de** café.
un kilo de *a kilo of*	Je vais acheter **un kilo de** viande.
un morceau de *a piece of*	Tu manges **un morceau de** gâteau?
une tranche de a *slice of*	Je vais manger **une tranche de** jambon.
une boîte de *a can of*	Va chercher **une boîte de** petits pois.

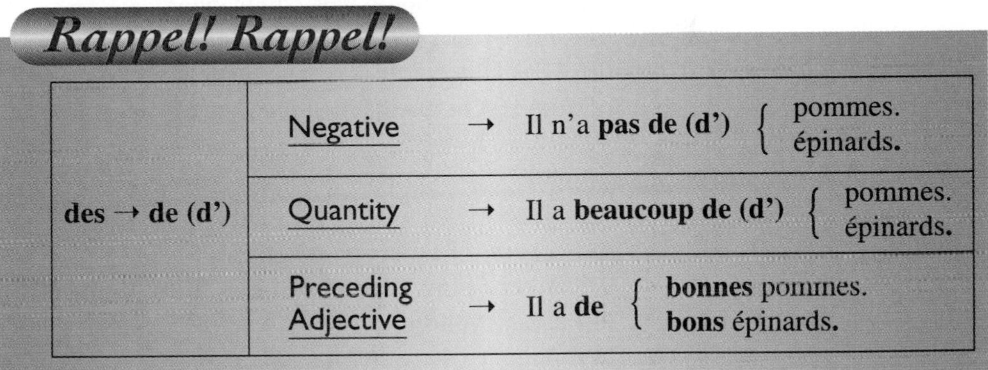

Rappel! Rappel!

des → de (d')	Negative	→	Il n'a **pas de (d')** { pommes. / épinards.
	Quantity	→	Il a **beaucoup de (d')** { pommes. / épinards.
	Preceding Adjective	→	Il a **de** { **bonnes** pommes. / **bons** épinards.

The expressions **la plupart** *(most)* and **bien** *(many)* are exceptions and always take **des** before a plural noun.

La plupart des gens aiment le vin.
Bien des étudiants travaillent en bibliothèque.

Some verbal expressions use only **de** before a noun, such as **manquer de** *(to lack)* and **changer de** *(to change).*

Nous **manquons de** fruits à la maison. *We are out of fruit at home.*
On n'aime pas **changer de** boulangerie. *People don't like to change bakeries.*

Expressions such as **avoir besoin de** (to *need)* and **se passer de** *(to do without)* use **de** alone when they are followed by a noun used in the partitive sense.

Tu as **de l'**argent pour faire les courses?
Non, j'**ai besoin d'**argent.

When these expressions are followed by a singular noun used in a particular, nonpartitive sense, the indefinite article is retained because of its numerical value.

Tu as deux cabas. Tu peux m'en prêter un?
Oui, je peux **me passer d'un** cabas aujourd'hui. *(numerical value)*

BUT:

Je vais **me passer du** filet rouge. *(definite article: specific item)*
Généralement, je **me passe de** filet. *(general sense: any item of a kind)*

5. Virginie et Laura déjeunent dans un petit restaurant près du boulevard St-Michel. Complétez leurs remarques par la forme appropriée des éléments entre parenthèses.

1. (de / des) Il y a beaucoup _________ clients dans le restaurant.
2. (de / de la) Demande s'il y a _________ place pour deux.
3. (du / de) Moi, je vais commander _________ poulet.
4. (de la / de) Mais moi, je ne mange pas _________ viande.
5. (du / de) Vous désirez _________ vin, mesdemoiselles?
6. (du / de) Une demi-bouteille _________ rouge, s'il vous plaît.
7. (de l' / d') Apportez _________ eau aussi, s'il vous plaît.
8. (du / de) A la fin du repas, je vais demander _________ fromage.
9. (des de) Moi, non, je vais commander _________ fraises.
10. (des / d') Très bien. Ils ont _________ excellentes fraises ici.
11. (du / de) Une tasse _________ café pour moi aussi.
12. (d' / de l') On mange bien ici, et on dépense peu _________ argent!

6. Employez les éléments indiqués pour poser des questions à vos camarades de classe. Faites attention à l'emploi des articles.

1. tu / acheter / beaucoup / vêtements?
2. tu / aimer / films d'aventure / ou / films d'amour?
3. tu / avoir / voiture?
4. tu / manger / souvent / hamburgers?
5. tu / apprécier / cuisine française?
6. tu / avoir / frères / ou / sœurs?
7. tu / préférer / bière / ou / coca / avec / pizza?
8. tu / avoir besoin / argent?

Cahier: Activité orale: I

Rappel! Rappel!

Certain uses of articles in French parallel English usage. When you use *a* or *an* in English, the indefinite article **un** or **une** is usually appropriate in French. If English usage specifies *the,* the definite article **le, la, l',** or **les** is used in French.

J'apporte **un** cabas.	*I am bringing **a** tote bag.*
Nous allons à **la** boulangerie.	*We are going to **the** bakery.*

Particular attention should be paid to cases where French and English uses of articles may not be parallel:

- English often omits the article altogether. In French, however, nouns are usually not used without articles.
- In French, the definite article may accompany both a noun used in a general sense and a noun used in a specific sense.
- If the concepts of *some* or *any* are either stated or implied in English, the partitive must be used in French.

Compare the following examples:

GENERAL SENSE	**La** viande coûte cher.	*Meat is expensive.*
SPECIFIC SENSE	**La** viande que vous achetez coûte cher.	*The meat that you're buying is expensive.*
PARTITIVE SENSE	J'achète **de la** viande.	*I'm buying* ***(some)*** *meat.*

Be careful not to use the definite article when the context of the sentence limits the quantity being referred to and calls for the partitive. To say something like **As-tu *le* coca?** would be very confusing to a French speaker. Either you would be referring to the entire concept of Coca-Cola, which is impossible in the context of *Do you have . . . ?* or you would be referring to some specific Coca-Cola that had been previously discussed, as in **As-tu le coca (que nous allons servir à la soirée)?** The notion of *Do you have (any) Coke?* requires the partitive in French: **As-tu *du* coca**?

Synthèses

A. Martin rentre aux Etats-Unis après une année à Paris. Il raconte à ses amis comment on fait les courses en France. Complétez les phrases de Martin en ajoutant la forme convenable des articles (définis, indéfinis ou partitifs).

1. Certains Français n'aiment pas _________ hypermarchés; ils préfèrent _________ commerces de proximité.
2. Ils préfèrent acheter _________ provisions tous les jours.
3. A _________ épicerie, ils achètent _________ boîtes de conserve, _________ farine, _________ vin et _________ produits alimentaires, mais pas _________ viande.
4. Ils vont à _________ boulangerie pour acheter _________ pain et _________ pâtisseries.
5. Les Français utilisent de plus en plus _________ aliments surgelés.
6. A _________ charcuterie on trouve _________ porc, _________ poulet, _________ salades composées et _________ charcuterie en général.
7. Moi, personnellement, j'aime bien _________ supermarché; _________ supermarchés français ressemblent beaucoup aux supermarchés américains.
8. Mais même au supermarché, on a besoin d' _________ chariot ou d' _________ panier.
9. On n'a pas _________ sacs en papier; il y a _________ petits sacs en plastique.
10. _________ viande et _________ produits surgelés coûtent cher en France, mais les Français achètent peu _________ produits de luxe surgelés.
11. Au marché, on trouve _________ bons légumes frais et _________ fruits superbes. J'adore _________ marchés en plein air, peut-être parce que nous, aux Etats-Unis, on n'a pas beaucoup _________ marchés.
12. Surtout, les Français n'aiment pas se passer _________ pain, et ils hésitent souvent à changer _________ boulangerie, parce qu'ils préfèrent _________ croissants et _________ baguettes d'un certain boulanger.

À écrire
Cahier: Activités écrites: G, H

B. Interview. Répondez aux questions suivantes.

1. Achetez-vous les provisions de la semaine le samedi?
2. Préparez-vous du café tous les matins?
3. Aimez-vous le café? le thé?
4. Faites-vous beaucoup de courses le vendredi soir?
5. Achetez-vous souvent des pâtisseries françaises?
6. Y a-t-il un marché en plein air près de chez vous?
7. Préférez-vous payer en espèces ou par carte bancaire?
8. Faites-vous certains achats tous les jours?

C. Vous essayez de donner à Mme Lenoir une idée de certaines préférences alimentaires en Amérique. Complétez les déclarations suivantes pour donner une image de vos habitudes alimentaires.

1. Le week-end, d'habitude, je mange _________.
2. En général, j'aime la viande, mais je ne mange pas _________.
3. Quand je fais les courses, j'achète normalement _________.
4. Franchement, je déteste _________.
5. Mais, j'adore _________.
6. Au déjeuner, je mange souvent _________.
7. Chez nous, on prépare très souvent _________.
8. Pour un repas de fête, j'aime bien préparer _________.

Cahier: Activités orales: J, K

AUDIO CD

Pour s'exprimer

Ecoutez d'abord les conversations «Au café» et «A l'hypermarché» qui se trouvent sur le CD sous le titre «Faire les courses». Après avoir écouté les conversations, complétez les activités qui suivent.

CONTEXTE: Nous sommes à Rennes, une ville universitaire de Bretagne. Véronique, Sébastien et Isabelle prennent un pot au café avec un copain américain, Jim. Ecoutons leur conversation.

A l'écoute

The questions and tasks presented in this section include, but also go beyond, simple comprehension questions. Students are encouraged to examine intonation patterns, language / vocabulary use, and cultural similarities and differences.

A. La conversation qui a lieu au café est ponctuée de questions. Certaines de ces questions sont plus importantes que d'autres pour faire avancer le dialogue. A votre avis, quelles sont les trois questions essentielles du dialogue? Expliquez pourquoi.

B. Quels articles y a-t-il dans le chariot de Jim et d'Isabelle quand ils arrivent à la caisse? Faites la liste des provisions qu'ils achètent.

C. Ecoutez attentivement les propos échangés entre Isabelle et Sébastien. Répétez le rôle de Sébastien en imitant son intonation. Quelle sorte de personnalité a-t-il, à votre avis? Isabelle est-elle d'accord avec vous? Dites pourquoi.

D. Identifiez dans le dialogue cinq mots ou expressions qui ne font pas encore partie de votre vocabulaire français (par exemple: **un diabolo-menthe).** Expliquez quels aspects du dialogue facilitent leur compréhension.

A vous la parole

Encourage students to continue using expressions of agreement and disagreement in other contexts, by rewarding their ongoing use in class participation grades.

Voici quelques expressions utiles pour réagir à une déclaration ou une suggestion. Imaginez que vous préparez un pique-nique avec un groupe d'amis français! Lisez les remarques de vos ami(e)s et répondez à chacune avec une des expressions suivantes en justifiant votre réaction.

Réactions positives	Réactions marquant l'indifférence	Réactions négatives
Formidable!	Ça m'est égal.	Zut!
Sensationnel!	C'est sans importance.	C'est dommage!
Fantastique!	Tant pis!	C'est affreux!
Chouette!	Je m'en fiche.	Oh non! C'est pas possible!
Mais si... !		Pas question!
Pas de problème!		
Super!		

MODELE — On va jouer au football après le pique-nique.
— Super! J'adore jouer au football.
OU: — Oh non! C'est pas possible! Tout le monde n'aime pas jouer au football.

1. Allons faire un pique-nique demain.
2. Nous allons apporter du vin, du pain et du fromage.
3. Magali va apporter une radiocassette.
4. Tu vas acheter des fruits et des pâtisseries.
5. Marc va amener son gros chien.
6. Je vais inviter plus de vingt personnes.
7. On va aussi inviter notre prof de français.
8. Tout le monde va aller au parc à bicyclette.
9. Il ne va pas y avoir de bière.
10. Il va peut-être pleuvoir demain.

Situations

The **Situations** sections present a variety of cumulative activites that may be done orally or assigned as written homework. They are designed to reinforce structures, vocabulary, and cultural information presented in the chapter.

1. Pendant un séjour en France, vos amis français vous demandent: Qu'est-ce que tu manges pendant une journée normale?
2. Des jeunes gens de Guadeloupe visitent votre campus. Ils pensent que les jeunes Américains ont beaucoup d'argent à dépenser et qu'ils consomment beaucoup. En groupes de trois ou quatre, parlez de vos habitudes de consommation. Ensuite, comparez les réponses des différents groupes. Que pouvez-vous répondre aux invités guadeloupéens?
3. Vous passez l'été avec la famille Albet. Madame Albet vous demande ce que vous mangez ou ne mangez pas. Une étudiante joue le rôle de Madame Albet et vous lui expliquez vos préférences.
4. Vous êtes en France et vous voulez faire un pique-nique. En groupes, parlez des provisions nécessaires pour votre pique-nique: dites ce que vous voulez acheter et où il faut faire les achats. Ensuite, comparez les réponses des différents groupes pour composer un seul menu.

Structures III

Voilà and il y a

Both **voilà** and **il y a** mean *there is, there are,* but the two constructions are used in different senses.

Voilà is used to point out or indicate something. It is the verbal equivalent of gesturing with your hand to show something to someone.

> Regardez, **voilà** les Dupont. Les **voilà** déjà?
> **Voilà** les fruits que vous cherchez.

Il y a simply states the existence or presence of something.

> **Il y a** un marchand de fruits par ici. **Il y a** des marchés couverts en France.

Note that both constructions are invariable, even when they are the equivalents of *there are.*

1. Vous allez au restaurant universitaire avec Martine Paradis du Canada. Utilisez **voilà** ou **il y a** pour compléter la conversation suivante.

—Ah, regarde Martine, ______ mes copains qui déjeunent ensemble.

—Est-ce qu'______ de la place près d'eux?

—Oui, regarde, ______ justement deux places. Qu'est-ce qu'______ au menu aujourd'hui?

— ______ du poulet et de la pizza. Ah mais, ______ deux plats américains que je n'aime vraiment pas.

— C'est dommage, mais ______ aussi des sandwichs. Achetons des sandwichs et sortons.

2. Complétez par **voilà** ou **il y a** les phrases qui racontent une scène typique en cours de français.

1. Dans mon cours de français ______ (nombre) étudiants.
2. Attention! ______ le prof. Il arrive.
3. ______ une petite interrogation aujourd'hui?
4. ______ beaucoup de questions dans l'interro?
5. Oh, là, là, _______ une interro vraiment difficile.
6. L'interrogation est terminée. Eh bien, ______.

Interactions

Activité 1. A la dernière minute. Des amis arrivent chez vous vers six heures du soir et vous les invitez à dîner. Décrivez le repas que vous allez préparer à la dernière minute.

Activité 2. La publicité. Lisez les publicités qui suivent et identifiez les mots ou les expressions les plus importants.

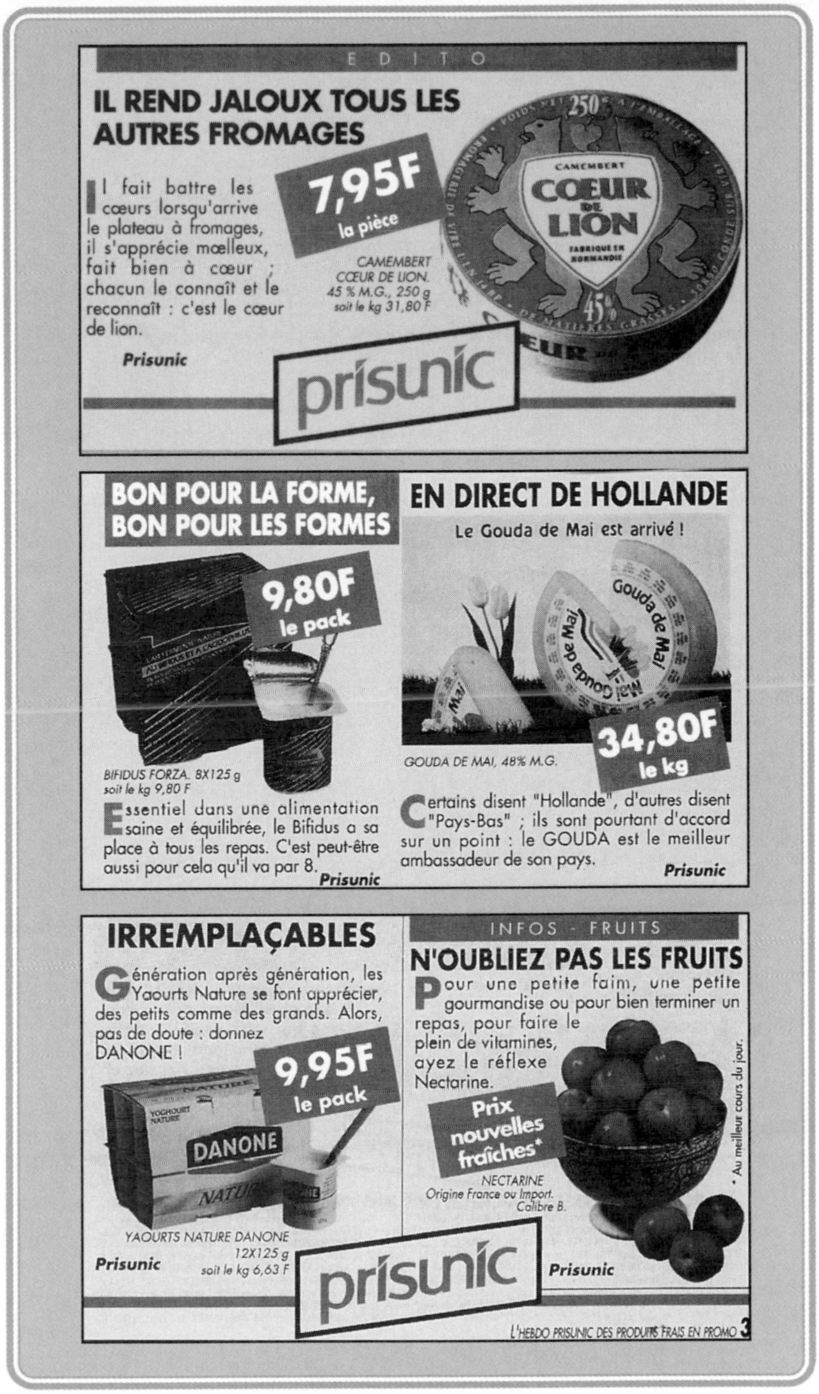

EDITO

IL REND JALOUX TOUS LES AUTRES FROMAGES

Il fait battre les cœurs lorsqu'arrive le plateau à fromages, il s'apprécie mœlleux, fait bien à cœur ; chacun le connaît et le reconnaît : c'est le cœur de lion.

Prisunic

7,95F la pièce

CAMEMBERT CŒUR DE LION. 45 % M.G., 250 g soit le kg 31,80 F

prisunic

BON POUR LA FORME, BON POUR LES FORMES

9,80F le pack

BIFIDUS FORZA. 8X125 g soit le kg 9,80 F

Essentiel dans une alimentation saine et équilibrée, le Bifidus a sa place à tous les repas. C'est peut-être aussi pour cela qu'il va par 8.

Prisunic

EN DIRECT DE HOLLANDE

Le Gouda de Mai est arrivé !

GOUDA DE MAI, 48% M.G.

34,80F le kg

Certains disent "Hollande", d'autres disent "Pays-Bas" ; ils sont pourtant d'accord sur un point : le GOUDA est le meilleur ambassadeur de son pays.

Prisunic

IRREMPLAÇABLES

Génération après génération, les Yaourts Nature se font apprécier, des petits comme des grands. Alors, pas de doute : donnez DANONE !

9,95F le pack

YAOURTS NATURE DANONE 12X125 g soit le kg 6,63 F

Prisunic

INFOS - FRUITS

N'OUBLIEZ PAS LES FRUITS

Pour une petite faim, une petite gourmandise ou pour bien terminer un repas, pour faire le plein de vitamines, ayez le réflexe Nectarine.

Prix nouvelles fraîches*

NECTARINE Origine France ou Import. Calibre B.

* Au meilleur cours du jour.

Prisunic

prisunic

L'HEBDO PRISUNIC DES PRODUITS FRAIS EN PROMO 3

Activité 3, follow-up: Have students prepare advertising designed to sell popular American products to the French. Consider videotaping presentations to simulate television advertising.

Cahier: Activité orale: L

Cahier: Activités écrites: I, S'exprimer par écrit

Activité 3. Les produits américains à l'étranger. Choisissez un des produits américains suivants et avec un(e) partenaire, créez une publicité pour le vendre en France. Inspirez-vous des pubs de l'***Activité 2.***

- Coca-Cola
- Kellogg's Pop-Tarts
- Equal Sweetener
- Campbell's Soup
- Quaker Oatmeal
- Orville Redenbacher Popcorn

Perspectives littéraires

Mise en train

Sujets de réflexion

1. Dans notre société de consommation actuelle, comment a-t-on de plus en plus tendance à déterminer la valeur d'une personne?
2. Pourquoi achète-t-on souvent des produits de marque *(brand)* connue? Comment choisissez-vous vos vêtements, vos chaussures? Quelle est pour vous la voiture idéale?
3. Aujourd'hui, le matérialisme influe-t-il aussi sur les rapports personnels?

Boris Vian

Boris Vian (1920–1959) compose des romans, des pièces de théâtre et des poèmes qui n'ont pas beaucoup de succès à son époque mais qui vont être plus appréciés après sa mort. Toute l'œuvre de Vian est marquée par sa personnalité et son talent riches et complexes. Ses créations littéraires sont dominées par une fantaisie humoristique. Très souvent, Vian emploie son sens de l'humour et de la fantaisie pour critiquer différents aspects du monde moderne qu'il trouve odieux. Le poème *La Complainte du progrès* nous offre un excellent exemple de l'humour de Vian aussi bien que de son attitude face au matérialisme de la vie moderne. En analysant ce poème, on comprend pourquoi l'œuvre de Vian a été redécouverte, particulièrement à la suite de la révolution sociale des années 60, et on y trouve un message qui a peut-être encore plus de valeur aujourd'hui.

Avant de lire

1. Expliquez l'ironie fondamentale du titre du poème suivant. En quoi les mots **complainte** et **progrès** forment-ils une antithèse? La lecture du titre vous donne-t-elle déjà des indications sur le message de ce poème?
2. Faites une liste des objets mentionnés dans ce poème que vous reconnaissez tout de suite sans avoir à chercher ces mots dans le dictionnaire. Aucun besoin de comprendre tous les mots pour comprendre le poème. C'est l'accumulation des objets qui compte, pas le détail. Commentez.

Boris Vian: La Complainte du progrès

Autrefois, pour faire sa cour
On parlait d'amour
Pour mieux prouver son ardeur
On offrait son cœur
Maintenant c'est plus pareil
Ça change Ça change
Pour séduire le cher ange
On lui glisse à l'oreille
Ah... Gudule!... Viens m'embrasser...
Et je te donnerai

Un frigidaire
Un joli scooter
Un automixer
Et du Dunlopillo
Une cuisinière
Avec un four en verre
Des tas de couverts
Et des pell' à gâteaux
Une tourniquette
Pour fair' la vinaigrette
Un bel aérateur
Pour bouffer les odeurs
Des draps qui chauffent
Un pistolet à gaufres
Un avion pour deux
Et nous serons heureux.

Autrefois s'il arrivait
Que l'on se querelle
L'air lugubre on s'en allait
En laissant la vaisselle
Aujourd'hui, que voulez-vous
La vie est si chère
On dit rentre chez ta mère
Et on se garde tout
Ah... Gudule!... Excuse-toi...
Ou je reprends tout ça

Mon frigidaire
Mon armoire à cuillers
Mon évier en fer
Et mon poêl' à mazout
Mon cire-godasses
Mon repasse-limaces
Mon tabouret à glace
Et mon chasse-filou
La tourniquette
A faire la vinaigrette
Le ratatine-ordures
Et le coupe-friture,
Et si la belle
Se montre encore rebelle
On la fiche dehors
Pour confier son sort

Au frigidaire
A l'efface-poussière
A la cuisinière
Au lit qu'est toujours fait
Au chauffe-savates
Au canon à patates
A l'éventre-tomates
A l'écorche-poulets
Mais très très vite
On reçoit la visite
D'une tendre petite
Qui vous offre son cœur
Alors on cède
Car il faut qu'on s'entraide

Et l'on vit comme ça
Jusqu'à la prochaine fois.

Synthèses

Après la lecture

1. Dans les vers 1 un à 10, le poète établit un contraste essentiel entre les sentiments d'amour dans le passé et dans le monde moderne. Résumez ce contraste.
2. Que symbolise le frigidaire dans ce poème? Pourquoi le poète choisit-il le réfrigérateur comme symbole majeur dans ce poème au sujet des rapports intimes et personnels? A votre avis, quel objet symbolise le matérialisme aujourd'hui?
3. Dans la troisième strophe («Autrefois s'il arrivait... »), que font les amoureux quand ils se disputent? Et aujourd'hui, à quoi pense-t-on avant de se séparer?
4. Une partie importante de la morale du poème est exprimée entre le vers 61 et la fin. Expliquez les allusions suivantes:
   a. «Mais très très vite
   On reçoit la visite
   D'une tendre petite»
   b. «Alors on cède
   Car il faut qu'on s'entraide»
   c. «Et l'on vit comme ça
   Jusqu'à la prochaine fois»
5. Par groupes de trois ou quatre personnes, résumez la vision de Vian sur les rapports intimes dans le monde moderne. Comparez le résumé de votre groupe à ceux des autres groupes. Comment trouvez-vous cette attitude envers l'amour... déprimante? réaliste?

Pour mieux lire

1. Dans les dix premiers vers du poème,
   a. quelles allusions indiquent qu'il s'agit d'un poème d'amour?
   b. comment le poète indique-t-il qu'il trouve le monde moderne différent du monde d'autrefois?
   c. quel vers est juxtaposé à l'idée «Viens m'embrasser»?
2. Dans les vers 11 à 26, presque tous les objets peuvent se trouver dans une maison. Citez deux objets (vers le début et vers la fin de la strophe) qui ne sont pas des appareils ménagers. En quoi ce contraste est-il humoristique?
3. A la fin de la troisième strophe du poème (les vers 35 à 36), quelles phrases sont juxtaposées aux phrases «Viens m'embrasser» et «Et je te donnerai» de la première strophe? En quoi la fin de cette strophe représente-t-elle une menace possible?
4. Quelles allusions dans les vers 49 à 52 entretiennent cette atmosphère de menace?
5. Dans les vers 53 à 59, il y a une allusion qui ne se rapporte ni à la cuisine ni à la nourriture. Laquelle? Comment cette allusion symbolise-t-elle la désintégration des rapports intimes entre les amants?

Expansion

1. Deux facteurs dominent dans le monde du commerce: l'offre, proposée par les industriels, les médias ct la publicité; et la demande, faite par les individus. Est-ce l'offre ou la demande qui joue le rôle principal dans le poème de Boris Vian? Quelle évolution économique et sociale du XXe siècle explique, à votre avis, le matérialisme de l'époque contemporaine?
2. Comment imaginez-vous l'avenir du commerce? Va-t-on éliminer les petits commerces? Quel rôle va jouer la technologie dans le commerce? Va-t-on diminuer le nombre de grandes surfaces? Quelle va être l'attitude des gens vis-à-vis de la consommation? Y a-t-il déjà dans la société des signes pour indiquer une nouvelle orientation?

Modes de vie

CHAPITRE 2

Le moderne s'harmonise souvent avec l'ancien dans le paysage urbain et rural en France.

Web activities

http://interaction.heinle.com

Trouvons un logement!

Cultural Focus

- Living Situations in France, Past & Present
- Lifestyles of Young People in France Today

Structures I

- Regular **-ir** Verbs
- Regular **-re** Verbs
- Negation
- Basic Question Patterns

Structures II

- Reflexive and Reciprocal Verbs
- Irregular **-oir** Verbs

Structures III

- Idioms with **être** and **avoir**
- **Depuis** + Present Tense

Functions

- Describing Daily Routines
- Describing States and Conditions
- Asking and Answering Questions

Literary Reading

- Annie Ernaux: *Les Armoires vides* (excerpt)

Perspectives culturelles

Culture générale

Le Paris de la Belle Epoque: Michel Delacroix—*Vieux Paris*

Ce tableau de Michel Delacroix est une illustration du Paris de la Belle Epoque (1900–1914). Beaucoup d'immeubles d'habitation à Paris datent d'avant 1900. Bon nombre de familles rurales avaient quitté leur province natale pour s'installer dans la capitale au moment de la révolution industrielle. Mais Paris est une ville ancienne où l'espace est assez limité. La hauteur relative des bâtiments s'explique donc par la nécessité de construire dans le sens vertical. Les rez-de-chaussée sont souvent occupés par des commerces. Dans une rue commerçante, le propriétaire du magasin et sa famille (souvent des ruraux devenus des commerçants) habitent généralement au premier étage, au-dessus du magasin, les autres étages étant occupés par des locataires.

Entre 1853 et 1870, sous la direction du baron Haussmann, un énorme projet de démolition et de construction transforme la capitale. Les règlements imposés à la nouvelle construction sont sévères et les bâtiments sont d'une architecture remarquablement uniforme, ce qui donne à la ville son caractère unique. De nos jours, dans ce pays où on aime les vieilles pierres, même lorsqu'elles n'ont que peu de valeur historique, on préfère souvent réhabiliter au lieu de démolir.

M. Delacroix, *Vieux Paris*

A. Imaginez la vie quotidienne des résidents de ce quartier assez typique en 1900. Qui habite dans les appartements? Y a-t-il plusieurs enfants? Que font les résidents pendant la journée?

B. Quelle justification peut-on donner à la réhabilitation d'un immeuble de ville? Quelles sortes de modifications faut-il faire à l'intérieur des appartements? Pourquoi y a-t-il des magasins au rez-de-chaussée? Est-ce une bonne idée?

Culture contemporaine

Immeuble d'habitation bourgeois à Paris

Immeuble de construction récente

La surface moyenne des habitations en France est aujourd'hui de 66 mètres carrés *[approx. 710 sq. ft.]* en appartement et de 103 mètres carrés *[approx. 1108 sq. ft.]* en maison individuelle. Même si la majorité des ménages se déclarent satisfaits de leurs conditions de logement, on déplore le plus souvent les inconvénients suivants: le manque d'espace, le bruit et l'insécurité. Elément significatif, le désir d'espace des Français augmente. Mais, en même temps, le nombre de personnes par ménage diminue: il y a moins de naissances, moins de générations qui vivent ensemble, et le nombre de résidences principales qui sont occupées par une personne seule augmente (48% à Paris).

Sarcelles: une cité de banlieue—architectes Boileau et Labourdette

La banlieue, à l'origine, est l'ensemble des agglomérations qui entourent une grande ville. Aujourd'hui le mot tend à désigner, assez souvent, des ensembles d'immeubles collectifs construits dans la périphérie d'une ville après 1950 et loués à des résidents aux revenus modestes ou à des familles d'immigrés. Le chômage y est courant, et l'isolement des résidents contribue aussi à la marginalisation d'une partie importante de cette population, surtout chez les jeunes. Sarcelles, dans la banlieue située juste au nord de Paris, est un exemple de ces grands ensembles typiques de l'urbanisme des cités-dortoirs des années 50 et 60.

Sarcelles: logements sociaux des années 50 près de Paris

Place de Catalogne: Logements sociaux de Ricardo Bofill

Les logements sociaux, dont la municipalité est propriétaire, ne se ressemblent pas tous. Certains sont même d'un grand intérêt architectural. Ricardo Bofill, architecte catalan, veut réconcilier le grand public avec l'architecture moderne. Bofill considère aussi que les Français ont une certaine nostalgie pour les formes et les matériaux classiques (colonnes, pierre, etc.) et les introduit souvent dans ses HLM, même quand les colonnes sont en verre et qu'il utilise le béton pour imiter la pierre.

Style néo-classique de R. Bofill à l'époque actuelle

C. Les villes doivent s'adapter aux modes de vie de leurs habitants. Les jeunes gens et les personnes âgées représentent deux groupes sociaux ayant des exigences, des besoins et des aspirations qui se manifestent dans leurs vies quotidiennes. Quels besoins pouvez-vous identifier pour chacun de ces deux groupes?

D. La surface moyenne d'un appartement et d'une maison en France vous semble-t-elle relativement petite, grande ou normale? Sur quels critères fondez-vous votre jugement? A votre avis, combien de personnes peuvent vivre confortablement dans un appartement correspondant à la surface moyenne des appartements français?

E. Que signifie le mot «banlieue» en France? Comment la signification de ce mot évolue-t-elle? Que désigne le mot «banlieue» dans le contexte de votre propre culture? Qui habite les banlieues chez vous? Le mot «banlieue» correspond-il aux mêmes réalités en France et dans votre culture?

F. Pourquoi une municipalité choisit-elle un architecte célèbre pour faire construire des logements sociaux, c'est-à-dire des immeubles où les locataires reçoivent une aide financière? A votre avis, Ricardo Bofill est-il un architecte classique ou moderne? Pourquoi?

Note culturelle: The **Note culturelle** is an integral and essential component of the lesson. It provides a succinct summary of cultural information relevant to the theme of the chapter and highlights important aspects of French culture.

Note culturelle

En 1850, 75% de la population française est rurale. A la fin du XXe siècle, la France est à 75% urbaine. Le mouvement d'industrialisation a été responsable de la diminution du nombre d'agriculteurs au XIXe siècle et une nouvelle fois dans les années 50. L'urbanisation française continue d'avoir des conséquences importantes sur les conditions de vie dans les grandes villes et dans les communes rurales, mais depuis vingt ans on assiste aussi à un nouveau phénomène: un exode urbain.

Depuis 1990, il y a une érosion de la population urbaine, notamment dans la région parisienne, mais aussi dans les villes de plus de 200 000 habitants. Le bruit, la circulation et l'insécurité des zones urbaines incitent leurs habitants à chercher une vie plus paisible, proche de la nature. On appelle ce phénomène la «rurbanisation» et ceux qui composent cette nouvelle population les «néo-ruraux». Mais beaucoup de ces personnes qui quittent la ville pour s'installer à la campagne n'abandonnent pas leur goût du confort. Elles veulent connaître les plaisirs d'un milieu rural à condition de pouvoir rester en liaison avec le reste du monde par la communication électronique (Minitel, courrier électronique, fax, web, etc.), d'avoir des grandes surfaces à proximité et d'avoir accès aux services administratifs décentralisés.

La grande majorité des Français habitent pourtant en zone urbaine, c'est-à-dire dans des communes de plus de 2 000 habitants. Dans la population générale, 56% des ménages habitent une maison individuelle. Par comparaison, on trouve que dans l'Union européenne, le nombre de maisons individuelles est le plus élevé chez les Belges (85%) et les Portugais (73%); le plus faible chez les Italiens (24%) et les Allemands (37%). La proportion des maisons individuelles dans les villes est, bien sûr, inférieure au nombre d'appartements. Et la proportion des ménages qui sont propriétaires de leur résidence est beaucoup plus faible pour les appartements que pour les maisons individuelles. Les locataires d'appartements parisiens, par exemple, sont trois fois plus nombreux que les propriétaires. Parmi les locataires, il faut aussi signaler le nombre de personnes habitant en HLM, c'est-à-dire en habitations à loyer modéré.

La France possède plus de 3 millions de résidences HLM dont la très grande majorité ont été construites depuis 1948. Il s'agit, pour la plupart, d'immeubles collectifs où le nombre de familles d'immigrés et de ménages avec enfants est important, surtout en banlieue. Les cités, ces ensembles de résidences HLM situés le plus souvent à l'extérieur des villes, représentent aujourd'hui une source d'inquiétude pour leurs habitants. Les jeunes des cités se sentent fréquemment oubliés par la société. En effet, dans les familles d'origine étrangère, où les conditions de vie et les résultats scolaires sont nettement moins favorables que pour les autres enfants, le nombre de jeunes au chômage est deux fois plus élevé que dans la population générale. Les statistiques montrent aussi que c'est dans les cités HLM de banlieue que le climat social est en détérioration, que la délinquance se manifeste le plus souvent et qu'on enregistre un nombre inquiétant d'infractions à la loi. On a quelque raison, cependant, d'être optimiste, car la moyenne délinquance (vols, cambriolages) diminue depuis quelques années.

A l'heure actuelle, le foyer semble devenir de plus en plus important dans les modes de vie en France. La durée des années d'études des enfants, le vieillissement de la population, dû à l'accroissement de l'espérance de vie, la possibilité de travailler à domicile grâce aux moyens de communication électronique (malheureusement aussi, quelquefois, l'augmentation du chômage) expliquent en partie pourquoi les Français passent de plus en plus de temps chez eux. Les rapports à l'intérieur de la famille vont nécessairement évoluer en conséquence. La famille et surtout les relations parents-enfants restent la première des préoccupations des Français. Pour eux, la famille est encore une valeur sûre, et la très grande majorité des 15–24 ans pensent que leurs relations avec leurs parents sont bonnes ou plutôt bonnes. Voilà une statistique encourageante!

Discussion

G. On parle de deux types d'exodes: l'exode rural et l'exode urbain. Quelles raisons pouvez-vous trouver pour expliquer ces deux phénomènes? Comparez votre liste et celles de vos camarades de classe.

H. Vivez-vous en ville, en banlieue ou à la campagne? Appartenez-vous au groupe des néo-ruraux? Habitez-vous en appartement ou en maison individuelle? En quoi la vie d'un citadin est-elle différente de celle d'un habitant de la campagne?

I. Expliquez la notion d'habitation à loyer modéré (HLM). Qui habite ces logements? Est-ce que les HLM sont toutes situées dans des cités de banlieue? Quelle est l'explication la plus logique aux problèmes qui se manifestent aujourd'hui dans les cités situées à l'extérieur des villes?

J. Un des sens du mot «foyer» est «le lieu où habite une famille». Quels éléments de la vie moderne semblent indiquer que le foyer devient de plus en plus important aujourd'hui? Avez-vous l'impression que les relations parents-enfants dans la société française actuelle sont à peu près les mêmes que dans votre société?

Expansion

K. Le dictionnaire Robert définit le terme *urbanisme* ainsi: «Etude systématique des méthodes permettant d'adapter l'habitat urbain aux besoins des hommes». Si une ville, comme Paris, existe depuis des siècles, quelles sont les adaptations qu'elle doit effectuer pour répondre aux besoins de la vie moderne? Etudiez les rapports entre commerces et habitants; le problème des jeunes et des personnes âgées; la qualité des logements, etc.

L. Le phénomène de l'exode urbain concerne l'histoire de beaucoup de pays. A quel moment apparaît-il dans l'histoire de votre pays? Qu'est-ce qui se passe quand une partie importante de la population quitte la ville pour aller s'établir dans la périphérie? Quelles sont les motivations des gens? La tendance actuelle est-elle de vouloir habiter en appartement ou en maison individuelle? Habiter à la campagne est-il plus facile ou moins facile aujourd'hui? Pourquoi?

M. Comparez les notions de «ghetto» et de «cité de banlieue». Quelles sont les similarités et les différences que vous observez entre les deux concepts? A quelles sortes de difficultés les résidents de ces types d'habitations sont-ils confrontés? Quelles sortes de solutions pouvez-vous proposer pour remédier à cette situation?

Vocabulaire actif

Modes de vie

Le logement

une **agglomération** populated area
des **cités-dortoirs** *(f)* bedroom communities
le **foyer** home
un **grand ensemble** appartment complex
une **HLM (habitation à loyer modéré)** subsidized housing
un **immeuble collectif** multi-family housing
un **locataire** renter
un **logement social** public housing
une **maison individuelle** single family house
un **ménage** household
un **propriétaire** owner
le **rez-de-chaussée** ground floor

Les problèmes sociaux

le **cambriolage** breaking and entering
le **chômage** unemployment
la **délinquance** delinquency
l'**insécurité** *(f)* lack of safety

La technologie

un **clip** music video
le **courrier électronique** e-mail
le **fax** fax machine
les **informations** *(f pl)* news
le **web** WWW

Les activités quotidiennes

Les activités personnelles

se coiffer to fix one's hair
se coucher to go to bed
se dépêcher to hurry
se détendre to relax
s'en aller to leave
être de retour to be back
être en retard to be late
s'habiller to get dressed
se laver to wash oneself
se lever to get up
se peigner to comb one's hair
se raser to shave
rentrer to come home
se réveiller to wake up

Les conditions

avoir besoin de to need
avoir envie de to feel like
avoir faim to be hungry
avoir l'air to seem
avoir le trac to be afraid; to be nervous
avoir mal à... to have an ache
avoir raison to be right
avoir sommeil to be sleepy

Les activités scolaires

bachoter to prepare for the bac
bouquiner to read *(coll.)*[1]
se débrouiller to manage
passer un examen to take an exam
présenter sa candidature to be a candidate
rater to fail (an exam)
redoubler to repeat (a year)
réussir à to succeed; to pass (an exam)

Les expressions scolaires

le **bac** *abbrev. of* **le baccalauréat**
le **baccalauréat** diploma based on a series of exams taken at the end of secondary education
le **bachotage** studying for the bac *(coll.)*
du **boulot** work *(coll.)*
un **bouquin** book *(coll.)*
une **carrière** career
un **cours** course
un **devoir** written assignment
un **diplôme** diploma
un **exposé** classroom presentation
la **fac** *abbrev. of* **la faculté**
la **faculté** university division
le **lycée** last three years of secondary school
la **seconde** first year of **lycée**
la **terminale** last year of **lycée**

Exercices de vocabulaire

Vocabulaire actif: Write headings on the board. Set a time limit, and ask small groups of students to brainstorm vocabulary to fit each category. Compare lists.

A. Dans chaque groupe trouvez l'expression qui ne convient *(fit)* pas. Justifiez votre choix.

1. se coiffer — s'habiller — se détendre
2. se réveiller — s'en aller — se lever
3. s'en aller — être de retour — rentrer
4. être en retard — se dépêcher — se détendre
5. obéir — se peigner — se coiffer
6. se détendre — se laver — se raser
7. avoir faim — avoir sommeil — se coucher
8. avoir mal — se coucher — se réveiller

[1] *coll.* = colloquial

B. Complétez chaque phrase par l'expression appropriée du ***Vocabulaire actif.*** Il y a quelquefois plus d'un choix possible.

1. Il y a eu un _____ chez mon voisin; quelqu'un est entré dans son appartement et a pris son poste de télé.
2. Mes amis sont actuellement _____ de leur appartement; ils paient une somme élevée chaque mois.
3. L'appartement de ma copine se trouve au _____ de son immeuble.
4. La plupart des Français habitent dans des _____ urbaines.
5. Cette famille a de la chance. Elle vient d'acheter une maison et tout le monde est content d'être _____.
6. La famille Albet habite la banlieue, dans une petite _____ avec son propre jardin et un garage.
7. Dans un _____, il y a souvent beaucoup d'appartements.
8. Les gens qui n'ont pas beaucoup d'argent habitent souvent dans des _____.

C. Pour chacune des notions suivantes, trouvez un synonyme dans le ***Vocabulaire actif.***

1. l'examen de fin d'études secondaires
2. un manuel scolaire
3. l'université
4. préparer le bac
5. lire
6. un petit emploi
7. ne pas être reçu à un examen
8. refaire une année scolaire
9. une présentation en cours
10. être reçu à un examen

Cahier: Activités orales: A, B, C

Structures I

Regular -ir Verbs

To form the present tense of regular **-ir** verbs, drop the **-ir** ending of the infinitive and add the appropriate endings to the remaining stem:
-is, -is, -it, -issons, -issez, -issent.

Regular *-ir* Verbs: After introducing **finir,** have students suggest other **-ir** verbs and use each verb in a sentence.

finir *to finish*

je fin**is**	nous fin**issons**
tu fin**is**	vous fin**issez**
il / elle / on fin**it**	ils / elles fin**issent**

The Imperative

To form the imperative of a regular **-ir** verb, simply use the present tense **tu, nous,** or **vous** form and omit the subject pronoun.

> **Finis** ton travail, Bruno. *(familiar)*
> **Finissons** notre boulot. *(collective)*
> **Finissez** le devoir pour demain. *(formal or plural)*

Note the **-iss-** infix that appears in the plural forms of all regular **-ir** verbs.

Following is a list of some regular **-ir** verbs.

bâtir *to build*
choisir *to choose*
finir *to finish*
grandir *to grow up*
nourrir *to nourish, to feed*
obéir *to obey*
punir *to punish*
réfléchir *to think*
remplir *to fill*
réussir à *to suceed, to pass*

Activité 1, follow-up: To reinforce the context and the goal of the exercise, ask **Quand est-ce que tout le monde est libre? Est-ce qu'il y a plusieurs possibilités?** Follow-up questions that take context into account also reinforce student listening comprehension skills by encouraging students to listen to the responses of other students in order to accomplish the goal of the exercise. In this exercise, the goal is to find possible times when everyone can get together.

1. Pour pouvoir faire des projets avec des amis, vous devez trouver le moment où les personnes indiquées sont libres. Utilisez la forme correcte du verbe **finir** et indiquez l'heure où vos amis sont libres.

1. mon ami(e) / finir / son travail / à _________ heures
2. mes camarades de chambre / finir les cours / à _________ heures le vendredi
3. tu / finir / tes devoirs à _________ heures
4. nous / finir de dîner vers _________ heures
5. vous / finir de travailler / à _________ heures
6. je / finir / de ??? / à _________ heures

2. Répondez aux questions suivantes ou posez-les à un(e) camarade de classe.

1. Choisissez-vous vos propres cours chaque semestre?
2. Remplissez-vous beaucoup de fiches *(forms)* au début du semestre?
3. Réussissez-vous à tous vos examens?
4. Finissez-vous toujours tous vos devoirs?
5. Obéissez-vous à vos professeurs?
6. Réfléchissez-vous déjà à votre avenir?

Regular -re Verbs

Regular -re Verbs: After introducing **répondre,** have students suggest other **-re** verbs and use each one in a sentence.

To form the present tense of regular **-re** verbs, drop the **-re** ending of the infinitive and add the appropriate endings to the remaining stem: **-s, -s, —, -ons, -ez, -ent.**

répondre *to answer*	
je réponds	nous répond**ons**
tu réponds	vous répond**ez**
il / elle / on répond	ils / elles répond**ent**

Note that the **il / elle / on** form adds no ending to the basic stem.

The Imperative

Réponds à ton père, Bruno. *(familiar)*
Répondons au professeur. *(collective)*
Répondez aux questions. *(formal or plural)*

Following is a list of some regular **-re** verbs.

attendre *to wait for*
perdre *to lose*
dépendre *to depend*
rendre *to give back*
descendre *to go down*
répondre *to answer*
entendre *to hear*
vendre *to sell*

3. Votre ami(e) décide de vendre sa voiture. Complétez le dialogue entre votre ami(e) et vous en utilisant la forme appropriée des verbes indiqués.

—Dis, tu sais que je (vendre) ______ ma voiture?

—Tu (vendre) ______ ta voiture? Pourquoi? Elle marche bien. On ne (vendre) ______ pas une bonne voiture comme ça!

—Mais si! C'est parce qu'elle marche bien que je la (vendre) ______. Elle vaut maintenant 8 000 dollars, et je veux acheter une voiture moins vieille. Tu me (rendre) ______ un petit service?

—Ça (dépendre) ______. Qu'est-ce que tu veux?

—Eh bien, si quelqu'un téléphone, tu (répondre) ______ pour moi? Mes copains et moi, nous (descendre) ______ à la bibliothèque.

—D'accord. Je (répondre) ______ au téléphone, mais pourquoi vous (descendre) ______ à la bibliothèque?

—On nous (attendre) ______ pour travailler sur un projet qu'on prépare en groupe pour le cours de marketing.

—O.K. Je t'aide, mais tu me (rendre) ______ aussi un petit service? Tu m'amènes ce soir au centre commercial, d'accord?

—D'accord.

4. Répondez aux questions suivantes.

1. Attendez-vous avec impatience la fin du semestre?
2. Rendez-vous souvent des livres à la bibliothèque?
3. Est-ce que votre professeur répond toujours aux questions de la classe?
4. Est-ce que vos amis descendent souvent en ville?
5. Est-ce que les étudiants vendent leurs bouquins à la fin du semestre?

5. Vous êtes président(e) du Cercle français de l'université et vous organisez la première réunion de l'année. Utilisez l'**impératif** des verbes indiqués pour donner les ordres suivants.

MODELE Dites aux autres étudiants de réfléchir à l'avenir du club.
Réfléchissez à l'avenir du club.

1. Proposez au groupe de choisir un projet intéressant.
2. Proposez au groupe de vendre des bonbons.
3. Dites à tous les membres de remplir les fiches.
4. Dites à une des personnes de répondre aux lettres.
5. Dites à une des personnes de ne pas perdre l'argent du club.
6. Dites à une des personnes d'attendre la prochaine réunion.
7. Proposez au groupe de finir la réunion.
8. Proposez au groupe de descendre au café.

À écrire
Cahier: Activité écrite: A

Negation

Basic Negative Constructions

To form a basic negative construction, place **ne** before the conjugated verb and **pas** (or other negative expression) after the conjugated verb.

The most common negative expressions are summarized below.

ne... pas	*not*	Il **ne** répond **pas.**
ne... plus	*no longer*	Elle **ne** travaille **plus** ici.
ne... jamais	*never*	Ils **ne** s'ennuient **jamais.**
ne... rien	*nothing*	Nous **n'**achetons **rien.**
ne... personne	*no one*	Il **n'**aime **personne.**
ne... pas encore	*not yet*	Je **n'**ai **pas encore** de congé.
ne... ni... ni	*neither . . . nor . . .*	Elle **n'**a **ni** sœurs **ni** frères.
ne... que	*only*	Il **n'**a **que** quelques francs sur lui.

Most negative expressions are adverbs, which explains why they are placed directly after the conjugated verb. However, **rien** and **personne** are pronouns that may also be used as the subject or object in a sentence. In such cases, these negatives are placed in the normal subject or object position. **Ne** is still placed before the verb.

Je **ne** vois **rien.** | **Rien n'**arrive ici.
Il **n'**aime **personne.** | **Personne ne** va à ce concert.

Note that **ne... ni... ni...** and **ne... que** do not follow the pattern of other negative expressions. Instead of always following the conjugated verb, **ni** and **que** are placed before the word they modify.

Le vendredi soir, je **ne** regarde d'habitude **que** les informations.
Elle **n'**achète **que** les CD des Spice Girls.

Rappel! Rappel!

1. English usage prohibits a double negative. Although there may be several negative concepts in a thought group in English, only one of them is expressed negatively.

   No one** ever buys **anything** at that store **anymore.

   In French, each negative concept is expressed by the appropriate negative expression placed in its normal location. When there is more than one negative following a verb, the negative adverbs will precede the negative pronouns. Remember to place **ne** before the verb.

   Personne n'achète **jamais plus rien** dans ce magasin.

2. Remember also to omit **pas** when using any other negative expression.

Uses of Articles in Negative Constructions

A. After most negative expressions, the partitive form **de** is used.

Il **ne** boit **pas de** bière.
Nous **ne** mangeons **jamais de** pâtisseries.
Il **n'**y a **plus de** beurre dans le frigo.

B. With **ne... ni... ni...** , a partitive or indefinite article will be dropped completely, but a definite article will be retained.

Il boit **de la** bière et **du** vin.	Il **ne** boit **ni** bière **ni** vin.
J'ai **une** moto et **un** vélo.	Je **n'**ai **ni** moto **ni** vélo.
	BUT:
	Il **n'**aime **ni** la bière **ni** le vin.

C. After **ne... que,** a definite article and a partitive will be retained. The partitive is retained because this construction does not negate the noun; it simply qualifies the noun.

Nous **ne** fréquentons **que** les cafés du quartier.	*We go **only** to the local cafés.*
Il **ne** boit **que** de la bière.	*He drinks **only** beer.*
Je **n'**apporte **que** des fruits.	*I'm bringing **only** fruit.*

D. Remember also that after **être** used negatively, the partitive will also be retained, because the concept is not being negated, only qualified.

Ce **n'est pas de la** bière; c'est du jus de pomme.	*That's **not** beer, that's apple juice.*

Other Uses of the Negative

- In negative questions, both **ne** and the appropriate negative expression assume their normal positions. In response to a negative question, **si** is used instead of **oui** if the answer is affirmative.

N'allez-vous **pas** à la soirée?	Non, je ne vais pas à la soirée.
Vous **n'**allez **pas** à la soirée?	**Si,** je vais à la soirée.

- With reflexive verbs (see page 47), **ne** is placed before the reflexive pronoun.

—Tu t'amuses à la soirée?
—Non, je **ne** m'amuse **pas** tellement. Je **ne** m'entends **pas** avec ce groupe.

- An infinitive may be made negative by placing both elements of the negative expression before the infinitive.

Il préfère **ne pas** partir.
Nous désirons **ne plus** avoir de soirées chez nous.
Faites attention de **ne jamais** aller là-bas.

6. Votre camarade de chambre est de très mauvaise humeur. Il / Elle dit le contraire de ce que vous dites. Faites les transformations en utilisant les mots indiqués. Employez **je** comme sujet en répondant aux phrases 6, 7 et 8.

1. Nous faisons **quelque chose** d'intéressant aujourd'hui. (ne... rien)
2. **Quelque chose** d'amusant arrive **toujours.** (rien... ne / ne... jamais)
3. **Tout le monde** va s'amuser à la soirée chez nos copains. (personne... ne)
4. On s'amuse **toujours** chez Annick. (ne... jamais)
5. Pour le déjeuner, je voudrais **de la** pizza et **du** coca. (ne... ni... ni)
6. Tu as besoin de **quelque chose** pour te détendre. (ne... rien)
7. Mais alors! Aujourd'hui tu critiques **tout.** (ne... rien)
8. Tu es **toujours** de mauvaise humeur. (ne... jamais)

7. Déborah et Richard parlent d'une fête récente. Déborah n'est pas d'accord avec les critiques de Richard. Complétez ses réponses en utilisant les expressions négatives présentées dans le chapitre.

1. —Margot invite encore des personnes ennuyeuses.
   —Mais non, ______________________________.
2. —Margot sert toujours de la pizza et du coca à ses invités.
   —Mais non, ______________________________.
3. —Tout le monde s'ennuie chez elle.
   —Au contraire, ______________________________.
4. —Quelque chose de désagréable arrive toujours pendant ses fêtes.
   —Mais non, ______________________________.
5. —Et on est toujours obligé d'apporter quelque chose à la soirée.
   —Au contraire, ______________________________.
6. —Il y a toujours quelqu'un d'impossible chez Margot.
   —Ce n'est pas vrai, ______________________________.
7. —On passe toujours des CD démodés.
   —Mais écoute, ______________________________.
8. —Tout le monde part toujours trop tôt.
   —Mais qu'est-ce que tu racontes? ______________________________.

8. Vous êtes parfois mélancolique. Complétez les phrases suivantes avec vos idées personnelles.

1. Je ne suis plus...
2. Personne ne...
3. Je ne suis jamais...
4. Je ne vais jamais...
5. Rien ne...
6. Je n'ai plus...
7. Je n'aime ni... ni...
8. Je ne suis ni... ni...

À écrire
Cahier: Activités écrites: B, C

Basic Question Patterns

To transform a declarative statement into a question for which a *yes* or *no* answer is expected, the techniques outlined below are used. These transformations apply to all simple tenses.

Est-ce que

The simplest and most common way to ask a question is to place **est-ce que** at the beginning of the sentence. Using **est-ce que** requires no change in word order.

Declarative Sentence	Question
Vous restez à la maison.	**Est-cc que** vous restez à la maison?
Les enfants font un pique-nique.	**Est-ce que** les enfants font un pique-nique?
Jean va finir ses devoirs.	**Est-ce que** Jean va finir ses devoirs?

> ***Rappel! Rappel!***
>
> Do not try to translate **est-ce que.** Think of it as a single unit that transforms statements into questions, much like a question mark.

9. Pour apprendre quelque chose sur vos camarades de classe, employez les éléments suivants et la forme **est-ce que** pour composer des questions.

1. tu / habiter / dans une résidence universitaire?
2. tu / déjeuner / toujours à la cafétéria?
3. tu / habiter / avec quelqu'un?
4. tu / avoir / beaucoup de cours chaque semestre?
5. en général, tu / aimer bien / tes cours?
6. tu / aller / souvent à des soirées?

Inversion

When the subject of a sentence is a pronoun, a question may also be formed by inverting the subject and verb.

Declarative Sentence	Question
Vous restez à la maison.	**Restez-vous** à la maison?
Il va au marché.	**Va-t-il** au marché?
Nous allons réussir à l'examen.	**Allons-nous** réussir à l'examen?

When the subject of the sentence is a noun, the noun subject itself cannot be inverted. However, a pronoun that agrees in gender and number with the preceding noun subject can be inserted directly after the verb to form the question.

Declarative Sentence	Question
Les enfants restent à la maison.	**Les enfants restent-ils** à la maison?
Jean va au marché.	**Jean va-t-il** au marché?

Note that, for pronunciation purposes, a **-t-** is inserted between third-person singular verbs that end in a vowel and their subject pronoun, as in **Va-t-il?** and **Ecoute-t-elle?**

N'est-ce pas

Placed directly after a declarative sentence, **n'est-ce pas** may be used to form a question when confirmation of the statement is anticipated. **N'est-ce pas?** is the equivalent of the English expressions *isn't that right?, aren't they?, doesn't he?,* etc.

Declarative Sentence	Question	
Vous restez ici.	Vous restez ici, **n'est-ce pas?**	*You're staying here,* ***aren't you?***
Les enfants font un pique-nique.	Les enfants font un pique-nique, **n'est-ce pas?**	*The children are having a picnic,* ***aren't they?***
Jean finit ses devoirs.	Jean finit ses devoirs, **n'est-ce pas?**	*John is finishing his homework,* ***isn't he?***

Rappel! Rappel!

In everyday conversation, questions are often formed by using intonation—that is, a rising tone of voice. Because this is the simplest way of asking a question, it is the pattern that is most often heard in popular speech. Although a very useful form in informal conversation, it is rarely encountered in written language or in formal situations.

Declarative Sentence	Question
Vous restez ici.	Vous restez ici?
Les enfants font un pique-nique.	Les enfants font un pique-nique?
Jean finit ses devoirs.	Jean finit ses devoirs?

10. Employez chacun des verbes pour poser des questions à un(e) camarade de classe au sujet de la personne (ou des personnes) indiquée(s) entre parenthèses. Utilisez l'inversion du verbe et du pronom sujet.

MODELE (ta mère) avoir des frères et des sœurs
—A-t-elle des frères et des sœurs?

1. (ton père) travailler
2. (tes parents) habiter près d'ici
3. (tes parents et toi) déjeuner souvent ensemble
4. (ton [ta] meilleur[e] ami[e]) être étudiant(e)
5. (ton prof de français) rendre vite les devoirs
6. (tes camarades de classe et toi) parler souvent français
7. (toi) avoir des frères et des sœurs
8. (tes frères ou tes sœurs) être gentil(le)s
9. (ton [ta] camarade de chambre) parler beaucoup
10. (toi et moi) terminer cet exercice

Activité 11: Have students replace the question marks with at least two more questions.

Variation: Students may conduct interviews in groups of four to determine who is most compatible with whom. Or, the class may be divided into interviewers (those seeking a roommate) and interviewees (those seeking an apartment). Give a time limit. Students circulate around the class, asking questions and looking for a compatible roommate.

Activité 12, follow-up: For additional oral and listening comprehension practice, have students interview you, the instructor.

À écrire
Cahier: Activités écrites: D, E

11. Vous désirez partager un appartement avec quelqu'un. Employez les expressions suivantes et posez des questions à des «candidats» dans la classe. Utilisez l'inversion.

aimer faire la cuisine	avoir un animal domestique
aimer faire le marché	travailler beaucoup
aimer les animaux	fumer
aller à l'université	parler souvent au téléphone
???	???

12. Qui sont vos camarades de classe? Interviewez vos voisins en associant à votre choix les verbes et les éléments indiqués. Employez toutes les formes interrogatives. Ecoutez la réponse de la personne, puis posez encore une question ou faites une autre remarque.

MODELE —Tu as des frères et des sœurs?
—Oui, j'ai une sœur.
—Est-elle étudiante?
—Non, elle est médecin.

acheter	un appartement
aimer	du boulot
avoir	des cassettes ou des CD
choisir	une chaîne stéréo
dîner	des copains
être	tes devoirs
finir	des frères et des sœurs
habiter	étudiant(e)
parler	raisonnable
???	en ville
	???

Lexique personnel

The **Lexique personnel** enables students to develop personalized lists of their most frequently used words for given topics. Individualized vocabulary learning capitalizes on student interests to better reflect personal vocabulary needs.

La vie de famille

Cherchez les mots qui se rapportent aux sujets suivants:

1. les différents membres de votre famille
2. l'habitation de votre famille
3. vos activités en famille

Employez les éléments suivants pour poser des questions à un(e) camarade de classe. Ensuite, répondez vous-même à chaque question en utilisant le vocabulaire du chapitre et votre lexique personnel.

1. ta famille / habiter / un appartement ou une maison individuelle?
2. combien de chambres / il y a / dans cette maison ou cet appartement? combien de salles de bain?
3. tu / avoir / une famille nombreuse *(large)?*
4. tu / avoir / des frères et sœurs? ils (elles) / être / étudiant(e)s? ils (elles) / travailler?
5. à quelle heure / ta famille / dîner / d'habitude? vous / dîner toujours / tous ensemble?
6. ta famille / regarder / souvent la télévision? A quelle heure?

Structures II

Reflexive and Reciprocal Verbs

Reflexive and Reciprocal Verbs: To reinforce present tense conjugations, pause in the presentation to ask students questions about their daily routines. Use common reflexive verbs to elicit both affirmative and negative responses.

A reflexive verb is always accompanied by a reflexive pronoun that refers to the subject of the verb and indicates that the subject is performing an action on or for itself. The reflexive pronoun is placed after the subject and directly before the verb.

se réveiller *to wake (oneself) up*	
je **me** réveille	nous **nous** réveillons
tu **te** réveilles	vous **vous** réveillez
il / elle / on **se** réveille	ils / elles **se** réveillent

Following is a list of some of the more common reflexive verbs.[2]

s'arrêter *to stop*	**se laver** *to wash*
se brosser *to brush*	**se lever** *to get up*
se coucher *to go to bed*	**se moquer de** *to make fun of*
se détendre *to relax*	**se peigner** *to comb*
se fâcher *to become angry*	**se raser** *to shave*
s'habiller *to get dressed*	**se reposer** *to rest*

The pronouns **me, te,** and **se** drop the **-e** before verb forms beginning with a vowel or a mute **h.**

Elles **s'**habillent élégamment.
Je **m'**arrête à la charcuterie.

[2] Most of these verbs are regular **-er** verbs, although you may see verbs of other conjugations used reflexively. The fact that a verb is reflexive does not alter its normal conjugation: **se lever** is conjugated like **lever.**

To form the negative of a reflexive verb, place **ne** before the reflexive pronoun and **pas** (or another appropriate negative expression) after the verb.

Je **ne** me réveille **pas** tôt.
Vous **ne** vous réveillez **jamais** vite.

If a reflexive verb is used in the infinitive form following a conjugated verb, the reflexive pronoun is placed before the infinitive and must agree in person and number with the subject of the conjugated verb.

Je désire **me reposer.**
Tu ne dois pas **te fâcher.**
Anne adore **s'amuser.**
Nous allons **nous dépêcher.**
Vous savez **vous débrouiller.**
Mes frères détestent **se réveiller** tôt.

To form an affirmative command, place the reflexive pronoun after the verb form and attach the pronoun to the verb by a hyphen.

Dépêche-toi. *(familiar)*
Reposons-nous. *(collective)*
Réveillez-vous. *(formal or plural)*

Note that the pronoun **te** changes to the stressed form **toi** when in this final position. Remember to drop the final **-s** on the familiar imperative of reflexive verbs that end in **-er.**

In a negative command, the reflexive pronoun will precede the verb form. **Ne** is placed before the reflexive pronoun and **pas** after the verb form.

Ne te moque pas de ta sœur, Bruno!
Ne nous levons pas si tôt demain!
Ne vous couchez pas si tard, les enfants!

Suggestion: To reinforce interrogatives, pause in the presentation to have each student ask a classmate two questions using reflexive verbs.

For reflexive verbs, the simplest way to form a question is to use **est-ce que.** To use inversion with reflexive verbs, invert only the subject pronoun. The reflexive pronoun remains in its normal position before the verb.

Est-ce que vous vous amusez?
Est-ce qu'elle se repose?
Vous amusez-vous?
Se repose-t-elle?

Inversion poses no special problem when the subject of a reflexive verb is a noun. Insert the appropriate extra subject pronoun after the verb form, as outlined above.

Les enfants se couchent-ils?
Jean se lave-t-il?

Reciprocal verbs are identical in structure to reflexive verbs. When a verb is used reciprocally, the reflexive pronoun indicates that two or more persons are performing actions on or for each other rather than on or for themselves.

Nous nous voyons souvent.	***We see each other*** *often.*
Vous vous regardez.	***You look at each other.***
Ils s'aiment beaucoup.	***They like each other*** *a lot.*

Because two or more persons must be involved in reciprocal actions, only the plural forms **(nous, vous, ils, elles)** of verbs may be used reciprocally. For emphasis, or to avoid confusion, the construction **l'un(e) l'autre** or **les un(e)s les autres** may be added after the verb.

Ils se regardent.	***They look at themselves.*** *(REFLEXIVE)*
Ils se regardent les uns les autres.	***They all look at each other.*** *(RECIPROCAL)*
Elles se voient.	***They see themselves.*** *(REFLEXIVE)*
Elles se voient l'une l'autre.	***They both see each other.*** *(RECIPROCAL)*

Certain verbs change meaning when used reflexively. Following is a partial list of such reflexive verbs.

aller *to go*	**s'en aller** *to go away*
amuser *to amuse*	**s'amuser** *to have a good time*
débrouiller *to straighten out*	**se débrouiller** *to get by, to manage*
demander *to ask*	**se demander** *to wonder*
dépêcher *to send quickly*	**se dépêcher** *to hurry*
ennuyer *to bother*	**s'ennuyer** *to get bored*
entendre *to hear*	**s'entendre** *to get along*
habituer *to familiarize*	**s'habituer à** *to get used to*
rendre compte *to account for*	**se rendre compte de** *to realize*
tromper *to deceive*	**se tromper** *to be wrong*

Rappel! Rappel!

Like the idiomatic reflexive verbs listed above, many verbs can be used reflexively or nonreflexively, depending on whether the action of the verb is reflected on the subject or on a different object. Remember, in the reflexive construction, the subject and the object are the same person(s).

Il s'amuse.	***He has a good time.***
Il amuse son frère.	***He amuses** his brother.*
Vous vous arrêtez.	***You stop.***
Vous arrêtez la voiture.	***You stop** the car.*
Elles se couchent.	***They go to bed.***
Elles couchent les enfants.	***They put** the children **to bed.***

Activité 1, follow-up: Have students use the text as a model to construct their own oral or written narratives about a typical day. Encourage them to substitute other verbs and to alter days and times to reflect their own lives.

À écrire
Cahier: Activité écrite: F

Activité 2: By reinforcing the link between structure and context, this exercise focuses student attention on meaning as well as form. You may want to give students a few moments to look over the exercise before doing it orally to make sure that all students have time to make their choices before hearing the correct answer.

Cahier: Activités orales: D, E

1. Un(e) ami(e) vous demande de l'aider à composer une lettre pour décrire sa vie de tous les jours à sa correspondante *(pen pal)* au Maroc. Complétez la lettre en utilisant la forme convenable des verbes indiqués.

Chère Leïla,

Ma vie de tous les jours n'est pas très intéressante, mais elle est bien remplie. Je (se lever) _______ normalement à sept heures. Mon / ma camarade de chambre (se lever) _______ à sept heures et quart. Je (se laver) _______ et je (se coiffer) _______. Puis je (s'habiller) _______ très vite parce que je suis souvent en retard. Presque tous les étudiants ici (s'habiller) _______ en jean. Dans notre université le look est assez décontracté *(laid back)*.

Normalement, chez nous, on (se coucher) _______ vers onze heures, mais le vendredi soir je vais (se coucher) _______ assez tard et je peux (se reposer) _______ le samedi après-midi. Mes amis et moi, on (se retrouver) _______ souvent le samedi soir. On (s'amuser) _______ beaucoup à des soirées. On (se lever) _______ tard le dimanche matin.

Je (se dépêcher) _______ de finir cette lettre. Voilà ma vie de tous les jours. Il est certain que je ne (s'ennuyer) _______ jamais!

Amicalement,

2. Dans chaque famille on entend souvent les mêmes ordres. Employez la forme impérative d'un verbe approprié pour compléter les phrases suivantes. Il y a souvent plus d'un choix possible.

se débrouiller	se lever	s'habiller	s'amuser
se coucher	se moquer	se raser	se dépêcher

1. Alors les enfants, _______! Vous êtes en retard pour prendre le car scolaire *(school bus)*.
2. Toi et ton / ta petit(e) ami(e), _______ au bal, mais rentrez avant une heure!
3. Quand même, ne _______ pas en jean pour aller au Palais de Justice!
4. Tu n'as pas fini ta dissertation pour le cours d'anglais? Alors, _______!
5. Ne _______ pas de ta sœur. Ce n'est pas gentil!
6. Alors vous autres, _______! Il est deux heures du matin!
7. _______! Tu ne vas pas porter la moustache à ton âge.
8. Tu as cours à huit heures, il est sept heures et demie et tu es toujours au lit. _______!

Synthèses

A. Une étudiante du Québec qui passe l'année scolaire dans votre université vous demande ce qu'il faut faire pour réussir. Employez les éléments suivants pour composer des phrases en mettant les verbes à la forme impérative.

1. se réveiller de bonne heure pour arriver en cours
2. finir tous les devoirs
3. rendre toutes les dissertations
4. toi et tes camardes de chambre, ne pas se disputer
5. ne pas se coucher trop tard tous les soirs
6. toi et tes camarades de classe, s'aider en cours
7. ne pas aller trop souvent à des soirées
8. s'amuser en cours

À écrire
Cahier: Activité écrite: G

B. La même étudiante canadienne prépare un article sur les habitudes des étudiants américains pour le petit journal de son université au Québec. Elle a besoin d'exemples précis et vous acceptez de parler de vos habitudes. Complétez chaque phrase par un verbe pronominal réfléchi ou réciproque approprié.

1. Si je n'ai pas de devoirs à faire le soir, je...
2. Si je ne finis pas mes devoirs avant le cours, je...
3. Avant de préparer une dissertation difficile, je...
4. Après avoir passé un examen difficile, je...
5. Quand un cours n'est pas très intéressant, je...
6. Si je rate un examen, je...

Cahier: Activités orales: F, G, H

Interactions

Activité 1, follow-up: Using postcards from their hometown or local area, have students describe their activities and daily routines directed toward French-speaking visitors.

Activité 1. La vie urbaine et la vie rurale. Choisissez une des photos ci-dessous et imaginez la vie des habitants de cet endroit. Décrivez leurs activités et leur vie quotidienne. Quelles sont les différences entre la vie urbaine et la vie rurale? En quoi le climat influe-t-il sur la vie de tous les jours?

Plage du Diamant, à la Martinique

Paysage de Roumsiki, au Cameroun

Siné Saloum, au Sénégal

Activité 2. Les week-ends des Américains. Décrivez votre emploi du temps pendant la semaine, puis expliquez comment vos activités changent pendant le week-end. Comparez vos habitudes avec celles de vos camarades de classe. Quelles sont les activités les plus populaires?

Activité 3. Les week-ends des Français. Comparez vos résultats de l'*Activité 2* avec les activités typiques des Français.

Activité 3, pratique: You may wish to read through **Les week-ends des Français** with students to verify comprehension of new vocabulary items before asking them to complete the activity.

Les week-ends des Français

Les activités pratiquées habituellement par les Français pendant les week-ends:

- 65 % restent à la maison à lire, regarder la télévision, bricoler, écouter de la musique.
- 39 % sortent au moins une journée, se promènent dans les rues ou à la campagne.
- 20 % travaillent (à la maison ou ailleurs).
- 19 % partent à la campagne dans leur résidence secondaire, chez des parents ou amis.
- 16 % bricolent.
- 14 % jardinent.
- 14 % font une «virée», une journée ou plus, en vélo, moto, voiture, train, car...
- 11 % font des courses.
- 11 % font du sport, seuls ou en club, en salle ou en plein air.
- 10 % vont au cinéma, au théâtre, au restaurant.
- 9 % s'occupent de cuisine, réceptions et font des écarts gastronomiques.
- 8 % visitent des musées ou expositions.
- 8 % vont danser, vivent la nuit.
- 6 % s'occupent d'eux-mêmes.
- 6 % font des excursions, des visites culturelles.

Secodip/Openers

Irregular -oir Verbs

vouloir *to want*	**voir** *to see*	**devoir** *to have to; to owe*
je **veux**	je **vois**	je **dois**
tu **veux**	tu **vois**	tu **dois**
il / elle / on **veut**	il / elle / on **voit**	il / elle / on **doit**
nous **voulons**	nous **voyons**	nous **devons**
vous **voulez**	vous **voyez**	vous **devez**
ils / elles **veulent**	ils / elles **voient**	ils / elles **doivent**

pouvoir *to be able*	**recevoir** *to receive*	**savoir** *to know*
je **peux**	je **reçois**	je **sais**
tu **peux**	tu **reçois**	tu **sais**
il / elle / on **peut**	il / elle / on **reçoit**	il / elle / on **sait**
nous **pouvons**	nous **recevons**	nous **savons**
vous **pouvez**	vous **recevez**	vous **savez**
ils / elles **peuvent**	ils / elles **reçoivent**	ils / elles **savent**

Note that the verb **devoir** has two different meanings. When it means *to owe,* it is followed by a direct object, usually indicating a sum: **Je dois cinq dollars à mes parents.** When **devoir** means *to have to,* it is an auxiliary verb and is followed by the infinitive form of a main verb.

Je **dois faire mes devoirs** maintenant.	*I **have to do my homework** now.*
Vous **devez vous reposer** un peu.	*You **have to rest** a little.*
Elles **doivent répondre** aux questions.	*They **must answer** the questions.*

The verbs **falloir, valoir mieux,** and **pleuvoir** are all impersonal verbs that are conjugated only in the **il** form but may be used in any tense.

falloir *to have to; to be necessary*	**il faut**
valoir mieux *to be better*	**il vaut mieux**
pleuvoir *to rain*	**il pleut**

Note that **falloir** and **valoir mieux** are followed by the infinitive of another verb.

Il faut répondre.	***It is necessary to answer.***
Il vaut mieux rentrer.	***It's better to go home.***

Used in this way, **falloir** has the same basic meaning as **devoir,** but **devoir** is conjugated in all persons. **Falloir** is considered to be more general and somewhat stronger in its statement of necessity.

Il faut rentrer.	***It is necessary** to go home.*
Je dois rentrer.	***I have to** go home.*

Falloir and **devoir** are interchangeable when **il faut** is used with the appropriate indirect-object pronoun to make the statement of necessity more personal, although **il me faut** is considered to be more formal.

Il me faut rentrer.	**Je dois** rentrer.

The expression **valoir la peine** means *to be worth the trouble.* Its subject will always be a thing, not a person, and it is used only in the third-person singular or plural.

Ce travail vaut la peine.	**Les études valent la peine.**

3. Vous travaillez dans un hôtel qui accueille beaucoup de touristes francophones. Un client vous demande de l'aider. Complétez le dialogue en utilisant la forme appropriée des verbes indiqués.

—Bonjour, Monsieur / Mademoiselle. Est-ce que vous (pouvoir) ______ me rendre un service?

—Oui, je (veux) _______ bien vous aider, Monsieur. Qu'est-ce que vous (vouloir) ______ ?

—Eh bien, je (devoir) ______ téléphoner à un hôtel à Los Angeles pour réserver une chambre. Mes enfants (voir) ______ toute la publicité pour le parc d'attractions là-bas, et ils (vouloir) ______ y aller. Est-ce que vous (pouvoir) _____ téléphoner de ma part à l'hôtel?

—Oui, oui, bien sûr, Monsieur. Je (pouvoir) ______ très bien faire cette commission, mais je ne (savoir) _______ pas les détails de votre séjour à Los Angeles.

—Je (pouvoir) ______ vous les donner tout de suite. Il s'agit de l'Hôtel Méridional qui (recevoir) ______ beaucoup de touristes français. Nous (devoir)______ arriver à Los Angeles demain et nous (vouloir) ______ y passer trois nuits, si l'hôtel (pouvoir) ______ nous proposer un tarif raisonnable.

4. Les personnes suivantes peuvent faire exactement ce qu'elles veulent le week-end prochain. Employez le verbe **vouloir** plus un infinitif pour indiquer les préférences des personnes en question.

1. Nous...
2. Mes camarades de chambre...
3. Mon ami(e)...
4. Monsieur / Madame ___ (nom de votre prof de français), vous...
5. Moi, je...

5. Nous sommes obligés de faire toutes sortes de choses dans la vie. Parlez de ces obligations et complétez chaque début de phrase en utilisant une expression d'obligation **(devoir, il faut, il vaut mieux).**

- En cours de français...
- Pendant le week-end...
- Pour être heureux dans la vie...
- Avant de rentrer...
- Pour avoir de bons copains...
- Pour s'entendre avec les membres de sa famille...
- Pour réussir dans la vie...
- Ce soir...

6. Utilisez la forme correcte du verbe **savoir** plus un verbe à l'infinitif pour indiquer le talent prédominant des personnes en question.

MODELE Je...
Je sais parler français.

1. Mon ami(e)...
2. Mes parents...
3. Mon / ma camarade de chambre...
4. Mon prof de français...
5. Je...

Pour s'exprimer: Encourage students to continue using transition words indicating a sequence of events in other contexts by rewarding their ongoing use in class participation grades.

Pour s'exprimer

Ecoutez d'abord la conversation entre les membres de la famille Dumont, puis parlez de votre propre vie quotidienne.

CONTEXTE: Nous allons maintenant faire la connaissance de la famille Dumont. Pierre est architecte et sa femme, Sophie, est psychiatre. Ils ont trois enfants: Philippe, 18 ans, est en terminale au lycée; Béatrice, 16 ans, est élève de seconde; Bruno, 13 ans, est en quatrième. Joignons-nous à eux dans leur appartement à Paris.

A l'écoute

A. Pour chacune des situations suivantes, choisissez la réponse appropriée. Puis, justifiez votre réponse en vous basant sur le dialogue.

1. Béatrice demande la permission...
   a. de faire une soirée chez elle.
   b. de dormir chez Caroline à Clichy.
   c. de rentrer à onze heures du soir en métro.

2. D'après la réponse que Béatrice obtient de ses parents on peut conclure que...
   a. son père lui donne la permission de rentrer à 10 h.
   b. sa mère trouve que Béatrice n'est pas très sérieuse.
   c. Béatrice peut sortir mais pas en métro.
3. Quand Bruno dit: «Marché conclu!» il accepte...
   a. de faire de son mieux pour avoir un dix-neuf en anglais la prochaine fois.
   b. que son père lave la voiture à sa place dimanche matin.
   c. de faire ses devoirs samedi, puis de laver la voiture et de jouer au foot le lendemain.
4. Philippe...
   a. prépare son départ aux Etats-Unis.
   b. souffre d'un mal de tête provoqué par le bachotage.
   c. rate son bac.

B. La famille Dumont se met à table pour dîner. Relevez trois questions posées par Monsieur Dumont, Madame Dumont et Philippe pour obtenir des renseignements sur la nourriture qui est servie. Que répond-on à ces questions? Répétez les questions en imitant le ton utilisé par les personnages du dialogue. Puis, inventez une autre réponse.

C. Relevez dans le dialogue une situation culturelle que vous ne rencontrez pas normalement dans le contexte culturel de votre propre vie. Essayez d'expliquer pourquoi elle existe chez les Dumont mais pas chez vous.

A vous la parole

Choisissez un des contextes indiqués et décrivez votre vie quotidienne en utilisant les termes suivants: d'abord / puis / enfin / pendant / ensuite / d'habitude / plus tard / alors.

- avant de venir en cours de français
- le vendredi soir
- le samedi matin

Situations

The **Situations** sections present a variety of cumulative activites that may be done orally or assigned as written homework. They are designed to reinforce structures, vocabulary, and cultural information presented in the chapter.

1. Vous êtes en France et vous parlez avec un(e) étudiant(e) qui vous demande de décrire votre vie de tous les jours. Que répondez-vous?
2. Vous parlez à un(e) étudiant(e) du Gabon et il / elle vous demande de décrire votre famille et vos activités quotidiennes. Que répondez-vous?
3. En groupes de trois ou quatre, composez huit à dix questions à poser aux membres de votre groupe au sujet de leurs familles. Ensuite, les différents groupes vont comparer leurs réponses. Qu'est-ce que vous pouvez expliquer à des jeunes Français au sujet de la vie de famille en Amérique?
4. Vous passez l'année scolaire en France et vous habitez avec une famille. Après quelques semaines, vous décidez que votre emploi du temps et vos habitudes ne s'accordent pas avec les habitudes de la famille chez qui vous habitez. Allez voir le directeur du programme et expliquez-lui le problème pour justifier un changement de logement.

Interactions

Activité 1. Sondage sur les loisirs. Posez des questions à vos camarades de classe pour savoir comment ils occupent leur temps libre et notez les réponses. Divisez les réponses selon le sexe des personnes interrogées (nombre d'hommes et de femmes qui répondent affirmativement à ces questions).

lire un quotidien tous les jours
lire régulièrement un hebdomadaire d'information
lire régulièrement une revue scientifique
écouter les informations à la radio tous les jours
regarder la télévision tous les jours ou presque
posséder un magnétoscope au foyer
posséder des disques compacts
avoir lu au moins un livre au cours des 12 derniers mois
faire une collection
faire de la photo
sortir régulièrement: restaurant, cinéma, musée, galerie d'art, opéra, match

Activité 2. L'âge des loisirs. Comparez vos résultats de l'***Activité 1*** avec les pratiques culturelles des Français.

L'âge des loisirs

Différences de pratiques culturelles en fonction de l'âge (en % de la population concernée)

	15–19	20–24	25–34	35–44	45–54	55–64	65 et +
• Lit un quotidien tous les jours	26	29	31	44	50	57	58
• Lit régulièrement un hebdomadaire d'information	10	19	17	20	14	13	8
• Possède un magnétoscope au foyer	36	30	30	32	24	17	6
• Possède des disques compacts	15	17	12	13	11	7	2
• N'a lu aucun livre au cours des 12 derniers mois	14	19	20	23	29	32	38
• Ne fait pas de sorties ou de visites*	4	8	9	10	17	21	32
• Fait une collection	41	29	24	22	22	19	14

Ministère de la Culture et de la Communication

* Liste de 24 activités : restaurant, cinéma, musée, brocante, bal, match, zoo, galerie d'art, spectacle, opéra, etc.

Structures III

Idioms with être and avoir

Idioms with être

Certain French idiomatic expressions that use the verb **être** closely parallel their English equivalents, which use the verb *to be*.

être en train de	*to be in the process of*
être de retour	*to be back*
être à l'heure	*to be on time*
être en retard	*to be late*

—Allô, Bruno? Où es-tu? La famille **est en train de** préparer le dîner. Quand est-ce que tu vas **être de retour?** A huit heures? Bon, d'accord, mais **ne sois pas en retard!** Pour une fois, fais un effort pour **être à l'heure.**

Idioms with avoir

Many French idioms that take the verb **avoir** have English equivalents using the verb *to be.*

PHYSICAL CONDITIONS	
avoir chaud *to be hot*	J'**ai chaud** en été.
avoir froid *to be cold*	Il **a froid** en hiver.
avoir faim *to be hungry*	A midi, les enfants **ont faim.**
avoir soif *to be thirsty*	Nous **avons soif** après le travail.
avoir sommeil *to be sleepy*	A minuit, j'**ai sommeil.**
avoir mal à *to have an ache, pain*	J'**ai mal à** la tête.
avoir l'air *to seem*	Elle **a l'air triste.**
avoir __ ans *to be __ years old*	Il **a vingt ans.**
PSYCHOLOGICAL STATES	
avoir peur de *to be afraid of*	J'**ai peur des** serpents.
avoir honte de *to be ashamed of*	Il **a honte de** ses notes.
avoir raison *to be right*	Vous **avez raison.**
avoir tort *to be wrong*	Ils **ont tort de** ne pas venir.
avoir envie de *to feel like*	Elle **a envie de** pleurer.
avoir besoin de *to need*	Nous **avons besoin de** nous détendre.
CIRCUMSTANCES	
avoir lieu *to take place*	La réunion **a lieu** à neuf heures.
avoir de la chance *to be lucky*	Vous **avez de la chance.**
avoir l'occasion de *to have the opportunity*	J'**ai l'occasion de** voyager.

Quand les enfants Dumont rentrent l'après-midi, **ils ont** toujours **faim** et **soif.** En décembre, **ils ont** aussi **froid** et, puisqu'en France on va à l'école jusqu'à la fin du mois de juin ou même jusqu'au début du mois de juillet, **ils ont chaud** dans la salle de classe avant les vacances. A dix ou onze heures du soir, **ils ont sommeil** parce qu'ils se lèvent toujours à sept heures du matin. Et ce soir **Béatrice a l'air triste. A-t-elle mal à la tête?** Non, son seul problème c'est qu'**elle a seize ans.**

Vérification de compréhension: Give each student a slip of paper on which you have written one expression with **avoir** or **être.** One by one, students describe a situation appropriate to their expression, and the rest of the class tries to guess what the expression is. Alternatively, students may act out the expression.

Il y a **beaucoup d'étudiants** qui **ont peur de** faire des exposés devant la classe. **Ils** veulent toujours **avoir raison** et **ils ont honte d'avoir tort** devant leur prof et surtout devant leurs camarades de classe. Le jour de l'exposé, **ils ont** toujours **envie de** rester au lit. **Ils ont besoin de** courage.

Le bac a lieu en France au mois de juin. **Les élèves** qui réussissent au bac **ont de la chance** parce qu'ils peuvent aller à l'université où **ils ont l'occasion de** faire de nouvelles expériences.

1. Répondez aux questions suivantes:

1. En général, êtes-vous à l'heure ou en retard pour le cours de français?
2. Quel âge avez-vous?
3. Qu'est-ce que vous prenez quand vous avez soif?
4. Qu'est-ce que vous prenez quand vous avez faim?
5. Qu'est-ce que vous mettez quand vous avez froid?
6. Qu'est-ce que vous avez envie de faire cet après-midi?
7. Qu'est-ce que vous prenez à boire quand vous avez très chaud?
8. Qu'est-ce que vous prenez quand vous avez mal à la tête?

À écrire
Cahier: Activités écrites: H, I

Depuis + Present Tense

Depuis means *for* when followed by an expression of time. It is used with the present tense to denote an action that began in the past but is still going on in the present. This construction is equivalent to the English concept *has (have) been __ing.*

J'habite ici **depuis** cinq ans.	***I have been living here for*** *five years.*
Il parle depuis une heure.	***He has been speaking for*** *an hour.*
Nous nous reposons depuis un quart d'heure.	***We have been resting for*** *fifteen minutes.*
Vous attendez ici **depuis** une heure?	***You have been waiting*** *here* ***for*** *an hour?*

Rappel! Rappel!

Remember that **depuis** plus the present tense in French is used to express the English idea *has (have) been __ing.* Don't fall into the trap of trying to translate the structure word for word.

This idiom is particularly important because it is commonly used. When conversing with speakers of French, you will surely be asked questions involving **depuis** + present tense.

Vous étudiez le français **depuis** longtemps?
Vous êtes en France **depuis** quand?
Vous habitez Paris **depuis** combien de temps?

2. Pour chacune des notions suivantes, composez une phrase qui contient **depuis** + le présent pour décrire votre propre situation.

MODELE habiter à (nom de ville)
J'habite à (nom de ville) depuis ____ ans (mois).

1. habiter à (nom de ville)
2. étudier le français
3. être à l'université
4. faire du (nom d'un sport)
5. sortir avec (nom d'un[e] ami[e])
6. connaître mon / ma meilleur(e) ami(e)
7. écouter le prof de français
8. aimer (nom d'un groupe de rock)

À écrire
Cahier: Activité écrite: J

Synthèses

A. Imaginez une réaction appropriée à chacune des situations suivantes en utilisant des expressions idiomatiques avec **être** ou **avoir.**

1. Votre cours de maths commence à neuf heures. Vous arrivez à neuf heures et quart.
2. Vous gagnez à la loterie.
3. Vous voulez acheter un coca et vous n'avez pas de petite monnaie *(change).*
4. Il fait chaud, il est deux heures de l'après-midi et vous écoutez une conférence très ennuyeuse.
5. Vous faites du jogging et vous tombez.
6. Vous préparez votre dîner, le téléphone sonne et votre ami demande si vous pouvez sortir.
7. Vous devez aller chercher votre copain à huit heures, et vous arrivez à huit heures juste.
8. Votre professeur de maths vous pose une question et vous donnez la mauvaise réponse.

Activité orale

Cahier: Activités orales: I, J

B. Interview. Un sociologue français fait des recherches sur la vie de famille des étudiants américains. Avec un(e) camarade de classe, jouez le rôle du sociologue et de l'étudiant(e).

1. Votre père, que fait-il? Depuis combien de temps?
2. Et votre mère, que fait-elle? Depuis combien de temps?
3. Est-ce que vous recevez souvent vos parents chez vous? Pourquoi?
4. Est-ce que vous vous entendez bien avec vos parents?
5. Est-ce que vous vous fâchez quelquefois avec vos parents?

À écrire

Cahier: Activité écrite: K

Interactions

Activité 1: To introduce the activity, describe the circumstances under which you are late, tired, etc.

Activité 1. Les circonstances. Décrivez les circonstances qui expliquent souvent pourquoi...

1. vous avez sommeil
2. vous êtes en retard
3. vous avez peur
4. vous avez besoin de vous détendre
5. vous avez mal à la tête
6. vous avez faim

Activité 2. Depuis combien de temps... ? Posez au moins cinq questions à votre professeur sur son travail.

MODELE Depuis combien de temps est-ce que vous enseignez?
Depuis combien de temps parlez-vous français?
Depuis combien de temps êtes-vous professeur dans cette université?

Cahier: Activités orales: K, L, M

Cahier: Activités écrites: L, S'exprimer par écrit

Activité 3. Pour réussir à l'université... De quoi avez-vous besoin pour réussir à l'université? Donnez quatre exemples.

MODELE Pour réussir à l'université, j'ai besoin de travailler tous les jours.
Pour réussir à l'université, j'ai besoin de bien manger pour avoir de l'énergie.

Perspectives littéraires

Mise en train

Sujets de réflexion

1. Pour la plupart des gens, surtout aux Etats-Unis et dans le monde d'aujourd'hui, le travail et la vie au foyer sont complètement séparés. Décrivez le mode de vie typique des gens qui travaillent.
2. Connaissez-vous des personnes qui tiennent leur propre petit commerce? Comment vivent-elles? Quelle est leur situation par rapport aux clients, au temps libre, aux vacances?

Annie Ernaux

Annie Ernaux est née à Lillebonne dans le département de la Seine-Maritime. Son enfance dans une petite ville de province lui inspire plusieurs ouvrages littéraires. Dans son roman *Les Armoires vides,* publié en 1974, elle raconte la vie de Denise Lesur, fille unique de petits commerçants provinciaux. Nous sommes dans les années 50. Denise a environ dix ans lorsqu'elle fait le récit de la vie qu'elle mène entre ses parents dans le café-épicerie familial.

Avant de lire

1. Dans le premier paragraphe, dégagez les phrases qui décrivent les aspects généraux de la vie de cette famille de petits commerçants.
2. En jetant un coup d'œil sur les paragraphes deux et trois, comment savez-vous que a) le père de Denise est plus heureux dans cette situation que sa mère? b) Denise est très fière de son père?
3. Vers la fin du paragraphe quatre, avez-vous l'impression que cette famille est contente de l'aspect financier de ce mode de vie? Expliquez.

Annie Ernaux: Les Armoires vides (extrait)

(1) Le café-épicerie Lesur, ce n'est pas rien, le seul dans la rue Clopart, loin du centre, presque à la campagne. De la clientèle à gogo,° qui remplit la maison, qui paie à la fin du mois. Pas une communauté mais ça y ressemble. Il n'y a pas un endroit pour s'isoler dans la maison à part une chambre à l'étage, immense, glaciale. L'hiver, c'est mon pôle Nord et mes expéditions antarctiques quand je me glisse° au lit en chemise de nuit, que j'ouvre mes draps humides et rampe vers la brique chaude enveloppée d'un torchon de cuisine. Toute la journée on vit en bas, dans le bistrot et dans la boutique. Entre les deux un boyau° où débouche l'escalier, la cuisine, remplie d'une table, de trois chaises, d'une cuisinière à charbon et d'un évier sans eau. L'eau, on la tire à la pompe de la cour. On se cogne° partout dans la cuisine, on y mange seulement quatre à

à gogo: in abundance
me glisse: I crawl into
boyau: narrow passageway
se cogne: bangs one's head

quatre vers une heure de l'après-midi et le soir quand les clients sont partis. Ma mère y passe des centaines de fois, avec des casiers sur le ventre, des litres d'huile ou de rhum jusqu'au menton,° du chocolat, du sucre, qu'elle transporte de la cave à la boutique en poussant la porte d'un coup de pied. Elle vit dans la boutique et mon père dans le café. La maison regorge de clients, il y en a partout...

chin

(2) Mon père, il est jeune, il est grand, il domine l'ensemble. C'est lui qui détient la bouteille, il mesure la quantité au millimètre près, il a l'œil. Il engueule° ma mère «t'en mets toujours trop, t'as pas le compas». De toutes les tables et d'aucune. «Pas faire de jaloux.» Résistant aux supplications «t'as assez bu, rentre chez toi, ta femme t'attend». Il modère les farouches, ceux qui n'en ont jamais assez, qui cherchent des noises «je vais aux gendarmes, ils vont te dessaouler°». Le regard fier au-dessus des clients, toujours en éveil, prêt à flanquer° dehors celui qui bronche.° Ça lui arrive...

(coll.) scolds
to sober up
(coll.) kick out
protests

(3) Ma mère n'a plus de clients dans l'épicerie, elle plaque les volets de bois sur les vitres, les coince avec une barre de fer et elle vient s'affaler sur sa chaise dans la cuisine. «Les retardataires, ils cogneront° bien, c'est souvent de la racaille°». Elle dit qu'elle n'en peut plus, tous les soirs...

they will knock loudly / scum

(4) Pendant qu'elle parle, mon père met la table, sans se presser. C'est lui qui fait les épluchages,° la vaisselle, c'est plus commode dans le commerce, entre deux verres à servir, entre deux parties de dominos. A table se succèdent les histoires du café entendues par mon père, les plaintes et les menaces de ma mère, même le soir, nous ne sommes pas seuls, les clients sont là, implorants, le porte-monnaie vide, attendant le bon vouloir de mes parents, la main qui ira chercher la boîte de pois pour le dîner, le petit verre de plus, craignant le refus catégorique. «Tu parles! J'ai pas voulu lui donner, le carnet° est déjà plein, quand c'est° qu'il me paiera». Je les voyais puissants, libres, mes parents, plus intelligents que les clients. Ils disent d'ailleurs «le patron, la patronne» en les appelant. Mes parents, ils ont trouvé le filon,° tout à domicile, à portée de la main, les nouilles, le camembert, la confiture, dont je me tape de grosses cuillérées à la fin du souper avant d'aller empocher° une dizaine de gommes parfumées dans la boutique sombre, au moment de monter me coucher. Ils reçoivent le monde chez eux, c'est la fête, la joie, mais les gens paient l'entrée, ils remplissent la caisse de billets. La voici, la caisse, posée sur la table, au milieu des assiettes à soupe, des trognons de pain. Les billets sont palpés,° mouillés par mon père, et ma mère s'inquiète. «Combien qu'on a fait aujourd'hui?» Quinze mille, vingt mille, fabuleux pour moi. «L'argent, on la gagne». Mon père enfouit les billets dans sa salopette, nous pouvons commencer à nous amuser tous les deux.... Les clients, je les aimais bien, je ne pouvais me passer d'eux, mais c'était avec mon père, le chef du café, l'homme qui gagnait l'argent d'un petit geste, que je m'amusais sans retenue.°

peeling vegetables
account book / **est-ce**
"gold mine"
to pocket
handled
restraint

Annie Ernaux, *Les Armoires vides*, © Editions Gallimard

Synthèses

Après la lecture

1. La vie des petits commerçants, telle qu'elle est décrite par Annie Ernaux, présente des avantages et des inconvénients. Indiquez si les points suivants constituent un aspect positif ou négatif de cette vie. Trouvez des passages dans l'extrait pour justifier votre réponse.
   a. la situation du café-épicerie
   b. la présence constante des clients dans l'établissement
   c. la vie matérielle
   d. l'espace disponible pour la famille
   e. les rapports entre les clients et la famille
   f. la quantité de travail nécessaire
   g. le fait de travailler pour soi-même
   h. l'argent que l'on gagne

2. Plus tard dans *Les Armoires vides,* quand Denise arrive au niveau de l'université, elle commence à avoir honte du milieu socio-économique de sa famille et fait de plus en plus d' efforts pour cacher ses origines. Expliquez comment les aspects suivants de sa vie vont lui poser problème quand elle commencera à les voir d'un œil adulte.
   a. sa maison et son mode de vie
   b. les clients et leur mode de vie
   c. les attitudes de sa mère

Pour mieux lire

Pour mieux lire, il faut développer sa capacité à deviner la signification des mots selon le contexte, même si on ne peut pas en faire une traduction exacte. Pour chacun des mots soulignés, trouvez le synonyme dans la liste indiquée.

1. «... pas un endroit pour s'isoler dans la maison, <u>à part</u> une chambre à l'étage... »
2. «... un boyau où <u>débouche</u> l'escalier... »
3. «... la cuisine, remplie d'une table, d'une cuisinière à charbon, d'un <u>évier</u> sans eau... »
4. «... La maison <u>regorge de</u> clients, il y en a partout... »
5. «... Il modère les <u>farouches</u>, ceux qui n'en ont jamais assez, qui cherchent des noises... »
6. «... elle plaque les volets de bois sur les vitres, les <u>coince</u> avec une barre de fer... »
7. «... elle vient <u>s'affaler</u> sur sa chaise... »
8. «... la confiture dont je <u>me tape</u> de grosses cuillérées... »
9. «... La voici, la caisse, posée sur la table, au milieu des assiettes à soupe, des <u>trognons</u> de pain... »
10. «... Mon père enfouit les billets dans sa <u>salopette</u>... »

a. abonde en
b. se laisser tomber
c. excepté
d. prends
e. vêtement de travail
f. restes, bouts
g. arrive
h. fixe
i. peu sociables
j. bassine

Expansion

1. Imaginez les conditions de vie de Denise Lesur. Est-ce une existence campagnarde ou citadine? Comment vous représentez-vous l'endroit où elle habite? Qu'est-ce qui indique, dans le récit, qu'il est question des années 50? Le mode de vie mené par les Lesur existe-t-il encore aujourd'hui? Justifiez votre réponse.
2. Quels rapports y a-t-il entre monsieur et madame Lesur et leurs clients? Est-ce que ce type de rapports humains est plus facile ou moins facile à maintenir aujourd'hui? Dans ce contexte, y a-t-il une différence entre la vie à la campagne et la vie urbaine?
3. Est-ce que vous pensez que le café-épicerie des Lesur existe aujourd'hui? Inventez un scénario pour expliquer l'évolution de cet endroit depuis 1950. Parlez des personnes et de l'aspect matériel du lieu.

La vie des jeunes

CHAPITRE 3

«Quel CD choisir?»

Cultural Focus

- Lifestyles of Young People in the Past
- Lifestyles of Young People in Contemporary France

Structures I

- Irregular **-ir** Verbs
- Descriptive Adjectives

Structures II

- **Il / Elle est** and **c'est**
- Possessive Adjectives
- Demonstrative Adjectives
- Adverbs

Structures III

- The Comparative and Superlative of Adjectives
- The Comparative and Superlative of Adverbs
- Numbers

Web activities

http://interaction.heinle.com

Amusons-nous!

Functions

- Describing People and Places
- Making Comparisons
- Describing States and Conditions

Literary Reading

- Victor Hugo: *Les Misérables* (excerpt)

Perspectives culturelles

Culture générale

Claude Debussy (1862–1918)

Paul Verlaine (1844–1896)

A. Renoir, *Le Déjeuner des canotiers*

L'impressionnisme

L'impressionnisme est le nom donné à un mouvement artistique qui se développe en France pendant la seconde moitié du XIXe siècle. Dans le domaine de la peinture, il s'agit d'un style où domine l'impression du peintre. Sa *vision* spontanée devient ensuite le sujet que les artistes essaient de rendre directement sur la toile. Ces peintres représentent les objets selon leurs impressions personnelles, même s'il faut aller contre les règles de la peinture traditionnelle. La grande originalité des impressionnistes est de peindre et de finir leurs tableaux en plein air, car la nature change constamment sous les effets de la lumière naturelle et il faut tout faire pour saisir une impression souvent fugitive. Cette nouvelle génération de peintres croit ainsi donner une image plus fidèle et plus vivante de la nature que celle de ses prédécesseurs.

Dans ses compositions pour piano et pour orchestre, le compositeur français Claude Debussy (1862–1918) emploie, lui aussi, un langage musical subtil où dominent les nuances, où les sensations sont plus importantes que la conception raisonnée et presque mathématique de la musique. Chez le poète Paul Verlaine (1844–1896), cette musicalité est souvent associée au mode mineur qui suggère généralement la tristesse. Verlaine exprime sa sensibilité par des images subtiles, par des nuances, comme les peintres impressionnistes.

Renoir: *Le Déjeuner des canotiers*

Auguste Renoir (1841–1919) est sans doute le mieux connu de tous les peintres impressionnistes français. Les sujets préférés de Renoir sont le paysage, les portraits (personnages et nus) et les compositions avec des personnages représentés dans la vie de tous les jours.

A. Que font les personnages de Renoir au moment où il les peint dans *Le Déjeuner des canotiers* (étudiez le titre)? Quel âge ont-ils à peu près? Comment sont-ils habillés? Que font-ils dans la vie, à votre avis? Que peut-on apprendre sur cette époque (la fin du XIXe siècle) en regardant la toile de Renoir?

B. On présente souvent l'impressionnisme comme un mouvement révolutionnaire en rupture avec les conventions de l'art officiel. Chez Renoir, Debussy et Verlaine, quels sont les sujets traités ou les techniques utilisées qui méritent d'être appelés *modernes?*

Le sport et la publicité

En France, hommes et femmes portent de plus en plus d'intérêt à leur corps, et un Français sur deux pratique même un sport, sans nécessairement se considérer comme un sportif régulier. Il s'agit surtout de rester en bonne forme. Les médias jouent un rôle essentiel dans le développement des sports et sont, par exemple, à l'origine du succès du tennis en France dans les années 80 et du basket dans les années 90. Les sports individuels sont plus pratiqués que les sports collectifs, surtout chez les femmes. Ainsi, beaucoup d'entre elles pratiquent le jogging, la marche, la gymnastique et la natation, par exemple. Pourtant, le sport semble rester majoritairement masculin en France, même si les femmes s'y intéressent de plus en plus. On remarque aussi quelques différences de comportement entre les diverses catégories sociales: les gens ayant un niveau socio-culturel moins élevé, par exemple, ont tendance à éviter les sports comme le golf, la voile ou le tennis. Parmi les «sports de rue», le basket et le patin [*skating*] en ligne sont de plus en plus pratiqués.

Les sports collectifs

Cette photo représente un couple d'amateurs de tennis se préparant à participer à un tournoi en double-mixte.

Les sports individuels

Des jeunes font du jogging en forêt de Montmorency.

C. Le tennis est-il un sport qui attire également les hommes et les femmes? Les cours de tennis sont-ils, en général, accessibles à tout le monde? Le tennis est-il associé à une certaine image sociale, à votre avis?

D. Si on compare le jogging et le tennis, les mêmes conditions matérielles et sociales sont-elles nécessaires pour pratiquer ces deux sports? Pour quelles raisons pratique-t-on un sport individuel? Où faites-vous du sport quand vous en faites?

E. Quelles grandes différences y a-t-il entre le sport pratiqué par les jeunes gens du *Déjeuner des canotiers* de Renoir et les sports pratiqués dans les photos?

Note culturelle

Qui sont les jeunes Français, c'est-à-dire les 15 à 25 ans? D'abord ils sont nombreux, plus de 8 millions, et représentent 15,5 pour cent de la population actuelle de la France. Pour la plupart, ils habitent chez leurs parents. Selon les statistiques, 60 pour cent des garçons et 49 pour cent des filles entre 20 et 24 ans continuent à vivre avec papa-maman, et à 24 ans ils sont encore 24 pour cent à le faire. On les appelle souvent la «Bof-génération», où le mot «bof» symbolise l'indifférence. Aux Etats-Unis, les jeunes du même âge sont surnommés la «Génération X».

Comme dans toutes les sociétés postindustrielles, la vie quotidienne de ces jeunes gens est orientée vers une civilisation de la consommation et des loisirs plutôt que vers une civilisation du travail. Ils connaissent, depuis leur enfance dans les années 70 et 80, un confort matériel supérieur, une protection relative contre les menaces extérieures et une véritable explosion de la technologie, surtout dans ses applications aux loisirs. De plus, ils ont un pouvoir d'achat considérable. On estime que le budget des 15–18 ans est d'environ 6 000 francs par an—sans compter l'influence qu'ils exercent sur les dépenses de leurs parents. Ils consacrent une partie importante de leurs ressources, par exemple, aux vêtements, aux «fringues», comme ils disent. Les baskets, le sweat-shirt, le blouson, surtout quand ils sont d'une certaine marque ou portent la «griffe» d'un fabricant bien connu, deviennent des symboles de leur appartenance à un groupe social, à une époque. Ils passent une bonne partie de leur temps libre à écouter de la musique (le baladeur et le lecteur de disques compacts sont omniprésents), à faire du sport ou à bavarder au téléphone avec les amis. Les sujets de conversation les plus communs chez les filles sont la musique et les fringues, alors que chez les garçons ce sont les sports, la sexualité et la TV. Mais à la différence de leurs parents dans les années 60, ils sont motivés par la recherche du bonheur individuel plutôt que du bonheur collectif. L'avenir semble bien moins sûr pour ces jeunes, et ils sont souvent inquiets devant les perspectives de leur avenir professionnel.

Il ne faut donc pas s'étonner si les jeunes d'aujourd'hui se définissent comme désorientés, pessimistes, individualistes et blasés. Pourtant ils sont aussi solidaires, surtout par rapport aux immigrés et aux pauvres, et tolérants vis-à-vis des modes de vie alternatifs, comme l'homosexualité ou la cohabitation des couples non-mariés. Selon le ministère de la Jeunesse et des Sports, les jeunes de 18 à 24 ans sont prêts à défendre certaines grandes causes: la prévention du sida (79%), la lutte contre la drogue (69%), l'aide aux handicapés (49%) et la défense de l'environnement (49%). Voilà donc un certain profil de ceux qui constituent la «Bof-génération»: ce sont des humanistes réalistes.

Discussion

F. Qu'est-ce que vous aimez faire pendant vos heures de loisir?

G. Quelles sont les plus grandes différences entre vos occupations et distractions pendant votre temps de liberté et les loisirs de vos parents à votre âge?

H. Etes-vous d'accord avec l'idée que nous ne vivons plus dans une civilisation du travail mais dans une civilisation de la consommation et des loisirs? Quels arguments peut-on donner pour ou contre ce point de vue?

I. Voici une liste de certains des grands problèmes de notre époque. Quelle importance ont-ils dans votre société et surtout parmi vos amis? Classez ces problèmes dans l'ordre de leur importance: **la délinquance, l'immigration, le racisme, les droits des jeunes, la pauvreté, le sida, les malades et les handicapés, la drogue.** Y a-t-il des problèmes à ajouter à cette liste?

J. Donnez quelques caractéristiques essentielles de la «Bof-génération» ou de la «Génération X».

Expansion

K. La nature joue un rôle important chez les impressionnistes. Dans leurs toiles il y a souvent des activités qui se déroulent en plein air. Depuis le début du XXe siècle, quelles innovations dans les transports en commun et individuels rendent la nature plus accessible aux gens?

L. Que doivent faire les municipalités à l'heure actuelle pour encourager la pratique des sports en plein air, surtout chez les jeunes?

Vocabulaire actif

Les activités

se balader to stroll
boire un verre to have a drink
se donner rendez-vous to arrange to meet
faire du jogging to go jogging
faire du lèche-vitrines to go window-shopping
faire du vélo to go biking
faire une promenade en bateau to take a boat ride
fréquenter to see often
passer to spend (time)
rencontrer to meet by chance
(se) retrouver to meet by design
rigoler to laugh *(coll.)*

Les rapports

une **bande** gang *(coll.)*
un **copain** buddy, pal, significant other
une **copine** female friend, significant other
un **rapport** relationship

Les caractéristiques

bavard(e) outgoing, talkative
génial(e), super neat, cool
passionné(e) (de) crazy about
sportif(-ive) athletic

Les loisirs

le **basket** basketball
une **boîte** night club *(coll.)*
le **cinéma** movies
une **distraction** amusement
le **football** soccer
le **loisir** leisure time
les **loisirs** leisure time activities
un **parc d'attractions** amusement park
une **randonnée** hike
une **soirée** party

Les biens personnels

les **affaires** *(f pl)* personal belongings ("stuff")
l'**argent de poche** *(m)* spending money
les **baskets** *(f pl)* tennis shoes
un **blouson** jacket
une **chaîne stéréo** stereo system
les **dépenses** *(f pl)* expenses
les **fringues** *(f pl)* clothes *(coll.)*
la **griffe** logo
un **lecteur de disques compacts** CD player
un **magnétoscope** VCR
la **marque** brand
un **micro-ordinateur** personal computer
une **mobylette (mob)** moped
une **moto** motorcycle
le **permis de conduire** driver's license
une **planche à voile** board for windsurfing
une **raquette de tennis** tennis racket
un **vélo** bicycle
les **vêtements** *(m pl)* clothes
un **walkman / baladeur** portable cassette player

La société

la **drogue** drugs
la **Bof-génération** Generation X
la **conscience politique** political awareness
l'**environnement** *(m)* environment
la **réussite** (financial) success
les **SDF (sans domicile fixe)** *(m pl)* homeless
le **sida** AIDS
le **travail bénévole** volunteer work

Exercices de vocabulaire

A. Choisissez les mots du ***Vocabulaire actif*** qui se rapportent aux thèmes suivants.

1. un Mac / un IBM
2. Nike / Adidas
3. Honda / Harley
4. écouter un CD
5. regarder une vidéo
6. Ralph Lauren / Boss
7. s'amuser à la plage *(beach)*
8. voir un film
9. ce qu'on peut obtenir à l'âge de 16 ans aux Etats-Unis
10. ce que le parti politique des «Verts» cherche à protéger

B. Complétez chaque phrase par l'expression verbale appropriée du ***Vocabulaire actif.***

1. Vous vous amusez souvent avec vos amis. On ______ beaucoup.
2. Vous avez rendez-vous avec un copain devant le restaurant à six heures. Vous dites à votre copain: Je vais te ______ devant le restaurant.
3. Un groupe d'amis passe l'après-midi au centre commercial. Ils ______.
4. Après un concert, vous voulez aller au restaurant avec vos amis pour prendre une boisson. Vous proposez: Allons ______.
5. Vous décidez de retrouver votre copine devant le cinéma à une certaine heure. Vous ______ avec votre copine pour sept heures.

Cahier: Activités orales: A, B, C, D

Structures I

Irregular -ir Verbs

Irregular *-ir* Verbs: Introduce the verbs in context with a short description of your daily routine. To follow up, use the same verbs to ask students about their daily routines.

The following irregular verbs have been grouped according to similarities of conjugation.[1]

partir *to leave*	**dormir** *to sleep*	**sortir** *to go out*
je **pars**	je **dors**	je **sors**
tu **pars**	tu **dors**	tu **sors**
il / elle / on **part**	il / elle / on **dort**	il / elle / on **sort**
nous **partons**	nous **dormons**	nous **sortons**
vous **partez**	vous **dormez**	vous **sortez**
ils / elles **partent**	ils / elles **dorment**	ils / elles **sortent**
servir *to serve*	**ouvrir** *to open*	**offrir** *to offer*
je **sers**	j'**ouvre**	j'**offre**
tu **sers**	tu **ouvres**	tu **offres**
il / elle / on **sert**	il / elle / on **ouvre**	il / elle / on **offre**
nous **servons**	nous **ouvrons**	nous **offrons**
vous **servez**	vous **ouvrez**	vous **offrez**
ils / elles **servent**	ils / elles **ouvrent**	ils / elles **offrent**

[1] See also ***Appendix B.***

courir *to run*	**venir** *to come*
je **cours**	je **viens**
tu **cours**	tu **viens**
il / elle / on **court**	il / elle / on **vient**
nous **courons**	nous **venons**
vous **courez**	vous **venez**
ils / elles **courent**	ils / elles **viennent**

Devenir *(to become),* **revenir** *(to come back),* **se souvenir de** *(to remember),* **tenir** *(to hold),* and **obtenir** *(to obtain)* are conjugated like **venir.**

Venir de conjugated in the present tense and followed by the infinitive is the equivalent of *to have just* + past participle.

Il vient d'arriver.	***He has just arrived.***
Je viens de faire mes devoirs.	***I have just done** my homework.*

1. On emploie souvent le verbe **sortir** dans le contexte des loisirs et des rendez-vous. Utilisez la forme correcte du verbe **sortir** pour compléter les phrases suivantes.

1. Je ______ souvent avec...
2. Mes amis et moi, nous ______ souvent au / à la...
3. Mon / ma meilleur(e) ami(e) ______ avec...
4. [Nom d'un(e) camarade de classe], tu ______ souvent le vendredi soir?
5. Les jeunes Américains ______ en groupe ou en couples?
6. Monsieur / Madame [nom de votre prof de français], vous ______ souvent au restaurant?

Activité 2, variations: Have students prepare the exercise as homework and present the dialogue in pairs. Or give students a few moments in class to practice the dialogue with a partner, then present it to the class. Encourage appropriate intonation and attention to the meaning of the dialogue as well as to the accuracy of the verb forms.

2. Vous partagez déjà un appartement avec deux copains / copines, mais vous cherchez une quatrième personne. Les candidats téléphonent pour obtenir des renseignements *(information).* Complétez le dialogue en donnant la forme appropriée des verbes indiqués.

—Allô, oui?

—Bonjour, mademoiselle (monsieur). Je téléphone au sujet de la chambre à louer *(rent).*

—Oui, oui, nous avons une chambre disponible *(available)* dans notre appartement. Vous êtes étudiant(e)?

—Oui, je (revenir) ______ d'un séjour aux Etats-Unis et je veux reprendre mes études de pharmacie.

—Bon. Alors, quelques petites questions. A quelle heure (partir) ______ -vous pour la fac en général?

—Eh bien, normalement, je (partir) ______ le matin vers huit heures. Et vous?

TOURNEZ

S.V.P.

—Ici, on (partir) ______ entre sept heures et demie et huit heures.

— Quelquefois je me lève assez tôt le samedi ou le dimanche matin parce que je (courir) _____.

—Ah bon? Vous (courir) ______? Super! Nous (courir) ______ aussi.

—Et vous, vous (sortir) ______ souvent?

—En général, nous (sortir) ______ le week-end. Mon ami(e) (sortir) ______ aussi pendant la semaine. Mais, moi, je ne (sortir) ______ que le vendredi ou le samedi soir.

—Vous dînez à la maison ou à l'extérieur?

—D'habitude, on reste ici et on (servir) ______ le dîner vers sept heures. Mais très souvent on ne (servir) ______ rien de spécial. Ecoutez, vous (venir) ______ à l'appartement pour nous parler un peu?

—Oui, oui, bien sûr. Je (venir) ______ cet après-midi si ça va...

—Parfait. A tout à l'heure.

À écrire
Cahier: Activité écrite: A

Activité 3: Encourage students to use negative expressions when appropriate, to modify cues, and to add other statements about their schedules.

3. Vous décrivez les habitudes des jeunes Américains à des amis français. Employez les éléments indiqués pour composer votre description.

sortir le week-end	partir en vacances
dormir	sortir au cinéma
venir en cours	sortir en groupes
courir	servir de la pizza
offrir des cadeaux	revenir à la maison

4. Posez des questions à un(e) camarade de classe en utilisant les éléments indiqués. Ensuite, posez une autre question selon la réponse de votre partenaire.

1. sortir / souvent
2. dormir / beaucoup le week-end
3. venir / à la fac le dimanche
4. offrir / des cadeaux aux copains
5. partir / souvent en voyage le week-end
6. revenir / à la fac en été
7. courir / le matin
8. obtenir / de bonnes notes ce semestre

Descriptive Adjectives

Agreement of Adjectives

A. A French adjective always agrees in gender and number with the noun it modifies.

	Singular	Plural
Masculine	Le garçon est **grand.**	Ses amis sont **bavards.**
Feminine	C'est une femme **amusante.**	Ses sœurs sont **intelligentes.**

B. To form the feminine singular of most adjectives, simply add **-e** to the masculine singular.[2]

français	françai**se**
amusant	amusan**te**

C. If a masculine adjective ends in **-e,** the feminine form is identical.

Paul est **sympathique** et Virginie est **sympathique** aussi.

D. Certain adjectives do not derive the feminine singular form in the regular manner. These irregular feminine formations are summarized below.

Agreement and Position of Adjectives, variation: Before formally introducing adjective agreement, put category headings for adjective formation on the board (1. Masculine adjective + "e" = feminine, 2. Masculine = feminine, 3. Adjectives ending in "-eux" change to "-euse", etc.). Have pairs, small groups of students, or the entire class brainstorm as many adjectives as possible for each category. Build on what students already know.

Masculine Ending	Feminine Ending	Examples: Masculine	Examples: Feminine
mute **e**	mute **e**	facil**e**	facil**e**
		jeun**e**	jeun**e**
	Double consonant + -e		
-el	**-elle**	cru**el**	cru**elle**
-eil	**-eille**	par**eil**	par**eille**
-il	**-ille**	gent**il**	gent**ille**
-en	**-enne**	anci**en**	anci**enne**
-on	**-onne**	b**on**	b**onne**
-s	**-sse**	gro**s**	gro**sse**
-et	**-ette**	n**et**	n**ette**
	Other patterns		
-et	**-ète**	compl**et**	compl**ète**
		secr**et**	secr**ète**
-er	**-ère**	ch**er**	ch**ère**
		derni**er**	derni**ère**
-eux	**-euse**	nombr**eux**	nombr**euse**
		ennuy**eux**	ennuy**euse**
-eur	**-euse**	ment**eur**	ment**euse**
		tromp**eur**	tromp**euse**
-eur	**-rice**	conservat**eur**	conservat**rice**
		protect**eur**	protect**rice**
-f	**-ve**	acti**f**	acti**ve**
		neu**f**	neu**ve**

E. A few adjectives are totally irregular in the feminine form. For example:

long	**longue**
frais	**fraîche**
fou	**folle**

[2] Note that a final consonant will be silent in the masculine form, but the same consonant will be pronounced in the feminine form because of the added **-e: amusant, amusante; petit, petite.**

F. The following adjectives have an alternate form to be used before a masculine singular word beginning with a vowel or a mute **h.**

Masculine	Feminine	Alternative Form	Example
beau	belle	bel	un **bel** homme
nouveau	nouvelle	nouvel	un **nouvel** emploi
vieux	vieille	vieil	un **vieil** ami

G. To form the plural of most adjectives, add **-s** to the singular.

Masculine		Feminine	
Singular	Plural	Singular	Plural
amusant	amusant**s**	amusante	amusante**s**
réel	réel**s**	réelle	réelle**s**
neuf	neuf**s**	neuve	neuve**s**

If a single adjective modifies two nouns, one masculine and one feminine, the adjective will be in the *masculine plural* form.

Le frère et la sœur sont **intelligents.**
Les disques compacts et les soirées sont **importants** pour les jeunes.

H. Certain adjectives have irregular forms in the plural.

Singular Ending	Plural Ending	Examples	
		Singular	Plural
-s	**-s**	frai**s**	frai**s**
		gro**s**	gro**s**
-x	**-x**	heureu**x**	heureu**x**
		dangereu**x**	dangereu**x**
-eau	**-eaux**	b**eau**	b**eaux**
-al	**-aux**	internation**al**	internation**aux**
		loy**al**	loy**aux**

The feminine plural of these adjectives is regular.

fraîche — fraîche**s**
heureuse — heureuse**s**
loyale — loyale**s**

5. En utilisant des adjectifs de la liste suivante, complétez les phrases pour décrire les personnes indiquées.

beau	amusant
loyal	sympathique
nombreux	actif
gentil	indépendant
intelligent	sévère
indulgent	petit
grand	nouveau
sportif	ennuyeux
???	???

1. Mon patron est...
2. Ma famille est...
3. En général, je trouve mes professeurs...
4. Mon / ma meilleur(e) ami(e) est plutôt...
5. J'ai des amis qui sont...
6. Mon professeur de [nom du cours] est...
7. Je déteste les personnes qui sont...
8. Mon professeur de français est...

Cahier; Activité orale: E

Position of Adjectives

A. Most French adjectives follow the nouns they modify.

un ami **content**
une soirée **amusante**

des emplois **intéressants**
des amies **loyales**

Position of Adjectives, reminder: BANGS is a useful memory aid for many of the common adjectives that precede the noun: Beauty, Age, Numbers, Goodness, Size.

The following adjectives are exceptions because they normally precede the noun.[3]

autre	un **autre** copain	**bon**	un **bon** repas
jeune	un **jeune** ami	**grand**	un **grand** terrain
court	une **courte** distraction	**gros**	un **gros** monsieur
haut	une **haute** montagne	**long**	une **longue** soirée
joli	un **joli** cadeau	**gentil**	un **gentil** copain
mauvais	un **mauvais** garçon	**beau**	un **beau** vélo
meilleur	mon **meilleur** ami	**nouveau**	une **nouvelle** voiture
petit	une **petite** fille	**vieux**	un **vieux** quartier

[3] Remember, when one of these preceding adjectives is used in the plural, the partitive article **des** changes to **de:** ***de*** **petits animaux,** ***de*** **bonnes distractions.** This rule, however, is often not observed in everyday speech.

B. When there is more than one adjective modifying a noun, each adjective assumes its normal position.

une femme **intelligente** et **importante**
une **jeune** femme **intelligente**
une **gentille jeune** femme

Note that when two adjectives follow the noun, they are generally linked by **et.** But when two adjectives precede the noun, **et** is normally not used.

C. Some adjectives change meaning according to whether they are placed before or after a noun. When they follow the noun, these adjectives are used in a literal sense, but when they are placed before the noun, they are used more figuratively and form a logical unit with the noun they modify.

Adjective	After Noun		Before Noun	
ancien(ne)	*ancient*	un bâtiment **ancien** *an **ancient** building*	*former*	un **ancien** professeur *a **former** teacher*
bon(ne)	*kind*	un homme **bon** *a **kind** man*	*enjoyable*	une **bonne** soirée *a **good** party*
cher(-ère)	*expensive*	une robe **chère** *an **expensive** dress*	*dear*	ma **chère** amie *my **dear** friend* *(to address someone)*
dernier(-ère)	*preceding*	la semaine **dernière** ***last (preceding)** week*	*final*	la **dernière** fois *the **last** time*
grand(e)	*tall*	un enfant **grand** *a **tall** child*	*great*	un **grand** acteur *a **great** actor*
pauvre	*penniless*	un lycéen **pauvre** *a **poor (penniless)** student*	*unfortunate*	un **pauvre** chat *a **poor (to be pitied)** cat*
prochain(e)	*next*	la semaine **prochaine** ***next** week*	*following*	la **prochaine** fois *the **next (following)** time*
propre	*clean*	sa chemise **propre** *his **clean** shirt*	*own*	son **propre** frère *his **own** brother*

Rappel! Rappel!

1. Most French adjectives follow the nouns they modify.
2. There are several adjectives that precede the noun.
3. A few adjectives change meaning depending on whether they are placed before or after the noun.

6. Un groupe de jeunes Français sont au café où ils parlent de choses et d'autres. Ajoutez à leurs remarques les adjectifs indiqués.

MODELE Mon copain a une voiture. (nouveau)
Mon copain a une nouvelle voiture.

1. Jean-Paul n'a pas le temps de prendre des vacances? Ah, le type n'a pas de chance. (pauvre)
2. Roberta et Sylvia arrivent demain? Oui, oui. Ce sont des amies de Nicole. (bon / américain)
3. Marc veut une moto. (gros / allemand)
4. M. Martin? C'est mon prof de lycée. (ancien)
5. Julien et Laura habitent un appartement en centre-ville. (beau / moderne)
6. Des billets pour le concert d'Elton John? Pas question! Nous ne sommes que des étudiants. (pauvre)
7. Ah, regardez! Voilà la petite amie de Paul. (nouveau)
8. Pour la soirée chez Jacques, je vais mettre une robe. (joli / noir)

Activité orale

Cahier: Activité orale: F

À écrire

Cahier: Activité écrite: B

7. Employez des adjectifs pour décrire les personnes indiquées dans les circonstances suivantes.

1. vous / quand vous vous réveillez
2. vos amis / à une soirée
3. vous / avant un examen
4. votre famille / en vacances
5. vous / quand vous sortez avec quelqu'un pour la première fois
6. votre prof de français / quand on ne rend pas les devoirs
7. vous / quand vous rencontrez une personne inconnue à une soirée
8. vos parents / quand vous rentrez très tard

8. Décrivez les jeunes gens de la photo a droite. Voyez-vous plutôt des différences ou des similarités entre ces jeunes et un groupe de jeunes Américains? Voyez-vous des similarités entre ce groupe et les jeunes du tableau de Renoir à la page 66?

Lexique personnel

Expand upon each statement with additional questions that will practice language skills in a personalized context. Encourage students to ask each other follow-up questions that will elicit even more details and more adjectives.

Les relations personnelles

Trouvez des adjectifs pour décrire quelques personnes importantes dans votre vie, par exemple...

votre meilleur(e) ami(e)	votre mère / votre père
un cousin / une cousine	votre petit(e) ami(e)
votre frère / votre sœur	une tante / un oncle
???	???

En employant les adjectifs de votre lexique personnel, donnez des indications sur les aspects suivants de votre vie.

1. Avez-vous beaucoup de copains?
2. Décrivez votre groupe d'amis en général.
3. Décrivez votre meilleur(e) ami(e).
4. Avez-vous un copain / une copine? Comment est-il / elle?
5. Décrivez un ou deux membres de votre famille.
6. Avec qui est-ce que vous vous entendez bien? Avec qui est-ce que vous ne vous entendez pas très bien? Pourquoi?

Interactions

Activité 1. Une personne importante. Faites le portrait d'une personne que vous admirez et qui vous a beaucoup influencé(e). Vos camarades de classe vont vous poser des questions pour avoir une idée précise de cette personne. Employez les adjectifs de votre lexique personnel.

Activité 2, follow-up: Have students present to the class three similarities and three differences (using comparative statements) between themselves and their partner.

Activité 2. Ma personnalité. Choisissez quatre adjectifs qui décrivent votre personnalité. Comparez ces caractéristiques avec celles de vos camarades de classe et essayez de trouver quelqu'un avec qui vous avez au moins deux traits en commun. Parmi les adjectifs qui vous décrivent, lesquels décrivent également un grand nombre de vos camarades de classe? A partir de ces comparaisons, pouvez-vous faire un portrait type des jeunes Américains?

Structures II

Il / Elle est and c'est

Both **il / elle est** and **c'est** can mean *he / she / it is.* However, the two constructions are not interchangeable. Certain grammatical situations require choosing between **il / elle est** and **c'est.** These constructions are outlined below.

il / elle est + adjective referring to a specific person or thing	J'aime ce vin. **Il est** bon. Je préfère cette boulangerie. **Elle est** excellente.
il / elle est + unmodified noun referring to a profession	**Il est** marchand.

il / elle est + adjective referring to nationality, political affiliation, or religious persuasion	**Elle est** française.[4] **Il est** protestant.

Note that the article **un / une** is omitted before *unmodified* nouns of profession.

c'est + proper noun	**C'est** Monsieur Dupont. **C'est** Marie.
c'est + pronoun	**C'est** moi. **C'est** elle.
c'est + masculine adjective referring to an idea or situation	Jacques mange trop, **c'est** vrai. Ces légumes ne sont pas bons, **c'est** certain. La salade n'est pas fraîche, **c'est** évident.
c'est + modified noun	**C'est** un bon vin. **C'est** une boulangerie excellente. **C'est** un professeur intéressant. **C'est** une Française cosmopolite. **C'est** le directeur du département.

Note that **c'est** is used with *any modified noun,* including nouns of profession, nationality, political party, or religious persuasion. The article immediately preceding the noun is considered a modifier.

Rappel! Rappel!

To state a person's profession, nationality, political affiliation, or religious persuasion, you may choose either **il / elle est** or **c'est un(e).** Remember to omit the indefinite article if you choose **il / elle est** and to retain it if you choose **c'est.** If the noun is modified by an adjective, you must use **c'est un(e).**

—Qui est cet homme là-bas?
—**Il est** marchand.

BUT:

C'est un marchand.
C'est un marchand de la rue Victor-Hugo.

These distinctions also apply to the plural forms of both constructions: **ils / elles sont** and **ce sont.**

J'aime ces vins. **Ils sont** bons.
J'aime bien les Dupont. **Ils sont** professeurs. **Ce sont** de bons linguistes.

[4] A noun indicating nationality is usually capitalized: **une Française.** Adjectives of nationality are not: **une femme** ***française.***

1. Vous faites une promenade dans le quartier près de votre université avec un étudiant suisse qui passe le semestre chez vous. Il pose beaucoup de questions. Complétez vos réponses en utilisant **c'est, ce sont, il / elle est** ou **ils / elles sont.**

—Ce magasin en face de nous, qu'est-ce que c'est?
—_____ une espèce d'hypermarché. _____ très grand.
—Et cette voiture? Qu'est-ce que c'est?
—_____ une Lexus. _____ belle, non? Et _____ rapide aussi.
—Le «Mountain Dew», c'est quoi?
—Oh, ça, ____ une boisson. _____ assez bonne.
—Qui est la personne à qui tu fais signe?
—M. (Mme / Mlle)... , _____ mon professeur de français. _____ très gentil(le).
—Dis, ce grand bâtiment devant vous, c'est quoi?
—_____ une des résidences universitaires. _____ grande, mais _____ assez vieille.
—Et toutes ces personnes là-bas?
—Ah, _____ mes copains. _____ sympa. _____ étudiants en deuxième année, comme moi. Viens, on va déjeuner à la cafétéria ensemble.
—D'accord. Mais le grand type mince, là. C'est ton camarade de chambre?
—Oui, _____ lui. _____ un étudiant de troisième année.

À écrire
Cahier: Activité écrite: C

Possessive Adjectives

The possessive adjectives in French are equivalent to the English terms *my, your, his, her, its, our, their.*

One Possessor	Single Possession	Plural Possessions
my	**mon** *(m)* **ma** *(f)*	**mes**
your (fam.)	**ton** *(m)* **ta** *(f)*	**tes**
your (formal)	**votre** *(m & f)*	**vos**
his / her / its	**son** *(m)* **sa** *(f)*	**ses**
More Than One Possessor	**Single Possession**	**Plural Possessions**
our	**notre** *(m & f)*	**nos**
your (fam. and formal)	**votre** *(m & f)*	**vos**
their	**leur** *(m & f)*	**leurs**

Mon ami et **ma** cousine adorent **mes** parents.
Ton père et **ta** mère parlent à **tes** amies.
Son frère et **sa** sœur apportent **leurs** affaires.
Notre chien et **notre** enfant restent chez **nos** parents.
Votre vélo et **votre** cercle d'amis constituent **vos** distractions préférées.
Leur frère et **leur** sœur n'habitent plus chez **leurs** parents.

The forms **mon, ton, son** are used before a feminine word beginning with a vowel or a mute **h** for the purpose of pronunciation.

mon amie
ton histoire
son école

Rappel! Rappel!

1. French possessive adjectives agree in gender and number with the thing or person possessed, *not* with the possessor.

sa sœur	***his** or **her sister***
son vélo	***his** or **her bicycle***

2. You must repeat the appropriate possessive adjective before each noun in a series to avoid ambiguity.

son père et **son frère**	***her father** and **brother***

3. The choice between **son, sa, ses** and **leur, leurs** often poses a problem for English speakers. Remember: when **son, sa,** and **ses** are used, there is only one possessor who may possess one thing **(son vélo)** or more than one thing **(ses livres).**

   When **leur, leurs** are used, there is more than one possessor, but they may possess one thing among them **(leur maison)** or more than one thing **(leurs enfants).**

2. Beaucoup d'étudiants français habitent seuls et n'ont pas de camarades de chambre. Vous parlez à une étudiante française de votre camarade de chambre. Utilisez les adjectifs possessifs appropriés pour compléter votre description.

1. J'aime bien ______ camarade de chambre.
2. Nous partageons ______ chambre, mais nous ne partageons pas ______ affaires.
3. Il / elle a ______ propre bureau où il / elle met ______ livres et ______ chaîne stéréo.
4. Les parents de ______ camarade de chambre habitent loin d'ici. Ils écrivent souvent, et ______ lettres sont toujours amusantes. ______ fille aînée est médecin en Californie.
5. Quelquefois il y a un problème avec les amis de ______ camarade de chambre. Ils viennent trop souvent passer du temps dans ______ chambre et ils laissent ______ affaires partout.
6. Il / elle a même un ami qui laisse ______ bicyclette dans la chambre et une copine qui met ______ bouteilles d'eau minérale dans ______ réfrigérateur. Mais, en général, nous nous entendons bien.

3. Posez les questions suivantes à vos camarades de classe. Après chaque réponse, posez une autre question.

1. Comment est ta famille? Comment sont tes frères et tes sœurs?
2. Tu t'entends bien avec tes parents?
3. Tes copains sont gentils?
4. Ton / ta meilleur(e) ami(e) habite près de chez toi?
5. Tu as ta propre voiture?
6. Tu sors souvent avec tes copains ou avec tes camarades de chambre?
7. Tu sors le week-end avec ton / ta petit(e) ami(e)?
8. Tu réfléchis déjà à ta carrière?

À écrire
Cahier: Activités écrites: D, E

Demonstrative Adjectives

The French demonstrative adjectives are equivalent to the English *this, that, these, those.*

As with other adjectives in French, demonstrative adjectives must agree in gender and number with the nouns they modify.

	Singular		Plural	
Masculine	**ce (cet)**	*this, that*	**ces**	*these, those*
Feminine	**cette**		**ces**	

J'achète **ce** livre et **ces** disques.
Elle aime **cette** chambre et **ces** affaires.

The alternate form **cet** is used before a masculine singular noun beginning with a vowel or a mute **h.**

cet emploi — **cet** homme

Rappel! Rappel!

In English, the distinction between *this* and *that* or *these* and *those* is based on the context of the sentence. In French, you add **-ci** and **-là** after the nouns only when you wish to make a direct comparison between the two elements or stress the distance between yourself and a person or object.

Ce CD est bien. — ***This (that) CD** is good.*
Ce garçon est mon frère. — ***That (this) boy** is my brother.*

BUT:

Ce garçon-ci est mon ami, et **ce garçon-là** est mon frère. — ***This boy** is my friend, and **that boy** is my brother.*
Tu vois **ce livre-là?** Il coûte cher! — *Do you see **that book (there)?** It's expensive!*

4. Vous êtes dans un centre commercial avec un(e) étudiant(e) français(e). Utilisez la forme correcte de l'adjectif démonstratif pour compléter la conversation suivante.

—Il y a des vêtements formidables dans ______ magasins. Regarde ______ chemise. Tu préfères ______ chemise ou ______ blouson?

—Je n'aime pas tellement ______ blouson ______; je préfère ______ blouson ______.

—Remarque, il y a aussi ______ vestes en vente. Je peux peut-être acheter ______ veste rouge, mais ______ veste bleue est encore trop chère, même en solde. Pourtant ______ prix sont en général plus intéressants que les prix des vêtements en France.

—Alors, est-ce que tu vas acheter tous ______ vêtements ou seulement ______ chemise?

—Je pense acheter seulement ______ blouson et ______ veste aujourd'hui. Je veux revenir dans ______ magasins avant mon départ.

Synthèses

Activité A, follow-up: Have students present an oral description of their partner's responses to the questions, or have them prepare a written résumé as homework.

A. Interview. Utilisez une variété d'adjectifs pour faire la description des personnes et des choses indiquées.

1. Comment est votre frère ou votre sœur?
2. Avez-vous un(e) cousin(e) favori(te)? Comment est-il / elle?
3. Comment sont vos parents?
4. Avez-vous un animal domestique (un chien, un chat, un perroquet, un poisson)? Comment est-il / elle?
5. Décrivez votre voiture.
6. Comment est votre prof de français? Votre prof de... ?
7. Décrivez votre maison, votre appartement ou votre chambre.
8. Faites la description du / de la camarade de chambre idéal(e). Du / de la petit(e) ami(e) idéal(e). Du professeur idéal.

B. Roger écrit à son ancien camarade de chambre. Complétez sa lettre en donnant la forme appropriée de l'adjectif possessif.

Cher ami,

Ça fait longtemps que je ne reçois plus de _______ nouvelles. Comment vas-tu? Et _______ études, _______ travail, _______ petite amie? Moi, je vais très bien. _______ nouvelle voiture est extra! _______ cours ne sont pas trop difficiles cette année. J'aime toujours bien _______ appartement.

Cette année, Paul a beaucoup de problèmes. Il n'aime pas _______ profs. _______ chambre à la résidence universitaire est trop petite. Il a aussi des problèmes avec _______ amie. Bref, il ne va pas très bien.

Tout va bien chez mes parents. _______ nouvelle maison est très belle et pas trop grande. _______ amis apprécient beaucoup la piscine.

Tu vas bientôt m'écrire à propos de _______ nouvelle vie là-bas, n'est-ce pas? _______ commentaires sur la vie me manquent et _______ sens de l'humour aussi.

Bien à toi,
Roger

C. Donnez le nom des personnes qui suivent en utilisant **c'est / ce sont** dans vos phrases. Ensuite, décrivez ces personnes en faisant deux phrases avec **il / elle est** ou **ils / elles sont.**

MODELE votre frère
C'est Ron.
Il est étudiant. Il n'est pas marié.

1. votre professeur de français
2. vos parents
3. votre petit(e) ami(e)
4. votre camarade de chambre
5. vos meilleurs copains
6. votre frère ou votre sœur
7. votre parent(e) *(relative)* favori(te)
8. votre acteur / actrice préféré(e)
9. votre groupe ou votre chanteur / chanteuse préféré(e)
10. votre professeur de...

Interactions

Follow-up: Have students expand the survey to include the full class, or other students outside of class (as a homework assignment). Review the results of the polls for identifiable trends, if any (patterns of responses from males, females, younger students, older students, etc.).

Un symbole important. Une «mob» représente plus d'un moyen de transport pour les jeunes Français. C'est un signe extérieur de prestige et un symbole d'indépendance. Avec un(e) camarade de classe, choisissez deux symboles de prestige et d'indépendance pour les étudiants de votre âge. Soyez prêt(e) à expliquer vos choix.

Adverbs

An adverb modifies a verb, an adjective, or another adverb. It tells *how* something is done.

Il parle **facilement.**	*He speaks **easily.***
Il est **finalement** convaincu.	*He is **finally** convinced.*
Elles parlent **terriblement** vite.	*They speak **terribly (very)** quickly.*

In English, most adverbs are easily recognized by the *-ly* ending. In French, many adverbs end in **-ment.** Unlike adjectives, which must reflect the gender and number of the nouns they modify, adverbs show no agreement.

Formation of Adverbs

To form most adverbs in French, add **-ment** to the feminine form of the adjective.

Masculine Adjective	Feminine Adjective	Adverb
final	finale	finale**ment**
cruel	cruelle	cruelle**ment**
premier	première	première**ment**
curieux	curieuse	curieuse**ment**
actif	active	active**ment**
long	longue	longue**ment**
rapide	rapide	rapide**ment**

Certain exceptions to the regular formation of adverbs are summarized below.

Adjective Ending	Irregularity	Adjective	Adverb
-i	no **-e** added	vra**i**	vra**iment**
-u	no **-e** added	absol**u**	absol**ument**
-ant	**-amment**	brill**ant**	brill**amment**
		const**ant**	const**amment**
-ent	**-emment**[5]	évid**ent**	évid**emment**
		pati**ent**	pati**emment**
		fréqu**ent**	fréqu**emment**

A few adverbs have completely irregular stems.

bref	brève	**brièvement**
gentil	gentille	**gentiment**

[5] The **-emment** ending is pronounced the same way as the **-amment** ending.

A few important adverbs are completely different from their corresponding adjectives.

Adjective	Adverb	Adjective	Adverb
bon	**bien**	meilleur	**mieux**
mauvais	**mal**	petit	**peu**

Rappel! Rappel!

You must be aware of the distinction between describing something and telling *how* something is done. Note that **être** is normally followed by an adjective.

Ce repas est **bon.**	Elle fait **bien** la cuisine.
Ce concert est **mauvais.**	Le groupe chante **mal.**
Ce groupe est **actif.**	Ils jouent **activement.**
Son frère est **petit.**	Il parle **peu.**

Here are some commonly used adverbs.

TIME	PLACE	FREQUENCY	QUANTITY
aujourd'hui	ici	déjà	assez
hier	là	enfin	beaucoup
demain	là-bas	souvent	trop
maintenant	partout	toujours	peu
tard	quelque part	jamais	
tôt		quelquefois	
vite			

Position of Adverbs

The usual position for adverbs used with simple tenses (present, imperfect, simple future, etc.) is directly following the conjugated verb.

Il finit **facilement** ses devoirs.
Elles répondent **bien** aux questions.
Nous terminons **toujours** à neuf heures.

Many adverbs of time, place, frequency, and manner may also be placed at the beginning or the end of a sentence.

Demain, nous allons partir.
Nous allons partir **demain.**

Any adverb that depends on the verb for its meaning, such as adverbs of quantity, must be placed directly after the verb.

Il parle **assez** en cours.
Vous allez **trop** au café.
Elles aimeraient **beaucoup** nous accompagner.
Je fais **mieux** la cuisine.

Rappel! Rappel!

In French an adverb can never be placed after the subject, as is often done in English.

*I **finally** speak French.*	Je parle **enfin** le français.
*The Martins **always** arrive on time.*	Les Martin arrivent **toujours** à l'heure.
*He **already** knows the truth.*	Il sait **déjà** la vérité.

5. Comment agissent-ils *(act)?* Chaque phrase complète contient un adjectif. Remplissez le blanc avec l'adverbe correspondant.

1. Paul a un petit appétit. Il mange ________.
2. Ma mère est très patiente. Elle écoute ________.
3. Mon prof de français est gentil. Il répond ________ à nos questions.
4. Ce groupe de rock est mauvais. Les musiciens jouent ________.
5. Mon copain est un étudiant brillant. Il réussit ________ aux examens.
6. Garth Brooks est un bon chanteur. Il chante ________.
7. Je vais avoir une conversation très brève avec mon prof. Je parle toujours ________ aux profs.
8. Mon camarade de chambre a un problème sérieux. Nous parlons ________.

6. Ajoutez un adverbe de la liste à chacune des affirmations suivantes pour décrire vos activités et celles de vos amis.

souvent	rarement
déjà	bien
mal	toujours
fréquemment	peu
beaucoup	lentement
???	???

1. Je danse.
2. Mes copains sortent pendant la semaine.
3. En cours de français, on parle français.
4. Les étudiants donnent des soirées.
5. Vous vous amusez en classe.
6. Les jeunes Américains sortent en groupe.
7. Mes amis et moi, nous bavardons au téléphone.
8. Mon prof de... comprend les problèmes des étudiants.
9. Nous pensons aux vacances.
10. Mon / ma meilleur(e) ami(e) m'écrit des lettres.

À écrire
Cahier: Activité écrite: F

Pour s'exprimer

Ecoutez d'abord l'interview «Les jeunes s'amusent», puis faites les activités qui suivent.

CONTEXTE: Un journaliste parisien doit faire une série de reportages sur les jeunes Français d'aujourd'hui. Il se rend donc dans la rue pour enregistrer des jeunes qui veulent bien répondre à ses questions. Il s'approche des enfants Dumont — Philippe, Béa et Bruno.

A l'écoute

The questions and tasks presented in this section include, but also go beyond, simple comprehension questions. Students are encouraged to examine intonation patterns, language / vocabulary use, and cultural similarities and differences.

A. On fait une enquête sur la vie sociale des étudiants. En imitant le journaliste et les jeunes Français, imaginez un dialogue dans lequel vous arrêtez vos camarades dans la rue pour les interviewer.

B. Faites une liste des activités que Béatrice, Bruno et Philippe font avec leurs amis. Comment s'amusent les jeunes du même âge (douze, seize et dix-huit ans) que vous connaissez?

C. Béatrice dit qu'elle attend désespérément le jour où Philippe va conduire la voiture, car elle veut prendre sa «mob». Même si vous ne connaissez pas le mot «mob», comment pouvez-vous deviner le sens de la phrase en question? Qu'est-ce qui, dans le contexte, vous aide à comprendre ce mot?

D. Pour s'adresser individuellement aux trois jeunes Français, le journaliste choisit entre la forme **vous** et la forme **tu.** Qui **vouvoie**-t-il? Qui **tutoie**-t-il? Est-ce qu'il change de pronom quelquefois? Essayez d'expliquer pourquoi.

A vous la parole

Encourage students to continue using the expressions presented in this section in other contexts by rewarding their ongoing use in class when you assign participation grades.

Voici une liste d'expressions employées pour dire si vous êtes d'accord avec une déclaration ou une suggestion. Lisez les phrases suivantes et donnez votre opinion en utilisant les expressions de la liste.

D'accord	**Pas d'accord**
Entendu	Pas du tout
Oui, bien sûr!	Mais non!
Oui, oui, ça va.	Ecoute!
Excellente idée.	Eh bien, moi...
Super!	Pas question!
En effet.	Alors, là...
Pas de problème!	C'est possible, mais...

MODELE —Tu peux m'aider pour mes devoirs de français?
—Oui, bien sûr! Tu es libre jeudi après-midi?

OU: —C'est possible, mais je ne suis libre que vers quatre heures.

1. Tu veux faire des recherches avec moi à la bibliothèque lundi soir?
2. On va ensemble au match de football samedi après-midi?
3. Est-ce que je peux prendre ta voiture pour le week-end?

4. Je suis sûr(e) que tu vas prendre une chambre à la cité universitaire l'année prochaine.
5. Tu veux sortir avec mon / ma camarade de chambre samedi soir, n'est-ce pas?
6. Mon copain / ma copine vient passer le week-end et il / elle va dormir dans notre chambre.
7. Je vais te retrouver au restaurant universitaire à midi.
8. Est-ce que je peux mettre ton nouveau pull-over pour la soirée?
9. Tu veux nous accompagner au festival du film étranger?
10. ???

Situations

1. En petits groupes, composez trois ou quatre phrases pour décrire la vie des jeunes Américains. Ensuite présentez les idées de votre groupe aux autres, qui vont expliquer pourquoi ils sont d'accord ou pas d'accord.
2. Parlez de trois aspects intéressants de la vie des jeunes en France. A partir de vos idées, vos camarades vont composer des phrases pour comparer la vie des jeunes Français et la vie des jeunes Américains.
3. Travaillez-vous? Comment dépensez-vous votre argent? Quels achats faites-vous souvent / assez souvent / rarement? Décrivez votre situation financière, puis comparez votre situation avec celle des jeunes Français.

Structures III

The Comparative and Superlative of Adjectives

The Comparative

Comparative and Superlative of Adjectives, suggestion: Introduce concepts and forms of the comparative in context by discussing or describing famous people in the news.

To form the comparative of adjectives, place **plus, moins,** or **aussi** before the adjective and **que** after the adjective. The adjective must agree in gender and number with the first of the two nouns or pronouns used in the comparison.

plus... que	*more . . . than*
moins... que	*less . . . than*
aussi... que	*as . . . as*

Ces cafés sont **plus intéressants que** les autres.
Lucien est **moins bavard que** Marie.
Je suis **aussi intelligente que** toi.

The adjective **bon** has an irregular comparative form, **meilleur** *(better),* that shows all standard gender and number agreements.

Ce café-ci est **meilleur** que ce café-là.
Les boissons ici sont **meilleures** que là-bas.

Note that **aussi** may be replaced by **si** in a negative sentence.

Cette actrice n'est pas **si** amusante **que** l'autre.

The Superlative To form the superlative of adjectives, place the appropriate definite article plus **plus** or **moins** before the adjective and **de** after the adjective.

Il est **le plus intelligent de** la classe.
Cette voiture est **la moins chère de** toutes les voitures.
Nos amis sont **les plus loyaux du** monde.

When preceding a noun and comparing amounts or quantities, **plus que, moins que,** and **aussi que** become **plus de** *(more than),* **moins de** *(less than),* and **autant de** *(as much* or *as many as).*

Rappel! Rappel!

1. When a noun is included in the superlative construction, the adjective is placed in its normal position and shows the appropriate agreement. If the adjective normally precedes the noun, the superlative construction is similar to the English superlative.

   C'est **la plus belle étudiante** de la classe.
   Ce sont **les meilleures distractions** de la ville.

   If the adjective normally follows the noun, its complete superlative form, including the appropriate definite article, must follow the noun. The noun itself will still be preceded by its own definite article or possessive adjective.

   C'est **le livre le plus intéressant** de tous.
   C'est **le moment le moins heureux** de ma vie.
   Ce sont **les membres les plus actifs** du club.
   Ce sont **ses activités les moins amusantes** de la journée.

2. Remember that the preposition **de** is used after the superlative as the equivalent of *in* or *of.*

1. Le mode de vie de la famille Dumont nous permet de comparer les façons de vivre aux Etats-Unis et en France. Utilisez les éléments indiqués pour faire des phrases comparatives.

MODELE la cuisine française / être / élégant / la cuisine américaine
La cuisine française est plus élégante que la cuisine américaine.

1. un appartement français / être / grand / un appartement américain
2. un repas chez McDonald's / être / long / un repas français traditionnel
3. les devoirs de classe en France / être / difficile / les devoirs aux Etats-Unis
4. le week-end en France / être / long / le week-end aux Etats-Unis
5. les examens américains / être / difficile / les examens français
6. les CD en France / être / cher / les CD aux Etats-Unis
7. un vélo / être / rapide / une moto
8. les voitures américaines / être / gros / les voitures françaises

À écrire
Cahier: Activité écrite: G

Activité 2, follow-up: Have students write eight sentences using superlatives to describe the United States. For example, they may describe the largest, best, oldest, most interesting state, city, building, museum, park, cuisine, university, etc.

2. Un(e) ami(e) américain(e) adore sa vie en France et écrit une lettre pleine de superlatifs pour le dire. Utilisez les éléments suivants pour former des phrases superlatives.

MODELES Notre-Dame / être / beau / cathédrale / pays
Notre-Dame est la plus belle cathédrale du pays.

c'est / voyage / intéressant / ma vie
C'est le voyage le plus intéressant de ma vie.

1. Paris / être / beau / ville / monde
2. la Tour Maine-Montparnasse / être / haut / bâtiment / Paris
3. je / faire / long / promenades / ma vie
4. la Sorbonne / être / vieux / université / pays
5. le Louvre / être / musée / intéressant / monde
6. le Quartier latin / être / quartier / ancien / ville
7. les Tuileries / être / beau / jardin / Paris
8. c'est / bon / voyage / ma vie

À écrire
Cahier: Activité écrite: H

The Comparative and Superlative of Adverbs

The Comparative

The comparative of adverbs is formed in the same way as the comparative of adjectives. Remember, however, that adverbs are invariable.

Elle parle **aussi lentement que** son frère.
Ils travaillent **moins bien que** vous.
Nous finissons **plus vite que** les autres.

The adverb **bien** has the irregular comparative form **mieux que** *(better than).*

Vous répondez **mieux que** Charles.
Je m'amuse **mieux** ici **qu'**au café.

The comparative of **beaucoup de** is **plus de.**

Marie a **plus d'**amis que son frère.
Il y a **plus de** vingt personnes dans cette classe.

The Superlative

To form the superlative of adverbs place **le plus** or **le moins** before the adverb. Because adverbs are invariable, **le** is always used in the superlative construction.

Ils travaillent **le plus sérieusement de** tout le groupe.
Pierre écoute **le moins attentivement de** toute la classe.
Mais Béatrice répond **le mieux de** tous les élèves.

Note that **de** is also used with the superlative of adverbs as the equivalent of *in* or *of.*

Rappel! Rappel!

The comparative and superlative forms of the adjective **bon** and the adverb **bien** may pose more problems in French than in English. Compare the following forms.

good	*better*	*best*
bon	**meilleur(e)**	**le / la / les meilleur(e)(s)**
well	*better*	*best*
bien	**mieux**	**le mieux**

Note that **être** is usually followed by an adjective; other verbs are followed by adverbs.

3. Vous expliquez comment on fait certaines choses en France. Comparez les deux cultures en complétant chacune des phrases suivantes. Utilisez le comparatif de l'adverbe entre parenthèses.

1. (lentement) Les Français mangent ______ les Américains.
2. (bien) Mais en France, on mange ______ aux Etats-Unis.
3. (vite) Le TGV roule ______ les trains de l'Amtrak.
4. (sérieusement) Un lycéen français doit étudier ______ un élève de «high school» aux Etats-Unis.
5. (attentivement) Les étudiants américains travaillent ______ les étudiants français.
6. (souvent) Les jeunes Français sortent ______ les jeunes Américains.

À écrire
Cahier: Activités écrites: I, J

Synthèses

A. Donnez votre point de vue personnel en comparant divers aspects de la vie d'étudiant. Choisissez un adjectif approprié pour chaque comparaison.

1 un cours de français / un cours de maths
2. mon université / la Sorbonne
3. notre restaurant universitaire / un restaurant en ville
4. ma chambre / la chambre de mon ami(e)
5. un examen de français / un examen d'anglais
6. mon prof de français / mon prof de...
7. ma dissertation / la dissertation de mon ami(e)
8. ???

B. Le permis de conduire en France et aux Etats-Unis. Chacune des phrases suivantes explique comment les jeunes en France obtiennent le permis de conduire. Employez les éléments indiqués pour comparer la situation aux Etats-Unis.

1. A seize ans, on peut conduire si on est accompagné.
   Aux Etats-Unis, on peut conduire quand on / être / jeune.
2. L'accompagnateur doit avoir plus de 28 ans.
   Chez nous, l'accompagnateur / être / âgé.
3. On doit faire un stage de formation de 20 ou 30 heures dans une auto-école.
   Le stage en auto-école / être / long.
4. Les frais du stage et de l'examen s'élèvent à plus de 4 500 F.
   Obtenir le permis de conduire / coûter / cher.

5. On passe l'examen à l'âge de 18 ans.
   Aux Etats-Unis, on peut passer l'examen quand on / être / jeune.
6. En général, seulement 50% des candidats sont reçus quand ils passent l'examen pour la première fois.
   Les candidats qui réussissent / être / nombreux.
7. L'examen est très difficile.
   L'examen / être / difficile.
8. Le permis de conduire est valable indéfiniment.
   Le permis de conduire / être / valable / longtemps.

C. Tout simplement le meilleur *(Simply the best).* Posez les questions suivantes à un(e) camarade de classe. Ensuite, expliquez pourquoi vous êtes d'accord ou pas d'accord avec sa réponse.

1. A votre avis, qui est le meilleur acteur américain? Et la meilleure actrice?
2. Quelle est l'émission de télévision la plus populaire?
3. Quel est le film le plus amusant de cette année? Et le plus mauvais film?
4. Quel groupe de musique aimez-vous le mieux?
5. Qui est le comédien le plus amusant?

Cahier: Activités orales: G, H

Numbers

Cardinal Numbers

Numbers: For brief review, say a number and ask students to explain its significance. For example, 9 = number of players on a baseball team, 7 = days in a week, 12 = months in a year, 64 = squares on a chessboard, 26 = letters in the alphabet, 365 = days in a year, 1969 = first walk on the moon, 1994 = Mandela elected president of South Africa, etc. Several correct answers may be possible. To give students practice producing numbers, have individuals or small groups devise their own lists of significant numbers and have other students guess the reasons for their choices.

0	**zéro**	14	**quatorze**	51	**cinquante et un**
1	**un (une)**	15	**quinze**	60	**soixante**
2	**deux**	16	**seize**	61	**soixante et un**
3	**trois**	17	**dix-sept**	70	**soixante-dix**
4	**quatre**	18	**dix-huit**	71	**soixante et onze**
5	**cinq**	19	**dix-neuf**	80	**quatre-vingts**
6	**six**	20	**vingt**	81	**quatre-vingt-un**
7	**sept**	21	**vingt et un**	90	**quatre-vingt-dix**
8	**huit**	22	**vingt-deux**	91	**quatre-vingt-onze**
9	**neuf**	30	**trente**	100	**cent**
10	**dix**	31	**trente et un**	101	**cent un**
11	**onze**	40	**quarante**	200	**deux cents**
12	**douze**	41	**quarante et un**	201	**deux cent un**
13	**treize**	50	**cinquante**		

1 000	**mille**	1 000 000	**un million**
1 005	**mille cinq**	1 000 000 000	**un milliard**
2 000	**deux mille**		
2 010	**deux mille dix**		

English and French differ in their use of commas and decimal points in writing numbers. Where a decimal point is used in English, a comma is used in French: *41.5 miles* = **66,4 kilomètres.** For numbers over 1,000, only a space is used: **20 000 F.**

Rappel! Rappel!

1. Beginning with **deux cents,** there is an **-s** on the number **cent,** unless it is followed by another number **(deux cents, deux cent cinq). Mille** never has an **-s.** When expressing a year, **mil** may be used instead of **mille** when it is the first word in a date: **mil neuf cent vingt** *(1920).*

2. For hundreds and thousands, there are no equivalents in French for the preceding *a* or *an* or the following *and* frequently used in English.

cent cinq	***a hundred and five***
mille cinquante	***a thousand and fifty***

To say a telephone or fax number in French, you have to group the numbers and not say each number individually the way we do in English. For 01 42 61 54 33, you would say **zéro un, quarante-deux, soixante et un, cinquante-quatre, trente-trois.** American telephone and fax numbers must be grouped in similar fashion: (212) 684-3725 = **deux cent douze, six cent quatre-vingt-quatre, trente-sept, vingt-cinq.**

Ordinal Numbers

Most ordinal numbers are formed by adding **-ième** to the cardinal numbers. If the cardinal number ends in **-e,** that **-e** is dropped.

deux	**deuxième**
quinze	**quinzième**
dix-sept	**dix-septième**
trente	**trentième**
cinquante et un	**cinquante et unième**
cent trois	**cent troisième**
deux mille	**deux millième**

There are a few exceptions to the regular formation of ordinal numbers.

un (une)	**premier (première)**
cinq	**cinquième**
neuf	**neuvième**

Note that the term **second** generally replaces **deuxième** when there are no more than two items in question.

Jean-Marc est le **second** fils des Martin. Il y a deux garçons dans la famille.

Rappel! Rappel!

1. With titles and dates, French uses cardinal numbers where English uses ordinal numbers. The only exception is **premier.**

le premier novembre	**François I (Premier)**
le huit février	**Louis XIV (Quatorze)**
le vingt-trois juin	**Jean-Paul II (Deux)**

2. When cardinal and ordinal numbers are used together, the cardinal number precedes the ordinal, which is the reverse of English usage.

les **deux premières** pages	les **quatre dernières** semaines

Collective Numbers

To express the idea of an approximate quantity *(about* + number), the ending **-aine** is added to the cardinal numbers 10, 12, 15, 20, 30, 40, 50, 60, and 100. Any final **-e** is dropped, and **x** becomes **z.** When followed by a noun, the collective numbers require the partitive **de.**

une dizaine	***about 10***
une cinquantaine	***about 50***
une soixantaine	***about 60***
une centaine de voitures	***about 100 cars***

The following form is irregular and masculine:

un millier de personnes	***about a thousand*** *people*

4. Vous accompagnez un(e) étudiant(e) français(e) au centre commercial. Il / elle n'a pas l'habitude des prix en dollars américains. Un(e) camarade de classe joue le rôle de l'étudiant(e) français(e) et demande des explications. Un autre membre de la classe traduit les prix en francs. (Il faut multiplier par six.)

MODELE Un jean à 80 dollars?
Ça fait 480 francs.

1. Un CD à 18 dollars?
2. Un sac à 50 dollars?
3. Un billet de cinéma à 7 dollars?
4. Un livre à 25 dollars?
5. Un anorak *(ski jacket)* de chez Eddie Bauer à 175 dollars?
6. Des baskets Nike à 150 dollars?
7. Une chemise Ralph Lauren à 60 dollars?
8. Une robe à l'Express en solde à 85 dollars?
9. Un hamburger, des frites et un coca pour 4 dollars?
10. Un blouson en cuir *(leather jacket)* à 500 dollars?

5. Complétez chaque phrase par le nombre ordinal approprié.

1. Je suis étudiant(e) en _______ année à l'université.
2. Le _______ siècle *(century)* se termine à la fin de l'an 2000.
3. C'est mon _______ semestre de français à l'université.
4. Mon _______ cours commence à ... heures du matin.
5. Victor Hugo est un auteur du _______ (XIXe) siècle.
6. Mon _______ cours se termine à ... heures de l'après-midi.
7. Pour lundi prochain, il faut lire les deux _______ chapitres dans le manuel d'histoire.
8. La _______ Guerre mondiale a commencé en 1939.

6. Vous donnez quelques renseignements sur votre université à un ami français. Complétez chaque phrase par la forme numérique appropriée.

Activité orale

Cahier: Activités orales: I, J

À écrire

Cahier: Activité écrite: K

1. Je suis étudiant(e) en _______ année.
2. Dans une classe typique, il y a une _______ d'étudiants.
3. Les cours commencent toujours vers le _______ août.
4. Au total, il y a à peu près _______ étudiants dans mon université.
5. Le numéro de ma chambre dans la résidence est le _______.
6. Les examens ont lieu pendant les _______ semaines de décembre.
7. Le nouveau semestre commence vers le _______ janvier.
8. Mon numéro de téléphone est le _______.

Interactions

Activité 1. Les horaires. Comparez le rythme d'une journée de lycée entre la France et les autres pays d'Europe. Comparez la vie scolaire en France à la vie scolaire dans votre pays pour le même niveau d'études. Quelles sont les ressemblances? les différences?

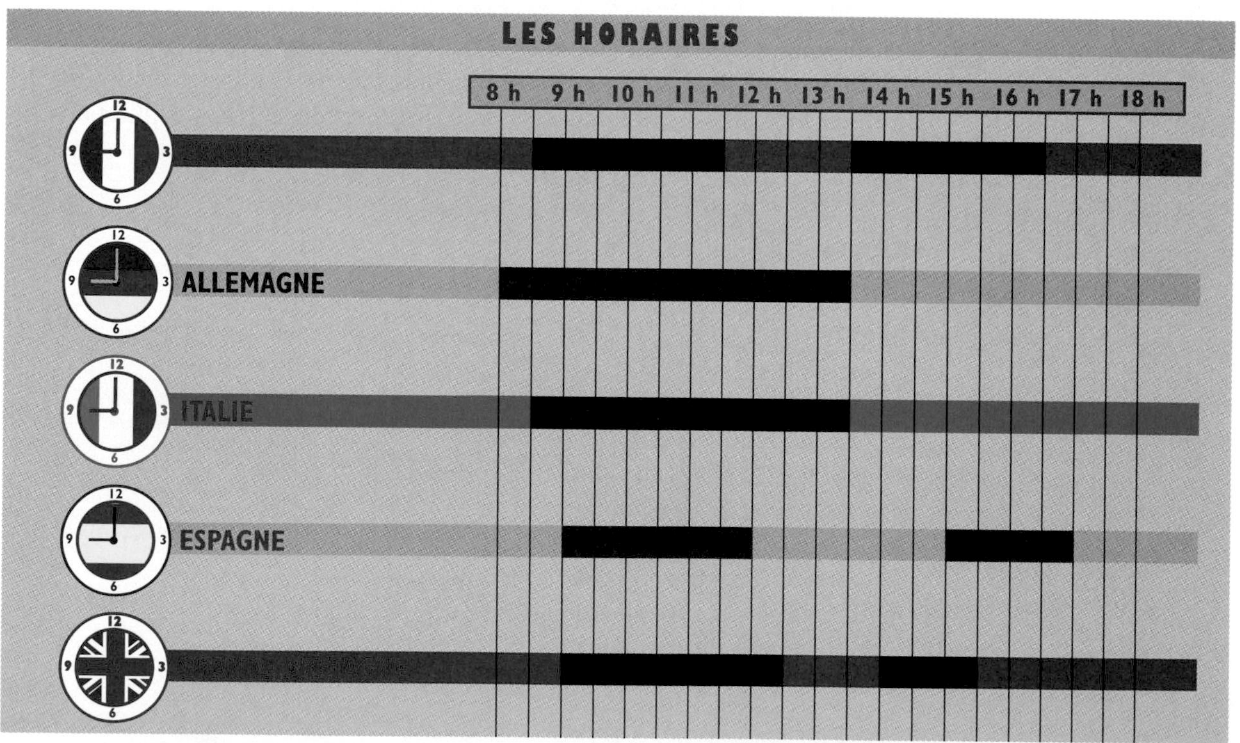

Taux de pratique sportive en fonction du sexe (1991, en % de la population concernée):

	Occasion-nellement		Réguliè-rement	
	H	F	H	F
• Alpinisme	2,2	1,0	0,6	0,2
• Athlétisme	5,1	2,4	1,8	0,9
• Aviation	1,2	0,6	0,3	0,0
• Basket	4,7	2,7	1,4	1,2
• Bateau à moteur	2,1	0,9	0,4	0,2
• Bateau à voile	2,9	1,7	1,2	0,3
• Planche à voile	3,2	2,3	1,3	0,3
• Boules	15,2	4,7	2,5	0,3
• Cyclisme	17,5	9,7	6,3	2,9
• Equitation	2,6	2,7	0,6	0,8
• Football	10,1	0,9	6,5	0,2
• Golf	1,6	1,1	0,5	0,3
• Gymnastique	4,2	9,3	2,6	11,4
• Jogging	12,6	8,4	6,5	3,6
• Judo-karaté	1,6	0,4	1,8	0,5
• Natation	20,2	16,7	5,1	6,0
• Patin à glace	3,8	3,1	0,1	0,2
• Pêche en mer	4,6	1,0	1,1	0,2
• Pêche en eau douce	8,6	1,5	4,2	0,2
• Plongée	3,0	1,3	0,9	0,2
• Randonnée pédestre	11,5	9,3	4,9	4,0
• Rugby	2,0	0,2	1,1	0,1
• Ski alpin	13,3	7,9	4,2	2,6
• Ski de fond	8,6	5,9	1,4	1,0
• Ski de randonnée	1,3	1,0	0,1	0,1
• Tennis	15,1	7,8	6,9	2,3
• Volley-ball	6,1	2,9	2,1	1,6

Secodip/Openers

Cahier: Activités orales: K, L

À écrire

Cahier: Activités écrites: S'exprimer par écrit

Activité 2: A **sondage** is not provided because it is important to let each group design its own poll using questions that reflect members' own interests in sports, as participants or as spectators. This approach ensures optimal motivation and interest.

Activité 3, suggestion: Brainstorm with the entire class a listing of popular activities **(aller au cinéma, lire, regarder la télé,** etc.). This provides students with a starting point for the activity.

Activité 2. Faites-vous du sport? Quels sont les sports que vous pratiquez régulièrement ou occasionnellement? Faites un sondage *(poll)* sur les préférences des autres étudiants de la classe. Quel sport est le plus souvent pratiqué? le moins souvent pratiqué? Y a-t-il de grandes différences entre les réponses des hommes et celles des femmes? Ensuite, comparez vos résultats avec les réponses des Français.

Activité 3. Mes goûts changent. Comparez ce que vous aimez faire aujourd'hui à vos goûts d'il y a quelques années.

MODELE Je vais moins souvent au cinéma maintenant.
J'achète plus de livres aujourd'hui.
Je téléphone plus souvent à mes amis.

Perspectives littéraires

Mise en train

Sujets de réflexion

1. Pour quelles sortes de raisons y a-t-il des adolescents qui quittent le domicile familial? Où vivent-ils? Quels sont les risques qui menacent ces jeunes sans domicile?
2. Quelle image avez-vous des membres des bandes urbaines qui vivent dans les rues des grands centres métropolitains? Comment vivent-ils? Comment s'habillent-ils? Que font-ils pour passer le temps? Comment gagnent-ils de l'argent? Quelle est la situation familiale stéréotypique de ces jeunes?

Victor Hugo

Victor Hugo est peut-être l'écrivain le plus célèbre, le mieux connu de la littérature française du XIXe siècle. Poète dès l'âge de seize ans, Hugo devient très jeune le chef du nouveau mouvement littéraire en France: le romantisme. Son œuvre est prodigieuse. Il a écrit plusieurs volumes de poésie, il a composé des pièces de théâtre qui ont été à l'origine du développement du théâtre moderne, et il a créé plusieurs romans, dont deux sont devenus des chefs-d'œuvre de la littérature mondiale, *Notre-Dame de Paris* (voir le dessin animé de Disney) et *Les Misérables,* qui a inspiré la célèbre comédie musicale contemporaine d'Andrew Lloyd Webber.

Les Misérables est un roman à facettes multiples. C'est une œuvre romantique qui comprend plusieurs des grands thèmes de ce mouvement littéraire: l'amour du jeune Marius pour Cosette, l'innocence du pauvre Jean Valjean, traqué par le policier Javert, personnage chez qui le respect de l'ordre devient une obsession mauvaise. Mais *Les Misérables* est aussi, et peut-être avant tout, un roman sociologique qui présente au lecteur un portrait de toutes les classes et de tous les aspects de la société du XIXe siècle. Hugo y considère surtout, avec compassion, le destin des déshérités de cette société: les pauvres, les mendiants, les sans-domicile-fixe, les chômeurs, tous ceux qui vont réclamer la justice en érigeant des barricades dans leur révolte contre les forces de l'ordre. Sur les barricades, avec les autres, se trouve Gavroche, représentant typique de ces bandes de «gamins» qui vivent dans la rue, sans famille, sans argent et sans espoir. Cette description de la vie de ces jeunes du XIXe siècle rappelle-t-elle le mode de vie de certains jeunes, sans domicile, qui circulent dans les grandes métropoles d'aujourd'hui?

Avant de lire

1. Le paragraphe deux constitue une description des «gamins» de Paris. Cherchez dans ce paragraphe les mots qui décrivent: a) leurs attitudes; b) leurs activités; c) leur façon de s'habiller.
2. Au paragraphe trois, avez-vous l'impression que Gavroche est plutôt heureux ou malheureux? Quels sont les mots qui indiquent son état d'âme?

3. Dans les paragraphes cinq et six, dégagez les expressions qui indiquent que Gavroche vient d'un milieu défavorisé.
4. En considérant les paragraphes sept, huit et neuf, trouvez-vous que Gavroche a des rapports plutôt positifs ou négatifs avec sa famille? Cherchez dans ces paragraphes les idées qui justifient votre réponse.

Victor Hugo: Les Misérables (extrait)

sparrow

(1) Paris a un enfant et la forêt a un oiseau; l'oiseau s'appelle le moineau°; l'enfant s'appelle le gamin.

flies / *suspender / lies in wait / begs* / *mud, mire*

(2) Ce petit être est joyeux. Il ne mange pas tous les jours et il va au spectacle, si bon lui semble, tous les soirs. Il n'a pas de chemise sur le corps, pas de souliers aux pieds, pas de toit sur la tête; il est comme les mouches° du ciel qui n'ont rien de tout cela. Il a de sept à treize ans, vit par bandes, bat le pavé, loge en plein air, porte un vieux pantalon de son père qui lui descend plus bas que les talons, un vieux chapeau de quelque autre père qui lui descend plus bas que les oreilles, une seule bretelle° en lisière jaune, court, guette,° quête,° perd le temps, [...] jure comme un damné, hante le cabaret, connaît des voleurs, parle argot, chante des chansons obscènes, et n'a rien de mauvais dans le cœur. C'est qu'il a dans l'âme une perle, l'innocence, et les perles ne se dissolvent pas dans la boue°...

would have / *sketched* / *hadn't*

(3) ... On remarquait sur le boulevard du Temple et dans les régions du Château-d'Eau un petit garçon de onze à douze ans qui eût° assez correctement réalisé cet idéal du gamin ébauché° plus haut, si, avec le rire de son âge sur les lèvres, il n'eût pas° le cœur absolument sombre et vide. Cet enfant était bien affublé d'un pantalon d'homme, mais il ne le tenait pas de son père, et d'une camisole de femme, mais il ne la tenait pas de sa mère. Des gens quelconques l'avaient habillé de chiffons° par charité. Pourtant il avait un père et une mère. Mais son père ne songeait° pas à lui et sa mère ne l'aimait point. C'était un de ces enfants dignes de pitié entre tous qui ont père et mère et qui sont orphelins. Cet enfant ne se sentait jamais si bien que dans la rue. Le pavé lui était moins dur que le cœur de sa mère. Ses parents l'avaient jeté dans la vie d'un coup de pied.

rags
thought

(4) Pourtant, si abandonné que fût cet enfant, il arrivait parfois, tous les deux ou trois mois, qu'il disait: Tiens, je vais voir maman! Alors il quittait le boulevard, descendait aux quais, passait les ponts, gagnait les faubourgs,°... et arrivait où? Précisément à ce double numéro 50-52. [...]

outlying districts

(5) A cette époque, la masure° 50-52, habituellement déserte et éternellement décorée de l'écriteau: «Chambres à louer», se trouvait, chose rare, habitée par plusieurs individus qui, du reste, comme cela est toujours à Paris, n'avaient aucun lien ni aucun rapport entre eux. Tous appartenaient à cette classe indigente qui commence à partir du dernier petit bourgeois gêné° et qui se prolonge de misère en misère dans les bas-fonds de la société jusqu'à ces deux êtres auxquels toutes les choses matérielles de la civilisation viennent aboutir,° l'égoutier° qui balaye la boue et le chiffonnier qui ramasse les guenilles.° [...]

hovel
financially strapped
end up / sewerman
rags and tatters

(6) Les plus misérables entre ceux qui habitaient la masure étaient une famille de quatre personnes, le père, la mère et deux filles déjà assez grandes, tous les quatre logés dans le même galetas.° Cette famille n'offrait au premier abord rien de très particulier que son extrême dénuement. Le père louant la chambre avait dit s'appeler Jondrette. [...]

sordid dwelling

(7) Cette famille était la famille du joyeux va-nu-pieds. Il y arrivait et il y trouvait la pauvreté, la détresse, et, ce qui est plus triste, aucun sourire; le froid dans l'âtre et le froid dans les cœurs. Quand il entrait, on lui demandait: —D'où viens-tu? Il répondait: —De la rue. Quand il s'en allait, on lui demandait: —Où vas-tu? Il répondait: —Dans la rue. Sa mère lui disait: Qu'est-ce que tu viens faire ici?

(8) Cet enfant vivait dans cette absence d'affection comme ces herbes pâles qui viennent dans les caves. Il ne souffrait pas d'être ainsi et n'en voulait à personne. Il ne savait pas au juste comment devaient être un père et une mère.

(9) Du reste sa mère aimait ses sœurs.

(10) Nous avons oublié de dire que sur le boulevard du Temple on nommait cet enfant le petit Gavroche.

Synthèses

Après la lecture

Expliquez plus complètement chacune des observations suivantes en y ajoutant des détails supplémentaires.

1. Ces gamins de Paris ont une vie matérielle défavorisée.
2. Ils réussissent quand même à s'amuser.
3. Gavroche, comme les autres gamins, s'habille mal.
4. Gavroche n'est pas orphelin; il a une famille.
5. La famille de Gavroche n'a pas une très bonne situation.
6. Gavroche ne sort pas d'une famille très accueillante.

Pour mieux lire

1. On peut souvent deviner le sens d'un mot par le contexte dans lequel il se trouve.
   a. Dans l'énumération qui commence à la ligne 4, «Il n'a pas de... », pouvez-vous comprendre le sens du mot «toit»?
   b. Si Gavroche est «affublé» d'un pantalon d'homme, quel est le sens plus général du mot «affublé»?
   c. Qu'est-ce qu'un «épicier», un «charcutier»? Alors, si «chiffons» veut dire *rags,* qu'est-ce qu'un «chiffonnier»? Qu'est-ce qu'un «égoutier»?
   d. Quelle est l'ironie du mot «orphelins» dans la phrase «qui ont père et mère et qui sont orphelins»?
   e. Connaissez-vous le mot «nu»? Qu'est-ce que le «dénuement»? («Cette famille n'offrait... rien de très particulier que son extrême dénuement».)
2. Le style de Victor Hugo se base très souvent sur le contraste, trait typique de l'esthétique romantique. Pour chacun des extraits suivants, trouvez dans le texte un élément de contraste. Puis, expliquez l'effet que l'auteur essaie de créer par ces contrastes.
   a. «Il ne mange pas tous les jours... »
   b. «jure comme un damné, hante le cabaret, connaît des voleurs, parle argot, chante des chansons obscènes... »
   c. «avec le sourire de son âge sur les lèvres... »
   d. «un pantalon d'homme» / «une camisole de femme»
   e. «Il avait un père et une mère.»
   f. «Pourtant, si abandonné que fût cet enfant... »
   g. «Tiens, je vais voir maman!»
   h. «Cet enfant vivait dans cette absence d'affection... »

Expansion

1. Comparez la vie des jeunes sans domicile fixe d'aujourd'hui et la vie des gamins du XIXe siècle. Quelles en sont les similarités?
2. Les gamins de Paris constituent une sorte de bande. Quelles sont les différences frappantes entre la vie des gamins et les modes de vie et les attitudes des bandes urbaines d'aujourd'hui?
3. Le tableau de Renoir à la page 66 date de la même époque que le roman *Les Misérables.* Faites le contraste entre la vie des jeunes dans le tableau et la vie des gamins de Paris décrits par Victor Hugo.
4. L'image de la jeunesse dans la photo à la page 77, aussi bien que dans le tableau de Renoir, offre une vision peut-être idéalisée de la vie des jeunes. L'extrait de Victor Hugo nous montre une autre réalité. Quels sont les bons aspects et les mauvais côtés de la vie des jeunes d'aujourd'hui?

Les télécommunications

CHAPITRE 4

Depuis 1983, les Français sont «en ligne» grâce au Minitel.

Web activities

http://interaction.heinle.com

Le monde à notre portée

Cultural Focus

- Rise of the Media in France
- Computerization in Contemporary France

Structures I

- Irregular **-oire** Verbs
- Irregular **-re** Verbs

Structures II

- The **passé composé** with **avoir** and **être**
- Basic Question Patterns with the **passé composé**
- Placement of Adverbs with the **passé composé**

Structures III

- Uses of the **passé composé**

Functions

- Narrating in the Past
- Recounting Past Events
- Inquiring about Past Events

Literary Reading

- Didier Daeninckx: «Farming Class Hero», *Zapping* (excerpt)

Perspectives culturelles

Culture générale

Le général de Gaulle face à la radio et à la télévision

De Gaulle devant les micros de la BBC en 1940 et devant les caméras de la TV française en 1969.

Le personnage de Charles de Gaulle a fait son entrée dans l'histoire de la France et du monde au moyen de la radio. Le 18 juin 1940, le lendemain de son arrivée à Londres, de Gaulle s'est installé devant un micro de la B.B.C. et, seul avec un technicien, a lu le texte que nous appelons aujourd'hui «l'appel du 18 juin». Après une longue pause, il a terminé son message radiophonique par les très célèbres paroles: *«Quoi qu'il arrive, la flamme de la résistance française ne doit pas s'éteindre et ne s'éteindra pas. Demain, comme aujourd'hui, je parlerai à la radio de Londres»*. Le message a été répété et distribué clandestinement en France, et le chef de la «France libre» a été enveloppé d'un véritable halo de légende. On a même comparé à Jeanne d'Arc ce personnage devenu, lui aussi, une sorte de mythe.

Au cours de sa carrière d'homme d'Etat, le général allait souvent utiliser les moyens audiovisuels de l'O.R.T.F. (Office de radiodiffusion-télévision française) pour diffuser ses allocutions *[speeches]* aussi bien que ses conférences de presse. C'était la première fois en France que le président s'adressait au pays par le petit écran. Le résultat a été spectaculaire, et le général a été considéré comme une grande vedette.

Les manifestants de la Confédération Générale du Travail rejoignent les étudiants dans la rue pour manifester contre le gouvernement en mai 68.

En mai 1968, le chef de l'Etat s'est trouvé devant une France presque complètement paralysée. Des groupes d'étudiants, à Paris puis en province, ont manifesté contre le système universitaire. Bientôt, les principaux syndicats d'ouvriers *[labor unions]* se sont joints au mouvement estudiantin et ont déclaré une grève *[strike]* générale. Il y a eu des confrontations terribles entre les manifestants et les forces de police. Mais de Gaulle ne s'est pas laissé intimider. Petit à petit, l'ordre s'est imposé et le travail a repris. Menacés par l'anarchie et la dictature, les Français se sont ralliés en masse autour de de Gaulle. Jusqu'en avril 1969, les auditeurs et téléspectateurs ont pu entendre plusieurs fois encore les fameuses paroles qui terminaient les allocutions du général: *«Vive la République. Vive la France.»*

A. Comment le général de Gaulle a-t-il tiré profit des médias au cours de sa carrière politique?

B. Dans l'histoire mondiale du XXe siècle, quelles personnalités de la vie politique ont utilisé la radio ou la télévision pour se présenter au public avec la plus grande efficacité? Donnez des exemples.

Culture contemporaine

L'ordinateur: Petit lexique de base, anglais / français

A
@ **A commercial**
application **application** *(f)*

B
background **fond** *(m)*, **arrière-plan** *(m)*
backup **sauvegarde** *(f)*
battery **pile** *(f)*
browser **browser** *(m)*, **butineur** *(m)*, **navigateur** *(m)*

C
cable **câble** *(m)*
CD-ROM **(disque)** *(m)*, **CD-ROM, cédérom** *(m)*
click on (vb) **cliquer sur**
computer **ordinateur** *(m)*
computer science **informatique** *(f)*
connect **(se) connecter à**

D
data **données** *(f)*
delete **effacer, supprimer**
digitize **numériser**
disk drive **lecteur** *(m)* **de disquettes**
disk (floppy) **disquette** *(f)*
disk (hard) **disque** *(m)* **dur**

E
e-mail **courrier électronique** *(m)*; **e-mail** *(m)*
(search) engine **moteur** *(m)* **de recherche** *(f)*

F
file **fichier** *(m)*
file server **serveur** *(m)* **de fichiers**
format (vb) **formater**

G
graphics **graphiques** *(m)*

H
hacker **pirate** *(m)* **informatique, passionné(e) d'ordinateurs**
hard copy **copie** *(f)* **papier, tirage** *(m)*
hard disk **disque dur** *(m)*
hardware **matériel** *(m)*
help **aide** *(f)*
highlighting **marquage** *(m)*, **mise** *(f)* **en valeur**

I
icon **icone** *(m)*
image **image** *(f)*

K
keyboard **clavier** *(m)*
key word **mot-clé** *(m)*

L
laser printer **imprimante** *(f)* **(à) laser** *(m)*

M
memory **mémoire** *(f)*
monitor **moniteur** *(m)*
mouse **souris** *(f)*

N
network **réseau** *(m)*
networking **mise** *(f)* **en réseau**

O
operating system **système** *(m)* **d'exploitation** *(f)*

P
paper **papier** *(m)*
password **mot** *(m)* **de passe**
power **puissance** *(f)*
print (vb) **imprimer**
print (n) **impression** *(f)*

R
reboot (vb) **réamorcer, relancer**
replace **remplacer**

S
save **sauvegarder**
scanner **scanner (scanneur)** *(m)*
screen **écran** *(m)*
search (n) **recherche** *(f)*
select **sélectionner**
software **logiciel** *(m)*
storage **mémoire** *(f)*

T
text **texte** *(m)*
type (vb) **taper**

U
upgrade (vb) **améliorer**
upgrade (n) **mise** *(f)* **à niveau** *(m)*

V
virtual **virtuel(le)**

W
webmaster **administrateur système** *(m)*
website **site** *(m)* **web**

Netiquette

A l'adresse Internet **www.bistrotinternet.fr/netiquet.htm** on trouve ces conseils pratiques pour les utilisateurs du web:
«Toutes les communautés ont leurs usages, leurs coutumes et leurs manies. La Netiquette est le terme utilisé pour désigner l'éthique que doivent respecter les utilisateurs d'Internet. Pour s'intégrer au mieux dans cette communauté virtuelle, il est important de connaître les règles de base et de les respecter.

La première règle est la courtoisie. Lorsque vous accédez à un site, vous entrez chez quelqu'un qui a la gentillesse de mettre une partie de ses ressources informatiques à votre disposition. N'abusez pas de son hospitalité et ne monopolisez pas trop longtemps l'accès à un site, d'autres attendent.

La deuxième règle est de garder une juste place dans les différents services de messagerie. Soyez modérés et polis dans vos propos *[statements]*. Manipulez l'humour avec retenue *[restraint]*. N'oubliez pas que vos interlocuteurs peuvent être à des milliers de kilomètres, et que souvent vous vous exprimez dans leur langue avec difficulté. Votre «image» passe par du texte...

Troisième règle: n'envoyez pas de données *[data]* sensibles (numéro de carte bancaire, mot de passe d'un compte, code d'accès à un réseau, etc.). L'administrateur système ou d'autres personnes peuvent lire le texte du courrier en transit et utiliser ces informations.

Quatrième règle: respectez les droits d'auteur de chacun quand vous importez des fichiers de données, des logiciels (attention aux logiciels shareware), ou utilisez les informations de la messagerie de groupes...

Courrier électronique *(e-mail)*

N'envoyez pas un fort volume de données à quelqu'un sans le prévenir. La plupart des gens payent leur accès au temps et au volume.
Répondez en citant le texte auquel vous répondez.
Ne diffusez pas de message reçu par mail sans l'autorisation de son auteur.
N'entretenez pas et ne démarrez *[initiate]* pas des chaînes de lettres.

Forums *(Newsgroups)*

Avant d'écrire dans un forum, lisez-le durant une semaine. Trouvez sa liste de FAQ *(Frequently Asked Questions)*.
N'écrivez dans un forum que si vous en avez les compétences et que si vous pouvez enrichir le débat. Soyez court et précis.
Certaines informations disponibles par le monde ne sont pas légalement distribuables en France. Vous voyagez à vos risques et périls.»

C. En utilisant la série de règles et de recommandations données dans le texte intitulé «Netiquette», faites un petit portrait du «gentil utilisateur» d'Internet. Vous pouvez aussi utiliser des éléments du lexique précédent pour enrichir votre vocabulaire.

Note culturelle: The **Note culturelle** is an integral and essential component of the lesson. It provides a succinct summary of cultural information relevant to the theme of the chapter and highlights important aspects of French culture.

Note culturelle

La télévision

Le paysage audiovisuel français a beaucoup évolué depuis quelques années. Pendant longtemps, il n'y a eu que trois chaînes (deux nationales, une régionale). En 1984, une première chaîne privée, payante et cryptée, Canal Plus, a commencé à diffuser films, feuilletons, téléfilms, séries, spectacles et émissions de sports à ses abonnés qui représentent actuellement 20 pour cent des foyers. Depuis 1986, d'autres changements ont eu lieu: la première chaîne, TF1, a été privatisée et obtient aujourd'hui la plus grande part de l'audience totale. On a ajouté une autre chaîne française (la Cinquième), plus une chaîne culturelle franco-allemande (Arte); et on a créé une sixième chaîne, M6, qui diffuse principalement films, téléfilms, vidéoclips et autres divertissements musicaux. Mais France 2 et France 3, qui sont toujours des chaînes publiques et donc les derniers vestiges du monopole audiovisuel de l'Etat, se portent plutôt bien, surtout si on les compare aux chaînes publiques des principaux pays européens. En matière audiovisuelle, les Français semblent donc préférer un système mixte de chaînes privées et publiques.

On propose aussi aux Français l'accès à une dizaine de chaînes distribuées par le câble. Seulement un foyer sur dix y est abonné. Mais il existe un autre type de distribution, par satellite, qui semble avoir plus de succès, surtout avec l'arrivée de chaînes numériques dont la qualité est supérieure à celle des chaînes analogiques traditionnelles. Dernièrement, c'est surtout dans les banlieues que beaucoup d'antennes de réception par satellite ont été installées. C'est ainsi que des familles d'immigrés d'origine nord-africaine peuvent capter une quinzaine de chaînes turques et arabes aussi bien que la chaîne Algerian TV. Dans la lutte sur le terrain audiovisuel, c'est donc l'antenne parabolique qui semble l'emporter sur le câble pour le moment.

Le multimédia

Toute réflexion sur l'avenir doit tenir compte du multimédia: la fusion de l'informatique (les sciences de l'ordinateur) et des télécommunications. Mais il faut d'abord reconnaître le rôle important que joue dans ce domaine le plus ancien moyen de communication interactive de masse: le téléphone. Presque chaque foyer français est équipé d'au moins un poste de téléphone. Il faut ajouter à ce chiffre les plusieurs millions d'abonnés au téléphone mobile, les possesseurs de «messagers de poche» comme «Tatoo», leader actuel du marché, de répondeurs téléphoniques, ainsi que les nombreux utilisateurs de télécopieurs et, bien sûr, de modems. En matière de télématique, c'est-à-dire l'ensemble des techniques qui combinent les moyens de l'informatique avec les moyens de télécommunications, la France a pris une avance considérable sur les pays du nord de l'Europe, sur le Japon et les Etats-Unis, avec le Minitel. C'est à partir de 1983 que les «Postes et Télécommunications», aujourd'hui France Télécom, ont, pour la première fois, mis à la disposition de leurs abonnés un système de terminaux permettant la consommation de services «en ligne». Avec près de 30 000 services et 2 milliards d'appels par an, le Minitel représente pour les Français un moyen rapide et pratique de consulter toutes ces banques de données. On peut même se préinscire à l'université par Minitel en utilisant un terminal chez soi ou bien au bureau de poste le plus proche où il y a toujours un «Point Minitel» à l'usage du public. Par ailleurs, le quart des ménages français sont équipés d'un micro-ordinateur familial. Pourtant, le nombre de Français qui sont connectés au réseau Internet reste relativement faible. Il est certain que la disponibilité d'un grand nombre de services sur le Minitel français rend moins séduisants les services d'Internet qui nécessitent, par ailleurs, d'autres équipements. La révolution technologique est bien arrivée en France, et l'interactivité de l'ordinateur, du téléphone et de la télévision va peut-être, dans un avenir assez proche, transformer la société en une cybersociété. Mais on peut aussi s'inquiéter des conséquences du télétravail, du téléachat et de la visioconférence sur les rapports humains. Doit-on envisager une révolution sociologique en même temps que technologique?

Discussion

D. En France, il existe un système mixte de télévision privée et publique. Expliquez ce phénomène: à qui appartiennent les chaînes publiques? les chaînes privées? Quelle est la différence entre les deux, à votre avis?

E. La télé par câble joue-t-elle un rôle important dans le paysage audiovisuel français? Et le satellite? Pourquoi un certain nombre d'immigrés choisissent-ils d'installer une antenne parabolique pour capter les chaînes de télévision?

F. Comment peut-on expliquer le nombre relativement faible de Français qui utilisent l'Internet? Est-ce que cela veut-dire qu'ils ne bénéficient pas de services en ligne?

Expansion

G. Si la révolution industrielle a totalement bouleversé la société du XIXe siècle, quelle nouvelle révolution a le plus marqué le XXe siècle? La radio? La télé? L'informatique? Comparez votre réponse à celle de vos camarades de classe.

H. On considère quelquefois l'informatique comme l'ennemi de la culture traditionnelle. Que pensez-vous de ce point de vue?

I. A votre avis, quels sont les plus grands dangers du cyberespace pour la société moderne? Etes-vous pour ou contre l'expansion rapide des autoroutes de l'information? Quels sont vos peurs et vos souhaits dans ce domaine?

J. A partir des renseignements qui vous ont été proposés sur le Minitel, expliquez en français ce service télématique spécifique à la France. Imaginez que vous êtes français(e) et que vous avez un terminal Minitel. Quelle utilisation faites-vous, en général, de ce service? Avez-vous envie de vous abonner à Internet? Si oui, pourquoi?

Vocabulaire actif

Les activités

s'abonner (à) to subscribe (to)
allumer to turn on
changer de chaîne to change channels
diffuser to broadcast
éteindre to turn off
passer à la télé to appear on TV
plaire to please
présenter to introduce
raconter to relate, to tell
rater to miss *(coll.)*
régler to adjust

Les télécommunications

un(e) **abonné(e)** subscriber
une **antenne de réception** TV antenna
__ **parabolique** satellite dish
un **atelier de réparations** repair shop
une **banque de données** data bank
une **chaîne** channel
un **documentaire** documentary
une **émission** TV program
un **épisode** episode
un **feuilleton** serial, soap opera
un **jeu** game (show)
le **petit écran** TV
un(e) **présentateur(-trice)** host
le **programme** schedule of TV programs
la **pub** commercials *(coll.)*
la **publicité** commercials
un **répondeur** answering machine
un **réseau** network
une **série** series
la **télé** *abbrev. of* **la télévision**
à la ___ on TV
Télé 7 Jours French equivalent of *TV Guide*
le **téléachat** home shopping
la **télécommande** remote control
un **téléphone mobile** cellular phone
un(e) **téléspectateur(-trice)** viewer
le **télétravail** telecommuting
le **téléviseur** television set
les **variétés** *(f pl)* variety shows
le **zapping** channel surfing

Les caractéristiques

branché(e) plugged in, with it *(coll.)*
crypté scrambled
en direct live
en ligne on line
en panne not working, out of order
interactif(-ive) interactive
numérique digitized
par câble cable TV
privatisé(e) denationalized
télématique computerized telecommunications

Exercices de vocabulaire

A. En vous servant des ***Perspectives culturelles,*** de la ***Note culturelle*** et du ***Vocabulaire actif,*** faites une liste des expressions qui se rapportent au poste de télévision et une deuxième liste d'expressions utiles pour parler des émissions de télé.

LE POSTE	A LA TELE
________	________
________	________
________	________
________	________
________	________

Exercice C, suggestion: Create a narrative about a person who decides to spend an evening at home watching television. Have each student provide one sentence, using the verbs provided in **Ex. C** and adding other verbs as long as the story makes sense. Encourage creativity.

Exercice C, variation: Have students work in small groups to prepare narratives. Then bring the entire class together to hear the results.

B. Choisissez le(s) terme(s) français correspondant aux éléments du panorama télévisuel américain suivants.

1. ABC, NBC, CBS, CNN
2. Cable TV
3. *Jeopardy!*
4. *TV Guide*
5. *Melrose Place*
6. *Saturday Night Live*
7. David Letterman
8. "Just do it."
9. RCA
10. *Friends, Mad About You,* etc.
11. Discovery Channel, *NOVA*
12. TV

C. Décrivez une soirée devant le petit écran en utilisant les termes suivants.

allumer — changer — éteindre — présenter
en avoir marre de — consulter — passer — régler

Cahier: Activités orales: A, B

Structures I

Irregular **-oire** Verbs

croire *to believe*	**boire** *to drink*
je **crois**	je **bois**
tu **crois**	tu **bois**
il / elle / on **croit**	il / elle / on **boit**
nous **croyons**	nous **buvons**
vous **croyez**	vous **buvez**
ils / elles **croient**	ils / elles **boivent**

1. Un étudiant français parle de la consommation d'alcool en France et aux Etats-Unis avec un(e) de vos camarades de classe. Complétez le dialogue en utilisant la forme appropriée des verbes indiqués.

—On dit que les étudiants en France ne (boire) ________ pas autant d'alcool que les étudiants américains. C'est vrai?

—Oui, en effet, c'est vrai. On (boire) ________ rarement de l'alcool au café ou même dans les soirées. Par exemple, moi, je (boire) ________ beaucoup de jus de fruits ou de l'eau minérale. Et vous, qu'est-ce que vous (boire) ________ quand vous avez soif ou quand vous allez à une soirée?

—Eh bien, je (croire) ________ que beaucoup de jeunes (boire) ________ du coca quand ils ont soif. Mais, dans les soirées, on (boire) ________ souvent de la bière ou du vin. Tu (croire) ________ que c'est mauvais, ça?

—Ecoute, je ne critique pas. Je (croire) ________ que toutes les cultures sont différentes. Je (croire) ________ aussi qu'on (boire) ________ moins d'alcool maintenant en France parce qu'il y a eu récemment une campagne nationale contre la consommation de boissons alcoolisées.

—Chaque pays a ses propres habitudes, n'est-ce pas? Chez nous, nous (boire) ________ assez souvent des boissons alcoolisées pour nous distraire, alors que le vin fait partie de votre vie quotidienne. Nous (boire) ________ aussi beaucoup plus de lait que vous! C'est presque notre boisson nationale!

Irregular **-re** Verbs

Irregular -re Verbs: To avoid overwhelming lists of irregular verbs, introduce 2 to 3 verbs at a time. Follow up with personalized questions, practicing form but focusing on context to enhance retention. Encourage students to ask as well as answer questions.

écrire *to write*	**dire** *to say, to tell*	**lire** *to read*
j'**écris**	je **dis**	je **lis**
tu **écris**	tu **dis**	tu **lis**
il / elle / on **écrit**	il / elle / on **dit**	il / elle / on **lit**
nous **écrivons**	nous **disons**	nous **lisons**
vous **écrivez**	vous **dites**	vous **lisez**
ils / elles **écrivent**	ils / elles **disent**	ils / elles **lisent**

vivre *to live*	**suivre** *to follow; to take (a course)*	**prendre** *to take*
je **vis**	je **suis**	je **prends**
tu **vis**	tu **suis**	tu **prends**
il / elle / on **vit**	il / elle / on **suit**	il / elle / on **prend**
nous **vivons**	nous **suivons**	nous **prenons**
vous **vivez**	vous **suivez**	vous **prenez**
ils / elles **vivent**	ils / elles **suivent**	ils / elles **prennent**

Other verbs conjugated like **prendre** are **apprendre** *(to learn),* **comprendre** *(to understand),* and **surprendre** *(to surprise).*

The verb **prendre** can also mean *to eat* or *to drink something.*

mettre *to put (on)*
je **mets**
tu **mets**
il / elle /on **met**
nous **mettons**
vous **mettez**
ils / elles **mettent**

Permettre *(to permit)* and **promettre** *(to promise)* are conjugated like **mettre.**

connaître *to know*
je **connais**
tu **connais**
il / elle / on **connaît**
nous **connaissons**
vous **connaissez**
ils / elles **connaissent**

Note that **connaître** and **savoir** both have the English equivalent *to know,* but the uses of the two verbs differ.

Savoir is used with facts and specific information, such as numbers, dates, and the like. **Savoir** also means *to know how* and is often followed by an infinitive.

Savez-vous la date?	***Do you know** the date?*
Je sais jouer au tennis.	***I know how** to play tennis.*

Connaître means *to know* in the sense of *to be acquainted with.* **Connaître** is used when referring to proper names.

Je connais l'œuvre de Sartre.	***I know** the works of Sartre.*
Ils connaissent un bon restaurant à Paris.	***They know** a good restaurant in Paris.*
Connaissez-vous les Didier?	***Do you know** the Didiers?*

2. Vous préparez une lettre où vous parlez de vos cours à votre ami Jean-Pierre en France. Complétez la lettre en écrivant dans chaque blanc la forme appropriée d'un des verbes suivants.

dire	écrire	lire	suivre

Cher Jean-Pierre,

En Amérique, nous ________ beaucoup de cours. Moi, par exemple, je ________ quatre ou cinq cours par semestre. Tu ________ moins de cours que cela, non?

Pour chaque cours, nous ________ beaucoup. Pour le lundi j'________ en moyenne trois dissertations. En cours de français, les étudiants ________ une dissert tous les jours. C'est énorme, non? En France, est-ce qu'on ________ beaucoup ou est-ce qu'il y a aussi du travail oral?

Nous ________ beaucoup aussi. En cours de littérature, je________ sept romans *(novels)* et j'________ une petite dissertation sur chaque roman. Tu ________ autant que cela pour un seul cours? On ________ que les étudiants en France ne ________ pas régulièrement pour chaque cours mais qu'ils attendent la fin du semestre et qu'ils ________ tout à la dernière minute. C'est vrai?

Mais aux Etats-Unis comme en France, je te ________ que la vie d'étudiant n'est pas facile.

3. Le contexte indique s'il faut employer **savoir** ou **connaître.** Donnez la forme correcte du verbe approprié dans les phrases suivantes.

1. Tu ________ régler ce poste de télé?
2. Les Français ________ bien l'émission *Mission Impossible.*
3. ________-vous à quelle heure cette émission est diffusée?
4. Je ne ________ pas du tout *Télé 7 Jours.*
5. Est-ce que tu ________ le nom de cet acteur?
6. Non, je ne ________ pas cet acteur.
7. Aux Etats-Unis en général, quelqu'un qui n'est pas de la région ne ________ pas les numéros des chaînes de télé.
8. Je ne ________ pas les feuilletons qui passent à la télé en France.

Activité orale

Cahier: Activités orales: C, D

À écrire

Cahier: Activité écrite: A

4. Employez la forme correcte du verbe **prendre** pour parler de ce que les personnes indiquées prennent normalement au déjeuner.

1. Votre ami(e)...
2. Vos camarades de chambre...
3. Nous...
4. Monsieur / Madame (votre prof de français), vous...
5. Je...
6. Et toi, qu'est-ce que tu...

Synthèses

Interview, follow-up: Have students report to the class what they have learned about their classmate.

Interview. Posez des questions à un(e) camarade de classe en utilisant les éléments suivants.

MODELE venir à l'université
A quelle heure est-ce que tu viens à l'université le lundi?

1. venir à l'université
2. suivre des cours
3. lire beaucoup
4. écrire des dissertations
5. sortir souvent
6. boire à une soirée
7. prendre au dîner
8. apprendre le français
9. connaître de bons restaurants
10. savoir + *infinitif*

Lexique personnel

Suggestion: Have students prepare their personalized vocabulary lists at home. Then in class, have students work in small groups to prepare a composite list for one category of vocabulary.

Variation: If students have not prepared lists in advance, have pairs of students brainstorm vocabulary within a specified time limit. Bring the entire class together to compare lists.

La télévision

Cherchez les mots qui se rapportent aux sujets suivants:

1. les émissions que vous regardez à la télé
2. la publicité à la télé
3. la télé en France

En utilisant le vocabulaire du chapitre et votre lexique personnel, répondez aux questions suivantes:

1. Quelles émissions regardez-vous le plus souvent à la télé?
2. Quelles sortes d'émissions préférez-vous en général?
3. Quelle est votre émission préférée?
4. Choisissez une publicité que vous avez vue récemment à la télé. Pendant quelle émission est-elle passée? A-t-elle interrompu ou suivi l'émission? Pourquoi avez-vous aimé cette publicité?
5. Avez-vous la télévision par câble ou la télévision par satellite? Pourquoi?
6. Quelles chaînes regardez-vous le plus souvent?
7. Faites-vous souvent du «zapping»? Pourquoi?
8. Quelles sont, selon vous, les différences principales entre la télé aux Etats-Unis et la télé en France? Quels sont les avantages et les désavantages des deux types de télévision?

Interactions

Activité 1, variation: Use these questions as the basis for a student poll. Given a specific time limit, students survey as many classmates as possible to identify any trends evident within the class.

Activité 1. Une interview au sujet de la télévision. Posez cinq questions à un(e) camarade de classe en vous inspirant des thèmes suivants. Posez trois autres questions en faisant appel à votre imagination et notez les réponses les plus intéressantes.

Demandez...

1. combien d'heures par jour il / elle regarde la télé
2. s'il / si elle préfère regarder la télé ou lire le journal pour s'informer
3. quel(le) journaliste il / elle préfère
4. s'il / si elle suit régulièrement un feuilleton à la télé
5. quelle émission il / elle préfère
6. ???
7. ???
8. ???

Activité 2. Les téléspectateurs. Lisez les résultats d'un sondage sur les téléspectateurs et leurs habitudes. Ensuite, posez les mêmes questions à vos camarades de classe. Quels sont les résultats? A votre avis, est-ce que les téléspectateurs et leurs habitudes sont similaires ou différents aux Etats-Unis et en France?

LES SECRETS DE « L'HOMO CATHODICUS »

■ Qui regarde la télévision ?

(Durée d'écoute quotidienne moyenne en mn)

6 ans et plus : 184
15 ans et plus : 192

Homme : 177
Femme : 204

6–10 ans : 130
11–14 ans : 153
15–24 ans : 137
25– 34 ans : 168
35–49 ans : 160
50 ans et + : 249

Ménagère : 212
Ménagère –50 ans : 170
Ménagère 50 ans et + : 258
Ménagère avec enfant : 170

Actif : 157
Inactif : 282
Homme actif : 158
Femme active : 168
Homme inactif : 221
Femme inactive : 238

– 100 000 habitants : 192
+ 100 000 habitants : 191

La durée d'écoute moyenne par jour, en France, est de 192 minutes pour un adulte (15 ans et plus). Cela place le téléspectateur français derrière le Portugal (224 mn), le Royaume-Uni (199 mn) et l'Italie (197 mn).
Depuis le début des années quatre-vingts, la durée moyenne d'écoute a augmenté de 25 %. Cela est dû à la création de chaînes nouvelles (Canal + en 1984 et M6 en 1986), à la présence de plusieurs télévisions par foyer et à l'augmentation du temps de diffusion avec les tranches du matin et de la nuit.

■ Quand et par qui les programmes sont-ils choisis ?

Sur 100 personnes de chaque groupe possédant la télévision	à l'avance	le jour même	sur l'instant en regardant les premières images
Ensemble	26	49	12
Sexe			
Hommes	25	50	12
Femmes	26	48	11
Âge			
15 à 19 ans	25	49	14
20 à 24 ans	25	51	14
25 à 34 ans	26	50	14
35 à 44 ans	27	47	10
45 à 54 ans	24	46	12
55 à 64 ans	28	49	9
65 ans et plus	25	49	10
PCS* de l'interviewé			
Agriculteurs	25	42	15
Art., com. et chefs d'ent.	20	48	13
Cadres et prof. intell. sup.	27	51	9
Professions intermédiaires	27	47	14
Employés	26	50	12
Ouvriers qualifiés	27	50	11
Ouvriers non qual., agricoles	20	47	16
Étudiants, élèves	25	51	12
Femmes au foyer	26	50	11
Retraités	27	48	9
Autres inactifs	27	48	13

■ Dans quelle pièce la télévision est-elle regardée ? (chiffres en %)

	Séjour salon	Cuisine	Chambres parents	Chambres enfants
1er téléviseur	87,6	7,6	3,2	0,5
2e téléviseur	14,3	25,4	32,9	18,9
3e téléviseur	8,2	10,2	22,4	42,9

Chiffres *Nouvelle enquête sur les pratiques culturelles des Français,* Ministère de la Communication.

* Profession / Catégorie Sociale

Structures II

The **passé composé** with **avoir** and **être**

Verbs Conjugated with **avoir**

The **passé composé** of most French verbs is formed by combining the present tense of the auxiliary verb **avoir** and the past participle of the main verb.

parler	**finir**	**répondre**
PARTICIPE PASSE: **parlé**	PARTICIPE PASSE: **fini**	PARTICIPE PASSE: **répondu**
j'**ai parlé**	j'**ai fini**	j'**ai répondu**
tu **as parlé**	tu **as fini**	tu **as répondu**
il / elle / on **a parlé**	il / elle / on **a fini**	il / elle / on **a répondu**
nous **avons parlé**	nous **avons fini**	nous **avons répondu**
vous **avez parlé**	vous **avez fini**	vous **avez répondu**
ils / elles **ont parlé**	ils / elles **ont fini**	ils / elles **ont répondu**

Formation of the *passé composé*: Irregular past participles can present difficulties for students. Practicing past participles in the context of personalized questions and answers, two or three verbs at a time, enables students to associate the form with meaning and reduces long lists of isolated, irregular forms to memorize. Thus instructors may choose two or three irregular past participles from each category to practice in context with students.

Rappel! Rappel!

Note that the **passé composé** always consists of an auxiliary verb plus a past participle, even when its English equivalent is the simple past tense.

j'ai regardé { I watched / I have watched / I did watch

The past participle of a regular verb is easily recognized:

-er → **-é**   **-ir** → **-i**   **-re** → **-u**

The past participle of a verb conjugated with the auxiliary **avoir** must show agreement with a preceding direct object or direct-object pronoun that is feminine and/or plural.[1]

Tu as loué **le vélo?**	Tu **l'**as loué?
Il a regardé **l'émission.**	Il **l'**a regardé**e.**
Nous avons écrit **les lettres.**	Nous **les** avons écrit**es.**
On a montré **une publicité drôle.**	**La publicité** qu'on a montré**e** est drôle.

[1] For a discussion of direct-object pronouns and past participle agreement, see ***Chapitre 7,*** pages 224– 225.

The following verbs conjugated with **avoir** have irregular past participles.

avoir **eu**	être **été**	faire **fait**

Ending in -u

boire	**bu**	pleuvoir	**plu**
connaître	**connu**	pouvoir	**pu**
devoir	**dû**[2]	recevoir	**reçu**
falloir	**fallu**	savoir	**su**
lire	**lu**	voir	**vu**
plaire	**plu**	vouloir	**voulu**

Ending in -is

mettre	**mis**
prendre	**pris**
comprendre	**compris**
apprendre	**appris**

Ending in -ert

découvrir	**découvert**
offrir	**offert**
ouvrir	**ouvert**

Ending in -i

sourire	**souri**
suivre	**suivi**

Ending in -it

écrire	**écrit**
dire	**dit**

1. Vous racontez à un(e) ami(e) français(e) une soirée de télévision en utilisant le **passé composé** des verbes suivants. Il y a quelquefois plus d'un choix possible.

trouver	consulter	essayer	finir
choisir	voir	rater	prendre
pouvoir	regarder	être	boire
décider	allumer	faire	attendre

Mes amis et moi, nous ______ de regarder ensemble «The X Files». J'______ le programme et j'______ le poste. On ______ vingt minutes le début de notre émission. Mais, quelle horreur! L'épisode de «X Files» ______ supprimé ce soir-là, et remplacé par un match de foot. Alors, nous avons ______ notre émission préférée. On ______ de trouver autre chose à regarder. On ______ du zapping et on ______ toutes sortes d'émissions, mais on ne les ______ pas ______ intéressantes. Enfin, nous ______ un film. Nous ______ ce film et nous ______ du pop-corn. On ______ aussi ______ du coca. Le film ______ à minuit.

Activité orale

Cahier: Activité orale: E

À écrire

Cahier: Activité écrite: B

2. Composez des phrases au **passé composé** avec les éléments suivants pour décrire les activités des personnes indiquées pendant le week-end.

1. mes amis / faire / des achats au centre commercial
2. mon prof de français / préparer / son cours
3. nous / dîner / au restaurant
4. mes camarades de classe / faire / leurs devoirs
5. mon (ma) meilleur(e) ami(e) / lire et travailler
6. Et toi, qu'est-ce que tu as fait?

[2] The **passé composé** of **devoir** has the English equivalents *had to* or *must have.*

Hier soir, j'**ai dû** étudier.	*Last night I* ***had to*** *study.*
Hier soir, il **a dû** s'endormir de bonne heure.	*He* ***must have*** *fallen asleep early last night.*

Verbs Conjugated with être

To facilitate recall, encourage students to associate the verbs conjugated with **être** with their opposites.

A. **Verbs of motion:** Some verbs form the **passé composé** with **être** as the auxiliary. The past participle of a verb conjugated with **être** must agree in gender and number with the subject of the verb.

aller	**venir**
je **suis allé(e)**	je **suis venu(e)**
tu **es allé(e)**	tu **es venu(e)**
il / elle / on **est allé(e)**[3]	il / elle / on **est venu(e)**
nous **sommes allé(e)s**	nous **sommes venu(e)s**
vous **êtes allé(e)(s)**	vous **êtes venu(e)(s)**
ils / elles **sont allé(e)s**	ils / elles **sont venu(e)s**

Following is a list of verbs conjugated with **être** in the **passé composé** and their past participles. Most of these are verbs of motion. Many can be grouped by opposites, which will help you remember them.

aller (allé)	*to go*	≠ **venir (venu)**	*to come*
		revenir (revenu)	*to come back*
arriver (arrivé)	*to arrive*	≠ **partir (parti)**	*to leave*
monter (monté)	*to go up*	≠ **descendre (descendu)**	*to go down*
		tomber (tombé)	*to fall*
naître (né)	*to be born*	≠ **mourir (mort)**	*to die*
entrer (entré)	*to come in*	≠ **sortir (sorti)**	*to go out*
rester (resté)	*to stay*	≠ **retourner (retourné)**	*to go back*
		rentrer (rentré)	*to come (go) home*
devenir (devenu)	*to become*		

The verbs **monter, descendre, rentrer,** and **sortir** sometimes take a direct object. In these cases, the verb is conjugated with **avoir.**

Elle a descendu **les valises.**	*She took down **the suitcases.***
Ils ont monté **les valises.**	*They carried up **the suitcases.***
Elles ont rentré **la voiture** dans le garage.	*They put **the car** in the garage.*

[3] When **on** is used to mean **nous,** the past participle of a verb conjugated with **être** often agrees in gender and number as though the subject pronoun were **nous.**

Les jeunes filles ont dit: «**On est allées** au cinéma.»

B. **Reflexive verbs:** All reflexive verbs form the **passé composé** with **être** as the auxiliary. The appropriate reflexive pronoun precedes the auxiliary. The past participles of reflexive verbs are formed in the regular manner.

se lever

je **me suis levé(e)**	nous **nous sommes levé(e)s**
tu **t'es levé(e)**	vous **vous êtes levé(e)(s)**
il / elle / on **s'est levé(e)**	ils / elles **se sont levé(e)s**

As shown above, the past participle of a reflexive verb agrees in gender and number with the reflexive pronoun *when the pronoun functions as a direct object.*

Elle **s'**est habillé**e**.	Vous **vous** êtes réveillé(**e**)(**s**).
Nous **nous** sommes levé(**e**)**s**.	Ils **se** sont lavé**s**.

In cases where a reflexive verb is followed by a noun direct object, the reflexive pronoun is no longer the direct object and the past participle does not agree with the pronoun.

Elle **s'**est coupé**e**.	*She cut **herself**.*
Elle s'est coupé **les cheveux.**	*She cut **her** (own) **hair**.*

With certain verbs, the reflexive pronoun functions as an indirect object rather than a direct object. In such cases, the past participle shows no agreement.

s'écrire	*to write to each other*	Ils **se** sont **écrit.**
se parler	*to speak to each other*	Vous **vous** êtes **parlé.**
se rendre compte	*to realize*	Elle **s'**est **rendu** compte de sa bêtise.

Rappel! Rappel!

1. The past participles of verbs conjugated with **avoir** agree only with a preceding direct object.
2. The past participles of verbs conjugated with **être** normally agree with the subject of the verb.
3. The past participles of reflexive verbs agree with the preceding reflexive pronoun when this pronoun functions as a direct object.

3. Faites une description de vos activités et des activités de vos amis le week-end dernier. Complétez les phrases en mettant les verbes indiqués au **passé composé.**

1. (se lever) Samedi matin je ________ tard.
2. (se réveiller) Mes camarades de chambre ________ aussi tard que moi.

3. (aller) Nous ________ au stade pour jouer au tennis.
4. (revenir) Puis, on ________ à la maison.
5. (sortir) Le soir, je ________ avec mon ami(e).
6. (sortir) Mes camarades de chambre ________ aussi.
7. (aller) Mon ami(e) et moi, nous ________ voir un film.
8. (rentrer) Je ________ vers minuit.
9. (rentrer) Mes camarades de chambre ________ quelques minutes plus tard.
10. (se coucher) Nous ________ assez tard.

4. Employez les éléments suivants pour composer des phrases au **passé composé.**

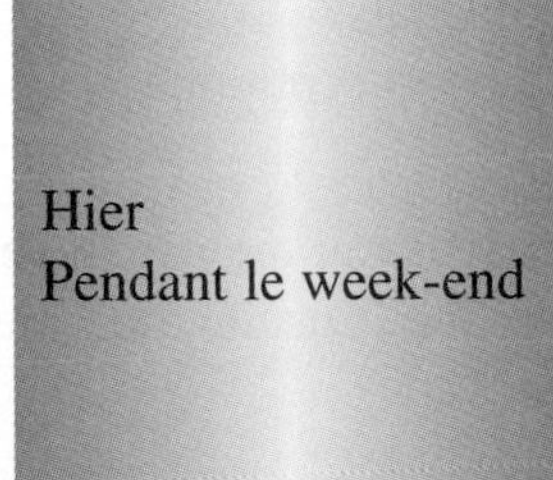

Hier Pendant le week-end	mes amis ma famille je mes copains et moi mon / ma meilleur(e) ami(e)	aller... se lever tôt sortir... rentrer tard s'amuser se coucher... venir au campus

5. Voici un extrait du journal de Florence écrit en style télégraphique. Reconstruisez au **passé composé** les phrases de Florence pour décrire sa journée. Faites attention à l'accord du participe passé.

1. je / se réveiller / à sept heures
2. je / se laver / les cheveux
3. je / s'habiller / avec élégance
4. je / se présenter / comme candidat(e) pour un nouvel emploi
5. le chef du personnel et moi, nous / se parler / pendant une heure
6. ensuite, mes amis et moi, nous / se retrouver / au café
7. soudain, je / se rendre compte / de l'heure
8. je / se remettre / au travail

À écrire
Cahier: Activité écrite: C

The Negative with the passé composé

To negate a verb used in the **passé composé,** place **ne** before the auxiliary or object pronoun and **pas** before the past participle.

Il **n'**a **pas** parlé.
Vous **ne** l'avez **pas** compris.
Elles **ne** sont **pas** parties.
Ils **ne** se sont **pas** amusés là-bas.

Like **pas,** most negative expressions immediately precede the past participle. However, **personne** follows the past participle, and **que** and **ni... ni...** are placed directly before the words they modify.

Il **n'**a **jamais** parlé.
Vous **ne** l'avez **pas** compris.
Elles **ne** sont **pas encore** parties.
BUT:
Je **n'**ai vu **personne** au café.
Elle **n'**a pris **que** de l'eau.
Nous **ne** sommes entrés **ni** au café **ni** au bar.

6. Tout ne va pas toujours très bien dans votre vie. Répondez négativement aux questions suivantes.

1. Vous êtes-vous levé(e) tard lundi matin?
2. Avez-vous rendu tous vos devoirs ce semestre?
3. Avez-vous eu des notes exceptionnelles le semestre dernier?
4. Etes-vous sorti(e) tous les week-ends le semestre dernier?
5. Avez-vous trouvé un job très bien rémunéré? Avez-vous gagné beaucoup d'argent?
6. Vous êtes-vous amusé(e) dans tous vos cours?
7. Etes-vous allé(e) à une soirée extraordinaire?
8. Avez-vous pu retrouver vos amis tous les week-ends?
9. Avez-vous fait beaucoup d'achats?
10. Etes-vous allé(e) à un concert exceptionnel?

Interactions

Activité 1. Ma matinée. Décrivez au moins cinq choses que vous avez faites avant de venir en cours aujourd'hui. Ensuite, nommez trois choses que vous n'avez pas faites avant de venir.

MODELES Je me suis levé(e) un peu en retard ce matin.
Je n'ai pas eu le temps de prendre mon petit déjeuner.

Activité 2. Peut-être qu'un jour... Nommez cinq choses que vous n'avez jamais faites et que vous désirez faire un jour.

MODELES Je n'ai jamais été à un concert de jazz.
Je ne suis jamais allé(e) en Afrique.

Activité 3, suggestion: As a model, tell the class what you did *not* do last evening and have them guess what you actually did do.

Activité 3. Le week-end dernier. Dites à la personne à côté de vous ce que vous **n'**avez **pas** fait le week-end dernier. En procédant par élimination, il / elle va essayer de deviner ce que vous avez fait.

Basic Question Patterns with the passé composé

Rappel! Rappel!

1. The basic question patterns discussed in ***Chapitre 2*** (**est-ce que,** inversion, **n'est-ce pas,** and intonation) are also used to form questions with the **passé composé** (and any other compound tense).
2. When using inversion with a compound tense, invert the conjugated auxiliary and its subject pronoun; the past participle follows.
3. Remember that when forming questions with reflexive verbs, the reflexive pronoun always precedes the auxiliary.

Est-ce que

Est-ce que vous avez regardé la télé?
Est-ce que votre amie est aussi venue regarder la télé?
Est-ce que vous vous êtes amusés?

N'est-ce pas

Vous avez regardé la télé, **n'est-ce pas?**
Votre amie est aussi venue regarder la télé, **n'est-ce pas?**
Vous vous êtes amusés, **n'est-ce pas?**

Inversion

Avez-vous regardé la télé?

Votre amie est-elle aussi venue regarder la télé?

Vous êtes-vous amusés?

Intonation

Vous avez regardé la télé?

Votre amie est aussi venue regarder la télé?

Vous vous êtes amusés?

7. Utilisez les éléments indiqués pour poser des questions au **passé composé** à un(e) camarade de classe.

1. à quelle heure / tu / se lever / ce matin?
2. tu / prendre / ton petit déjeuner?
3. à quelle heure / tu / partir / à la fac?
4. tu / prendre / la voiture pour aller à la fac?
5. tu / aller / en cours de français?
6. tu / déjeuner / au Resto U?
7. que / tu / faire / ensuite?
8. à quelle heure / tu / rentrer?
9. tu / faire / tes devoirs / ou / tu / lire / tes bouquins?
10. à quelle heure / tu / se coucher / hier soir?

8. Posez cinq questions au **passé composé** à un(e) camarade de classe au sujet du semestre dernier. Résumez ensuite pour la classe les renseignements que vous avez obtenus.

Cahier: Activités orales: F, G, H

Placement of Adverbs with the passé composé

There is no hard-and-fast rule regarding the placement of adverbs used with the **passé composé** and other compound tenses. Most short adverbs and a few of the more common longer adverbs are placed between the auxiliary and the past participle. Below is a partial list of adverbs that normally follow the auxiliary and precede the past participle.

assez	**encore**	**souvent**	**certainement**
beaucoup	**enfin**	**toujours**	**probablement**
bien	**longtemps**	**trop**	**seulement**
bientôt	**mal**	**vite**	**sûrement**
déjà	**peut-être**		**vraiment**

Elle s'est **bien** amusée.
Il a **bientôt** fini.
J'ai **enfin** écrit la lettre.

Ils sont **peut-être** venus hier.
Ils ont **trop** regardé la télé.
J'ai **vraiment** souffert.

Most long adverbs, including many that end in **-ment** (except those mentioned above) are placed after the past participle.

Il a parlé **brillamment.**
Vous avez été **régulièrement** présent.
Elles sont restées **constamment** chez elles.

Adverbs of time and place also usually follow the past participle. The following list includes the most commonly used adverbs of time and place.

TIME	PLACE
hier	ici
demain	là-bas
après-demain	dessus (au-dessus)
avant-hier	dessous (au-dessous)
tôt	partout
tard	
autrefois	

Je suis venue **hier.**
Ils se sont recontrés **là-bas.**

In negative constructions, the adverb **peut-être** and most adverbs ending in **-ment** (except **seulement)** follow the auxiliary and precede **pas** or another negative expression.

Il n'est **peut-être** pas allé en cours.
Vous n'avez **vraiment** pas compris.
On n'a **probablement** plus d'argent.

Most short adverbs (those with one or two syllables) and the adverb **seulement** usually follow **pas** or another negative expression and precede the past participle.

Jean-Pierre n'a pas **seulement** travaillé, il a aussi **beaucoup** joué.
Je n'ai pas **encore** fini la leçon.
Nous n'avons **jamais** entendu ce mot.

A few adverbs, such as **longtemps, vite,** and **aujourd'hui** follow both the negative expression and the past participle.

Tu n'as pas lu **longtemps.**
Elle n'a pas couru **vite.**
Vous n'êtes plus sorti **aujourd'hui?**

9. Une soirée peut quelquefois mal tourner. Complétez le récit de cette soirée en ajoutant les adverbes indiqués à la place appropriée.

1. (déjà) A huit heures tout le monde est arrivé.
2. (ne... que) Moi, je suis venu(e) à huit heures et demie.
3. (beaucoup) Quelques-uns des invités ont bu.
4. (mal) J'ai dansé.

5. (constamment) Une personne ennuyeuse a parlé.
6. (malheureusement) L'hôtesse a offert des hors-d'œuvre très gras.
7. (enfin) Mon ami(e) est arrivé(e).
8. (vraiment) Soudain, nous nous sommes senti(e)s fatigué(e)s.
9. (bientôt) Mon ami(e) est parti(e).
10. (vite) Je suis parti(e), moi aussi.

10. Posez des questions à votre professeur de français sur son week-end en employant les expressions suggérées.

1. se lever tôt ou tard
2. travailler
3. corriger des examens
4. faire du sport
5. sortir le soir
6. faire un voyage
7. parler français
8. voir des amis
9. aller à une soirée
10. se coucher tôt ou tard
11. s'amuser
12. ???

Activité 11: Ask students to refer to the last party that they attended.

Cahier: Activité orale: I

Cahier: Activités écrites: D, E

11. Vous êtes allé(e) à une soirée. Employez les éléments suggérés et des adverbes de la liste à la page 121 pour décrire vos activités et vos impressions de la soirée.

s'amuser	manger de la pizza
danser	parler
écouter	prendre du coca (du vin / de la bière)
fumer des cigarettes	regarder une vidéo
???	???

Synthèses

A. Un pique-nique à la plage. Voici la description d'un pique-nique ordinaire avec Roger et ses copains. Racontez leur pique-nique du week-end dernier en mettant les phrases au **passé composé.**

1. Le jour du pique-nique, nous nous levons de bonne heure.
2. Avant de partir, nous préparons tout pour le pique-nique.
3. Nous sortons de chez nous tôt le matin.
4. Nous arrivons à la plage vers dix heures.
5. Nous mangeons à une heure.
6. Après le déjeuner, nous jouons au volley.
7. L'après-midi nous nous baignons, mais nous prenons aussi un bain de soleil.
8. Nous rentrons vers sept heures.

À écrire

Cahier: Activité écrite: F

B. Interview. Mettez au **passé composé** les questions qui ont produit les réponses de l'***Activité A.***

C. Posez à un(e) camarade de classe des questions sur un pique-nique qu'il / elle a fait.

Interactions

Activité 1. Des vacances en famille. Racontez vos dernières vacances passées en famille (ou avec des amis). Où est-ce que vous êtes allé(e)s? Qu'est-ce que vous avez fait ensemble? Les autres étudiants vont vous poser des questions pour obtenir des détails sur vos vacances.

Activité 2: For written practice, this activity may be assigned as homework.

Activité 2. Mon émission préférée. Quelle est votre série télévisée préférée? Racontez aux étudiants de la classe ce qui est arrivé pendant le dernier épisode que vous avez vu.

Activité 3, suggestion: Have students prepare six to eight questions in advance. Then encourage students to follow up with additional questions based on your answers. *Hint:* give short, limited answers, forcing students to ask questions to obtain more detail.

Activité 3. Un questionnaire intéressant. Préparez des questions pour interviewer votre professeur sur son passé. Essayez de vous renseigner sur ses expériences à l'université et à l'étranger.

Pour s'exprimer

Ecoutez la conversation entre Christelle et Magali qui parlent de leurs émissions préférées. Ensuite, racontez des événements de votre vie en utilisant plusieurs expressions de la conversation entre ces deux étudiantes.

CONTEXTE: Christelle et Magali sont toutes les deux étudiantes. Christelle est en faculté de médecine, et Magali étudie l'architecture. Aujourd'hui, chacune a passé une journée difficile. Elles sont rentrées, vers 19 heures, à l'appartement qu'elles partagent et ont envie de se détendre un peu devant la télé.

A l'écoute

A. Christelle demande à Magali si elle a vu «le film la semaine dernière». La réponse est négative. Mais, comment sait-on si Christelle l'a vu? Que dit-elle pour confirmer ce renseignement?

B. Faites une liste des émissions que Christelle et Magali peuvent regarder ce soir. A quel genre de programme pensez-vous que ces émissions appartiennent: films, variétés, séries (ou feuilletons), documentaires, émissions politiques? Expliquez votre choix.

C. Comment s'appellent les trois personnalités de télévision qui ont été mentionnées par Christelle et Magali? Que pensent-elles de ces personnages?

D. Relevez dans le dialogue trois expressions négatives utilisées par Christelle et Magali. Créez un mini-dialogue dans lequel vous allez vous servir de ces mêmes expressions.

A vous la parole

Voici quelques expressions qu'on emploie souvent pour établir la chronologie des événements qu'on raconte. Choisissez un des contextes indiqués et racontez cet événement en utilisant les expressions suivantes.

d'abord	enfin
plus tard	puis
ensuite	alors

1. votre premier jour à l'université
2. un rendez-vous mémorable
3. les préparations pour votre dernier examen
4. les vacances de l'été dernier

Situations

1. Choisissez un(e) partenaire et posez-lui des questions sur ce qu'il / elle a regardé à la télévision la semaine dernière.
2. Votre classe va interviewer des étudiants français. En petits groupes, composez trois ou quatre questions à poser au sujet de la télévision en France. Ensuite, chaque groupe va poser ses questions aux membres des autres groupes qui vont jouer le rôle des étudiants français.
3. Un(e) étudiant(e) français(e) vous demande ce que vous avez fait le week-end dernier pour avoir une idée des habitudes de vie des jeunes Américains. Qu'est-ce que vous répondez?
4. Un(e) étudiant(e) raconte à la classe quelque chose qu'il / elle a fait récemment. Les autres posent des questions sur ce qu'il / elle vient de dire pour avoir des renseignements supplémentaires.

Structures III

Uses of the **passé composé**

The **passé composé** is used to express an action that was completed within a specified or implied time frame in the past. You must often judge from the context of the sentence if the action has been completed. The following contexts indicate completed actions.

A. **An isolated action:** A single action that was performed by someone or that occurred in the past is expressed with the **passé composé.**

> J'**ai lu** *Télé 7 Jours.*
> Nous **sommes allés** au café.
> Le concert **a eu** lieu sans incident.

B. **An action with a specified beginning or end:** A past action for which either the beginning or the end can be easily visualized is expressed with the **passé composé.** The action or event may be of short or long duration, but if the beginning or end of the action is delineated by the context of the sentence, the **passé composé** is used.

J'**ai regardé** la télé pendant deux heures.
Le film **a commencé** à trois heures.
Il **a duré** deux heures.
Le festival du film **a continué** jusqu'au douze mai.

C. **A series of actions:** A succession of completed actions, or a single completed action repeated a number of times within a limited time frame, is expressed with the **passé composé.**

Jerry **a allumé** le téléviseur, **s'est installé** et **a regardé** son feuilleton.
Il **a vu** le même film deux fois.
L'année dernière, il **a regardé** tous les épisodes de *Friends.*

D. **Reaction to an event or situation / Change in a state or condition:** A past action that is characterized by its suddenness or immediacy is expressed with the **passé composé.** Such an action may state an immediate reaction to an event or situation.

Au moment de l'accident, j'**ai pensé:** «Je vais mourir.»
Les enfants **ont voulu** sortir quand la neige **a commencé** à tomber.

Such an action may express a sudden change in an existing state or condition. This use of the **passé composé** often parallels the English concepts *to become* or *to get.*

Quand j'**ai vu** les questions de l'examen, j'**ai eu** peur.
Après avoir mangé de la mauvaise viande, il **a été** malade.
Après l'accident, elles n'**ont** pas **pu** marcher.

In addition to the contexts discussed above, certain expressions of time may indicate that an action is completed within a given time frame. Below is a partial list of such expressions.

enfin	**tout à coup**	**à ce moment-là**
finalement	**immédiatement**	**une fois**
soudain	**tout de suite**	**vite**

Rappel! Rappel!

The **passé composé** is not the only past tense in French. As you will see in ***Chapitre 5,*** a verb may be used in any of the past tenses, depending on the context and duration of the action in question. The **passé composé** is used to indicate that an action was of limited duration and was completed within a certain time frame.

The examples below provide further illustration of the various uses of the **passé composé.** Pay special attention to the different contexts that indicate completed action and therefore require the **passé composé.**

J'**ai fréquenté** cinq écoles.	**Series of actions:** *After that period, you were no longer at those schools.*
J'**ai déménagé** trois fois.	**Series of actions:** *You moved several times, but all the moves have been completed.*
Pendant ma jeunesse, j'**ai appris** l'espagnol.	**Specified beginning or end:** *You may know Spanish now, but you have stopped studying it.*
Mon père **s'est enrôlé** dans l'armée.	**Isolated action:** *He may still be in the army, but the act of joining it is completed.*
Il y a trois ans, j'**ai voyagé** au Mexique.	**Specified beginning or end:** *The trip began and ended three years ago.*
Je **me suis marié.**	**Isolated action:** *You may still be married, but the act of getting married is completed.*
L'année dernière, j'**ai acheté** une voiture.	**Specified beginning or end:** *You may still have the same car, but the act of acquiring it is completed.*
L'été dernier, j'**ai travaillé.**	**Specified beginning or end:** *You may still be working, but the work you were doing last summer is over.*
J'**ai vu** un accident.	**Isolated action:** *The accident is over.*
Le chauffeur n'**a** pas **pu** marcher tout de suite.	**Change in a state or condition:** *He may be able to walk now, but at that moment he tried and couldn't.*
Je **suis venue** à l'école.	**Isolated action:** *You left for school and got there, thus completing the action.*
Hier, il **a plu.**	**Specified beginning or end:** *The rain started and stopped yesterday.*
J'**ai** déjà **eu** mon cours de français.	**Isolated action:** *The class began and ended.*
J'**ai su** les résultats de mon examen.	**Isolated action:** *The act of finding out that information is completed.*
Après le déjeuner, j'**ai pensé** à mon départ.	**Specified beginning or end:** *You looked at your watch and remembered that you had to be home early.*
Je n'**ai** pas **voulu** quitter mes amis.	**Reaction to an event or situation:** *At that moment you decided not to leave your friends.*

Activité 1: This is a recognition activity designed to determine if students can identify the reasons for using the **passé composé.** It focuses on the *why* of the **passé composé,** whereas the following activities practice formation.

1. Assis(e) dans un café à Paris, vous entendez la conversation suivante. Justifiez l'emploi du **passé composé** dans les phrases.

—Ah, bonjour, Jean-Marc, vous êtes enfin arrivé!

—Oui, excusez-moi, je suis en retard. J'ai reçu un coup de téléphone et puis j'ai dû dire un mot à ma secrétaire et enfin j'ai pu partir.

—Alors, vous vous êtes bien amusé hier soir chez les Dumont?

—Bien sûr. On a bavardé. Ils ont servi un dîner superbe. Et on a joué aux cartes. Mais, il y a eu un moment gênant. Soudain, Mme Dumont est devenue très pâle. D'abord elle a tremblé, ensuite elle a eu l'air d'avoir chaud. Puis elle s'est excusée et elle est montée dans sa chambre. Vers dix heures, elle est revenue. Après cet incident, le reste de la soirée s'est très bien passé.

—C'est bizarre. Elle n'a donc pas été vraiment malade?

—Non. On n'a pas vraiment compris son problème, mais elle n'a plus rien dit à ce sujet.

2. Posez cinq questions contenant des verbes au **passé composé** à vos camarades de classe pour déterminer ce qu'ils ont fait à différentes heures de la journée.

MODELE — A sept heures, est-ce que tu t'es levé(e)?
— Non, à sept heures, j'ai pris mon petit déjeuner.

À écrire

Cahier: Activités écrites: G, H, I

Activité 3: In this exercise, the imperfect is used for naturalness and passive recognition only. Active practice focuses on completing the sentences with appropriate verbs in the **passé composé.**

3. Le **passé composé** n'est pas le seul temps du passé en français. Il accompagne souvent un autre verbe à l'**imparfait,** temps employé pour la description. Voici des phrases qui commencent par des descriptions. Complétez chaque phrase par un verbe au **passé composé** pour indiquer ce qui s'est passé dans le contexte.

1. Pendant que j'allais en cours...
2. J'entrais en cours de français quand...
3. Après mes cours, comme j'avais soif, je...
4. J'avais besoin de réviser ma leçon, alors je...
5. Pendant que j'étais chez moi, ...
6. Je lisais quand...
7. Comme je regardais une émission qui n'était pas très intéressante, je...
8. J'étais fatigué(e), alors je...

Interactions

Activité orale

Cahier: Activités orales: J, K

À écrire

Cahier: Activités écrites: J, K, L

Activité 1. Votre propre expérience. Complétez les phrases suivantes pour dire ce qui s'est passé.

1. Une fois arrivé(e) au campus ce semestre, je...
2. Quand nous avons terminé notre dernier examen, ...
3. Après les vacances, quand j'ai retrouvé mes copains, ...
4. Pendant notre soirée de vendredi dernier...

Activité 2. Samedi dernier. On veut savoir ce que vous avez fait samedi dernier. Vous racontez tout ce qui s'est passé, du lever au coucher. Employez au moins cinq verbes pronominaux.

SOCIÉTÉ Télévision

LA FOLIE DES SERIES TV

Certaines séries télé font l'objet de véritables cultes. Collectionneurs, passionnés et fans se réunissent dans des clubs parfois très fermés. Et certains frisent la folie...

Allez faire un tour à la FNAC et regardez à la librairie le rayon "Télévision". Vous serez surpris de voir le nombre incroyable de séries TV qui ont aujourd'hui été "traduites" en texte... Il y a bien sûr "X-Files" et "Urgences", mais on trouve aussi de vieilles séries : "Au nom de la loi", "Dallas", "Chapeau melon et bottes de cuir"... Cette petite invasion n'est en fait que la partie visible d'un phénomène plus important.

Réunion internationale

En effet, les séries TV ont leurs fans. Et ceux-ci le revendiquent ! Réunis en associations, ils se déguisent avec les costumes de leurs héros, organisent des voyages (pèlerinages sur les lieux de tournage, comme le fan-club du "Prisonnier" qui se réunit en grande convention internationale tous les ans dans le petit village de Portmeiron en Grande-Bretagne), échangent et collectionnent tout ce qui se rapporte à leur série fétiche.

Le docteur Arian, psychologue, qui s'intéresse à cette question en Grande-Bretagne, reste cependant réservé : *"De telles passions peuvent être comparables à celle d'un collectionneur de timbres ou de cartes postales. Mais on rencontre des cas plus inquiétants de gens qui finissent par être convaincus que la série TV est en fait une expression de la réalité. Certains fans d'X-Files, par exemple, ont développé en Grande-Bretagne de véritables angoisses quant à la présence d'extra-terrestres sur notre sol, ou des complots des gouvernements visant à nous cacher ces présences !"*

C'est désormais confirmé : la télé rend fou... ■

J.-F. C.

Les fans de "Star Trek" réunis aux Etats-Unis.

Cahier: Activité orale: L

Cahier: S'exprimer par écrit

Activité 3. Les séries. D'après le docteur Arian (psychologue), la passion pour certaines séries télévisées peut être comparable à celle d'un collectionneur de timbres ou de cartes postales. Etes-vous d'accord? Pourquoi ou pourquoi pas? Citez quelques exemples de séries de télévision qui ont des fans ardents. En quoi consiste le culte qu'ils vouent à ces émissions?

Perspectives littéraires

Mise en train

Sujets de réflexion

1. La télévision prétend souvent offrir une vue objective de la société. Etes-vous parmi les gens qui ont confiance en la télévision? Pourquoi?
2. On dit que la programmation des chaînes de télévision est gouvernée par les parts de marché qu'elles obtiennent, c'est-à-dire, en fait, par le nombre de téléspectateurs que leurs émissions peuvent attirer. En quoi cette mentalité influe-t-elle sur les programmes? Quels sont les éléments qui attirent le plus grand nombre de téléspectateurs?
3. Quels exemples pouvez-vous citer de gens ordinaires qui sont devenus célèbres grâce à l'influence des médias? Actuellement, préfère-t-on voir à la télé des héros ou des gens qui ont provoqué un scandale?

Didier Daeninckx

Didier Daeninckx est né en 1949 à Saint-Denis, près de Paris. Il a travaillé comme imprimeur, comme animateur culturel, puis comme journaliste avant de publier une quinzaine d'ouvrages. Dans *Zapping,* paru en 1992, il propose aux lecteurs une série de vignettes qui illustrent l'influence de la télévision. Selon l'éditeur, les destins des personnages de *Zapping* «stigmatisent les usages et les abus de la télévision, sa démagogie et son conformisme». Daeninckx prend pour objectif le petit écran, mais c'est en fait sur les vices fondamentaux de la société contemporaine qu'il tire. L'anecdote qui suit, intitulée «Farming Class Hero», nous présente bien un jeune «héros», Jean-Claude Charlois. Mais est-il vraiment un héros ou plutôt une victime?

Avant de lire

1. Les événements essentiels de cette histoire sont racontés dans un scénario préparé pour filmer les exploits héroïques du jeune fermier Jean-Claude Charlois. Lisez les lignes 25 à 65, puis complétez les phrases suivantes en quelques mots pour donner un petit résumé de l'idée essentielle de chacune des scènes du scénario:
   a. INTERIEUR NUIT, PRAIRIE DE FLEAC: Jean-Claude mène une vie très simple, typique des jeunes agriculteurs. Pour s'amuser, il...
   b. EXTERIEUR NUIT, ROUTE DE CAMPAGNE: En rentrant sur sa mobylette, Jean-Claude voit...
   c. EXTERIEUR NUIT, FERME BONNET: Arrivé devant la maison en flammes, Jean-Claude essaie de...
   d. INTERIEUR NUIT, GRANGE: Pour pouvoir entrer dans la maison, Jean-Claude va se servir de...
   e. EXTERIEUR NUIT, COUR: Jean-Claude emploie la machine agricole pour...
   f. INTERIEUR NUIT, FERME BONNET: En entrant dans la maison en feu, Jean-Claude réussit à sauver...
   g. EXTERIEUR PETIT JOUR, COUR: Jean-Claude voit la maison qui...

2. L'extrait suivant, de style narratif, emploie le **passé simple** pour raconter des actions définies. Même si on n'est jamais obligé de se servir du **passé simple,** il faut pouvoir reconnaître ce temps verbal qui est souvent employé à la place du **passé composé** dans les œuvres littéraires et même dans les articles de presse. Consultez l'***Appendice A,*** à la page 355, pour obtenir des renseignements supplémentaires sur le **passé simple.** Dans les phrases suivantes, essayez de deviner le sens des verbes au **passé simple.** Un choix de verbes est indiqué entre parenthèses à la fin de chaque phrase.
   a. Le sujet *fut* diffusé trois mois plus tard et Jean-Claude *dut* faire le voyage de Paris... (avoir? / être? / devoir? / faire?)
   b. Une hôtesse de la chaîne le *prit* en charge... (passer? / prendre? / pendre?)
   c. Quelques jours plus tard il *reçut* un coup de téléphone de Paris. (revoir? / recevoir? / retourner?)

Didier Daeninckx: «Farming Class Hero» (extrait de *Zapping)*

Alain Sicart attendit patiemment son tour en observant ses collègues. Il ne parvenait pas à s'identifier à ces jeunes agités qui se démenaient° pour obtenir l'interview d'une obscure boutiquière° comme s'il s'agissait du débarquement en Normandie. Il se fit la réflexion que leur salaire récompensait leur art de la génuflexion devant les désirs de la chaîne,° et non leur talent. Il n'avait, quant à lui, plus rien à prouver. Son nom s'était inscrit pendant près d'un quart de siècle au générique° des plus fameuses émissions sportives. Il avait trimbalé° ses caméras de l'Aubisque à Saporto, de Roland-Garros à Tokyo. Une sérieuse alerte cardiaque l'avait éloigné des stress du direct, et il finissait tranquillement sa carrière, pour cause de points de retraite,° dans la «confection sur mesure°». Son regard croisa celui du producteur. Il fit un léger signe de la tête et sortit une coupure de presse° de sa poche de pantalon:

—Autant° le dire dès le départ, je n'ai rien trouvé d'extraordinaire... Mais je crois que nous n'accordons pas assez d'attention à ce qu'il est convenu d'appeler la France profonde. La grande majorité des histoires que nous proposons se déroulent en ville, ou alors dans des voitures, des avions... Je pense qu'on pourrait inclure une séquence ayant pour cadre° la campagne...

Il fit semblant de ne pas entendre les rires, les plaisanteries qui fusaient,° justifia son choix par l'attachement des Français à la terre, à leurs racines, et la production donna le feu vert. Alain Sicart disposait d'une semaine pour boucler° son affaire.

L'équipe s'installa près de Mosnac-sur-Seugne, le village natal du héros, Jean-Claude Charlois. Le scénario avait été bricolé° dans le train de Paris, à partir des quelques coupures de presse relatant deux ans plus tôt l'exploit du jeune garçon.

jostled
shopkeeper
network
credits / carried around
retirement / made to order
newspaper article
might as well
framework
broke out
finish
pieced together

INTERIEUR NUIT, PRAIRIE DE FLEAC

Une salle de bal sous Tivoli. Un orchestre joue un succès de l'année 1991, genre Frédéric François. Une horloge marque trois heures. Les derniers couples dansent dans la pénombre.° Jean-Claude se tient près de la buvette.° Il finit sa bière, ajuste son casque sur sa tête et sort dans la nuit.

shadows / bar

EXTERIEUR NUIT, ROUTE DE CAMPAGNE

La mobylette de Jean-Claude dépasse la laiterie° de Fléac et ralentit au croisement de la nationale° Saintes-Bordeaux. Le jeune garçon hume° l'air, vaguement intrigué. Il se lance dans la grande descente, allongé sur sa machine, pour gagner de la vitesse. Il ralentit soudain en voyant des flammes, sur sa droite. Il freine° violemment et s'engage dans un petit chemin de terre. Devant lui, une ferme en feu.

dairy farm
main highway / breathes in
brakes

EXTERIEUR NUIT, FERME BONNET

Jean-Claude pose sa mobylette sur le bas-côté et s'approche du bâtiment. Il se protège de la chaleur° infernale avec ses avant-bras. La porte résiste, fermée de l'intérieur. De l'autre côté de la cour,° dans l'étable,° les vaches mugissent,° affolées° par les lourds nuages de fumée. Il revient vers la maison, distingue des cris en provenance du premier étage. Il tente une nouvelle fois d'entrer, mais en vain. Il est seul, impuissant, au milieu de la cour.

heat
back yard / stable / bellow
made frantic

INTERIEUR NUIT, GRANGE

Jean-Claude se décide soudain. Il court vers la grange, fait sauter° la barre qui ferme la double porte. Tout le matériel° agricole est bien rangé, en ordre, prêt à fonctionner. Jean-Claude se hisse° sur le marche-pied° de l'énorme moissonneuse-batteuse° et parvient à la mettre en route. Le monstre s'ébranle.

rips away
equipment
hoists / runningboard
reaper-thresher

EXTERIEUR NUIT, COUR

Jean-Claude manœuvre sur le vaste espace. Il part en marche arrière,° s'éloignant de la ferme en feu. Il s'arrête, respire profondément, et lance le moteur au maximum de sa puissance. La machine prend de la vitesse. Les énormes pneus s'accrochent sur les pavés. Elle n'est plus qu'à un mètre du bâtiment quand Jean-Claude ouvre la portière de cabine et saute par terre. La moissonneuse vient s'écraser° contre la façade, enfonçant° la porte et les fenêtres.

reverse
to crash / knocking in

INTERIEUR NUIT, FERME BONNET

Jean-Claude pénètre dans la salle commune. Il enjambe les gravats° et grimpe au premier étage. Une chambre occupée par une vieille femme à demi asphyxiée. Il la hisse sur son dos et réussit à la transporter jusqu'à l'air libre. Il retourne deux fois encore dans le brasier° et sauve le couple de fermiers.

rubble
blazing mass

EXTERIEUR PETIT JOUR, COUR

Jean-Claude assis, épuisé, entouré par les miraculés.° Le jour commence à poindre.° Le toit de la ferme s'écroule.° Au bout du chemin, le gyrophare° du camion des pompiers éclaire la voûte des arbres.

Le sujet fut diffusé trois mois plus tard et Jean-Claude Charlois dut faire le voyage de Paris afin d'être présent sur le plateau° de «La Marche des héros». Il n'était encore jamais sorti de sa province, sa mobylette le menant rarement au-delà de Pons ou de Saintes. Une hôtesse de la chaîne le prit en charge, à sa descente du T.G.V. et le conduisit en Safrane à Puteaux,° dans un hôtel du quartier de la Défense. Il passa une partie de la nuit accoudé° au balcon, à regarder les flots de voitures qui traversaient le pont de Neuilly et venaient s'engouffrer° dans les autoroutes, sous ses pieds. Le lendemain soir, le sujet fut plébiscité° par quarante-huit pour cent des parts de marché.° L'animateur° opposa finement le geste du jeune campagnard se jetant au milieu des flammes aux agissements des banlieusards° d'Epinay et de Mantes qui brûlaient des Carrefour et des BMW. La France profonde se reconnut en Jean-Claude Charlois. A travers lui, le pays se réconciliait avec sa jeunesse... Quelques sponsors déguisés en mécènes° téléphonèrent en direct: la jeune gloire du Charentais pouvait générer des retombées.° On lui paya une semaine supplémentaire de palace° putéolien, la grimpette° jusqu'au troisième étage de la tour Eiffel, deux repas chez La Pérouse,° une soirée au Crazy Horse Saloon, et un peu d'argent de poche contre une série de photos pour une boîte° d'assurances, puis on le renvoya dans ses foyers,° alourdi de ses seuls souvenirs.

A Mosnac-sur-Seugne on l'accueillit avec la fanfare° et les majorettes. Il fut fait citoyen d'honneur. A l'épicerie, au café, on lui fit raconter son aventure parisienne, dix, vingt, cent fois, puis on se lassa.° D'autres héros mensuels° vinrent prendre sa place dans le cœur de ses voisins. Il se réfugia dans le silence... Un an, nuit pour nuit, après son exploit, Jean-Claude Charlois se lançait de nouveau à l'assaut des flammes. Une maison isolée avait subitement pris feu° à l'entrée de Jonzac. Cette fois le tracteur refusa de démarrer,° et quand les pompiers parvinrent sur les lieux il ne leur restait qu'à prélever° trois corps rabougris° au milieu des décombres.° L'enquête prouva que l'incendie était d'origine criminelle et que la main qui avait versé° l'essence au seuil de la ferme était celle de Jean-Claude Charlois. La cour d'assises° de La Rochelle le condamna à cinq années de prison ferme. Il en effectua trois: on le libéra pour bonne conduite, un matin de Quatorze-Juillet. Quelques jours plus tard il reçut un coup de téléphone de Paris. La chaîne lui proposait de participer à un numéro spécial de «Faits divers» consacré aux pyromanes.°

Il accepta.

Didier Daeninckx, "Farming Class Hero" © Editions Gallimard, in *Zapping* © Editions Denoël

miraculously saved
to break / caves in / rotating blue light
set
location of TV studios
leaning over
to engulf
selected
market shares of audience / TV host
housing project dwellers
benefactors
fallout, spin-offs / grand hotel
steep climb / famous Parisian restaurant
company (coll.) / home
brass band
got tired / monthly
caught fire
to start up
remove / shriveled
debris
poured
criminal court
arsonists

Synthèses

Après la lecture

1. Le début de cet extrait nous donne certains renseignements sur la carrière d'Alain Sicart. Préparez une courte biographie de ce personnage.
2. Il semble y avoir une opposition d'opinions entre Sicart, le «vieux» réalisateur expérimenté, et ses collègues plus jeunes au sujet de la place accordée à la France profonde dans les reportages télévisés. Pourquoi les jeunes collègues font-ils des plaisanteries autour de sa proposition?
3. La vie de Jean-Claude Charlois change radicalement du jour au lendemain. Que pouvons-nous dire de sa vie avant le premier incendie?
4. Jean-Claude Charlois est présenté par la télévision comme un héros. Qu'a-t-il fait pour mériter cet honneur? Ce titre est-il justifié, à votre avis? Ou bien, est-ce que la télévision fait tout simplement du sensationnalisme?
5. Que se passe-t-il pour Jean-Claude pendant son séjour à Paris?
6. Quelle est l'attitude des gens vis-à-vis de Jean-Claude quand il rentre de Paris? Comment est-ce qu'on traite ce héros local?
7. Après un certain temps, Jean-Claude est forcé de reprendre son ancien train de vie. Pourquoi? Cette réaction est-elle typique de l'attitude du public envers les personnes rendues célèbres par les médias?
8. La fin de cette histoire est assez triste et peut-être inattendue. Que fait Jean-Claude pour attirer de nouveau de l'attention sur lui? Redevient-il célèbre? Comment?

Pour mieux lire

Dans la langue parlée, on emploie presque toujours le **passé composé** à la place du **passé simple,** un temps littéraire. Reformulez les phrases suivantes, tirées de l'extrait de Daeninckx, au **passé composé.** (Consultez encore l'***Appendice A*** la page 356 si vous avez besoin d'aide pour savoir de quels verbes il s'agit.)

a. Une hôtesse de la chaîne... le *conduisit*... dans un hôtel du quartier...
b. Il *passa* une partie de la nuit accoudé au balcon...
c. L'animateur *opposa* finement le geste du jeune campagnard se jetant au milieu des flammes aux agissements des banlieusards...
d. La France profonde *se reconnut* en Jean-Claude Charlois.
e. Quelques sponsors... *téléphonèrent* en direct...
f. On lui *paya* une semaine supplémentaire en palace...
g. On le *renvoya* dans ses foyers...
h. A Mosnac-sur-Seugne on l'*accueillit* avec la fanfare et les majorettes.
i. A l'épicerie, au café, on lui *fit* raconter son aventure parisienne, dix, vingt, cent fois, puis on se *lassa.*
j. D'autres héros mensuels *vinrent* prendre sa place dans le cœur de ses voisins.
k. Il *se réfugia* dans le silence.
l. L'enquête *prouva* que l'incendie était d'origine criminelle...

m. La cour d'assises de La Rochelle le *condamna* à cinq ans de prison ferme.
n. Il en *effectua* trois: on le *libéra* pour bonne conduite...
o. Il *accepta.*

Expansion

1. Quel avantage la télévision a-t-elle donné à un personnage politique comme le général de Gaulle? Une chaîne comme «CNN» est-elle une aide ou un obstacle en temps de crise? Prenez une circonstance comme la guerre du Golfe Persique, la guerre en Bosnie, les actes de terrorisme, etc. comme exemple.
2. Certaines personnes manifestent des phobies vis-à-vis de l'informatisation de la vie moderne. En quoi ont-elles raison?
3. En quoi un personnage comme Jean-Claude Charlois représente-t-il les graves défauts de notre société? Est-ce qu'il y a toujours eu des personnages comme lui?

La presse et le message

CHAPITRE 5

Un kiosque à journaux comme des milliers d'autres en France.

Cultural Focus

- The Rise of the Print Media in France
- Newspapers and Magazines in France Today

Structures I

- Formation of the Imperfect **(l'imparfait)**
- Uses of the Imperfect
- The Pluperfect **(le plus-que-parfait)**

Structures II

- Choosing Past Tenses

Structures III

- Dates

Functions

- Describing the Past
- Narrating the Past

Literary Reading

- Guy de Maupassant: *Bel Ami* (excerpt)

Web activities

http://interaction.heinle.com

Informons-nous!

Perspectives culturelles

Culture générale

Au XVIIIe siècle: l'*Encyclopédie*

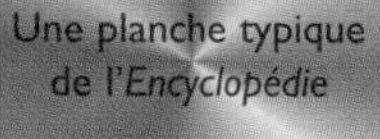
Une planche typique de l'*Encyclopédie*

Au XVIIIe siècle français, le *Siècle des lumières*, Denis Diderot (1713–1784) et un groupe de collaborateurs passionnés ont travaillé plus de vingt ans (de 1750 à 1772) à la rédaction et à la publication de l'ouvrage le plus représentatif de leur époque: l'*Encyclopédie.* Plus de mille articles composant ce «Dictionnaire raisonné des sciences, des arts et des métiers» sont consacrés à la morale, à la littérature, à la religion, à la politique, à l'économie, mais aussi aux sciences. Diderot a voulu également accorder aux arts mécaniques une place importante dans cette œuvre. Les Encyclopédistes ont ainsi réhabilité le travail des artisans, en démontrant qu'il était utile pour la société et qu'ils méritaient donc leur place dans le progrès économique de leur siècle.

Un nouvel ordre économique et social se préparait sous l'influence des Encyclopédistes. La Révolution de 1789 allait bientôt réaliser l'idée démocratique de la souveraineté du peuple.

Au XIXe siècle: l'affaire Dreyfus

En 1898, l'écrivain Emile Zola (1840–1902) est le romancier le plus controversé et le plus lu de son temps. La France est agitée par une profonde tourmente politique et sociale, car l'affaire Dreyfus polarise la nation sur une grande polémique morale. Alfred Dreyfus, un obscur capitaine de l'armée française qu'on a accusé d'espionnage, est juif, et c'est surtout pour cette raison qu'on l'a jugé sommairement et condamné à la déportation à vie. Zola, convaincu de l'innocence de Dreyfus, intervient dans «l'affaire». Il publie trois articles dans le journal *Le Figaro* puis, le 13 janvier 1898, c'est dans *L'Aurore* que paraît son très célèbre: *J'accuse!* Pour son attaque menée contre les autorités militaires et civiles, Zola a été condamné à la prison et a dû s'exiler.

Cinq Centimes

L'AURORE

Littéraire, Artistique, Sociale

J'Accuse...!

LETTRE AU PRÉSIDENT DE LA RÉPUBLIQUE

Par ÉMILE ZOLA

LETTRE A M. FÉLIX FAURE

Zola s'est servi de la presse pour défendre Dreyfus.

A. Lorsqu'un article de l'*Encyclopédie* expliquait que le monarque *«tient de ses sujets mêmes l'autorité qu'il a sur eux»*, pourquoi pouvait-on considérer cette idée comme dangereuse?

B. Qu'est-ce que la publication de plusieurs articles de Zola dans les journaux vous indique au sujet du rôle des quotidiens à la fin du XIXe siècle? Connaissez-vous d'autres exemples d'une nation divisée par une polémique politique ou culturelle?

Culture contemporaine

La bande dessinée

En France, on prend la bande dessinée au sérieux. La «BD», comme on l'appelle souvent tout simplement, a une histoire très longue. En fait, les experts font remonter sa naissance à 1827. Depuis ce temps-là, la BD a beaucoup évolué, et les maisons d'édition françaises vendent actuellement environ 3 millions de BD adultes et 8 millions de BD jeunes par an. Parmi les nombreux genres disponibles, on trouve par exemple les histoires policières; le western où domine Lucky Luke, personnage créé en 1946 par Morris, un Belge; la science-fiction; la satire sociale; les récits historiques (réels ou imaginaires) tels que les 29 albums d'***Astérix le Gaulois,*** du Français René Goscinny; et les récits d'aventures dans le genre de ***Tintin,*** créé par le Belge Georges Rémi qui a signé ses albums sous le pseudonyme de Hergé. Parmi les auteurs qui s'adressent au public adulte il faut signaler, entre autres, Georges Wolinski, Cabu, et Claire Bretécher dont l'***Agrippine*** donne aux lecteurs du ***Nouvel Observateur*** un témoignage mi-psychanalytique, mi-satirique sur les réalités de la vie contemporaine.

La bulle est apparue dans la BD il y a plus de cent ans, et même si les auteurs de bandes dessinées n'ont pas toujours eu la même célébrité que d'autres écrivains, ils ont beaucoup contribué au développement de la créativité et de l'art en général au XXe siècle. Leur aventure est souvent celle d'une collaboration entre artistes, car le scénariste et l'illustrateur travaillent en tandem dans un univers où la parole et le dessin se combinent pour produire une histoire en images.

Des BD célèbres: *Lucky Luke, Agrippine* et *Astérix*

Les quotidiens nationaux

Lecteurs quotidiens d'un journal national:

- 9 millions de Français (19,1% de la population), dont:
  - Hommes actifs (60%)
  - Ayant fait des études supérieures (40%)
  - Jeunes—moins de 35 ans (35,5%)
  - Achetant leur journal chez le commerçant (60%)

Plus grande progression de l'audience:

- *La Tribune* (journal économique)
- *La Croix* (quotidien catholique)

Premier quotidien national en diffusion:

- *L'Equipe* (en dépit d'une perte de 7% de ses lecteurs)

[Source: *Libération*, 26 septembre 1997]

SAMEDI 29 AOÛT 1998

QUOTIDIEN 3e édition N°35094 6,50 F

la Croix

Le Sénat. La chambre haute est renouvelée par tiers tous les trois ans. (Photo Craig/Réa.)

SIX LIEUX DE MÉMOIRE À LA VEILLE DE L'EURO : GDANSK

La réussite sur le dos des oies

A 33 ans, Krzysztof Mielewczyk a fait fortune dans le duvet d'oie pour literie. Itinéraire d'un enfant pas gâté à l'origine. Page 24

Dominique Vignon.

Connectique électronique

Framatome lance une OPA de 11 milliards de francs sur l'américain Berg. Page 7

La Tribune

Vendredi 28 et samedi 29 août 1998 http://www.latribune.fr N° 24.465 · 1.476 · 7 F

C. Lisez-vous quelquefois des bandes dessinées? Etes-vous plutôt sensible à l'illustration ou au récit dans une BD? Pensez-vous que le texte d'un message «passe» mieux s'il est accompagné d'images?

D. Combien de quotidiens lisez-vous par semaine? Selon vous, quels types de personnes lisent régulièrement un journal? La presse écrite a-t-elle toujours un rôle à jouer dans la société contemporaine?

Note culturelle: The **Note culturelle** is an integral and essential component of the lesson. It provides a succinct summary of cultural information relevant to the theme of the chapter and highlights important aspects of French culture.

Note culturelle, suggestion: Supplement the text with samples of Francophone newspapers and magazines. Local libraries and your colleagues may have some useful examples.

Note culturelle

Le journalisme français constitue un aspect fondamental de la culture française. En fait, les journaux existent depuis le XVIIe siècle en France. *La Gazette,* fondée par Théophraste Renaudot en 1631 et devenue *La Gazette de France* en 1762, n'a cessé de paraître qu'en 1914. Il est vrai que les journaux aussi bien que les lecteurs étaient assez peu nombreux, surtout au début. Le tirage moyen de *La Gazette* était de 1 200 exemplaires au XVIIe siècle, mais il avait déjà atteint 12 000 exemplaires au siècle suivant. De nos jours, les étrangers sont souvent surpris par la variété et le nombre de quotidiens qui se vendent chez les marchands de journaux partout en France. Pour mieux comprendre le phénomène de la presse quotidienne, il faut savoir comment les Français choisissent leur journal.

D'abord, il y a deux grandes catégories de quotidiens: les journaux nationaux et les journaux régionaux. *Le Monde, Le Figaro, Libération, L'Humanité* et beaucoup d'autres sont publiés à Paris et présentent les actualités parisiennes, nationales et internationales. Ils sont aussi distribués, bien entendu, en province où ils trouvent des lecteurs en très grand nombre. La presse quotidienne régionale—*Ouest-France, Nice Matin, Le Midi libre, Les Nouvelles d'Alsace,* par exemple—insiste plutôt sur les événements d'intérêt local, mais couvre aussi l'actualité nationale et internationale.

Un deuxième aspect à noter à propos des quotidiens est leur caractère franchement politisé. Les grands journaux nationaux donnent une interprétation de l'actualité politique, économique et sociale en accord avec les opinions de leurs lecteurs. Un partisan de la gauche communiste lit *L'Humanité* pour y trouver un écho de son point de vue personnel, alors qu'un Français de la droite conservatrice achète *Le Figaro.* Une fois par semaine, le mercredi, si on aime vraiment la satire, on dévore *Le Canard enchaîné* où les journalistes se moquent de tout (de la droite, de la gauche et du centre!) avec le plus grand humour. Mais l'un des journaux qui demeurent parmi les premiers quotidiens nationaux français en diffusion est *L'Equipe* qui, bénéficiant de la passion des Français pour le sport, l'emporte sur *Le Monde* depuis 1993.

Même si la majorité des Français trouvent que, de tous les médias, c'est la presse écrite qui est le plus crédible, ils ont tendance actuellement à prendre leurs informations au journal télévisé plutôt que dans les quotidiens. La faiblesse de la presse quotidienne est compensée, cependant, par le succès phénoménal des magazines. Les gens qui désirent des analyses plus profondes que celles de la télévision achètent, une fois par semaine, un magazine d'information générale comme *Le Nouvel Observateur* ou *L'Express* (qui ont, chacun, plus de 2,7 millions de lecteurs), ou encore *Le Point* ou *L'Evénement du jeudi,* deux autres titres qui ont une grande pénétration chez les lecteurs réguliers de magazines. Cette solution semble efficace et économique, car un quotidien national comme *Libération* ou *Le Monde* coûte plus de 7 F, alors qu'un hebdomadaire comme *L'Evénement du jeudi,* par exemple, se vend à 20 F. La presse a surtout effectué sa plus grande progression dans le domaine des magazines qui répondent aux diverses préoccupations des Français—les hebdomadaires, bimensuels et mensuels féminins et familiaux, décoration-maison-jardin, distractions-loisirs-culture, les revues professionnelles, etc. Mais ce sont les hebdomadaires de télévision *(TV Magazine, Télé 7 Jours, Télérama...)* qui sont les plus lus par les Français avec un total de plus de 20 millions d'exemplaires vendus tous les mois.

Quel est donc le bilan actuel de la presse périodique en France? Les quotidiens se vendent de moins en moins (à l'exception des journaux économiques et sportifs qui se portent plutôt bien). Par contre, les magazines (plus de 3 000 titres paraissent régulièrement en France) ont des résultats franchement spectaculaires avec 95,5% de la population qui en sont lecteurs. C'est sûrement ce qui explique la présence de 30 000 points de vente de la presse (kiosques, maisons de la presse, etc.) sur le territoire français!

Discussion

E. Dans votre propre culture, y a-t-il des quotidiens nationaux? Quelles sont les caractéristiques que vous attribuez à un journal national? A un journal régional ou local? Quels sont les avantages des uns par rapport aux autres?

F. On parle souvent de «journaux de gauche» et de «journaux de droite» en France. A votre avis, en quoi consistent les différences entre ces deux orientations? Cette distinction politique se manifeste-t-elle dans les journaux que vous lisez normalement? Quelle sorte de journal préférez-vous? Comparez vos idées à celles de vos camarades de classe.

G. Pourquoi, en France, les magazines d'information ont-ils actuellement tendance à l'emporter sur les quotidiens? Est-ce le cas chez vous également? Quels sont les points forts et les points faibles de chacun de ces types de publications? Le journal télévisé est-il un substitut convenable du journal imprimé? Pourquoi?

Expansion

H. A votre avis, en quoi les habitudes ont-elles changé au cours du XXe siècle en ce qui concerne la manière de s'informer sur l'actualité? S'agit-il d'un changement positif ou négatif? Donnez des exemples.

I. L'image a toujours eu une grande importance dans la communication d'un message. Expliquez ce principe en faisant allusion aux différents types de textes qui vous ont été présentés dans les ***Perspectives culturelles.***

J. Que faut-il penser des *paparazzis* dans l'évolution actuelle de la presse? Les quotidiens et les hebdomadaires ont-ils le droit de publier le genre de photos que les *paparazzis* proposent? Que pensez-vous du proverbe: «Toute vérité n'est pas bonne à dire»?

Vocabulaire actif

Les activités

conseiller to advise
distribuer to distribute, circulate
s'habituer (à) to get used to
se moquer de to make fun of
paraître to appear
traiter to treat, deal with
se tromper to make a mistake

Le journalisme

les **actualités** *(f pl)* news
un **article de fond** in-depth article
des **conseils** *(m pl)* advice
la **droite** political right wing
un **événement** event
un **exemplaire** copy
la **gauche** political left wing
un **hebdomadaire** weekly newspaper or magazine
les **informations** *(f pl)* news
un **journal** newspaper
_____ **télévisé** TV news
un **kiosque** newspaper / magazine stand
un **lecteur** / une **lectrice** reader
un **magazine** magazine
la **majorité** (political) majority
les **médias** *(m pl)* media
un **mensuel** monthly newspaper or magazine
un **porte-parole** spokesperson
le **pouvoir** power
la **presse** the press
un **quotidien** daily newspaper
une **revue** magazine
une **rubrique** column

Les caractéristiques

arrêté definite
branché with it *(coll.)*
politisé having a political slant

Exercices de vocabulaire

A. Vous expliquez la presse française à un(e) ami(e) qui ne connaît pas du tout la France. Complétez chacune des phrases par un des termes suivants.

un article de fond	la majorité
des kiosques	politisé
exemplaires	le journal
se moquent	la presse
les événements	branchées

1. La majorité des Français lisent ______ tous les jours.
2. Pour avoir une idée précise de ce qui se passe sur un certain sujet, il faut lire ______.
3. La presse française a un caractère ______.
4. On peut lire *Le Midi libre* pour connaître ______ régionaux.
5. Certaines revues sont considérées comme très ______.
6. Il y a toujours en France un journal qui représente ______.
7. Les Français achètent souvent leurs journaux et magazines dans ______.
8. Il y a des journaux et des émissions à la télé qui ______ des personnalités et des événements du moment.
9. Beaucoup d' ______ du *Monde* se vendent à l'étranger.
10. En France, il ne faut jamais sous-estimer le pouvoir de ______.

B. Quels termes du ***Vocabulaire actif*** s'appliquent à ces éléments de la presse et de l'actualité américaines?

1. *Road & Track, Sports Illustrated, Cosmopolitan*
2. *The New York Times*
3. la télévision, la presse
4. Ann Landers
5. le parti politique américain majoritaire au Congrès
6. un article sur les futures élections présidentielles en France
7. *Time, Newsweek*
8. la raison pour laquelle, en général, on achète un quotidien

Cahier: Activités orales: A, B, C

Structures I

Formation of the Imperfect (L'imparfait)

To form the imperfect of a French verb, drop the **-ons** ending of the present-tense **nous** form and add the appropriate ending: **-ais, -ais, -ait, -ions, -iez, -aient.**

parler (nous parl~~ons~~)	**finir** (nous finiss~~ons~~)	**répondre** (nous répond~~ons~~)
je parl**ais**	je finiss**ais**	je répond**ais**
tu parl**ais**	tu finiss**ais**	tu répond**ais**
il / elle / on parl**ait**	il / elle / on finiss**ait**	il / elle / on répond**ait**
nous parl**ions**	nous finiss**ions**	nous répond**ions**
vous parl**iez**	vous finiss**iez**	vous répond**iez**
ils / elles parl**aient**	ils / elles finiss**aient**	ils / elles répond**aient**

Formation of the Imperfect, suggestion: To introduce the imperfect in context, prepare a short description, either true or fictional, of your daily routine when you were a child (or were in high school or college). Describe your surroundings, your usual activities, and your feelings about events.

Etre is the only French verb that is irregular in the imperfect.

être	
j'**étais**	nous **étions**
tu **étais**	vous **étiez**
il / elle / on **était**	ils / elles **étaient**

1. Vous parlez avec des personnes plus âgées que vous. La discussion se concentre sur votre façon de vivre comparée à la vie qu'elles ont connue. Complétez ces petits dialogues en mettant, dans la réponse, le verbe conjugué de la première phrase à l'**imparfait.**

1. — Nous avons beaucoup de copains.
   — Moi aussi, j'...
2. — Nous prenons la voiture pour faire des excursions.
   — Ah non, nous...
3. — Nous nous retrouvons au café.
   — Non, mon groupe d'amis...
4. — Nous faisons des études pratiques.
   — Oui, tout le monde...
5. — Nous sortons souvent.
   — Ah oui, les jeunes...
6. — Nous déjeunons dans des fast-foods.
   — Moi, je ne...
7. — Nous lisons assez souvent le journal.
   — Oui, ta mère aussi, elle...
8. — Nous regardons des vidéoclips à la télé.
   — Non, de notre temps on ne...
9. — Nous adorons écouter des disques et danser.
   — Ah oui, ça alors, nous...
10. — Nous sommes contents de notre style de vie.
    — Nous aussi, nous...

2. Marc et Marie-Ange sont en train de parler du week-end dernier. Complétez leur dialogue en mettant les verbes indiqués à l'**imparfait.**

— Salut, Marc, comment (être) _________ la soirée chez Barbara?

— Ah, c'(être) _________ chouette! Il y (avoir) _________ beaucoup de monde. Tous les copains (être) _________ là.

— Qu'est-ce que vous avez fait?

— On a parlé de beaucoup de choses. On (être) _________ tous d'accord pour dire qu'on (trouver) _________ le travail à la fac très difficile, qu'on (écrire) _________ trop de disserts, qu'on (préparer) _________ beaucoup d'examens, qu'on (lire) _________ beaucoup de livres et qu'il (falloir) _________ aussi faire trop d'exposés.

— Quand même, vous ne (travailler) _________ pas tous les soirs le semestre dernier, si je me souviens bien.

— C'est vrai. Je (sortir) _________ quand je (vouloir) _________. Les copains (sortir) _________ pas mal aussi. Ils (faire) _________ des excursions le week-end et (aller) _________ quelquefois en boîte.

— Il me semble que le semestre dernier n'(être) _________ pas si affreux que ça.

— Peut-être pas, en effet.

Activité orale

Cahier: Activités orales: D, E

À écrire

Cahier: Activité écrite: A

Uses of the Imperfect

General Uses of the Imperfect

The imperfect tense is used to describe people, scenes, actions, or conditions in the past. The imperfect is sometimes called the descriptive tense.

A. **Setting:** The imperfect is used to describe scenes and events that form the background or decor of a time frame in the past.

The imperfect is also used to describe two or more events that were going on simultaneously and that may frequently be linked by the conjunction **pendant que** *(while).* This use of the imperfect expresses the English concept *(was / were) ___ing.*

> Hier après-midi il **faisait** très beau. Mireille et Andy **prenaient** quelque chose à la terrasse d'un café. Pendant qu'ils **buvaient** leurs boissons, les gens **allaient** et **venaient** dans la rue. Les deux amis **bavardaient** de choses et d'autres et **discutaient** de la presse en France quand soudain...
>
> *Yesterday afternoon the weather* ***was*** *really nice. Mireille and Andy* ***were having*** *some refreshments on the terrace of a café. While they* ***were drinking*** *their drinks, people* ***were going*** *and* ***coming*** *in the street. The two friends* ***were chatting*** *and* ***discussing*** *the French press when suddenly...*

B. **Habitual Actions:** The imperfect is used to describe actions that were repeated habitually for an indefinite period of time in the past. Used in this way, the imperfect describes a situation that recurred regularly and for which no definite beginning or end can be visualized. This use of the imperfect is the equivalent of the English concepts *used to* or *would* when referring to the past.

Mon père **finissait** son travail tous les jours à cinq heures.	*My father **used to finish** work every day at five o'clock.*
Nous **regardions** toujours les informations à la télé.	*We **would** always **watch** the news on TV.*
Je **discutais** souvent avec ma mère des événements de la journée.	*I often **used to discuss** the events of the day with my mother.*

Reread the story you developed to introduce the imperfect. Pause after each sentence and have students identify the reason for using the imperfect: (1) setting, (2) habitual action, or (3) state or condition.

C. **States or Conditions:** The imperfect describes states or conditions that existed in the past.

Andy **avait** beaucoup de travail, alors il **était** assez fatigué. C'est pourquoi il **préférait** rester à la maison où il **aimait** beaucoup regarder la télé.	*Andy **had** a lot of work, and therefore he **was** quite tired. That's why he **preferred** to stay at home, where he **liked** to watch TV.*

The following verbs are often used to describe a physical or emotional state and are often used in the imperfect.

avoir	**désirer**	**détester**	**croire**
penser	**préférer**	**aimer**	**vouloir**

A few verbs vary in meaning or nuance depending on whether they are used in the **imparfait** or the **passé composé.**

IMPARFAIT	PASSE COMPOSE
Elle en **était** malade. *She **was** upset about it.*	Elle en **a été** malade. *She **became** upset about it.*
Je **savais** la vérité. *I **knew** the truth.*	J'**ai su** la vérité. *I **found out** the truth.*
Ils **devaient** faire un exposé. *They **were supposed** to do a presentation.*	Ils **ont dû** faire un exposé. *They **had** to do a presentation*
Il **voulait** rentrer. *He **wanted** to go home.* (The state was not translated into action.)	Il **a voulu** rentrer, mais il **a manqué** l'autobus. *He **wanted** to go home, but he **missed** the bus.* (An attempt was made.)
Nous **ne pouvions pas** voyager quand nous étions malades. *We **were unable** to travel when we were sick.* (It was impossible for us to travel.)	Nous **n'avons pas pu** réserver des places. *We **couldn't** reserve seats.* (We attempted to reserve seats but did not succeed.)

Certain expressions of time often indicate that the verb in question is describing a habitual event and should be in the imperfect. Below is a partial list of such expressions.

souvent
d'habitude
toujours
habituellement
fréquemment
tous les jours

Idiomatic Uses of the Imperfect

A. **After *si:*** The imperfect is also used after **si** to express a wish concerning the present or the future.

Si j'avais le temps de lire le journal!	***If only I had*** *the time to read the paper!*
Si vous pouviez m'aider pour mon exposé!	***If only you could*** *help me with my presentation!*

The imperfect is also used after **si** to propose a course of action.

Si nous allions ensemble au café?	***Shall we go*** *to the café together?*
Si on prenait quelque chose?	***Shall we have*** *something to eat or drink?*

B. **With *depuis:*** The imperfect used with **depuis** expresses the English concept *had been ___ing.* This construction is the past-tense equivalent of **depuis** + present tense. **Depuis** + imperfect links two actions in the past, indicating that one action began before the other but was still going on when the second action took place.

J'**attendais depuis une heure** quand vous êtes arrivé.	***I had been waiting for an hour*** *when you arrived.*
Ils **vivaient** en France **depuis un an** quand la guerre a éclaté.	*They* ***had been living*** *in France* ***for a year*** *when the war broke out.*
Elle **était** déjà ici **depuis dix minutes** quand le cours a commencé.	*She* ***had*** *already* ***been*** *here* ***for ten minutes*** *when class began.*

C. ***Venir de*** **in the Imperfect: Venir de** (in the imperfect) + infinitive is the equivalent of the English idea *had just* + past participle.

Il **venait de partir.**	*He* ***had just left.***
Je **venais de** le **voir.**	***I had just seen*** *him.*
Vous **veniez d'apprendre** les nouvelles.	*You* ***had just learned*** *the news.*

3. Dans une lettre, Marc raconte à sa copine Sophie un épisode de sa vie à l'université. Complétez la lettre de Marc en mettant à l'**imparfait** les verbes entre parenthèses. Justifiez chaque emploi de l'**imparfait.**

Chère Sophie,

Tu me demandes comment je suis devenu journaliste. Eh bien, c'(être) ________ au printemps de ma dernière année à l'université. A cette époque-là, je (vouloir) ________ de bonnes notes et je (faire) ________ toujours bien mon travail. Tous les soirs, pendant que le reste de ma famille (regarder) ________ la télé, je (se mettre) ________ à mon bureau, j'(ouvrir) ________ mes bouquins et je (travailler) ________ . J'(avoir) ________ beaucoup de devoirs et je (lire) ________ tant que j'(être) ________ toujours fatigué. Même le week-end quand il (faire) ________ beau et que tous mes copains (aller) ________ s'amuser au café ou au terrain de jeux, je (rester) ________à la maison pour faire mes devoirs. Cette situation (durer) ________ depuis deux mois et personne ne (pouvoir) ________ comprendre pourquoi j'(avoir) ________ cette passion pour le travail. Un jour j'ai décidé qu'une vie si bizarre n'(être) ________ pas très saine. J'(aller) ________ rater beaucoup de choses intéressantes. Je me suis dit: «Tiens, si seulement je (travailler) ________ moins et (s'amuser) ________ davantage!» Ce jour-là, j'ai écrit mon premier article, pour *Rolling Stone Magazine.* Et voilà comment a commencé cette carrière difficile mais passionnante.

Ciao,
Marc

4. Posez les questions suivantes à un(e) camarade de classe. Ensuite, répondez vous-même à chaque question.

1. Regardiez-vous plus ou moins la télévision quand vous étiez un(e) élève de *high school?*
2. Quels magazines lisiez-vous quand vous aviez seize ans?
3. Quelles émissions aimiez-vous regarder à la télé l'année dernière?
4. Le semestre dernier, alliez-vous souvent travailler en bibliothèque?
5. Etiez-vous plus ou moins occupé(e) le semestre dernier?
6. Sortiez-vous souvent avec vos amis le semestre passé?
7. Où alliez-vous pour vous amuser?
8. Faisiez-vous plus de sport quand vous étiez plus jeune?

5. Il est important de savoir comment inviter les autres à faire quelque chose. Faites différentes propositions en employant la structure idiomatique **si** + sujet + **imparfait** du verbe et les éléments suivants.

1. on / prendre un pot ensemble
2. nous / acheter un journal français

3. vous / venir chez moi demain soir
4. les copains / passer à la maison ce soir
5. tu / faire ce voyage avec moi
6. on / déjeuner ensemble
7. Une suggestion que vous faites à votre professeur de français

6. Employez la structure idiomatique **si + imparfait** du verbe pour formuler un désir ou un souhait *(wish)* à propos des personnes indiquées.

1. Mon ami(e)? Si seulement il / elle... !
2. Si seulement mon prof de français... !
3. Si mes parents... !
4. Et mes camarades de chambre, s'ils / si elles... !
5. Si seulement je... !

7. Complétez chaque phrase en utilisant **venir de** à l'**imparfait** suivi d'un infinitif. Le verbe à l'**imparfait** décrit ce qui s'est passé avant les actions indiquées.

Activité orale

Cahier: Activité orale: F

À écrire

Cahier: Activité écrite: B

1. Quand j'ai pris le petit déjeuner ce matin, je...
2. Quand je suis arrivé(e) en cours de français aujourd'hui, je...
3. Quand j'ai retrouvé mes amis, ils...
4. Quand j'ai rendu mes devoirs en cours de ______, le professeur...
5. Quand mes copains et moi sommes sortis, nous...

Interactions

Activité 1, suggestion: Group students by holidays or events and have them compare their experiences.

Activité 1, variation: For written practice, this activity may be assigned as homework.

Activité 1. Votre jeunesse. Nous nous rappelons souvent avec plaisir certains souvenirs d'enfance. Parlez des traditions dont vous gardez de bons souvenirs (les anniversaires, les fêtes en famille, la fête nationale, le samedi matin, les vacances d'été, etc.). Les autres étudiants vont vous demander des précisions.

Activité 2. Quels changements! La vie à l'université est bien différente de la vie au lycée. Dites ce que vous faisiez au lycée que vous ne faites plus maintenant.

MODELE Au lycée je sortais avec mes amis tous les jours après les cours. Mais maintenant, je dois aller à la bibliothèque pour faire mes devoirs.

Activité 3. Je vous suggère... Lisez la description de chacun des livres qui suivent. Ensuite, choisissez un livre que vous voudriez lire et expliquez votre choix. Avez-vous déjà lu d'autres livres de ce genre? Lesquels? Quels genres de livres est-ce que vous ne lisez jamais? Pourquoi?

Un million sans Impôts

Par Tibet et Duchateau

Increvable et toujours aussi jeune (il a 30 ans depuis 1955, date de sa naissance dans le journal Tintin), revoici pour la... 56ᵉ aventure (un record !) le détective Ric Hochet. Les amateurs ne manqueront pas cet épisode (en deux volumes ; à paraître "L'heure du kidnapping"), d'autant qu'il s'accompagne d'un grand concours richement doté. Bref, un Ric Hochet bien classique. Une valeur sûre.

Éd. du Lombard, 53 F.

Ils voulaient la Lune

par Alan Shepard et Deke Slayton

La conquête de l'espace racontée par deux de ses principaux acteurs, astronautes américains. Tout avait mal commencé pour les Etats-Unis, devancés par l'URSS qui, la première, avait lancé un satellite en 1957. En 1961, un Russe, Gagarine, effectuait un tour complet de la Terre, suivi de peu par Alan Shepard. C'est alors que le Président américain nouvellement élu, John Kennedy, décida de donner les moyens à la Nasa (l'agence spatiale américaine) de relever le défi russe et d'atteindre la Lune pour y faire débarquer un homme avant la fin de la décennie. Le 20 juillet 1969, Neil Armstrong posait le pied sur la Lune et déclarait : "C'est un petit pas pour l'homme, mais un pas de géant pour l'humanité".

"J'ai lu", 43 F.

Sherlock Holmes revient

par André-Paul Duchâteau

Voilà un petit bouquin sympa pour les vacances. Il s'agit d'un recueil de quatre nouvelles policières, dans lesquelles on retrouvera les célèbres personnages de Sir Conan Doyle, et la même atmosphère très britannique de la fin du XIXᵉ siècle. Les énigmes sont de difficulté inégale mais toutes passionnantes, quoique très "classiques". Il leur manque en effet un peu de l'originalité qui fait tout le charme des "vrais" Sherlock Holmes (notamment le "Chien des Baskerville", à relire également pendant les vacances).

Éd. Lefrancq, 39 F.

Éd. Hachette jeunesse/Collection Courts toujours ! (quatre ouvrages disponibles, d'autres à la rentrée), 49 F.

Courts toujours !

C'est la dernière collection lancée par la très sérieuse maison Hachette. L'idée l'est tout autant, mais permet de se délecter de littérature. Précision : cette collection est destinée aux 15-16 ans, mais peut raisonnablement se lire jusqu'à 77 ans. Chaque ouvrage est centré sur un thème (Voilà ce que je lui ai fait ou encore Idées fixes), et regroupe une série de nouvelles, genre littéraire par excellence. Auteurs classiques, modernes et contemporains, célèbres et moins connus. Un vrai régal que ces récits courts. Idéal sur la plage ou sous un tilleul à l'ombre.

The Pluperfect (Le plus-que-parfait)

Formation of the Pluperfect

The pluperfect is formed with the imperfect tense of the auxiliary verb **avoir** or **être** and the past participle of the main verb.

parler	répondre
j'**avais parlé**	j'**avais répondu**
tu **avais parlé**	tu **avais répondu**
il / elle / on **avait parlé**	il / elle / on **avait répondu**
nous **avions parlé**	nous **avions répondu**
vous **aviez parlé**	vous **aviez répondu**
ils / elles **avaient parlé**	ils / elles **avaient répondu**

aller	s'amuser
j'**étais allé(e)**	je **m'étais amusé(e)**
tu **étais allé(e)**	tu **t'étais amusé(e)**
il / elle / on **était allé(e)**	il / elle / on **s'était amusé(e)**
nous **étions allé(e)s**	nous **nous étions amusé(e)s**
vous **étiez allé(e)(s)**	vous **vous étiez amusé(e)(s)**
ils / elles **étaient allé(e)s**	ils / elles **s'étaient amusé(e)s**

Uses of the Pluperfect: Ask individual students to give one example of something they did before coming to class today (e.g., **Je me suis brossé les dents).** Follow up by asking them to name something that they had already done before the first action (e.g., **J'avais déjà pris mon petit déjeuner).**

The pluperfect follows the same rules as the **passé composé** for the formation of questions and the placement of adverbs.

Avait-il déjà vu le film avant son départ?

Uses of the Pluperfect

The pluperfect expresses an action or situation in the past that had taken place and had been completed before some other event. The action of a verb in the pluperfect is more remote in the past than other events described. The pluperfect expresses the English concept *had* + past participle.

Remote past	Recent past	
Il **avait** déjà **trouvé** un poste	quand il **s'est marié.**	*He **had** already **gotten** a job when he **got married.***
Nous **étions** déjà **partis**	quand vous **êtes arrivé.**	*We **had** already **left** when you **arrived.***
J'**avais** déjà **terminé** mes études	quand j'**avais** vingt ans.	*I **had** already **finished** school when I **was** twenty years old.*
Elles **étaient** déjà **sorties**	à trois heures.	*They **had** already **gone out** at three o'clock.*

The pluperfect is also used after **si** to express a wish or regret about the past.

Si (seulement) j'**avais étudié!**	***If only I had studied!***
Si (seulement) vous m'**aviez compris!**	***If only** you **had understood** me!*
Si (seulement) l'examen **avait été** plus facile!	***If only** the test **had been** easier!*

Rappel! Rappel!

The pluperfect always carries the meaning of *had* + past participle; therefore, it should not be confused with any of the other past tenses. Contrast the following examples.

J'avais parlé.	***I had spoken.***
J'ai parlé.	***I spoke (have spoken, did speak).***
Je **parlais.**	***I spoke (was speaking, used to speak).***
Je **parlais** depuis...	***I had been speaking** since...*
Je **venais de parler.**	***I had just spoken.***

In English usage, we sometimes do not use *had* with the past participle when this tense would best express what we mean. But if a certain action clearly must have been completed at a time before other past event(s), French uses the pluperfect to relate that action.

Mireille et Andy ont réglé la note que le serveur **avait préparée** plus tôt.	*Mireille and Andy paid the bill that the waiter **(had) prepared** earlier.*

8. Il y a eu une fête chez Sandrine et beaucoup de ses amis l'ont aidée. Mettez les verbes entre parenthèses au **plus-que-parfait** pour savoir ce que Sandrine a dit à propos de ses amis. Attention à la place des adverbes.

1. J'allais inviter les copains, mais Marc (déjà téléphoner) ________ à tout le monde.
2. J'ai pu faire le marché, car Hélène et Marie (déjà composer) ________ le menu.
3. J'ai fait apporter une chaîne stéréo, parce que tu (acheter) ________ d'excellentes cassettes.
4. J'ai servi les hors-d'œuvre que vous (aller) ________ chercher.
5. J'ai pu ranger les meubles car les copains (aider) ________ à nettoyer la cuisine.
6. J'ai pu me coucher assez tôt parce que je (si bien s'organiser) ________ à l'avance.

9. D'abord, racontez au **passé composé** cinq choses que vous avez faites hier. Ensuite, pour chaque phrase, mentionnez un état ou une action qui avait précédé, en utilisant le **plus-que-parfait.**

MODELE J'ai écrit une dissertation.
J'avais déjà choisi mon sujet.

10. Employez la structure idiomatique **si + plus-que-parfait** du verbe pour expliquer un regret à propos des personnes indiquées.

Cahier: Activité orale: G

Cahier: Activités écrites: C, D

1. Si seulement je...
2. Si seulement mes parents...
3. Mon / ma petit(e) ami(e)? Ah, si seulement il / elle...
4. Et mon / ma camarade de chambre de l'année dernière, si seulement il / elle...
5. Si seulement mon prof de français...
6. Avez-vous un autre regret à exprimer au sujet d'une autre personne ou d'une autre situation de votre vie?

Lexique personnel

Suggestion: Have students prepare their personalized vocabulary lists and sentence completions at home. Then, in class, have students work in small groups to compare their completed sentences. Tally individual and group preferences and discuss the journalistic reading tendencies of the class as a whole.

La presse

Cherchez les termes qui correspondent aux thèmes suivants:

1. les sortes de journaux qu'on publie dans votre région
2. les sortes de journaux que vous lisez
3. les sortes de magazines que vous lisez
4. les rubriques du journal que vous lisez
5. les journaux les plus populaires dans votre pays

En utilisant le vocabulaire du chapitre et votre lexique personnel, complétez les phrases suivantes.

1. Je lis souvent...
2. Dans le journal, les rubriques que je lis toujours sont...
3. Dans le journal, les rubriques que je ne lis jamais sont...
4. Comme magazines, mes amis lisent...
5. Les journaux américains les plus lus sont...
6. Les Américains choisissent leurs journaux selon...

En petits groupes, comparez vos réponses. Ensuite, faites un résumé des habitudes de lecture de la presse dans votre classe.

Structures II

Choosing Past Tenses

Rappel! Rappel!

1. When narrating events that took place in the past, the three tenses that are most often used are the **passé composé,** the **imparfait,** and the **plus-que-parfait.** As you have seen, each of these tenses has different uses; consequently, for each verb, you must decide which tense is appropriate.
2. Once you establish a time frame for your narration (such as **ce matin, hier soir, quand j'étais jeune),** the main events and descriptions within this time frame will be in either the **passé composé** or the **imparfait.** The **plus-que-parfait** will be used to express actions that must have been completed prior to the events of the time frame. Therefore, the use of the **plus-que-parfait** is quite specific and is limited to the concept *had* + past participle.
3. As you have seen, it may sometimes be helpful to refer to English structures when choosing between the **passé composé** and the **imparfait.** However, often either the **passé composé** or the **imparfait** is used to express an English simple past, depending on the context in which the English simple past is used.

Andy **est allé** au café hier.	*Yesterday, Andy* ***went*** *to the café.*
Andy **allait** souvent dans ce café.	*Andy often* ***went*** *to this café.*
Ce matin, il **a lu** *Libération.*	*This morning, he* ***read*** Libération.
Comme beaucoup de jeunes, il **lisait** *Libération.*	*Like many young people, he* ***read*** Libération.

4. When choosing between the **passé composé** and the **imparfait,** it is necessary to understand what you are actually communicating by your choice of tense (completed action or description).

In the following examples and in the chart on page 155, contrast the uses of the **passé composé** and **imparfait.**

IMPARFAIT	PASSE COMPOSE
Je **travaillais** à Paris au début de la guerre. *(setting)*	J'**ai travaillé** à Paris. *(isolated action)*
Il **pleuvait** à New York. *(setting)*	Hier, il **a plu.** *(specified beginning or end)*
Elle **voyait** souvent son ami. *(habitual action)*	Elle **a vu** son ami trois fois hier. *(series of actions)*
Pendant sa jeunesse, il **buvait, fumait** et **n'étudiait** pas. *(habitual action)*	Il **a** trop **bu** et **fumé** et il **est parti** à minuit. *(series of actions)*

IMPARFAIT	**PASSE COMPOSE**
Nous **étions** malades. *(state or condition)*	Nous **avons été** malades. *(change in state or condition)*
Ils **pouvaient** danser. *(state or condition)*	Après avoir trop mangé, ils n'**ont** pas **pu** danser. *(change in state or condition)*
J'**aimais** aller aux concerts de jazz. *(state or condition)*	J'**ai** beaucoup **aimé** le concert. *(reaction to an event)*

It may help you develop your understanding of the different mental images that will be evoked by your choice of either the **imparfait** or **passé composé** if you visualize your time frame as a TV program that you have watched. The succession of actions or events that advanced the plot of your program will be expressed in the **passé composé.** However, scenes that were purely descriptive, in which no further action took place, will be expressed by the **imparfait.** Such descriptive scenes were those in which a camera held a scene, panned around the set, or went in for a close-up.

Choice of past tenses

Time frame of narration

Remote past				
Plus-que-parfait	Imparfait			Passé composé
PRIOR COMPLETED ACTION	**HABITUAL ACTION**	**SETTING**	**STATE**	**COMPLETED ACTION**
Philippe avait déjà raté le bac, et...	il s'ennuyait, parce qu'...	il travaillait pour son père, et...	il n'avait pas d'argent quand...	un jour, il a décidé de trouver un autre poste.
Il avait passé un an dans une grande compagnie, où...	il restait souvent tard au bureau, et...	il réfléchissait à son avenir parce qu'...	il voulait réussir.	Après deux ans, il en a eu assez.
Il avait trop voulu en faire, mais comme...	il rentrait tard tous les soirs, et parce que...	ce travail le fatiguait,	il était très découragé, alors...	il a quitté cette entreprise et est retourné chez son père.
J'étais déjà sorti(e) de l'école;	comme d'habitude je conduisais la voiture;	il pleuvait, et...	je pensais à mes cours, quand...	tout à coup, j'ai eu un accident.
Vendredi après-midi, ma mère était allée à la banque où elle avait tiré de l'argent, car...	elle faisait toujours le marché le samedi matin;	elle cherchait des steaks, mais...	ils étaient trop chers au supermarché, alors	elle a refusé d'en acheter.

Read the following account of an accident as if you were going to film it for TV.

Il pleuvait et la route était glissante *(program opens with the camera panning the scene of rain coming down on a slick road).* Un camion est apparu et a tourné dans une rue *(action of a truck coming into view and turning the corner).* Le camion approchait du carrefour *(the camera holds the scene of the truck continuing along the highway toward the intersection),* quand soudain une voiture est passée au rouge *(a car appears on camera and runs through the red light).* Le camion est rentré dans la voiture au milieu du carrefour *(the action of collision).* Le choc a été violent *(the camera records the shock of the impact).*

Un homme a couru vers la voiture et a regardé dedans *(a man comes on camera and looks in the car).* Il a regardé le chauffeur pendant quelques secondes *(the man looks at the driver),* puis a essayé plusieurs fois de le ranimer *(the camera shows the repeated attempts to revive the driver).* La victime saignait beaucoup *(a close-up of the bleeding driver);* l'homme n'a plus voulu le toucher *(the man moves back, afraid to touch the victim);* il ne savait pas quoi faire *(the camera zooms back on the scene of the bewildered man standing over the driver).* Enfin le chauffeur a ouvert les yeux, s'est levé et a fait un effort pour marcher *(the camera focuses on the driver getting up and taking a step),* mais il n'a pas pu *(the driver falls);* il ne pouvait rien faire *(a close-up of the immobile driver).* Le pauvre chauffeur avait souvent fait cette même route *(a flashback of trips over the same road in the past),* mais ce dernier trajet a été pour lui un désastre *(a closing shot of the driver on the ground, the police and ambulance arriving).*

1. Trois jeunes Français racontent des moments passés devant la télé. Lisez leurs remarques et justifiez l'emploi des temps du passé pour chacun des verbes indiqués.

La télévision **marchait** (1) quand je **suis entré** (2) dans la pièce. Comme je ne **voulais** (3) pas rater mon émission, je me **suis assis** (4) immédiatement devant le poste. C'**était** (5) un film de Jean Renoir. Il **a duré** (6) deux heures et quand il s'**est terminé** (7), j'**ai éteint** (8) le poste. Voilà ce que j'**ai fait** (9) hier soir.

Il y a quelques années, mon frère **regardait** (10) un feuilleton à la télé tous les soirs, sans exception. Mais un jour, il **était sorti** (11) avec des amis et il **a manqué** (12) un épisode. Quand il **est rentré** (13), il m'**a demandé** (14) de lui raconter ce qui s'**était passé** (15) au cours de l'épisode. Il ne **savait** (16) pas que je n'**étais** (17) pas à la maison à l'heure de son émission favorite. Je n'**ai** pas **pu** (18) faire le récit des aventures de son héros préféré. Il **a été** (19) très triste!

Quel manque de chance! Robert **regardait** (20) le plus grand match de football de l'année. Tout **allait** (21) bien. Soudain, le récepteur **a fait** (22) un bruit bizarre—le poste **est tombé** (23) en panne. D'habitude, Robert **téléphonait** (24) à l'atelier de réparation quand cette sorte de catastrophe **arrivait** (25). Mais ce jour-là, quand il **a voulu** (26) appeler l'atelier de réparation, personne n'**a répondu** (27), car c'**était** (28) dimanche. Tout à coup, Robert **a eu** (29) une idée: «Si j'**allais** (30) chez mon très bon ami Henri qui a une si belle télé en couleurs?»

Activités 2, 3, 4, variation: Divide the class into small groups and have each group work on one of these exercises for a specified period of time. Then bring the entire class back together and ask each group to present some of its more interesting answers.

2. Assez souvent, plusieurs activités ont lieu en même temps. Complétez les phrases suivantes par un verbe à l'**imparfait** pour indiquer deux activités simultanées.

1. Pendant que je lisais le journal, je...
2. Pendant que mon / ma camarade de chambre faisait ses devoirs, je...
3. Pendant que je parlais à mon ami(e) au téléphone, je...
4. Pendant que mes copains faisaient le marché, je...
5. Pendant que je dînais, mon copain / ma copine...
6. Pendant que mon prof écrivait au tableau, je...

3. Il faut souvent connaître le contexte pour bien comprendre l'action. Lisez les descriptions des situations suivantes et complétez les phrases à l'aide d'actions décrites par des verbes au **passé composé.**

1. J'arrivais à la fac ce matin quand...
2. Le week-end dernier, il faisait très beau et...
3. Je faisais mes devoirs quand...
4. Quand j'avais quinze ans...
5. Comme je n'avais pas beaucoup d'argent...
6. En rentrant j'étais très fatigué(e) et...
7. Je regardais la télé quand...
8. Je ne pouvais pas sortir samedi soir, alors...

4. Voici des débuts de phrases qui indiquent une action accomplie. Utilisez un verbe approprié à l'**imparfait** pour situer chaque action.

1. Samedi je suis sorti(e) parce que...
2. J'ai choisi cette université parce que...
3. J'ai téléphoné à mon ami(e) parce que...
4. Mes parents ne sont pas venus me voir récemment parce que...
5. Mes copains n'ont pas dîné au restaurant universitaire parce que...
6. Je ne suis pas allé(e) à la fête parce que...
7. J'ai passé toute la journée à étudier parce que...
8. Je n'ai pas vu mes camarades de chambre parce que...

5. Dans la lecture du ***Chapitre 4,*** reprenez la partie de l'histoire qui est écrite au présent (pages 132 à 133) et transposez-la au passé, en utilisant le **passé composé,** l'**imparfait** ou le **plus-que-parfait** selon le contexte.

Synthèses

To save time, and offer each student the opportunity to carefully choose a response, have students prepare these exercises in advance and check their answers together in class.

A. Vous avez passé une année en France. Deux jours avant votre départ pour les Etats-Unis, vous découvrez que votre passeport a été volé. Pour obtenir un nouveau passeport, il vous faut aller au commissariat de police pour faire une déclaration de vol *(theft)*. Répondez aux questions du policier en mettant les verbes entre parenthèses aux temps convenables du passé.

—Alors, Monsieur / Mademoiselle / Madame. Comment avez-vous su que vous n'aviez plus de passeport?

—Eh bien, quand je (retourner) ______ dans ma chambre, je (avoir) ______ l'impression que quelqu'un (être) ______ dans ma chambre pendant mon absence. Je (laisser) ______ mon passeport dans mon bureau, comme d'habitude, et quand je (commencer) ______ à faire mes valises, je l'(chercher) ______ . Mon passeport n'(être) ______ plus dans le bureau.

—Aviez-vous été longtemps absent(e) de votre chambre?

—Eh bien... , pendant le week-end, je (faire) ______ un petit trajet en Normandie pour rendre visite à la famille d'une copine. C'(être) ______ ma dernière excursion avant mon départ pour les Etats-Unis. Puisque je n'(avoir) ______ pas besoin de mon passeport, je l' (mettre) ______ dans le bureau. Quand je (rentrer) ______ dimanche soir, je (être) ______ fatigué(e) et je (se coucher) ______ tout de suite. Lundi matin, je (vouloir) ______ aller à l'agence de voyage pour prendre mon billet d'avion et je (devoir) ______ évidemment présenter mon passeport comme pièce d'identité. Je (chercher) ______ dans mon bureau et le passeport n'y (être) ______ pas.

—Qui avait accès à votre chambre?

—Personne. Euh... si... la femme de ménage (venir) ______ d'habitude une fois par semaine pour nettoyer, mais elle (venir) ______ avant mon départ pour la Normandie.

—La porte de votre chambre était fermée à clé? Et vous avez bien cherché votre passeport dans la chambre?

—Oui, oui, bien sûr, je (fermer) ______ la porte en partant, et je (fouiller) ______ partout quand je (découvrir) ______ que mon passeport ne se (trouver) ______ pas dans le bureau.

—Eh bien, Monsieur / Mademoiselle / Madame, voici votre déclaration de vol. Il va falloir la présenter à l'ambassade américaine au moment de demander un nouveau passeport. Bonne chance et bon retour.

À écrire

Cahier: Activités écrites: E, F, G, H

Activité B: Have students include questions about their student newspaper in the questionnaire or devise a separate questionnaire about it. They should ask about frequency of publication; what parts are always read, sometimes read, never read; political leanings; what issues should be addressed in the paper; etc.

B. Interview: Les habitudes de lecture chez les jeunes. Un sociologue français fait une enquête *(investigation)* sur la lecture de la presse chez les Américains de dix-sept ans. Vous aidez le chercheur *(researcher)* en posant les questions suivantes à des camarades de classe.

A dix-sept ans, ...

1. lisiez-vous un journal local? Lequel? Assez souvent?
2. lisiez-vous un journal national? Lequel? Combien de fois par semaine?
3. lisiez-vous un hebdomadaire d'information et d'opinion comme le magazine *Time?* Lequel? Chaque semaine?
4. quelle sorte de magazine spécialisé achetiez-vous le plus souvent? Quel était le titre de ce magazine? Depuis quand vous intéressiez-vous à ce sujet?
5. regardiez-vous les informations à la télé? Tous les jours? Est-ce que pour vous la télé remplaçait la lecture d'un journal?

Pour s'exprimer

Avant de faire les activités suivantes, écoutez cette conversation au sujet de la presse et des jeunes.

CONTEXTE: Andy, un Américain de vingt-quatre ans, travaille depuis quelques mois dans une banque française. Depuis son arrivée en France, il s'est souvent demandé ce qu'il fallait lire pour se tenir au courant de la culture contemporaine dans ce pays. Ce n'était peut-être pas la peine de se poser la question, car ses amis Christophe et Mireille vont tout lui expliquer au sujet des quotidiens qu'on doit lire.

A l'écoute

1. Racontez au **passé composé** les actions d'Andy, Christophe et Mireille pendant cette conversation. Commencez ainsi: «Andy a rencontré Christophe et Mireille devant le café des 'Deux Magots'. Ses amis l'ont invité à boire un café avec eux... »
2. Andy demande un conseil à Mireille et Christophe, mais les réponses qu'il obtient montrent que sa question est, en fait, assez compliquée. Quelles expressions pour marquer la contradiction sont utilisées dans les situations suivantes?
   a. Christophe conseille à Andy de lire *Le Monde.* Mireille répond: _______
   b. Christophe fait une erreur en déclarant que *Libération* était un journal de gauche en 1968. Mireille lui dit _______. Pouvez-vous suggérer une autre réponse?
3. Quel type de journal Andy cherche-t-il? Quelles questions pose-t-il sur le contenu des journaux mentionnés par ses amis? A votre avis, est-ce qu'il doit acheter *Libération* ou *Le Monde?* Pourquoi?
4. Parlez des journaux que vous lisez, en imitant les paroles de Christophe. «Quand j'étais à l'université... »

A vous la parole

Voici quelques expressions qu'on emploie souvent pour décrire au passé des actions habituelles. Donnez des détails sur un des thèmes suggérés en utilisant les expressions suivantes.

souvent	habituellement
d'habitude	fréquemment
toujours	tous les jours
pendant	de temps en temps

1. vos passe-temps préférés à l'âge de douze ans
2. votre vie quotidienne pendant votre dernière année au lycée
3. votre emploi du temps pendant les vacances de l'été dernier
4. vos activités de groupe dans le courant de l'année dernière

Situations

1. Votre correspondant en France vous demande de lui raconter un événement récent qui s'est passé aux Etats-Unis. Lisez un article de journal et faites un résumé de cet article pour l'envoyer à votre correspondant.
2. Les feuilletons américains sont très à la mode à la télé en France, mais les épisodes qu'on passe en France sont ceux qui ont déjà été diffusés aux Etats-Unis il y a plusieurs mois. Choisissez un épisode d'un feuilleton que vous regardez normalement et faites un résumé de cet épisode pour envoyer à votre correspondant en France.
3. Vous cherchez un poste dans un hôtel où on reçoit beaucoup de clients francophones. Dans le dossier de candidature, on vous demande d'écrire en français un petit résumé de votre vie, de vos études et de votre expérience professionnelle.

Structures III

Dates

The days of the week, the months, and the seasons are all masculine nouns that are not capitalized.

A. The days of the week are **dimanche, lundi, mardi, mercredi, jeudi, vendredi, samedi.**

- The days of the week are normally used without an article. If you use **le** before a day of the week, however, this construction implies *on* or *every.*

Normalement, ils vont en ville **le samedi. Samedi,** ils vont faire une excursion à la campagne.	*They usually go downtown* ***on Saturday. This Saturday*** *they will go on an outing in the country.*

- When referring to periods of a week or two weeks in French, the expressions most often used are **huit jours** and **quinze jours.**

Il va partir dans **huit jours.**	*He'll leave in* ***a week.***
J'ai acheté mes billets il y a **quinze jours.**	*I bought my tickets* ***two weeks*** *ago.*

B. The months of the year are **janvier, février, mars, avril, mai, juin, juillet, août, septembre, octobre, novembre, décembre.**

C. The seasons of the year are **le printemps, l'été, l'automne, l'hiver.**

- The preposition **en** is used with a month or season to express *in,* except with **printemps,** which takes **au.**

  Au printemps les élèves français attendent avec impatience les grandes vacances. Les cours se terminent **en juillet** et, **en été,** beaucoup de Français vont à la plage. **En août** tout le monde rentre parce qu'**en septembre,** il faut retourner à l'école. Mais courage, les enfants! **En automne** et **en hiver,** il y a beaucoup d'autres fêtes et de jours fériés où on est libres.

D. There are two ways to express years in French.

1999	**dix-neuf cent quatre-vingt-dix-neuf**
or:	**mil neuf cent quatre-vingt-dix-neuf**
1789	**dix-sept cent quatre-vingt-neuf**
or:	**mil sept cent quatre-vingt-neuf**

- **En** is used with years and **au** with centuries to mean *in.*

en 2001	**au vingt et unième siècle**
en 1789	**au dix-huitième siècle**

- To ask the date in French, you will normally use the following pattern:

  Quelle est la date { aujourd'hui? / de son départ? }

- To give the date in French, you will normally use **c'est,** the definite article, and the cardinal number. (The only exception is the first of a month, when **le premier** is used.) With the numbers **huit** and **onze,** there is no contraction of **le.**

  C'est **le vingt mars** 2000.
  C'est **le premier mars** 2000.
  C'est **le onze novembre.**

- The article **le** must be used before the date itself. When referring to both the date and the day of the week, **le** may be placed before either the day of the week or the date.

  Elle rentre **lundi, le sept juin.**
  Elle rentre **le lundi sept juin.**

1. Le directeur de votre programme universitaire américain en France vous demande de faire un petit autoportrait et de parler de vos projets d'avenir. Complétez chaque phrase par une des expressions entre parenthèses.

1. (en / au) Je suis né(e) ______ (mois de votre naissance).
2. (le / en) Je suis né(e) ______ (date de votre naissance).
3. (dans / en) Je vais obtenir mon diplôme ______ (année où vous allez recevoir votre diplôme).
4. (le vendredi / vendredi) Je n'ai pas cours en général ______ .
5. (le vendredi / vendredi) ______ prochain, je vais faire une excursion dans les châteaux de la Loire.
6. (huit / sept) On va passer ______ jours à voyager, une semaine entière.
7. (au / en) Nous allons voir beaucoup de châteaux construits ______ seizième siècle.
8. (en / au) ______ printemps, je vais voyager en Italie.
9. (en / au) Je vais rentrer aux Etats-Unis ______ été.
10. (le quinze / le quinzième) En fait, je dois rentrer ______ août.

Le château Chambord

2. Dans la colonne à gauche sont données quelques dates célèbres de l'histoire de France et dans la colonne de droite, on trouve les faits associés à ces dates. Associez à chaque date l'événement qui correspond. De quel siècle s'agit-il dans chaque cas?

Activité 2: Answers: (1) c, (2) f, (3) j, (4) n, (5) h, (6) a, (7) k, (8) l, (9) d, (10) b, (11) e, (12) i, (13) g, (14) m. Have students work in pairs or groups to answer these questions.

1. 800
2. 1431
3. 1515
4. 1643
5. 1793
6. 1804
7. 1815
8. le 11 novembre 1918
9. 1927
10. 1939
11. 1944
12. 1968
13. 1970
14. 1981

a. Napoléon devient empereur des Français.
b. La Seconde Guerre mondiale est déclarée.
c. Charlemagne est sacré empereur.
d. Charles Lindbergh atterrit au Bourget.
e. Paris est libéré de l'occupation allemande.
f. Jeanne d'Arc est brûlée à Rouen.
g. Charles de Gaulle meurt.
h. Louis XVI est guillotiné.
i. Il y a de grandes manifestations d'étudiants et d'ouvriers à Paris.
j. François Ier, qui va introduire la Renaissance en France, devient roi.
k. Napoléon perd la bataille de Waterloo.
l. L'armistice marque la fin de la Première Guerre mondiale.
m. François Mitterrand devient le premier président socialiste depuis cinquante ans.
n. Louis XIV devient roi de France.

Activité orale

Cahier: Activités orales: H, I

À écrire

Cahier: Activités écrites: I, J, K

3. Demandez à un(e) camarade de classe les dates suivantes.

1. la date d'aujourd'hui
2. la date de la fête nationale américaine
3. la date de la fête nationale française
4. la date de Noël
5. la date du Jour de l'An (le premier jour de l'année)
6. la date de son anniversaire
7. la date du prochain examen de français
8. la date à laquelle il / elle va obtenir son diplôme

Interactions

Activité 1, follow-up: For homework have students investigate one of these French magazines at the library and report back to the class either orally or in writing.

Activité 1. Lectures pour tous. Par groupes de trois ou quatre personnes, discutez des revues auxquelles vous aimeriez vous abonner. Expliquez vos choix. Quels sont les équivalents de certains de ces titres dans la presse américaine?

Lectures pour tous

Nombre de lecteurs* des principaux magazines en 1995 (15 ans et plus, en milliers):

Hebdomadaires généraux	
• Paris-Match	4 856
• Figaro Magazine	2 742
• Le Nouvel Observateur	2 741
• L'Express	2 709
• France-Dimanche	2 361
• VSD	2 215
• Ici Paris Magazine	1 988
• Le Point	1 855
• Pèlerin Magazine	1 536
• L'Evénement du Jeudi	1 306
• La Vie	1 182
• L'Expansion (bimensuel)	1 147
• Courrier international	598
• Le Nouvel Economiste	529

Féminins et familiaux	
Hebdomadaires	
• Femme actuelle	8 837
• Voici	4 024
• Maxi	3 808
• Elle	2 372
• Nous deux	2 145
• Madame Figaro	2 130
• Bonne Soirée	1 116
Mensuels	
• Prima	5 093
• Top Santé	5 023
• Modes et Travaux	4 697
• Santé Magazine	4 614
• Parents	3 959
• Marie-Claire	3 782
• Cuisine actuelle	3 293
• Avantages	2 735
• Réponse à tout Santé	2 410
• Enfants Magazine	1 836
• Famille Magazine	1 378
• Guide Cuisine	1 371
• Famili	1 335
• Biba	1 268
• Cuisine gourmande	1 192
• Cuisines et Vins de France	1 175
• Cosmopolitan	1 157
• Vingt Ans	985
• Jeune et Jolie	936
• Vital	899
• Votre beauté	808

Télévision	
• TV Magazine	13 561
• Télé 7 Jours	11 446
• Télé Z	7 277
• Télé Star	7 272
• Télé Poche	6 526
• Télé Loisirs	6 292
• TV Hebdo	4 419
• Télérama	2 721
• Télé Magazine	1 652

Automobile	
Hebdomadaires	
• Auto Plus	2 579
• Auto Hebdo	509
Bimensuel	
• L'Auto-Journal	2 147
Mensuels	
• L'Automobile Magazine	2 741
• Action Auto Moto	2 120
• Sport Auto	1 467
Bimestriel	
• Option Auto	2 147

Décoration - Maison - Jardin	
Hebdomadaire	
• Rustica	1 315
Mensuels	
• Maison bricolages	1 513
• Marie-Claire Maison	1 426
• Maison et Jardin	1 413
• Système D	1 282
• Mon jardin et ma maison	1 238
• L'Ami des jardins et de la maison	953
Bimestriels	
• Art et Décoration	4 578
• Maison et Travaux	3 086
• Elle Décoration	2 263
• La Bonne Cuisine	2 029

Distraction - Loisirs - Culture	
Hebdomadaires	
• L'Equipe Magazine	3 172
• Gala	2 258
• Télé K7	2 100
• France Football	1 822
• L'Officiel des spectacles	1 686
• Point de vue	1 114
Bimensuels	
• Bravo Girl	860
• Vocable	588
Mensuels	
• Géo	5 399
• Notre temps	4 871
• Sélection	4 006
• Science et Vie	3 967
• Ça m'intéresse	3 951
• Le Chasseur français	3 616
• Réponse à tout	3 055
• Capital	2 610
• 30 Millions d'amis	2 367
• Onze-Mondial	2 228
• Science et Avenir	1 790
• Première	1 757
• L'Entreprise	1 734
• Vidéo 7	1 601
• Terre sauvage	1 581
• Vogue	1 458
• Entrevue	1 354
• Grands Reportages	1 308
• Le Temps retrouvé	1 274
• L'Echo des savanes	1 266
• Photo	1 240
• Le Monde de l'éducation	1 175
• OK Podium	1 140
• Studio Magazine	1 109
• SVM - Science et Vie Micro	1 054
• Star Club	1 092
• Newlook	998
• Phosphore	981
• Tennis Magazine	917

* Personnes ayant déclaré avoir lu ou feuilleté, chez elles ou ailleurs, un numéro (même ancien), au cours de la période de référence : 7 jours pour un hebdomadaire, 30 pour un mensuel...

Activité 2: Cite several examples of **contes de fées** to ensure students' understanding (e.g., **Cendrillon, Le Petit Chaperon rouge, La Belle au bois dormant).**

Activité 3, variation: Choose two suspects and divide the rest of the class in half. Set a time limit during which each group devises questions while the suspects prepare a joint alibi. When the time is up, have half the class question one defendant and the other half question the other defendant. Bring the entire class together to compare alibis and see how many discrepancies can be found. To find the suspects guilty, a minimum of three discrepancies must be identified.

Activité 2. Un conte de fées. Racontez votre conte de fées préféré. Si vous n'avez pas de conte de fées préféré, racontez la vie d'un personnage contemporain célèbre.

Activité 3. Vous êtes accusé(e) d'un crime. Votre alibi vient du fait que vous avez déjeuné en ville et que vous avez fait des achats pendant les heures en question. La police vous interroge. Racontez **exactement** ce que vous avez fait et décrivez en détail les activités de votre journée en ville. Il faut convaincre la police que vous dites la vérité.

Activité 4. Chien ou chat? Aviez-vous un animal domestique quand vous étiez jeune? Comment s'appelait-il / elle? Quels souvenirs gardez-vous de cet animal? Etes-vous d'accord avec «l'image sociale» qui accompagne le choix d'un animal domestique? Quelle est l'image sociale d'autres animaux domestiques?

Chien ou chat ?

Le choix du chat ou du chien comme animal de compagnie n'est pas neutre. Il n'est peut-être pas lié seulement à des considérations de place ou de coût. Utilisant la dichotomie proposée par Pierre Bourdieu entre les groupes sociaux caractérisés par la préservation d'un « capital économique » (commerçants, artisans, policiers, militaires, contremaîtres...) et ceux motivés par la constitution d'un « capital culturel » (intellectuels, artistes, instituteurs, fonctionnaires...), le sociologue François Héran a montré que les premiers sont plutôt des propriétaires de chiens, les seconds des possesseurs de chats.
L'image sociale de ces deux animaux explique en partie cette répartition. Le chat est le symbole de la liberté et de l'indépendance, chères aux intellectuels. Le chien est plutôt celui de la défense des biens et des personnes ainsi que de l'ordre, valeurs souvent prioritaires dans les autres catégories.

Les animaux du monde

Proportion de chiens et de chats dans divers pays (pour 100 habitants) :

Chiens		Chats
21	Etats-Unis	23
18	Belgique	18
17	Irlande	11
13	FRANCE	14
12	Danemark	10
12	Finlande	10
11	Royaume-Uni	12
9	Espagne	8
9	Italie	11
9	Portugal	13
8	Pays-Bas	13
7	Autriche	17
7	Grèce	7
6	Allemagne	7
7	Japon	6

AFIRAC

Cahier: Activités orales: J, K

À écrire

Cahier: Activités écrites: L, S'exprimer par écrit

Perspectives littéraires

Mise en train

Sujets de réflexion

1. Quelle réputation ont les journalistes aujourd'hui? Comment devient-on un journaliste connu?
2. A la télévision et dans les films, on décrit souvent le monde du journalisme. Quelles sont les caractéristiques et l'ambiance de ce milieu?
3. Il y a aujourd'hui deux sortes de journaux, les journaux d'information et certains journaux populaires qui se vendent très souvent aux caisses des supermarchés. Décrivez la différence entre ces deux types de journaux.

Guy de Maupassant

L'œuvre de Guy de Maupassant (1850–1893), grand romancier et auteur de nouvelles, jouit depuis longtemps d'une réputation internationale. Célèbre pour leur réalisme, ses romans dépeignent souvent la vie et les milieux que Maupassant a connus et dont il nous représente les traits les plus caractéristiques. *Bel Ami,* publié en 1885, introduit le lecteur dans l'univers passionnant mais souvent sordide et cynique qu'était celui du journalisme parisien à la fin du XIXe siècle.

Avant de lire

1. Les phrases suivantes résument les idées essentielles de chaque partie de cet extrait du roman de Maupassant. En faisant une lecture rapide de chaque partie, dégagez les mots et les allusions qui sont les plus importants pour la compréhension du récit. Puis, ajoutez un détail supplémentaire à chaque petit résumé.
   a. **Partie I:** Georges Duroy est très heureux. Son article vient de paraître dans le journal *La Vie Française*.
   b. **Partie II:** En quittant son ancien poste, Duroy prend un ton arrogant mais, quand il commence à travailler à *La Vie Française,* il trouve que le métier de journaliste est peut-être plus exigeant qu'il ne le pensait.
   c. **Partie III:** Duroy éprouve beaucoup de difficulté à composer la deuxième partie de l'article que le rédacteur demande pour le lendemain.
   d. **Partie IV:** Duroy décide d'aller voir encore une fois Madame Forestier, la femme du rédacteur en chef de son journal. La visite est une catastrophe. Duroy se met en colère et termine la seconde partie de son article en inventant des détails. De retour au bureau, Duroy rend son article et reçoit son argent. Il se croit riche.
   e. **Partie V:** Les articles de Duroy sont constamment refusés et il ne gagne pas d'argent. Duroy comprend maintenant que le métier de journaliste n'est pas facile.

2. Dans la lecture du chapitre précédent (le ***Chapitre 4),*** vous avez vu des exemples de l'emploi du **passé simple.** C'est un temps verbal que vous allez rencontrer assez souvent dans des textes littéraires, des articles de journaux et d'autres types de textes écrits dans un style assez formel. Même si vous n'avez peut-être pas l'occasion d'employer vous-même le **passé simple,** il faut savoir le reconnaître comme l'équivalent littéraire du **passé composé.** Dans les phrases suivantes, devinez le sens des verbes au **passé simple.**
   a. «Georges Duroy dormit mal.»
   b. «Dès que le jour parut, il fut debout... »
   c. «Il eut une forte émotion en lisant... en grosses lettres 'Georges Duroy'».

Guy de Maupassant: Bel Ami *(extrait)*

I

Georges Duroy dormit mal, tant l'excitait le désir de voir imprimé son article. Dès que le jour parut, il fut debout, et il rôdait° dans la rue bien avant l'heure où les porteurs de journaux vont, en courant, de kiosque en kiosque.

prowled about

Alors il gagna la gare Saint-Lazare, sachant bien que *La Vie Française* y arriverait avant de parvenir dans son quartier. Comme il était encore trop tôt, il erra° sur le trottoir.

wandered

Il vit arriver la marchande, qui ouvrit sa boutique de verre, puis il aperçut un homme portant sur sa tête un tas de grands papiers pliés. Il se précipita: c'étaient *Le Figaro,* le *Gil-Blas, Le Gaulois, L'Evénement,* et deux ou trois autres feuilles du matin; mais *La Vie Française* n'y était pas.

Une peur le saisit: «Si on avait remis au lendemain *Les Souvenirs d'un Chasseur d'Afrique,* ou si, par hasard, la chose n'avait pas plu, au dernier moment, au père Walter?»

En redescendant vers le kiosque, il s'aperçut qu'on vendait le journal, sans qu'il l'eût vu apporter. Il se précipita, le déplia, après avoir jeté les trois sous, et parcourut les titres de la première page. —Rien. Son cœur se mit à battre; il ouvrit la feuille, et il eut une forte émotion en lisant, au bas d'une colonne, en grosses lettres: «Georges Duroy». Ça y était! quelle joie!

Il se mit à marcher, sans penser, le journal à la main, le chapeau sur le côté, avec une envie° d'arrêter les passants pour leur dire: «Achetez ça—achetez ça! Il y a un article de moi.» —Il aurait voulu pouvoir crier de tous ses poumons,° comme font certains hommes, le soir, sur les boulevards: «Lisez *La Vie Française,* lisez l'article de Georges Duroy: *Les Souvenirs d'un Chasseur d'Afrique*». Et, tout à coup, il éprouva le désir de lire lui-même cet article, de le lire dans un endroit public, dans un café, bien en vue. Et il chercha un établissement qui fût déjà fréquenté. Il lui fallut marcher longtemps. Il s'assit enfin devant une espèce de marchand de vin où plusieurs consommateurs étaient déjà

desire
lungs

installés, et il demanda: «Un rhum», comme il aurait demandé: «Une absinthe», sans songer à l'heure. Puis il appela: «Garçon, donnez-moi *La Vie Française*.»

Un homme à tablier blanc accourut:

«Nous ne l'avons pas, monsieur, nous ne recevons que *Le Rappel, Le Siècle, La Lanterne, et Le Petit Parisien*.»

worthless place

Duroy déclara, d'un ton furieux et indigné: «En voilà une boîte!° Alors, allez me l'acheter.» Le garçon y courut, la rapporta. Duroy se mit à lire son article; et plusieurs fois il dit, tout haut: *Très bien, très bien!* pour attirer l'attention des voisins et leur inspirer le désir de savoir ce qu'il y avait dans cette feuille. Puis il la laissa sur la table en s'en allant. Le patron s'en aperçut, le rappela:

«Monsieur, monsieur, vous oubliez votre journal!»

Et Duroy répondit:

«Je vous le laisse, je l'ai lu. Il y a d'ailleurs aujourd'hui, dedans, une chose très intéressante.»

Il ne désigna pas la chose, mais il vit, en s'en allant, un de ses voisins prendre *La Vie Française* sur la table où il l'avait laissée.

to collect his pay / resignation / was thrilled
look / bewilderment

Il pensa: «Que vais-je faire, maintenant?» Et il se décida à aller à son bureau toucher son mois° et donner sa démission.° Il tressaillait° d'avance de plaisir à la pensée de la tête° que feraient son chef et ses collègues. L'idée de l'effarement° du chef, surtout, le ravissait.

II

Il marchait lentement pour ne pas arriver avant neuf heures et demie, la caisse n'ouvrant qu'à dix heures.

screen

Son bureau était une grande pièce sombre, où il fallait tenir le gaz allumé presque tout le jour en hiver. Elle donnait sur une cour étroite, en face d'autres bureaux. Ils étaient huit employés là-dedans, plus un sous-chef dans un coin, caché derrière un paravent.°

clerk

Duroy alla d'abord chercher ses cent dix-huit francs vingt-cinq centimes, enfermés dans une enveloppe jaune et déposés dans le tiroir du commis° chargé des paiements, puis il pénétra d'un air vainqueur dans la vaste salle de travail où il avait déjà passé tant de jours.

Dès qu'il fut entré, le sous-chef, M. Potel, l'appela:

excuse

«Ah! c'est vous, monsieur Duroy? Le chef vous a déjà demandé plusieurs fois. Vous savez qu'il n'admet pas qu'on soit malade deux jours de suite sans attestation° du medecin.»

Duroy, qui se tenait debout au milieu du bureau, préparant son effet, répondit d'une voix forte:

I don't really care

«Je m'en fiche un peu,° par exemple!»

Il y eut parmi les employés un mouvement de stupéfaction, et la tête de M. Potel apparut, effarée, au-dessus du paravent qui l'enfermait comme une boîte.

Il se barricadait là-dedans, par crainte des courants d'air, car il était rhumatisant. Il avait seulement percé deux trous dans le papier pour surveiller son personnel.

On entendait voler les mouches. Le sous-chef, enfin, demanda avec hésitation:

«Vous avez dit?

—J'ai dit que je m'en fichais un peu. Je ne viens aujourd'hui que pour donner ma démission. Je suis entré comme rédacteur à *La Vie Française* avec cinq cents francs par mois, plus les lignes. J'y ai même débuté ce matin.»

Il s'était pourtant promis de faire durer le plaisir, mais il n'avait pu résister à l'envie de tout lâcher d'un seul coup.

L'effet, du reste, était complet. Personne ne bougeait.

Alors Duroy déclara:

«Je vais prévenir M. Perthuis, puis je viendrai vous faire mes adieux.»

Et il sortit pour aller trouver le chef, qui s'écria en l'apercevant:

«Ah! vous voilà. Vous savez que je ne veux pas... »

L'employé lui coupa la parole:

bellow

«Ce n'est pas la peine de gueuler° comme ça... »

M. Perthuis, un gros homme rouge comme une crête de coq, demeura suffoqué par la surprise.

Duroy reprit:

«J'en ai assez de votre boutique. J'ai débuté ce matin dans le journalisme, où on me fait une très belle position. J'ai bien l'honneur de vous saluer.»

Et il sortit. Il était vengé.

Il alla en effet serrer la main de ses anciens collègues, qui osaient à peine lui parler, par peur de se compromettre, car on avait entendu sa conversation avec le chef, la porte étant restée ouverte.

pay

insignificant

Et il se retrouva dans la rue avec son traitement° dans sa poche. Il se paya un déjeuner succulent dans un bon restaurant à prix modérés qu'il connaissait; puis, ayant encore acheté et laissé *La Vie Française* sur la table où il avait mangé, il pénétra dans plusieurs magasins où il acheta de menus° objets, rien que pour les faire livrer chez lui et donner son nom—Georges Duroy. — Il ajoutait: «Je suis le rédacteur de *La Vie Française.* »

Puis il indiquait la rue et le numéro, en ayant soin de stipuler: «Vous laisserez chez le concierge.»

calling cards

Comme il avait encore du temps, il entra chez un lithographe qui fabriquait des cartes de visite° à la minute, sous les yeux des passants; et il s'en fit faire immédiatement une centaine, qui portaient, imprimée sous son nom, sa nouvelle qualité.

Puis il se rendit au journal.

haughtily

Forestier le reçut de haut,° comme on reçoit un inférieur:

task

«Ah! te voilà, très bien. J'ai justement plusieurs affaires pour toi. Attends-moi dix minutes. Je vais d'abord finir ma besogne.°»

Et il continua une lettre commencée.

bloated

A l'autre bout de la grande table, un petit homme très pâle, bouffi,° très gras, chauve, avec un crâne tout blanc et luisant, écrivait, le nez sur son papier, par suite d'une myopie excessive.

Forestier lui demanda:

«Dis donc, Saint-Potin, à quelle heure vas-tu interviewer nos gens?

—A quatre heures.

secrets

—Tu emmèneras avec toi le jeune Duroy ici présent, et tu lui dévoileras les arcanes° du métier.

—C'est entendu.»

Puis, se tournant vers son ami, Forestier ajouta:

«As-tu apporté la suite sur l'Algérie? Le début de ce matin a eu beaucoup de succès.»

stammered

Duroy, interdit, balbutia:°

«Non, —j'avais cru avoir le temps dans l'après-midi, —j'ai eu un tas de choses à faire, —je n'ai pas pu... »

L'autre leva les épaules d'un air mécontent:

«Si tu n'es pas plus exact que ça, tu rateras ton avenir, toi. Le père Walter comptait sur ta copie. Je vais lui dire que ce sera pour demain. Si tu crois que tu seras payé pour ne rien faire, tu te trompes.»

Puis, après un silence, il ajouta:

«On doit battre le fer quand il est chaud, que diable!»

III

Saint-Potin se leva:

«Je suis prêt», dit-il.

Alors Forestier, se renversant sur sa chaise, prit une pose presque solennelle pour donner ses instructions, et, se tournant vers Duroy:

«Voilà. Nous avons à Paris depuis deux jours le général chinois Li-Theng-Fao, descendu au Continental, et le rajah Taposahib Ramaderao Pali, descendu à l'hôtel Bristol. Vous allez leur prendre une conversation.»

Puis, se tournant vers Saint-Potin:

maneuvers

«N'oublie point les principaux points que je t'ai indiqués. Demande au général et au rajah leur opinion sur les menées° de l'Angleterre dans l'Extrême-Orient, leurs idées sur son système de colonisation et de domination, leurs espérances relatives à l'intervention de l'Europe, et de la France en particulier, dans leurs affaires.»

stopped speaking / to no one in particular

Il se tut,° puis il ajouta, parlant à la cantonade:°

«Il sera on ne peut plus intéressant pour nos lecteurs de savoir en même temps ce qu'on pense en Chine et dans les Indes sur ces questions, qui passionnent si fort l'opinion publique en ce moment.»

Il ajouta, pour Duroy:

try / tricks

«Observe comment Saint-Potin s'y prendra, c'est un excellent reporter, et tâche° d'apprendre les ficelles° pour vider un homme en cinq minutes.»

Puis il recommença à écrire avec gravité, avec l'intention évidente de bien établir les distances, de bien mettre à sa place son ancien camarade et nouveau confrère.

Dès qu'ils eurent franchi la porte, Saint-Potin se mit à rire et dit à Duroy: «En voilà un faiseur!° Il nous la fait à nous-mêmes. On dirait vraiment qu'il nous prend pour ses lecteurs.»

Puis ils descendirent sur le boulevard, vers la Madeleine.° Et Saint-Potin, tout à coup, dit à son compagnon:

«Vous savez, si vous avez à faire quelque chose, je n'ai pas besoin de vous, moi.»

Duroy lui serra la main, et s'en alla.

L'idée de son article à écrire dans la soirée le tracassait° et il se mit à y songer.° Il emmagasina des idées, des réflexions, des jugements, des anecdotes, tout en marchant, et il monta jusqu'au bout de l'avenue des Champs-Elysées, où on ne voyait que de rares promeneurs, Paris étant vide par ces jours de chaleur.

Ayant dîné chez un marchand de vin auprès de l'arc de triomphe de l'Etoile, il revint lentement à pied chez lui par les boulevards extérieurs, et il s'assit devant sa table pour travailler.

Mais dès qu'il eut sous les yeux la grande feuille de papier blanc, tout ce qu'il avait amassé de matériaux s'envola de son esprit, comme si sa cervelle° se fût évaporée. Il essayait de ressaisir des bribes° de souvenirs et de les fixer: ils lui échappaient à mesure qu'il les reprenait, ou bien ils se précipitaient pêle-mêle, et il ne savait comment les présenter, les habiller, ni par lequel commencer.

Après une heure d'efforts et cinq pages de papier noircies par des phrases de début qui n'avaient point de suite, il se dit: «Je ne suis pas encore assez rompu° au métier. Il faut que je prenne une nouvelle leçon.» Et tout de suite la perspective d'une autre matinée avec Mme Forestier, l'espoir de ce long tête-à-tête intime, cordial, si doux, le firent tressaillir de désir. Il se coucha bien vite, ayant presque peur à présent de se remettre à la besogne et de réussir tout à coup.

IV

Il ne se leva, le lendemain, qu'un peu tard, éloignant et savourant d'avance le plaisir de cette visite.

Il était dix heures passées quand il sonna chez son ami.

Le domestique répondit:

«C'est que monsieur est en train de travailler.»

Duroy n'avait point songé que le mari pouvait être là. Il insista cependant:

«Dites-lui que c'est moi, pour une affaire pressante.»

Après cinq minutes d'attente, on le fit entrer dans le cabinet où il avait passé une si bonne matinée.

A la place occupée par lui, Forestier maintenant était assis et écrivait, en robe de chambre, les pieds dans ses pantoufles,° la tête couverte d'une petite toque anglaise, tandis que sa femme, enveloppée du même peignoir blanc, et accoudée à la cheminée, dictait, une cigarette à la bouche.

faiseur: bluffer
Madeleine: landmark Parisian church
tracassait: worried
songer: to think about
cervelle: brain
bribes: bits
rompu: experienced
pantoufles: slippers

Duroy, s'arrêtant sur le seuil, murmura:

«Je vous demande bien pardon; je vous dérange?»

Et son ami, ayant tourné la tête, une tête furieuse, grogna:

«Qu'est-ce que tu veux encore? Dépêche-toi, nous sommes pressés.»

L'autre, interdit, balbutiait:

«Non, ce n'est rien, pardon.»

Mais Forestier, se fâchant:

«Allons, sacrebleu! ne perds pas de temps; tu n'as pourtant pas forcé ma porte° pour le plaisir de nous dire bonjour.»

forced your way in

Alors, Duroy, fort troublé, se décida:

«Non... voilà... c'est que... je n'arrive pas encore à faire mon article et tu as été... vous avez été si... si... gentils la dernière fois que... que j'espérais... que j'ai osé venir... »

Forestier lui coupa la parole:

«Tu te fiches du monde, à la fin! Alors tu t'imagines que je vais faire ton métier, et que tu n'auras qu'à passer à la caisse au bout du mois. Non! elle est bonne, celle-là!»

La jeune femme continuait à fumer, sans dire un mot, souriant toujours d'un vague sourire qui semblait un masque aimable sur l'ironie de sa pensée.

Et Duroy, rougissant, bégayait:° «Excusez-moi... j'avais cru... j'avais pensé... » Puis brusquement, d'une voix claire:

stuttered

«Je vous demande mille fois pardon, madame, en vous adressant encore mes remerciements les plus vifs pour la chronique si charmante que vous m'avez faite hier.»

Puis il salua, dit à Charles:

«Je serai à trois heures au journal», et il sortit.

Il retourna chez lui, à grands pas, en grommelant: «Eh bien, je m'en vais la faire celle-là, et tout seul, et ils verront... »

A peine rentré, la colère l'excitant, il se mit à écrire.

Il continua l'aventure commencée par Mme Forestier, accumulant des détails de roman feuilleton,° des péripéties° surprenantes et des descriptions ampoulées,° avec une maladresse de style de collégien° et des formules de sous-officier. En une heure, il eut terminé une chronique qui ressemblait à un chaos de folies, et il la porta, avec assurance, à *La Vie Française*.

serial novel / ups and downs
exaggerated / schoolboy

La première personne qu'il rencontra fut Saint-Potin qui, lui serrant la main avec une énergie de complice, demanda:

«Vous avez lu ma conversation avec le Chinois et avec l'Hindou. Est-ce assez drôle? Ça a amusé tout Paris. Et je n'ai pas vu seulement le bout de leur nez. »

Duroy, qui n'avait rien lu, prit aussitôt le journal, et il parcourut de l'œil un long article intitulé «Inde et Chine», pendant que le reporter lui indiquait et soulignait les passages les plus intéressants.

Forestier survint, soufflant, pressé, l'air effaré:

«Ah! bon, j'ai besoin de vous deux.»

Et il leur indiqua une série d'informations politiques qu'il fallait se procurer pour le soir même.

Duroy lui tendit son article.

«Voici la suite sur l'Algérie.

—Très bien, donne: je vais la remettre au patron.»

Ce fut tout.

dragged along

Saint-Potin entraîna° son nouveau confrère, et, lorsqu'ils furent dans le corridor, il lui dit:

«Avez-vous passé à la caisse?

—Non. Pourquoi?

—Pourquoi? Pour vous faire payer. Voyez-vous, il faut toujours prendre un mois d'avance. On ne sait pas ce qui peut arriver.

—Mais... je ne demande pas mieux.

—Je vais vous présenter au caissier. Il ne fera point de difficultés. On paie bien ici.»

Et Duroy alla toucher ses deux cents francs, plus vingt-huit francs pour son article de la veille, qui, joints à ce qui lui restait de son traitement du chemin de fer, lui faisaient trois cent quarante francs en poche.

Jamais il n'avait tenu pareille somme, et il se crut riche pour des temps indéfinis.

to trick out of

Puis Saint-Potin l'emmena bavarder dans les bureaux de quatre ou cinq feuilles rivales, espérant que les nouvelles qu'on l'avait chargé de recueillir avaient été prises déjà par d'autres, et qu'il saurait bien les leur souffler,° grâce à l'abondance et à l'astuce de sa conversation.

Le soir venu, Duroy, qui n'avait plus rien à faire, songea à retourner aux Folies-Bergères. [...]

V

Il faisait jour quand il sortit, et la pensée lui vint aussitôt d'acheter *La Vie Française*. Il ouvrit le journal d'une main fiévreuse; sa chronique n'y était pas; et il demeurait debout sur le trottoir, parcourant anxieusement de l'œil les colonnes imprimées avec l'espoir d'y trouver enfin ce qu'il cherchait.

crushed

Quelque chose de pesant tout à coup accablait° son cœur, car cette contrariété avait le poids d'un désastre.

Il remonta chez lui et s'endormit tout habillé sur son lit.

En entrant quelques heures plus tard dans les bureaux de la rédaction, il se présenta devant M. Walter:

«J'ai été tout surpris ce matin, monsieur, de ne pas trouver mon second article sur l'Algérie.»

Le directeur leva la tête, et d'une voix sèche:

«Je l'ai donné à votre ami Forestier, en le priant de le lire; il ne l'a pas trouvé suffisant; il faudra me le refaire.»

Duroy, furieux, sortit sans répondre un mot, et, pénétrant brusquement dans le cabinet de son camarade:

«Pourquoi n'as-tu pas fait paraître, ce matin, ma chronique?»

Le journaliste fumait une cigarette, le dos au fond de son fauteuil et les pieds sur sa table, salissant de ses talons un article commencé. Il articula tranquillement avec un son de voix ennuyé et lointain, comme s'il parlait du fond d'un trou:

«Le patron l'a trouvé mauvais, et m'a chargé de te le remettre pour le recommencer. Tiens, le voilà.»

Et il indiquait du doigt les feuilles dépliées sous un presse-papiers.°

paperweight

Duroy, confondu, ne trouva rien à dire, et, comme il mettait sa prose dans sa poche, Forestier reprit:

«Aujourd'hui tu vas te rendre d'abord à la préfecture... »

Et il indiqua une série de courses d'affaires, de nouvelles à recueillir. Duroy s'en alla, sans avoir pu découvrir le mot mordant° qu'il cherchait.

caustic

Il rapporta son article le lendemain. Il lui fut rendu de nouveau. L'ayant refait une troisième fois, et le voyant refusé, il comprit qu'il allait trop vite et que la main de Forestier pouvait seule l'aider dans sa route.

Il ne parla donc plus des *Souvenirs d'un Chasseur d'Afrique,* en se promettant d'être souple et rusé,° puisqu'il le fallait, et de faire, en attendant mieux, son métier de reporter avec zèle. [...]

cunning

Il devint en peu de temps un remarquable reporter, sûr de ses informations, rusé, rapide, subtil, une vraie valeur pour le journal, comme disait le père Waiter, qui s'y connaissait en rédacteurs.

Cependant, comme il ne touchait que dix centimes la ligne, plus ses deux cents francs de fixe, et comme la vie de boulevard, la vie de café, la vie de restaurant coûte cher, il n'avait jamais le sou et se désolait de sa misère.

C'est un truc à saisir, pensait-il, en voyant certains confrères aller la poche pleine d'or, sans jamais comprendre quels moyens secrets ils pouvaient bien employer pour se procurer cette aisance. Et il soupçonnait avec envie des procédés inconnus et suspects, des services rendus, toute une contrebande acceptée et consentie. Or, il lui fallait pénétrer le mystère, entrer dans l'association tacite, s'imposer aux camarades qui partageaient sans lui.

Et il rêvait souvent le soir, en regardant de sa fenêtre passer les trains, aux procédés qu'il pourrait employer.

Synthèses

Après la lecture

Partie I (pages 167–168)

1. Qu'est-ce que cette première partie vous apprend sur le monde de la presse quotidienne à Paris à la fin du XIXe siècle? Qui lit le journal? Où peut-on l'acheter? Y a-t-il beaucoup de titres?
2. Comment Duroy gagne-t-il sa vie? Quels détails choisit l'auteur pour faire comprendre le caractère de ce personnage?

Partie II (pages 168–170)

1. Décrivez le milieu dans lequel Duroy a travaillé. Faites la description des circonstances matérielles et des personnages.
2. Quelle évolution a eu lieu chez Duroy entre le moment où nous le voyons pour la première fois et la situation dans laquelle il se trouve à la fin de cette partie? Son langage a-t-il changé? Sa façon d'aborder les autres? L'image qu'il se fait de lui-même?

Partie III (pages 170–171)

1. Qui est Saint-Potin? Quel genre de travail fait-il au journal? Quels sont ses rapports avec Forestier?
2. En quoi consiste la tâche assignée par Forestier aux deux reporters? Comparez les compétences journalistiques de ces deux hommes en vous référant au portrait descriptif qu'en fait Maupassant.
3. Comment Duroy aborde-t-il la rédaction de son second article? A quelle conclusion aboutit-il? Comment va-t-il résoudre le dilemme?

Partie IV (pages 171–173)

1. Quelle était l'intention de Duroy avant d'arriver chez les Forestier? Forestier est-il prêt à aider son ami? Quel rôle a joué Mme Forestier dans la carrière du nouveau journaliste?
2. Saint-Potin continue à révéler à l'apprenti journaliste les «secrets» du métier. Qu'est-ce que Duroy a appris au cours de la journée, grâce à son nouveau collègue?

Partie V (pages 173–174)

1. M. Walter, le grand patron du journal, et M. Forestier ont donné à Duroy une leçon importante. Résumez en quelques mots les «progrès» qu'il a faits au cours de cet extrait.
2. Un des buts de Duroy était d'améliorer sa situation financière. Gagne-t-il plus d'argent au journal que dans le poste duquel il a démissionné? Expliquez.
3. Avez-vous l'impression que Maupassant présente une vision pessimiste ou optimiste du monde du journalisme? Qu'est-ce que Duroy fait pour réussir dans ce monde?

Pour mieux lire

1. L'extrait de Maupassant offre un excellent exemple de l'emploi des temps littéraires, et surtout du **passé simple** comme équivalent littéraire du **passé composé** (Voir l'***Appendice A,*** page 355). Dans les phrases suivantes, expliquez les emplois des différents temps du passé **(passé simple, imparfait, plus-que-parfait).**
   a. «Dès que le jour **parut,** il **fut** debout, et il **rôdait** dans la rue... »
   b. «Comme il **était** encore trop tôt, il **erra** sur le trottoir.»
   c. «... il **s'aperçut** qu'on **vendait** le journal... »
   d. «Il **alla** en effet serrer la main de ses anciens collègues, qui **osaient** à peine lui parler... car on **avait entendu** sa conversation avec le chef... »
   e. «... il **s'**en [des cartes de visite] **fit** faire immédiatement une centaine, qui **portaient...** sa nouvelle qualité.»
   f. «Duroy, qui **se tenait** debout au milieu du bureau... **répondit** d'une voix forte... »
   g. «L'idée de son article à écrire dans la soirée le **tracassait,** et il **se mit** à y songer... »
   h. «Duroy, qui n'**avait** rien **lu,** prit aussitôt le journal, et il **parcourut** de l'œil un long article... , pendant que le reporter lui **indiquait** et **soulignait** les passages les plus intéressants.»
2. C'est **l'imparfait** qui est employé dans la description de l'ancien bureau de Duroy, au début de la Partie II. Pourquoi?
3. Dans le ***Chapitre 4,*** dans la section ***Pour s'exprimer,*** vous avez étudié l'emploi de certaines expressions qu'on utilise pour établir la chronologie des événements qu'on raconte. Quel est le sens des expressions suivantes?

   a. alors
   b. dès que
   c. puis
   d. après que

   Trouvez des exemples de l'emploi de ces expressions dans l'extrait de Maupassant.

Expansion

1. Quels sont les attraits que l'univers du journalisme parisien peut avoir pour un jeune homme comme Georges Duroy? Quelles sont les motivations du personnage quand il choisit le journalisme comme profession? Imaginez que Georges Duroy est un de vos contemporains. Comment voyez-vous évoluer son personnage à notre époque? Imaginez un scénario pour mettre en évidence la personnalité d'un nouveau Georges Duroy.
2. Que faut-il penser de la manière dont Saint-Potin exerce la profession de journaliste? Comment imaginez-vous cet homme à une époque plus récente, comme journaliste à la télévision, par exemple? A quelles personnalités célèbres vous fait-il penser?
3. Quelle est votre impression du journalisme actuel? Peut-il encore de nos jours influencer la pensée comme à l'époque d'Emile Zola? Expliquez pourquoi.

Le mot et l'image

CHAPITRE 6

Le cinéma français est le premier producteur de films en Europe.

Cultural Focus

- Cinema in France

Structures I

- Interrogative Adverbs
- Expressing Time

Structures II

- Interrogative Pronouns

Structures III

- **Quel** and **lequel**

Functions

- Asking Questions
- Seeking Information
- Expressing Time

Literary Reading

- François Truffaut: «Donner du plaisir ou le plaisir du cinéma», *Le Plaisir des yeux* (excerpt)

Web activities

http://interaction.heinle.com

Allons au cinéma!

Perspectives culturelles

Culture générale

Les pionniers du cinéma français

Les frères Lumière, *L'Arrivée d'un train en gare de La Ciotat*

En 1895, les frères Lumière, Auguste et Louis, inventent le cinématographe, un appareil capable de reproduire le mouvement par une suite de photographies. Ils tournent plusieurs films, d'une durée d'environ deux minutes chacun, dont *L'Arrivée d'un train en gare de La Ciotat* (1896). En 1896, Charles Pathé fonde avec son frère la firme mondiale Pathé Frères qui va donner à la France le monopole de la production de films jusqu'en 1913. C'est aux frères Pathé que nous devons, par ailleurs, les premières actualités filmées, le *Pathé-Journal.* Le «septième art» est donc né.

Le mot et l'image: *Cyrano de Bergerac*

Cyrano de Bergerac (réalisé par Jean-Paul Rappeneau en 1990) illustre l'importance, pour le public français, d'un bon scénario et d'une histoire bien écrite. Depuis l'arrivée des films parlants, le cinéma a souvent pris son inspiration dans les œuvres littéraires: les premiers films n'étaient parfois que des pièces de théâtre filmées, et les romans d'écrivains tels qu'Emile Zola *(Germinal),* Marcel Pagnol *(Jean de Florette, Manon des Sources)* ou Jean Giono *(Le Hussard sur le toit)* ont nourri l'imagination des cinéastes. Avec *Cyrano,* c'est le texte même de la pièce qui continue de séduire les spectateurs depuis qu'Edmond Rostand en a donné la première représentation dans un théâtre parisien en 1897. Dans l'interprétation magistrale du personnage par Gérard Depardieu, on retrouve le triomphe de la fantaisie de la parole aussi bien que le sens de l'effet dramatique—ce que Cyrano en mourant appelle son «panache». Lorsqu'on demande aux Français de préciser, parmi tous les personnages littéraires, celui qu'ils préfèrent ou qu'ils admirent le plus, la majorité d'entre eux répondent toujours: «Cyrano de Bergerac». Lorsque Cyrano, le visage caché par l'ombre du balcon, déclare son amour à Roxane, l'élégance de ses paroles et la grâce de l'image forment alors une alliance exaltante.

Gérard Depardieu, *Cyrano de Bergerac*

A. En quoi l'invention du cinéma a-t-elle changé notre façon de représenter le passé, le présent et même l'avenir?

B. Connaissez-vous des films tirés d'une œuvre littéraire? Lesquels? A votre avis, est-ce qu'il vaut mieux voir le film avant de lire l'œuvre littéraire ou après l'avoir lue? En général, dans quel contexte le nom de Cyrano de Bergerac est-il évoqué?

Culture contemporaine

Le festival de Cannes

Tous les ans, au mois de mai, les cinéastes du monde entier ont rendez-vous à Cannes. Depuis sa création en 1946, le Festival international du film est toujours le lieu où réalisateurs célèbres et stars internationales, tout comme des centaines de «jeunes espoirs» et de metteurs en scène obscurs paradent devant une foule de paparazzis et de cinéphiles enthousiastes sur l'un des boulevards les plus fameux de la Côte d'Azur, la Croisette. C'est à Cannes qu'il faut être et c'est à Cannes qu'ils sont tous. Trois fois président du jury du festival, Jean Cocteau, l'écrivain et artiste français qui a essayé plus que tout autre de rapprocher le réel et l'imaginaire, a déclaré un jour: «*Le festival est un no man's land apolitique, un microcosme de ce que serait le monde si les hommes pouvaient prendre des contacts directs et parler la même langue.*» Ayant élargi son cercle pour accueillir le cinéma du Tiers Monde, le festival d'aujourd'hui correspond parfaitement à l'image du microcosme que Cocteau en faisait déjà de son temps. Ceux qui ont la chance de se trouver à Cannes pour le festival ont la possibilité de lire les dépêches de l'agence France-Presse, de participer aux pronostics, d'écouter les conférences de presse et de discuter des différents films dans le forum. Ce festival, vaste rassemblement de tous les éléments de production, d'interprétation et de promotion du cinéma mondial, reste unique au monde—à l'image du cinéma lui-même.

C'est à Cannes qu'il faut être.

Quels films les Français aiment-ils voir?

En 1995, 371 films sont sortis dans les salles de cinéma françaises: 136 français, 134 américains, 101 de tous les autres pays confondus. Les films français ont représenté 35 pour cent des entrées, les films américains 54 pour cent, ce qui confirme une reprise de la fréquentation des films nationaux par les Français qui les avaient délaissés pendant 30 ans au profit des films américains. Sur les 36 films ayant réalisé plus d'un million d'entrées en France en 1995, 10 étaient français.

C. Cannes a son grand prix, la Palme d'or; Hollywood a ses oscars. Que pensez-vous de ces prix? Ont-ils, d'après vous, une réelle signification? A votre avis, quelle contribution le festival de Cannes a-t-il apportée au développement du cinéma mondial?

D. Les goûts cinématographiques des Français sont-ils influencés par les films étrangers, à votre avis? Vos propres goûts le sont-ils?

Note culturelle: The **Note culturelle** is an integral and essential component of the lesson. It provides a succinct summary of cultural information relevant to the theme of the chapter and highlights important aspects of French culture.

Note culturelle

Qui va au cinéma en France? Principalement les adolescents et les jeunes de moins de 25 ans. Quels films ont le plus de succès? Ceux (souvent américains) qui correspondent au goût de ce même public pour l'aventure, le fantastique et les effets spéciaux. On aime aussi en France le cinéma qui permet de se divertir ou de s'évader, ce qui explique pourquoi les films comiques arrivent souvent en tête de liste des plus grands succès. Pourtant le public va de plus en plus souvent au cinéma pour découvrir des films qui expriment la réalité de notre époque, et il semble que les Français se déplacent moins souvent pour admirer une grande star que pour voir un film dont ils ont entendu dire du bien. En dépit de cette tendance, certaines vedettes ont conquis le public et continuent d'attirer l'attention des foules: côté masculin, Gérard Depardieu, Michel Serrault ou Daniel Auteuil; côté féminin, des actrices comme Catherine Deneuve, Emmanuelle Béart, Isabelle Adjani et Juliette Binoche représentent des «valeurs sûres» qui ont su se faire connaître à l'étranger aussi bien que dans leur pays d'origine.

Le cinéma français est le premier producteur de films en Europe. Mais, selon Daniel Toscan du Plantier, le président d'Unifrance—l'organisme chargé de la promotion des films français à l'étranger—la vocation du film français «n'est pas d'être le deuxième cinéma mondial, loin derrière le premier, mais d'être le leader d'une alternative au monopole». En effet, l'exportation représente une dimension importante pour la santé du cinéma français. La part de marché du cinéma français à l'étranger est évaluée en moyenne entre 2 et 4 pour cent, un chiffre qui semble faible mais qui lui permet de se situer en troisième position dans la plupart des pays, derrière les productions américaines et les productions nationales. Bien que le cinéma français ait retrouvé les faveurs du public sur son territoire et à l'étranger, sa survie serait problématique sans l'aide de l'Etat. Le ministère de la Culture aide au financement des films français au moyen d'une «avance sur recette» qui permet de les produire. De plus, chaque entrée dans une salle de cinéma française contribue au maintien de cette industrie, car le prix de l'entrée comprend des taxes (les deux tiers du prix!) qui sont redistribuées aux producteurs français. L'importance de ce phénomène pour la survie du cinéma français a même été reconnue par le principe de l'«exception culturelle» qui a figuré dans les accords internationaux sur les tarifs et le commerce. Le cinéma est un art en France; mais il est également une grande entreprise commerciale.

Discussion

E. A votre avis, lorsqu'on décide d'aller voir un film, est-ce qu'on est plus influencé par la notoriété des interprètes ou par l'histoire qui est racontée? Le fait qu'un réalisateur soit largement et favorablement connu du public vous a-t-il déjà incité(e) à aller voir un film? Quels réalisateurs connaissez-vous? Y a-t-il des étrangers parmi eux?

F. Reconnaissez-vous le nom de quelques-uns des artistes mentionnés dans la ***Note culturelle?*** De quels autres acteurs français avez-vous entendu parler?

G. Comment peut-on caractériser la situation du cinéma français hors de France? Avez-vous l'impression que la France exporte beaucoup de films vers les Etats-Unis? Quel est le degré de pénétration des films étrangers sur le marché américain? A quoi attribuez-vous ce phénomène?

H. La subvention de l'Etat aux réalisateurs de films en France vous semble-t-elle une bonne idée? Quels en sont les avantages et les inconvénients?

Expansion

I. Les perspectives culturelles que vous venez de découvrir sur le cinéma français vous permettent de vous former une impression générale sur l'importance du cinéma en France. Vous possédez aussi assez d'informations (voir aussi p. 196) pour pouvoir décrire les aspects principaux du cinéma français depuis ses débuts jusqu'à nos jours. Faites une liste des éléments qui devraient, d'après vous, figurer dans une histoire du cinéma en France.

J. M. Toscan du Plantier a parlé du cinéma américain comme d'un monopole dans le domaine du cinéma mondial. A-t-il raison, à votre avis? Que pensez-vous de sa vision du cinéma français comme une «alternative au monopole»?

Vocabulaire actif: Vocabulary items have been grouped into categories designed to reinforce meaning through association.

Vocabulaire actif

Les activités

doubler to dub
faire la queue to stand in line
passer to show (a film)
tourner to shoot (a film)

Au cinéma

un **abonnement** subscription
une **affiche** movie poster
un **billet** ticket
un **ciné-club** film club
le **cinoche** flicks *(slang)*
l'**écran** *(m)* screen
un / une **fana** fan
un **festival** (film) festival
le **guichet** ticket window
une **ouvreuse** usherette
une **place** seat
une **revue** magazine
une **salle de cinéma** movie house
une **séance** showing
un **spectacle** show
un **tarif** price

Les films

un **acteur** / une **actrice** actor / actress
un **cinéaste** filmmaker
le **décor** set, scenery
un **dessin animé** cartoon
un **film d'épouvante** horror movie
un **film policier** detective movie
le **grand film** main feature
l'**interprétation** *(f)* acting
l'**intrigue** *(f)* plot
un **long métrage** feature film
le **maquillage** makeup
un **maquilleur** / une **maquilleuse** makeup artist
un **metteur en scène** director
un **personnage** important person; character
le **plateau** movie set
un **réalisateur** / une **réalisatrice** director
la **sortie** release
des **sous-titres** *(m pl)* subtitles
le **tournage** shooting (of a film)
une **vedette** male or female star
la **version originale** movie in its original language
un **western** western (movie)

Exercices de vocabulaire

A. Quels termes du ***Vocabulaire actif*** s'appliquent aux catégories suivantes?

1. *Scream*
2. *Beauty and the Beast*
3. *Lethal Weapon, Die Hard*
4. 4:30, 6:30, 9:30
5. *Unforgiven, Dances with Wolves*
6. *Première, Star*
7. Leonardo DiCaprio, Harrison Ford, Gérard Depardieu
8. Steven Spielberg, Francis Ford Coppola, Jean-Jacques Beineix
9. Glenn Close, Winona Ryder, Isabelle Adjani

B. Vous préparez un exposé sur le cinéma en France et vous trouvez des termes utiles dans le dictionnaire. Votre professeur demande une définition de ces expressions. Complétez les définitions suivantes en utilisant une expression de cette liste.

un abonnement	l'interprétation
un ciné-club	l'intrigue
en version doublée	un metteur en scène
en version originale	une première
un fana de cinéma	une vedette

1. L'histoire qui est racontée dans un film s'appelle ________.
2. Un film étranger présenté dans la langue du pays où passe le film est ________.
3. Si les acteurs jouent bien leur rôle, on peut dire que ________ est bonne.
4. Un groupe de personnes qui se réunit pour regarder et discuter de films constitue les membres d' ________.
5. Un film présenté dans la langue du pays où l'on a tourné le film est ________.
6. Un acteur ou une actrice très célèbre dans le monde du cinéma est ________.
7. Si on est vraiment passionné de cinéma, on est prêt à s'offrir ________ à une revue de cinéma.
8. Un grand gala qui accompagne un nouveau film est ________.
9. Une personne qui adore le cinéma est ________.
10. Une personne qui tourne des films est ________.

Exercice C, follow-up: Cut out magazine ads from both French and American magazines, omitting or covering all words. Number the ads and have students guess which are French and which are American. Ask students to explain their choices. What do the ads' similarities tell us about American and French societies? What do the differences tell us?

C. Philippe et Maryse pensent aller au cinéma. Complétez leur conversation par un terme de la liste suivante.

l'affiche	un film d'épouvante	l'ouvreuse
la caissière	guichet	des places
cinoche	l'intrigue	séance

—Dis, Philippe, tu veux aller au ________ ce soir?

—Mais oui, pourquoi pas? Prenons rendez-vous avec les copains et sortons tous ensemble.

—D'accord, mais si nous y allons tous, est-ce qu'on va pouvoir trouver ________?

—Ça dépend. Quand on arrive assez tôt, il n'y a pas trop de queue au ________, en général. Et puis, si on va au Palace, je connais ________, on aura des billets sans problème. Qu'est-ce que tu proposes, comme film?

—Aucune idée, sauf que je ne veux absolument pas voir ________. Tu sais que je déteste ça. J'ai toujours trop peur. Quel film est à ________ au Palace?

—Un bon film comique, je crois. Je ne connais pas ________, mais je sais que les critiques sont bonnes.

—D'accord, alors. A quelle ________ veux-tu aller?

—Pas trop tard, parce que j'ai un devoir à finir ce soir.

—Pas de problème. Bon, alors, il ne reste qu'une seule question à résoudre.

—Laquelle?

—Si ________ passe, est-ce que tu vas m'acheter une glace?

Activité orale

Cahier: Activités orales: A, B, C

Structures I

Rappel! Rappel!

1. As you have seen in ***Chapitres* 2** and **4,** questions seeking *yes* or *no* answers are formed by using one of the basic question patterns to make a declarative sentence interrogative.
2. Questions that seek to gain some specific information will contain an interrogative expression (adverb, pronoun, or adjective) whose only function in the sentence is to elicit the desired information (*why, who, which,* etc.).
3. The key to forming questions in French is to realize that the interrogative expression itself does not form the question; it only elicits the information. You must still use one of the basic question patterns (normally **est-ce que** or inversion) to form the question. Such questions are actually composed of two separate slots, each of which must be manipulated independently.

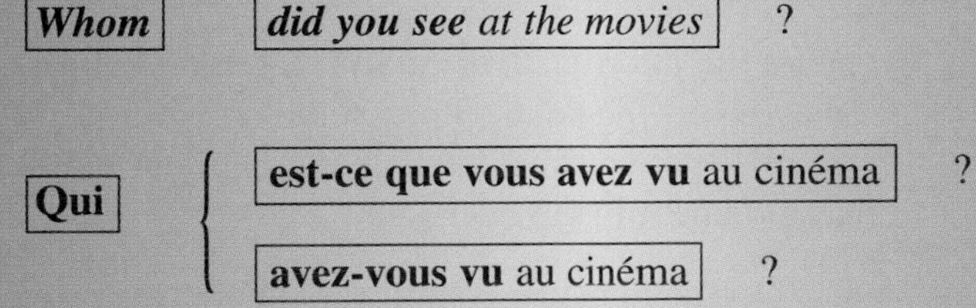

Interrogative Adverbs, suggestion: Working in small groups or as a class, have students list as many interrogative adverbs as possible. If done with the entire class, put the list on the board or on an overhead transparency, arranging the adverbs in the same categories used in this chapter. Then, one category at a time, add other relevant expressions and practice their use. Beginning with what students already know reinforces previous learning and creates a foundation of familiar material for practice and discussion.

Interrogative Adverbs

Interrogative adverbs are used to request information about time, location, manner, number, or cause. Some commonly used interrogative adverbs are listed below.

A. **Time:**

quand *when*
à quelle heure *when, at what time*

> **Quand** est-ce que ce film passe?
> **Quand** commence le grand film?
> **A quelle heure** êtes-vous arrivé au cinéma?
> **A quelle heure** finit la première séance?

B. **Location:**

où *where*

> **Où** est-ce que Truffaut a tourné ce film?
> **Où** passe ce nouveau film d'épouvante?

C. **Manner:**

comment *how*

> **Comment** est-ce que Jean a trouvé le film?
> **Comment** s'appelle cet acteur?

D. **Number:**

combien *how much*
combien de + NOUN *how many, how much*

> **Combien** avez-vous payé les billets?
> **Combien** coûte une bière?
> **Combien** de billets a-t-il pris?
> **Combien** de places y a-t-il dans la salle?

E. **Cause:**

pourquoi *why*

> **Pourquoi** Jean est-il rentré?
> **Pourquoi** est-ce que ces billets coûtent si cher?

With the interrogatives **quand, à quelle heure, où, comment,** and **combien,** you may invert the noun subject and its verb to form the question if the verb is in a simple tense and has no object. The noun subject and its modifiers will be the last element in the question.

> **A quelle heure** commence **le long métrage?**
> **Où** passe **ce nouveau film?**

This type of inversion cannot be made with the expressions **combien de** or **pourquoi,** because normal sentence structure will prevent the noun subject from being the last element in the question.

Combien de places est-ce que Jean prend?

Activité 1, suggestion: Give students a brief time to complete the exercise silently, before reviewing the answers with the entire class. This gives everyone a chance to formulate answers and verify accuracy.

1. Voici une conversation entre Léa et Jeanne. Léa raconte sa sortie au cinéma avec Alexandre et ses copains. Formulez les questions de Jeanne qui correspondent aux réponses de Léa. Les mots en caractères gras vont vous aider à choisir l'adverbe interrogatif approprié.

—Salut, Léa. ______ / être / ton week-end?

—Ah, bonjour, Jeanne. Le week-end a été **très chouette.**

—______ aller / au cinéma?

—Nous sommes allés au cinéma **vendredi soir.**

—______ descendre / en ville?

—Nous sommes descendus en ville **dans la voiture de Paul.**

—______ / retrouver / Jean-Marc?

—Nous avons retrouvé Jean-Marc **sur le parking du cinéma**

—______ / la séance / commencer?

—La séance a commencé à **17 h,** et puis après nous avons dîné au restaurant.

—______ / d'autres copains / aller avec vous?

—Nous étions **six** au début. Mais au milieu du film, Jean-Marc est parti.

—Sans blague! ______ / il / partir?

—**Parce qu'il trouvait le film bête.** Et c'est vraiment dommage parce que nous avons payé les billets assez cher.

—Oui? ______ / coûter / les billets?

—**Quarante-cinq francs** par personne parce qu'il y avait plus d'un film au programme.

—Ah? ______ / films / il / y avoir?

—Il y avait **deux** films. De toute façon, nous avons retrouvé Jean-Marc plus tard.

—______ / être / Jean-Marc?

—Il était **au café.** Ça a été une soirée de cinéma assez bizarre, finalement.

Activité orale

Cahier: Activités orales: D, E, F

À écrire

Cahier: Activités écrites: A, B

Activité 2: This exercise may be done as directed questioning or in pairs.

2. Employez les éléments indiqués pour poser des questions à vos camarades de classe à propos du cinéma.

1. combien / fois / par mois / tu / aller au cinéma?
2. pourquoi / tu / aller / au cinéma / si souvent (peu)?
3. à quelle heure / tu / préférer / aller au cinéma?
4. comment / tu / aller / au cinéma?
5. combien / tu / payer / un billet de cinéma?
6. où / tu / aimer / t'asseoir, près ou loin de l'écran?
7. combien / tu / payer / le pop-corn ou les bonbons?
8. quand / tu / aller / récemment au cinéma?

Activité 3: It helps to give students a subject on which to focus their questions, i.e., have students ask you about your film preferences, weekend leisure activities, etc.

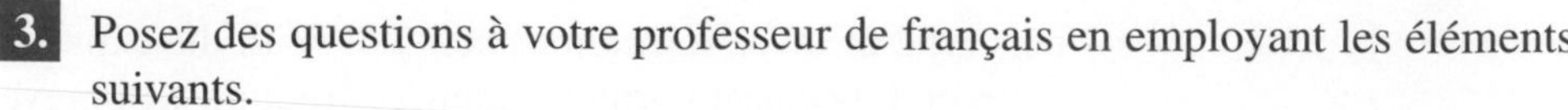

3. Posez des questions à votre professeur de français en employant les éléments suivants.

1. quand
2. à quelle heure
3. où
4. pourquoi
5. combien (de)
6. comment

Interactions

These activities provide students the opportunity to go beyond the more structured exercises of the chapter and use their developing language skills in open-ended activities that allow for greater personalization and varying responses. The **Interactions** activities are tied to the chapter by functional, structural, or cultural themes.

Activité 1. Aimes-tu le cinéma? Choisissez un(e) partenaire et faites une interview sur ses goûts en ce qui concerne le cinéma.

Demandez...

1. ce qu'il / elle aime au cinéma
2. ce qu'il / elle déteste au cinéma
3. la fréquence avec laquelle il / elle va au cinéma
4. s'il / si elle loue souvent des cassettes vidéo pour les regarder à la maison
5. le titre des films qu'il / elle a vus à plusieurs reprises

Activité 2. Une vedette. Jouez le rôle de votre acteur ou actrice préféré(e). Les autres étudiants vont vous poser des questions et essayer de deviner votre nouvelle identité.

Activité 3. Les césars du public. Choisissez un des films suivants et répondez aux questions de votre partenaire sans mentionner le titre. Votre partenaire va vous poser des questions pour identifier le film que vous avez choisi.

Les césars du public

Les 50 plus grands succès 1956–1995 (titre du film, nationalité, nombre de spectateurs en millions) :

Film	Spectateurs	Film	Spectateurs
• La Grande Vadrouille (F)	17,2	• Le Gendarme de Saint-Tropez (F)	7,8
• Il était une fois dans l'Ouest (Ital.)	14,9	• Orange mécanique (E.-U.)	7,5
• Le Livre de la jungle (E.-U.)	14,7	• Les Bidasses en folie (F)	7,5
• Les 101 Dalmatiens (E.-U.)	14,6	• Les Aventures de Rabbi Jacob (F)	7,4
• Les Dix Commandements (E.-U.)	14,2	• Danse avec les loups (E.-U.)	7,2
• Ben Hur (E.-U.)	13,8	• Jean de Florette (F)	7,2
• Le Pont de la rivère Kwaï (G.-B)	13,4	• Les Aventures de Bernard et Bianca (E.-U.)	7,2
• Les Visiteurs (F)	12,6	• La Chèvre (F/Mex.)	7,0
• Les Aristochats (E.-U.)	12,5	• Les Sept Mercenaires (E.-U.)	7,0
• Le Jour le plus long (E.-U.)	11,9	• Les Grandes Vacances (F)	6,9
• Le Corniaud (F)	11,7	• Michel Strogoff (F)	6,8
• Trois Hommes et un couffin (F)	10,2	• Aladdin (E.-U.)	6,8
• Les Canons de Navarone (E.-U.)	10,1	• Le Gendarme se marie (F)	6,8
• Le Roi Lion (E.-U.)	10,1	• Rox et Rouky (E.-U.)	6,6
• Les Misérables (F, Ital.)	9,9	• Goldfinger (G.-B.)	6,6
• La Guerre des boutons (F)	9,8	• Manon des sources (F)	6,6
• Docteur Jivago (E.-U.)	9,8	• Le Cercle des poètes disparus (E.-U.)	6,5
• L'Ours (F)	9,1	• Sissi (Aut.)	6,5
• Le Grand Bleu (F)	9,0	• La Belle au bois dormant (E.-U.)	6,5
• ET, l'extra-terrestre (E.-U.)	8,9	• Rain Man (E.-U.)	6,4
• Emmanuelle (F)	8,8	• Robin des bois (E.-U.)	6,4
• La Vache et le prisonnier (F)	8,8	• Les Aventuriers de l'arche perdue (E.-U.)	6,3
• La Grande Evasion (E.-U.)	8,7	• La Cuisine au beurre (F/I)	6,3
• West Side Story (E.-U.)	8,6	• Sissi jeune impératrice (Aut.)	6,3
• Un Indien dans la ville (F)	7,8	• Le Gendarme et les extraterrestres (F)	6,3

CNC

Francoscopie 1997, p. 382

Expressing Time

Expressing Time, suggestion: Begin by asking questions about time (What time does this class begin? End? When do you leave for your first class? How late do you stay up studying? At what time do you have lunch? When is the library the most crowded and noisy?, etc.) The questions will elicit a wide variety of answers, serve as review, and help you identify problem areas for the entire class as well as for individual students.

A. **Hours and Minutes:** Time in French is indicated by a cardinal number followed by **heure(s)** and the number of minutes.

1:10	**une heure dix**
3:05	**trois heures cinq**
5:20	**cinq heures vingt**

- For time past the half-hour, the number of minutes is subtracted from the next hour.

6:35	**sept heures moins vingt-cinq**
8:50	**neuf heures moins dix**
10:40	**onze heures moins vingt**

- The quarter- and half-hours, as well as noon and midnight, have special forms.

4:15	**quatre heures et quart**
2:30	**deux heures et demie**
9:45	**dix heures moins le quart**
12:30 P.M.	**midi et demi**
12:20 A.M.	**minuit vingt**

- The concepts A.M. and P.M. are normally expressed by **du matin, de l'après-midi, du soir.**

2:15 A.M.	**deux heures et quart du matin**
3:10 P.M.	**trois heures dix de l'après-midi**
6:20 P.M.	**six heures vingt du soir**

- In France, official time (train and airline schedules, store closings, times for concerts and public functions, openings and closings of public buildings, etc.) is frequently quoted on the 24-hour clock.

Fermé de **12 h** à **14 h.**
Le train part à **20 h 38.**
Ouvert de **9 h 15** à **19 h 45.**
Le concert finit à **23 h 30.**

- To ask the time, you normally use one of the following patterns:

Quelle heure est-il?	***What time is it?***
A quelle heure... ?	***At what time...? (When...?)***

B. **Divisions of Time:** With periods of the day, **le, la, l'** are used before the noun to express the idea of *in the* or *at.*

Je me lève tôt **le matin** car je travaille.	*I get up early* ***in the morning*** *because I work.*
J'ai tous mes cours **l'après-midi.**	*I have all my classes* ***in the afternoon.***
Le soir, je fais mes devoirs.	***In the evening*** *I do my homework.*
Je dors bien **la nuit** parce que je suis très fatigué(e).	*I sleep well* ***at night*** *because I am very tired.*

C. ***Temps, fois, heure:*** The terms **temps, fois,** and **heure** can all be used as the equivalent of the word *time,* but there are differences in their meanings.

- **Temps** refers to time as a general or abstract concept.

Je n'ai pas le **temps** de voyager.	*I don't have* ***time*** *to travel.*
Le **temps** passe vite.	***Time*** *flies.*
Prenez le **temps** de vous reposer.	*Take the* ***time*** *to rest.*

- **Fois** means time in the sense of an occasion or time in succession.

Je suis ici pour la première **fois.**	*I'm here for the first* ***time.***
Il est venu me voir trois **fois.**	*He visited me three* ***times.***
Combien de **fois** avez-vous visité la France?	*How many* ***times*** *have you visited France?*

- **Heure** implies a specific time of day.

C'est l'**heure** du dîner.	*It's dinner****time.***
Il arrivera à une **heure** fixe.	*He will arrive at a fixed* ***time.***
A quelle **heure** ouvre le guichet?	*At what* ***time*** *does the ticket window open?*

D. **Divisions of Time Ending in *-ée:* Jour, an, soir,** and **matin** have alternative forms ending in **-ée** that are used to emphasize the duration of the time period.

le jour	**la journée**
l'an	**l'année**
le soir	**la soirée**
le matin	**la matinée**

The type of sentence in which the **-ée** form is used often contains some reference to the activities taking place during the time span.

Dans **trois jours,** nous partons en vacances.
J'ai passé **la journée** à régler mes affaires.

Elle part à Paris pour **deux ans.**
Pendant **les deux dernières années,** elle a beaucoup voyagé.

Nos invités arrivent **ce soir.**
Nous allons nous amuser pendant **la soirée.**

Ce matin, je vais consulter le *Guide Michelin.*
Et moi, je vais passer **la matinée** au marché.

Choosing between these alternative forms can often be puzzling, but there are some general guidelines. If the period of time is immediately preceded by a cardinal number, you will normally use the short, masculine form. If the time period is preceded by concepts such as *all the, the whole, a part of,* or *most of,* you will normally use the **-ée** form.

4. Complétez ce dialogue entre Philippe et son copain Stéphane en choisissant la forme appropriée des mots entre parenthèses.

—Dis, Stéphane, tu as (l'heure / le temps) _______ d'aller au café prendre un verre?

—Non, Philippe, merci. Je dois passer (la soirée / le soir) _______ à écrire une dissertation pour mon cours de commerce. C'est (le premier temps / la première fois) _______ qu'on fait une dissertation dans ce cours.

—Mais, tu peux boire un petit café avec moi maintenant et puis écrire ta dissert pendant (le soir / la soirée) _______, non?

—Toujours impossible. Chez nous, c'est (l'heure / le temps) _______ du dîner et aujourd'hui, c'est moi qui m'occupe de faire la cuisine.

—D'accord. Mais, est-ce que tu vas venir avec moi au concert ce week-end? Il faut quand même prendre (le temps / l'heure) _______ de se reposer un peu.

—Zut! J'ai oublié le concert. J'ai déjà promis à ma cousine d'aller la voir ce week-end. Je vais passer deux ou trois (journées / jours) _______ avec elle et ses copains dans la résidence secondaire de sa famille. J'ai déjà refusé son invitation deux (temps / fois) _______ et (ce temps-ci / cette fois-ci) _______ je dois vraiment y aller. C'est son anniversaire.

—Oui, oui, je comprends. Alors, je te dis tout simplement: (Au prochain temps / A la prochaine fois) _______.

5. Vous habitez avec un(e) étudiant(e) français(e) qui passe l'année dans votre université. Vous cherchez une troisième personne pour partager votre appartement. Employez les éléments suivants pour découvrir l'emploi du temps de vos camarades de classe. Essayez de trouver un(e) camarade de chambre idéal(e).

MODELE dîner d'habitude
A quelle heure dînes-tu d'habitude?

1. se lever normalement
2. prendre le petit déjeuner
3. quitter la maison le matin
4. avoir cours le lundi / le mardi
5. rentrer en semaine
6. travailler le soir
7. sortir le samedi soir
8. se coucher

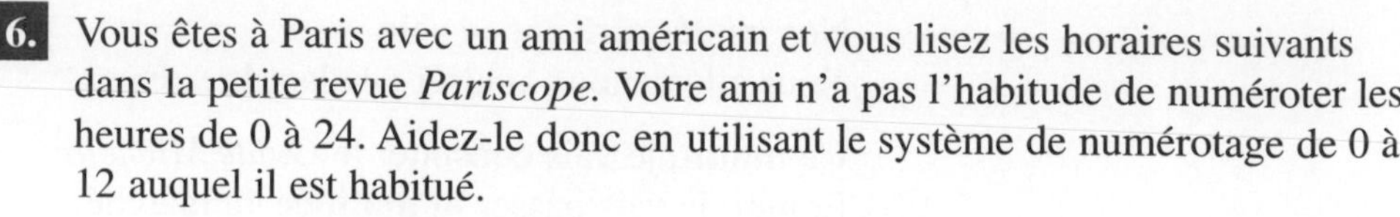

6. Vous êtes à Paris avec un ami américain et vous lisez les horaires suivants dans la petite revue *Pariscope.* Votre ami n'a pas l'habitude de numéroter les heures de 0 à 24. Aidez-le donc en utilisant le système de numérotage de 0 à 12 auquel il est habitué.

Cahier: Activité orale: G

Cahier: Activités écrites: C, D, E

1. un concert à 20 h 15
2. un film qui commence à 21 h 30
3. un magasin qui ferme le soir à 18 h
4. un magasin qui est fermé entre 12 h et 14 h
5. une discothèque qui ouvre à 22 h
6. un spectacle qui se termine à 23 h 45
7. un restaurant qui ouvre ses portes à 19 h 30
8. un film qui se termine à 23 h 30

Synthèses

Follow-up: Add questions that would be asked of a student applying for a job in the library. Have the entire class interview several interested students and vote on the selection of who will be hired.

Vous faites une demande de travail à mi-temps dans un hôtel qui reçoit beaucoup de clients français. Un(e) camarade de classe joue le rôle du / de la responsable du personnel. Répondez à ses questions.

1. Quel âge avez-vous?
2. En quelle année êtes-vous né(e)?
3. Quelle est la date de votre anniversaire?
4. Combien d'heures par semaine voulez-vous travailler?
5. A quelle heure commence votre premier cours chaque jour?
6. A quelle heure finit votre dernier cours chaque jour?
7. Quels jours préférez-vous travailler?
8. Préférez-vous travailler pendant la journée ou pendant la soirée?

Lexique personnel

Work may be done in pairs or small groups.

The **Lexique personnel** enables students to develop personalized lists of their most frequently used words for given topics. Individualizing vocabulary learning capitalizes on student interests to better reflect personal vocabulary needs.

Le cinéma

Cherchez les mots qui correspondent aux thèmes suivants:

1. les types de films qui sont à la mode actuellement
2. les types de films que vous aimez / détestez
3. la réalisation d'un film
4. les différents moyens de regarder un film

En utilisant le vocabulaire du chapitre et votre lexique personnel, répondez aux questions suivantes.

1. Quelles sortes de films sont très appréciés du public dans votre pays?
2. Quelles sortes de films aimez-vous (détestez-vous)? Pourquoi?
3. Y a-t-il certains metteurs en scène que vous préférez? Pourquoi?
4. Allez-vous souvent au cinéma? Quand? Combien de fois par mois?
5. Louez-vous quelquefois la cassette vidéo d'un film au lieu d'aller au cinéma? Pourquoi?

Structures II

Interrogative Pronouns

Questions about People

Interrogative Pronouns: Refer to the list of interrogatives that students generated earlier or elicit a new list. Have individual students ask you questions using expressions from the list. First answer the question, then correct any errors in question formation. Add any interrogative pronouns that students may have omitted.

To ask questions about people, use the interrogative pronoun **qui.** The distinction between *who* and *whom* in English does not exist in French, because **qui** is used for both *who* (subject) and *whom* (object).

A. ***Qui* as Subject:** As the subject of a question, **qui** both elicits the information and forms the question. **Qui** is the first word in the question and is followed by a verb in the third-person singular. There is no change in word order.

> **Qui** vient avec vous?
>
> **Qui** a tourné ce film?[1]

B. ***Qui* as Direct Object:** When **qui** is the direct object of the sentence, it is still the first word, but you must use either **est-ce que** or inversion of subject and object to form the question.[2]

> **Qui est-ce que** Jean amène au cinéma?
>
> **Qui ont-ils** vu au cinéma?

C. ***Qui* as Object of a Preposition:** When **qui** is the object of a preposition, the preposition normally becomes the first word in the question and **qui** immediately follows the preposition. Either **est-ce que** or inversion of subject and verb must be used to form the question.[3]

> **Avec qui est-ce que** vos amis sont venus?
>
> **De qui s'agit-il** dans ce film?

[1] There is an alternative subject form, **qui est-ce qui,** that is often used in the same way in conversational French: ***Qui est-ce qui* a tourné ce film?**

[2] Beware of the incorrect but common English pattern *Who are you taking to the movies?,* which leads to the mistaken belief that *who* is the subject rather than *you.* When expressing such a sentence in French, you must realize that **vous** is the subject and **qui** is the object: ***Qui est-ce que* vous amenez au cinéma?**

[3] Also beware of the incorrect English pattern *Who are you going to the movies with?* Separating the preposition from its object leads people to use *who* rather than *whom* in English. In French, the preposition and its object remain together, and the preposition is rarely used to end a sentence.

Rappel: Have students generate a list of verbs that usually take a preposition before a noun or pronoun.

Rappel! Rappel!

1. It is not always possible to determine from the English verb whether its French equivalent requires a preposition to introduce a noun object. Below is a list of French verbs that take a preposition before a noun object.

à	**de**
parler à	**s'agir de**
téléphoner à	**parler de**
penser à	**avoir besoin de**
réfléchir à	**se rendre compte de**
jouer à	**se souvenir de**
passer à	**avoir peur de**
s'abonner à	**jouer de**

2. The reverse is also true: some common verbs require a preposition before a noun object in English but use no preposition in French.

demander = *to ask **for***	**écouter** = *to listen **to***
payer = *to pay **for***	**regarder** = *to look **at***
chercher = *to look **for***	**attendre** = *to wait **for***

Activité 1, variation: One student reads the complete sentences, filling in names as needed. A second student asks a natural follow-up question. Several different questions may be possible.

1. Vous parlez avec un(e) ami(e) d'une sortie récente au cinéma. Employez les éléments indiqués pour reproduire les questions posées par votre ami(e) au sujet des personnes que vous connaissez. Faites attention aux mots en caractères gras.

—________ / tu / aller / au cinéma?

—Je suis allé(e) avec **des copains.**

—________ / venir?

—*(Names of your friends)* sont venus.

—________ / tu / amener?

—Je n'ai amené **personne.**

—________ / être / la vedette du film?

—*(Name)* était la vedette.

—________ / être / le metteur en scène?

—*(Name)* était le metteur en scène.

—________ / tu / voir / au cinéma?

—J'ai vu *(names).*

—________ / tu / parler?

—J'ai parlé à *(names).*

—________ / s'amuser?

—**Tout le monde** s'est bien amusé.

2. Pour préparer un reportage sur les jeunes en France, vous parlez à une étudiante française qui passe l'année comme assistante dans votre université. Vous lui demandez des renseignements sur les personnes qu'elle fréquente lorsqu'elle se trouve en France. Posez des questions logiques à propos de ces personnes en utilisant les éléments indiqués.

1. tu / sortir avec / en général?
2. tu / voir régulièrement?
3. tu / parler à / tous les jours?
4. être / ton prof d'anglais?
5. tu / téléphoner à / souvent?
6. inviter / chez toi le week-end?
7. être / ton (ta) meilleur(e) ami(e)?
8. tu / aller avec / à des soirées?

Questions about Things, Actions, or Situations

Suggestion: List the four interrogative words on the board and ask students to use them in questions. Write the questions on the board, selecting two or three examples for each category. Beginning with these examples, corrected if necessary, ask students to identify the differences they've noticed in the way each interrogative is used and encourage them to formulate "rules" for their use. Offer suggestions if students become stuck.

In French, the ways of asking questions about things, actions, or situations vary according to the function of the interrogative word. This may be confusing for the English speaker, because the same interrogative, *what,* is used in English as both subject and object.

A. ***Qu'est-ce qui* as Subject:** When *what* is the subject of a question, the interrogative pronoun **qu'est-ce qui** is used *without exception.* It both asks for the information and forms the question; neither **est-ce que** nor inversion is required.

Qu'est-ce qui arrive à la fin du film?
Qu'est-ce qui vous amuse dans ce film?

B. ***Que* as Direct Object:** When *what* is the direct object, **que** is used to elicit the information, but it does not form the question. You must use either **est-ce que** or the appropriate type of inversion after **que.** The form **qu'est-ce que (que + est-ce que)** is preferred in everyday speech.

Qu'est-ce qu'on passe au Rex?
Que passe-t-on au Rex?
Qu'est-ce que tu fais ce soir?
Que fais-tu ce soir?

C. ***Quoi* as Object of a Preposition:** When *what* is the object of a preposition, the interrogative used is **quoi.** The preposition is normally the first word in the question and **quoi** immediately follows the preposition and precedes either **est-ce que** or inversion.

De quoi s'agit-il dans ce film?
A quoi est-ce qu'on fait allusion dans ce film?

D. **Asking for a Definition:**

Qu'est-ce que c'est?	***What is it?***
Qu'est-ce que c'est que ça (cela)?	***What is that?***
Qu'est-ce que c'est qu'un «navet»?	***What is a "flop"?***

3. Vous avez l'intention d'écrire à votre copain français. Vous préparez une liste de questions à lui poser. Complétez chacune des questions suivantes par l'expression interrogative qui correspond à la réponse entre parenthèses.

1. ________ se passe dans ta vie ces jours-ci? (Rien de sérieux.)
2. ________ tu fais d'intéressant? (Je prends des leçons de ski.)
3. ________ passe au cinéma en ce moment? (Beaucoup de bons films.)
4. ________ tu as vu au cinéma récemment?
   (J'ai vu un excellent film d'aventures.)
5. ________ il y a de nouveau comme festival de cinéma?
   (Il y a un festival Clint Eastwood.)
6. De ________ parle-t-on au ciné-club actuellement?
   (On parle des films français.)
7. ________ rend les activités du club amusantes?
   (L'atmosphère et la variété des films qu'on passe.)
8. ________ tu vas voir le week-end prochain? (Je vais voir un film policier.)

4. Employez les éléments indiqués pour poser des questions logiques à un(e) camarade de classe. Une fois que votre camarade a répondu, posez-lui une autre question.

MODELE s'agir de / dans ton manuel d'histoire
—De quoi est-ce qu'il s'agit dans ton manuel d'histoire?
—Il s'agit de la Révolution française.
—Ah oui, qu'est-ce que tu apprends?

1. parler de / dans ton cours de ________?
2. penser à / beaucoup?
3. réfléchir à / souvent?
4. parler de / le plus souvent / avec tes amis?
5. avoir besoin de / ces jours-ci?
6. téléphoner à / souvent?
7. jouer à / pour t'amuser?

Synthèses

A. En parlant de cinéma avec un(e) étudiant(e) de Bruxelles qui passe l'année dans votre université, vous découvrez que le film *True Lies* est une reprise du film français *La Totale*. L'étudiant(e) vous pose des questions sur la version américaine du film. Complétez ses questions par l'expression interrogative appropriée en vous servant des réponses indiquées.

—______ est-ce que ce film est sorti aux Etats-Unis?

—*True Lies* est sorti il y a quelques années.

—______ l'as-tu vu?

—Je l'ai vu chez moi. J'ai loué la cassette vidéo.

—______ joue le rôle masculin principal dans la version américaine?

—C'est Arnold Schwarzenegger qui interprète le rôle du héros.

—______ joue le rôle féminin principal?

—C'est Jamie Lee Curtis.

—______ est-ce qu'il s'agit dans le film?

—Il s'agit d'un homme qui est un espion, mais sa famille ne le sait pas.

—______ fait sa femme?

—Elle essaie de devenir une espionne, elle aussi, mais elle fait toutes sortes de bêtises, et elle se fait kidnapper.

—Par ______ est-elle kidnappée?

—Elle est kidnappée par des terroristes.

—______ se passe à la fin?

—Bien sûr, la femme jouée par Jamie Lee Curtis est sauvée par son mari, et ils commencent à travailler ensemble comme espions.

Activité B: The exercise may be done as directed questioning or in pairs.

B. Vous avez l'intention d'aller au cinéma avec vos copains. Posez des questions logiques en employant les éléments indiqués.

1. vouloir / voir?
2. payer cher / billet?
3. se passer / film?
4. jouer / rôle principal?
5. amener / cinéma?
6. adorer / comme vedette?
7. présenter / comme film?
8. faire / après / cinéma?

Activité C: Have students work in groups or 3 or 4, with each group choosing one topic to investigate. Then bring the entire class together to hear about group findings.

C. Vous posez des questions à un(e) camarade sur les sujets indiqués. Utilisez les adverbes et les pronoms interrogatifs étudiés dans le chapitre.

1. sa famille
2. ses cours
3. ses distractions
4. ses copains
5. ses préférences au cinéma

Interactions

Activité 1. Le cinéma en 20 dates: de Lumière à Spielberg. Choisissez une date de la liste suivante. Votre partenaire va vous poser des questions pour comprendre pourquoi vous trouvez cette date importante.

Activité 2. Le cinéma et la technologie. Dans la liste suivante (**«Le cinéma en 20 dates»**), identifiez les dates qui vous semblent importantes dans l'histoire du développement technologique du cinéma.

LE CINÉMA EN 20 DATES : DE LUMIÈRE À SPIELBERG

1895 - Le brevet du cinématographe est déposé par les frères Lumière le 13 février.

1896 - Charles Pathé fonde la première société française de films, Pathé Frères, qui placera la France (avec la société Gaumont) au premier rang mondial des producteurs de films jusqu'en 1913. Création du "Pathé journal", premières actualités filmées.*

1897 - Georges Méliès introduit la fiction et la poésie dans les films, et réalise les premiers trucages de l'histoire du cinéma.

1913 - Le cinéma américain prend son essor, pour devenir une industrie. Le film de long métrage devient la norme. Un peu partout dans le monde, des sociétés de production se créent. Les films sont muets et en noir et blanc.

1919 - Le réalisateur David W. Griffith construit à Hollywood un gigantesque décor de temple babylonien pour son film *"Intolérance"*.

"Les Quatre cents coups" de François Truffaut (1959) : la Nouvelle Vague française, à la recherche d'une autre écriture cinématographique.

1927 - Naissance du cinéma parlant. Une nouvelle révolution ! Sortie de *"Métropolis"* de l'Allemand Fritz Lang (vision futuriste du XXIe siècle). Création des oscars aux Etats-Unis.

1932 - Invention de la caméra Technicolor. Le procédé est trop coûteux pour être appliqué à tous les films. La pellicule couleur n'apparaîtra vraiment qu'au début des années 60.

1935 - Charlie Chaplin réalise *"Les temps modernes"*. En Allemagne, un ministre d'Adolphe Hitler, Goebbels, déclare : *"Le cinéma est un moyen moderne pour agir sur les masses."* Les films de propagande nazis glorifient le IIIe Reich.

1939 - Sortie de *"Autant en emporte le vent"*, qui rapporte des millions de dollars et a été vu par plus de 120 millions de spectateurs à travers le monde, à ce jour !

1940 - Orson Welles tourne son premier film à l'âge de 25 ans : *"Citizen Kane"*. Il expérimente la technique de la contre-plongée (caméra placée à même le sol), et invente du coup le cinéma moderne.

1945 - Sortie d'un chef-d'œuvre du cinéma français : *"Les enfants du paradis"*, de Marcel Carné. En Italie, naissance du néo-réalisme (vrais décors et actualité reconstituée) avec Roberto Rossellini.

1946 - Création du festival de Cannes.

1953 - Premier film en Cinémascope (écran large, son stéréo) : *"La tunique"*.

1956 - Brigitte Bardot enflamme la France : *"Et Dieu créa la femme"* fait d'elle une star. Aux Etats-Unis, l'essor de la télévision va peu à peu mettre un terme à "l'âge d'or" des grands studios de cinéma.

1960 - Emergence en France de la "Nouvelle Vague" : la jeunesse et la spontanéité de réalisateurs à la recherche d'une nouvelle écriture cinématographique. Parmi eux : Jean-Luc Godard, François Truffaut, Jacques Rivette, Eric Rohmer...

1962 - Tournage à Rome de la superproduction *"Cléopâtre"* : Richard Burton et Elizabeth Taylor forment le couple le plus célèbre de Hollywood !

1970 - De nouveaux cinéastes américains vont s'aventurer hors des sentiers battus, en filmant des histoires de personnages ordinaires, ou au contraire très marginaux : John Cassavetes, Woody Allen, Martin Scorsese, Stanley Kubrick...

1983 - Un nouveau procédé permet la colorisation électronique de vieux films noir et blanc. Certains auteurs crient au scandale !

1990 - L'Inde, premier producteur de films au monde, produit 948 films cette année-là, les Etats-Unis 358, la France 146, la Chine 126. Le Chinois Zhang Yimou tourne *"Epouses et concubines"*.

1993 - L'ordinateur et les images de synthèse s'emparent du cinéma : sortie de *"Jurassic Park"* de Steven Spielberg. ■

* Exposition "Pathé, premier empire du cinéma", à Paris, Centre Georges-Pompidou.

Pour s'exprimer

Ecoutez attentivement la conversation entre Christophe et Barbara au sujet du cinéma, puis faites les activités qui suivent.

CONTEXTE: Barbara a été invitée à une fête où elle rencontre Christophe. Barbara apprend bientôt que Christophe est fanatique de cinéma. Comme elle est étrangère et ne connaît pas très bien les films français, elle lui pose beaucoup de questions à ce sujet.

A l'écoute

The questions and tasks presented in this section include, but also go beyond, simple comprehension questions. Students are encouraged to examine intonation patterns, language / vocabulary use, and cultural similarities and differences.

1. On pose beaucoup de questions dans ce dialogue. Christophe en pose **cinq,** Barbara **douze.** Les trois formes interrogatives sont utilisées: (a) l'inversion sujet / verbe, (b) l'intonation et (c) **est-ce que.** Relevez toutes les questions que vous entendez au cours du dialogue. Combien de fois chacune des formes interrogatives est-elle utilisée? Quelle conclusion tirez-vous à propos de l'usage des différentes formes interrogatives dans la conversation?
2. Pour chacun des éléments suivants, mentionnez au moins deux détails qui y sont associés dans le dialogue: (a) les vieux films, (b) les films en v.o., (c) les habitudes des Français qui vont au cinéma, (d) Yves Montand, (e) *La Leçon de piano.*
3. Choisissez trois éléments du dialogue qui sont, à votre avis, les plus difficiles à comprendre. Qu'est-ce qui les rend difficiles? Est-ce la prononciation? le vocabulaire? le contexte culturel? Expliquez votre choix. Comment peut-on résoudre le problème quand il se pose dans une vraie conversation?
4. Imaginez que c'est à vous, au lieu de Barbara, que Christophe donne le titre du dernier film tourné avec Yves Montand. Qu'est-ce que vous avez compris? Répétez exactement ce qu'il a dit. Si vous trouvez le titre difficile à comprendre, qu'est-ce qu'il faut dire à Christophe?

A vous la parole

On emploie souvent, dans le style parlé, des expressions interrogatives pour demander une explication supplémentaire. (1) Un membre de la classe lit une des déclarations suivantes. (2) Un(e) deuxième étudiant(e) réagit à cette déclaration en employant une des expressions de la liste. (3) La première personne doit ensuite préciser sa pensée.

Et alors? *(So what?)*
C'est vrai? *(Is that right?)*
Comment ça? *(How's that?)*
Tu plaisantes, ou quoi? *(Are you joking, or what?)*
Ah, bon? *(Really?)*
Vraiment? *(Really?)*
Sans blague? *(No kidding?)*

TOURNEZ

S.V.P.

1. Le week-end dernier j'ai vu un film super!
2. Je trouve les films de Jim Carey très amusants.
3. J'adore les films de Spielberg.
4. Les films américains sont trop violents.
5. On devrait censurer les films pornographiques.
6. J'ai adoré le film qui s'appelle *(nom d'un film).*
7. J'ai vraiment détesté le film qui s'appelle *(nom d'un film).*
8. Mon actrice préférée est *(nom d'une actrice).*

MODELE — Je déteste les films d'épouvante.
— Vraiment?
— Oui, oui, je les trouve trop violents.

Situations

1. Vous êtes à Montréal et on vous invite à aller voir un film. Quelles questions posez-vous pour déterminer si vous voulez voir ce film?
2. Vous avez vu récemment un film que vous avez beaucoup aimé (ou détesté). Votre ami(e) ne l'a pas vu. Expliquez à votre ami(e) pourquoi vous avez tellement aimé (ou détesté) ce film.
3. Un(e) ami(e) français(e) désire mieux connaître le cinéma aux Etats-Unis. En petit groupes, composez une présentation du cinéma américain (les films à la mode, les vedettes à la mode, les types de films qui sont populaires, etc.). Ensuite, comparez votre description avec les descriptions des autres groupes.
4. Une étudiante suisse qui passe l'année scolaire dans votre université critique le cinéma américain en disant que les films américains sont souvent médiocres et trop violents. Que lui répondez-vous?

Structures III

Quel and lequel

Quel

Quel has the English equivalents *what* and *which.* **Quel** is an adjective and must agree in gender and number with the noun it modifies, even if it is separated from that noun by other elements of the sentence.

	Singular	Plural
Masculine	**quel**	**quels**
Feminine	**quelle**	**quelles**

Rappel! Rappel!

One of the key problems in forming questions in French is recognizing when you must use the interrogative adjective **quel** as opposed to one of the interrogative pronouns. Keep in mind that **quel** is used when you want to single out one or more persons or things from a larger group.

Sometimes in English we use *what* as a modifier instead of *which: What time is it?* **Quel** should not be confused, however, with any of the interrogative forms meaning *what* because, as an adjective, it is always used in conjunction with a noun. The following is an explanation of the types of sentence patterns in which **quel** and the noun it modifies are normally used.

A. ***Quel* + *être* + Noun:** When **quel** precedes the verb **être,** the noun subject follows the verb to form the question.

> **Quel** est **le premier film** ce soir?
> **Quelle** est **la date** de la version originale?
> **Quels** sont **les résultats** de cette investigation?
> **Quelles** sont **les meilleures revues** de cinéma?

Rappel! Rappel!

Choosing between the interrogative adjective **quel** and the interrogative pronoun **qu'est-ce qui** to render the concept of *What?* is one of the most difficult distinctions to make when forming questions.

If the verb **être** is followed by a noun, then **quel** should be used to seek the information *What?*

> **Quelle** est **la date** de la version originale?

If the verb **être** is followed by any construction other than a noun, then **qu'est-ce qui** is the correct choice to render the idea *What?*

> **Qu'est-ce qui** est **amusant** dans le film?

When *what* is the subject and the verb is anything other than **être,** then **qu'est-ce qui** is always the correct choice to express this interrogative concept.

> **Qu'est-ce qui arrive** à la fin de ce film?

B. ***Quel* + Noun Subject:** When the noun modified by **quel** is the subject of the sentence, **quel** both elicits the information and forms the question; normal declarative word order is used.

> **Quel acteur** a joué le rôle principal?
> **Quels films** passent en ce moment?

C. ***Quel* + Noun Direct Object:** When the noun modified by **quel** is the direct object, **quel** elicits the information but does not form the question. The noun must be followed by either **est-ce que** or inversion.

Quelles revues de cinéma **est-ce que** vous lisez?
Quelle interprétation a-t-il donnée de ce rôle?

D. **Preposition + *quel* + Noun:** When the noun modified by **quel** is the object of a preposition, **quel** elicits the information but the noun must be followed by either **est-ce que** or the appropriate type of inversion to form the question.

De quel film parliez-vous?
Pour quelle actrice a-t-il écrit ce rôle?
A quels films est-ce qu'il pense?

À écrire
Cahier: Activité écrite: F

Activité 1: Because it is often impossible to tell which form of **quel** is being used in an oral activity, it is useful to write the four forms on the board and to assign each a number **(1 = quel, 2 = quelle, 3 = quels, 4 = quelles).** Have each student ask a question and then identify by number which form of **quel** was used. Alternatively, this exercise may be done as a written assignment.

1. Au Cercle français, on parle de cinéma. Pendant la discussion, on a dit les choses suivantes. Demandez des renseignements supplémentaires en utilisant la forme appropriée de l'adjectif interrogatif **quel.**

1. Nous allons voir un film français.
2. Le film passe dans un des cinémas du quartier.
3. Il y a certains aspects du film qui sont extraordinaires.
4. Le film a gagné le grand prix dans un des festivals de l'année dernière.
5. Une revue de cinéma française a donné une excellente critique de ce film.
6. Nous allons demander à chacun de donner une participation pour aller voir le film.

Lequel

Lequel is a pronoun that replaces **quel** and the noun it modifies and therefore must agree in gender and number with that noun. The following forms may refer to either persons or things.

	Singular	Plural
Masculine	**lequel**	**lesquels**
Feminine	**laquelle**	**lesquelles**

Lequel is always used as the equivalent of *which one(s).* It never means *what,* so there should be no confusion with the other interrogative pronouns or with **quel.**

Because it is a pronoun, **lequel** can be the subject or the object of a verb or the object of a preposition.

A. ***Lequel* as Subject:** When **lequel** is the subject of a sentence, it elicits the information and forms the question.

—Je voudrais voir un des films de Truffaut.
—**Lequel** passe en ville en ce moment?

—J'ai tendance à oublier le nom de ces deux actrices.
—**Laquelle** joue dans le film *L'Indiscrétion?*

—Il y a maintenant en France deux ou trois metteurs en scène très célèbres.
—**Lesquels** ont gagné un prix à Cannes?

—Il y a tant de revues de cinéma actuellement!
—**Lesquelles** sont les meilleures?

B. ***Lequel* as Direct Object:** When **lequel** is the direct object of the sentence, it only elicits the information. To ask the question, you must use either **est-ce que** or the appropriate form of inversion.

—J'aime beaucoup les films avec Depardieu.
—Ah oui, **lequel est-ce que** vous avez vu récemment?

—Je connais une actrice française célèbre.
—Laquelle connaissez-vous?

—Je préfère les acteurs qui sont amusants.
—**Lesquels aimez-vous** le mieux?

—Je prépare un exposé sur les vedettes françaises.
—**Lesquelles est-ce que** tu as vues?

C. ***Lequel* as Object of a Preposition:** When **lequel** is the object of a preposition, it elicits the information but does not form the question, so it must be followed by either **est-ce que** or the appropriate type of inversion.

When preceded by the prepositions **à** and **de, lequel** follows the same pattern of contraction as does the definite article.

Note that in everyday conversational responses, French speakers often avoid the construction PREPOSITION + **lequel** and instead use PREPOSITION + **quel** + NOUN.

à	**de**
auquel	**du**quel
à laquelle	**de la**quelle
auxquels	**des**quels
auxquelles	**des**quelles

—En classe on a parlé d'un film de Michel Legrand.
—**Duquel** a-t-on parlé?
—**De quel film** a-t-on parlé?

—Au ciné-club, on écrit quelquefois à des acteurs.
—**Auxquels** est-ce qu'on a écrit?
—**A quels acteurs** est-ce qu'on a écrit?

—Depardieu joue dans plusieurs films actuellement.
—**Dans lesquels** est-ce qu'il joue?
—**Dans quels films** joue-t-il?

2. Après la réunion organisée par le Cercle français, vous parlez de cinéma avec différents membres. Complétez les questions suivantes (1) par la forme appropriée de **lequel** et (2) par la forme **quel** + nom.

1. —Je viens de voir deux films.

   —________ venez-vous de voir?

2. —J'ai reçu des billets pour deux premières qui ont lieu le même jour.

   — Alors, ________ allez-vous?

3. —Marie cherche des photos pour sa collection.

   —________ cherche-t-elle?

4. —Paul a parlé longtemps des acteurs canadiens.

   —________ a-t-il parlé?

5. —Mon ami a écrit à un acteur.

   —________ a-t-il écrit?

6. —Une vedette a envoyé sa photo à des jeunes filles dans mon lycée.

   —________a-t-elle envoyé sa photo?

7. —Il y a deux guichets devant ce cinéma.

   —________ achète-t-on les billets?

8. —On sert plusieurs boissons au bar.

   —________sert-on?

9. —Ils reçoivent deux revues différentes.

   —________ est-ce qu'ils préfèrent?

10. —J'adore ces bonbons-là.

    —________ adores-tu?

À écrire
Cahier: Activité écrite: G

3. Formez des phrases en utilisant les éléments indiqués. Après chaque phrase, un(e) camarade va vous demander une précision en employant une forme de **lequel.** Répondez-lui.

1. je / adorer / plusieurs / genres de films
2. je / s'abonner à / toutes sortes de revues
3. il / y avoir / beaucoup / vedettes / que / je / adorer
4. il / y avoir aussi / vedettes / que / je / détester
5. je / aller voir / plusieurs fois / certains genres de films
6. je / avoir / une actrice préférée
7. je / avoir aussi / un acteur préféré
8. je / voir / récemment / deux films très mauvais

Synthèses

A. Vous parlez à Patrick, un étudiant de Djibouti qui passe l'année dans votre université. Employez les indications suivantes pour composer des questions à poser à Patrick. Demandez-lui...

Activité orale

Cahier: Activité orale: H

À écrire

Cahier: Activités écrites: H, I

1. (when he came to the U.S.)
2. (why he came to the U.S.)
3. (what he is studying)
4. (where he is living)
5. (who he is living with)
6. (if he is married)
7. (whom he sees a lot in the U.S.)
8. (what aspects of life in the U.S. he likes)
9. (what he doesn't like in the U.S.)
10. (what the political situation is in his country)

B. Une journaliste française prépare un article sur les Américains et les médias. Utilisez ses notes pour interroger un(e) camarade de classe.

Le journal

1. son journal préféré
2. ce qu'il / elle pense du journal local
3. l'heure à laquelle il / elle lit son journal
4. le nombre de journaux qu'il / elle lit
5. les articles qu'il / elle trouve les plus intéressants dans le journal

La télé

1. son présentateur / sa présentatrice préféré(e)
2. son émission préférée
3. ce qu'il / elle pense des «pubs» à la télé
4. les mauvais côtés de la télé
5. l'avantage du câble

La radio

1. la musique qu'il / elle aime écouter
2. l'endroit où il / elle écoute le plus souvent la radio
3. l'aspect de la radio qui lui plaît le plus
4. la raison pour laquelle il / elle écoute la radio
5. l'heure à laquelle il / elle écoute le plus souvent la radio

À écrire

Cahier: Activités écrites: J, K

Interactions

Activité. Le grand écran. Discutez de vos réponses aux questions suivantes avec un(e) partenaire.

1. Lequel des trois films suivants vous intéresse le plus? Pourquoi?
2. Le premier film, *L'enfant noir,* est adapté d'un livre. Quels films adaptés de livres avez-vous vus? En général, préférez-vous la version du livre ou celle du cinéma? Pourquoi?
3. Dans le film *A la vie, à la mort!,* le cinéaste décrit «diverses tranches de vie» des personnages principaux. Qu'est-ce qui caractérise cette approche cinématographique? Pouvez-vous citer un autre exemple d'un film du même genre?
4. Le réalisateur du film *Le confessionnal* mélange la fiction et la réalité. Quelle sorte de films préférez-vous? les films de fiction? les documentaires? un mélange des deux? Pourquoi?

Activité orale

Cahier: Activités orales: I, J, K

À écrire

Cahier: Activités écrites: L, M, N, O, S'exprimer par écrit

GRAND ÉCRAN

L'enfant noir

"Nous prenons tous un jour le chemin de la vie, celui que nous abordons en naissant, et qui n'est jamais que le chemin momentané de notre exil..." Ces mots sont extraits de "L'enfant noir", que l'écrivain guinéen Camara Laye publiait en 1953. En adaptant ce livre pour le cinéma, le réalisateur Laurent Chevalier a transposé l'action dans l'Afrique d'aujourd'hui. Récit initiatique, il met en scène un adolescent contraint de quitter son village dans la brousse pour aller vivre à la ville. Exil. C'est beau, simple et émouvant. Une belle leçon de cinéma.

À la vie, à la mort!

En promenant sa caméra du côté de L'Estaque, zone portuaire et industrielle des faubourgs de Marseille, Robert Guédiguian s'est surtout attardé à décrire des tranches de vie. Ses personnages sont en rupture, malmenés par l'existence, sur la corde raide. Un film sans fioritures, mais avec beaucoup de générosité.

Le confessionnal

"Les spectateurs ne sortent pas forcément d'un film en gardant les images qu'ils ont vues", dit le réalisateur québécois Robert Lepage. Et c'est exactement ce qui se passe ici. Peu importe, finalement, le scénario un peu confus du "Confessional" (qui évolue entre passé et présent, fiction et réalité). Ce qui compte, c'est l'émotion, voire la réflexion qui s'en dégage. Le pari est audacieux, et très réussi. Toutes les vérités sont-elles bonnes à dire ? C'est un peu le thème de ce film étrange et envoûtant.

Pierrick Béquet

Perspectives littéraires

Mise en train

Sujets de réflexion

1. En général, pourquoi va-t-on au cinéma? Quelles sortes de films préférez-vous? Pourquoi?
2. Quels films «classiques» (c'est-à-dire de la période des années 20 jusqu'aux années 50) connaissez-vous? Lesquels aimez-vous particulièrement? Pourquoi?
3. Quelles tendances générales peut-on reconnaître dans les films américains modernes? Considérez, par exemple, les deux listes suivantes:

Titanic	*Sling Blade*
Jurassic Park	*Kids*
Alien	*Natural Born Killers*

   Lesquels de ces films avez-vous vus? Les avez-vous appréciés ou non? Pourquoi?
4. Quels films français connaissez-vous? A votre avis, quelles différences essentielles y a-t-il entre les films américains et les films français?

François Truffaut

De tous les réalisateurs français des années 50 jusqu'à aujourd'hui, François Truffaut est celui qui représente, aussi bien pour les étrangers que pour les Français, le véritable style cinématographique français. Fils unique d'un père architecte et d'une mère secrétaire, Truffaut a connu une vie marquée par des déplacements fréquents et un certain isolement. Pour lui, le cinéma est devenu un refuge, surtout durant l'occupation de Paris par les forces allemandes pendant la Seconde Guerre mondiale. Après la guerre, ayant abandonné ses études, Truffaut a connu une période de délinquance, mais il a heureusement découvert les films d'Orson Welles, en particulier *Citizen Kane,* et est devenu un disciple du cinéaste André Bazin. Au cours des années 50, Truffaut a commencé à tourner ses propres films, tels que son premier chef-d'œuvre *Les Quatre cents coups,* et il a participé au mouvement spontané appelé la Nouvelle Vague, composé de jeunes cinéastes qui allaient transformer pour toujours le cinéma moderne. Les films de Truffaut, qu'il a tournés jusqu'à sa mort subite en 1984 *(Jules et Jim, L'Argent de poche, Le Dernier Métro* et beaucoup d'autres) sont classés de nos jours parmi les vrais classiques du cinéma français. Marqué par un fort élément autobiographique, le cinéma de Truffaut est fidèle à la qualité essentielle de la Nouvelle Vague dont les films représentent souvent une sorte de confession ou de journal intime. Mais c'est Truffaut qui a su interpréter, peut-être mieux que tout autre cinéaste de sa génération, les grands bouleversements de la société contemporaine au niveau de l'individu.

Avant de lire

Lisez rapidement chaque paragraphe de cet article de Truffaut, puis complétez en quelques mots les phrases suivantes pour résumer l'idée principale de chaque paragraphe.

a. Paragraphe 1: Les premiers films étaient caractérisés par un aspect...

b. Paragraphe 2: Très vite, le cinéma a voulu surpasser la réalité pour créer...

c. Paragraphe 3: Les cinquante premières années du cinéma ont été marquées par...

d. Paragraphe 4: Parce qu'on apprécie toujours les films classiques, on tourne...

e. Paragraphe 5: A la suite des progrès techniques, le cinéma a perdu...

f. Paragraphe 6: L'aspect artistique du cinéma nécessite une déformation de...

g. Paragraphe 7: La seule chose qui soit essentielle au cinéma, c'est...

h. Paragraphe 8: Truffaut a peur que les professeurs de cinéma amènent leurs étudiants à...

i. Paragraphe 9: Pour Truffaut, il ne doit pas y avoir de hiérarchie entre les films sérieux et comiques, et le seul aspect du cinéma qui soit vraiment important, c'est...

j. Paragraphe 10: Selon Truffaut, le vrai cinéaste est celui qui a la capacité de...

François Truffaut: «Donner du plaisir ou le plaisir du cinéma» (extrait du *Plaisir des yeux*)

(1) Les gens qui, à la fin du dix-neuvième siècle, ont inventé le cinématographe, n'ont pas été immédiatement conscients de bouleverser notre vie quotidienne, et cependant les premières bandes enregistrées° ressemblent, par leur aspect strictement *informatif* et *documentaire*, à ce qu'allait devenir à partir des années cinquante la télévision.

film strips

(2) D'abord créé pour reproduire la réalité, le cinéma est devenu grandiose chaque fois qu'il a réussi à surpasser cette réalité en s'appuyant sur elle, chaque fois qu'il a pu donner de la plausibilité à des événements étranges ou des êtres bizarres, établissant ainsi les éléments d'une mythologie en images.

(3) De ce point de vue, les cinquante premières années de l'histoire du cinéma ont été d'une richesse prodigieuse. Il est bien difficile aujourd'hui pour un «monstre» de l'écran de rivaliser avec *Nosferatu, Frankenstein* ou *King Kong,* impossible pour un danseur d'être plus gracieux que Fred Astaire, pour une vamp d'être plus énigmatique et dangereuse que Marlene Dietrich, pour un comique d'être plus inventif et drôle que Charlie Chaplin.

hesitations

(4) Le cinéma parlant, après quelques flottements,° a trouvé sa voie en tournant les remakes des films muets et aujourd'hui, on tourne en couleurs les remakes des films noir et blanc!

3-D

(5) A chaque étape, à chaque progrès technique, à chaque nouvelle invention, le cinéma perd en poésie ce qu'il gagne en réalisme. Le son stéréophonique, l'écran géant, les vibrations sonores ressenties directement sur les fauteuils ou encore les essais de relief° peuvent aider l'industrie à vivre et survivre, rien de tout cela n'aidera le cinéma à demeurer un art.

betrayal

(6) L'art cinématographique ne peut exister que par une trahison° bien organisée de la réalité. Tous les grands cinéastes disent NON à quelque chose. C'est, par exemple, le refus des extérieurs réels dans les films de Federico Fellini, le refus de la musique d'accompagnement dans les films d'Ingmar Berman, le refus d'utiliser des comédiens professionnels chez Robert Bresson, le refus des scènes documentaires chez Hitchcock.

alert

(7) Si [...] le cinéma existe encore, c'est grâce à la seule chose dont vous ne trouverez aucune image [...]: un bon scénario, une bonne histoire racontée avec précision et invention. Avec *précision,* car il est nécessaire dans un film de clarifier et de classer toutes les informations pour garder l'intérêt du spectateur en éveil,° avec *invention,* car il est important de créer de la fantaisie pour donner du plaisir au public. J'espère que la mention du mot PLAISIR ne choquera pas le lecteur. [...]

dryness

(8) Aujourd'hui, dans les universités, on enseigne le cinéma au même titre que la littérature ou les sciences. Cela peut être une bonne chose, à condition que les professeurs n'amènent pas leurs élèves à préférer la sécheresse° du documentaire à la fantaisie de la fiction, la théorie à l'instinct. N'oublions jamais que les idées sont moins intéressantes que les êtres humains qui les inventent, les perfectionnent ou les trahissent.

(9) Certains professeurs, journalistes ou de simples observateurs ont parfois l'ambition de vouloir décider eux-mêmes de ce qui est *culturel* et de ce qui ne l'est pas. [...] Or, je crois fermement qu'il faut refuser toute hiérarchie de genres [films sérieux et films comiques], et considérer que ce qui est *culturel* c'est simplement tout ce qui nous plaît, nous distrait, nous intéresse, nous aide à vivre.

bend

(10) Le cinéma est à son meilleur chaque fois que l'homme-cinéaste réussit à plier° la machine à son désir et, de cette manière, à vous faire entrer dans son rêve.

Synthèses

Après la lecture

1. Répondez aux questions suivantes sur l'article de Truffaut:
   a. Les gens qui ont inventé le cinéma avaient-ils l'intention, à l'origine, de créer une réalité nouvelle? Quelle sorte de films ont-ils créée?
   b. Pourquoi Truffaut n'aime-t-il pas les innovations technologiques au cinéma?
   c. Selon Truffaut, que faut-il créer pour donner du plaisir au public? Etes-vous d'accord?
   d. Pourquoi, selon Truffaut, ne faut-il pas considérer les comédies comme inférieures aux films sérieux? Donnez des exemples de films comiques qui sont de grands films.
   e. Selon Truffaut, quel est le but d'un bon film?
2. En général, parmi les films modernes, Truffaut n'aimait pas ceux qui emploient beaucoup d'effets basés sur les innovations technologiques; il préférait ceux qui ont «une bonne histoire racontée avec précision et invention». En petits groupes, parlez de différents films contemporains appartenant au type de films que Truffaut n'aimait pas et au type de films qu'il trouvait bons. Expliquez vos choix aux autres groupes et comparez vos sélections.
3. Avez-vous vu un film de Truffaut? Lequel? Vous a-t-il plu? Pourquoi?

Pour mieux lire

Cet article de Truffaut est remarquable par son organisation et la simplicité de l'expression. Pour réaliser cet effet, Truffaut se sert d'expressions qui établissent des liens entre les idées des différents paragraphes et créent ainsi une progression logique. Répondez aux questions suivantes pour analyser l'emploi que fait Truffaut de ce genre d'expressions.

a. Au paragraphe 2, quelle idée l'expression «d'abord» sert-elle à introduire?
b. Au début du paragraphe 3, à quoi fait allusion l'expression «de ce point de vue»?
c. Le paragraphe 4 commence par l'expression «le cinéma parlant», mais le lecteur sait déjà que Truffaut va faire une comparaison. Laquelle?
d. Quels éléments du paragraphe 5 servent à illustrer l'expression «à chaque étape»?
e. Quel mot sert à lier les idées centrales des paragraphes 5 et 6?
f. Au paragraphe 7, quand Truffaut écrit «si le cinéma existe encore», de quelle sorte de cinéma parle-t-il?
g. Quelle sorte de transition le mot «aujourd'hui», au début du paragraphe 8, assure-t-il dans cet essai?
h. Comment l'allusion à «certains professeurs» rapproche-t-elle les paragraphes 8 et 9? En quoi cette allusion aux professeurs annonce-t-elle la notion de «culture» qui constitue l'idée centrale du paragraphe 9?
i. Le paragraphe 10 commence par une allusion au désir d'un cinéaste. Quelle idée clé, exposée à la fin de l'essai, cette allusion sert-elle à préparer?

Expansion

1. Imaginez qu'il soit possible de réaliser un entretien entre François Truffaut (qui est mort en 1984) et le réalisateur américain Spielberg. Quelles attitudes manifestent-ils vis-à-vis du «culturel», de la «réalité» et de l'«instinct», par exemple?
2. Etes-vous optimiste ou pessimiste en ce qui concerne l'avenir du cinéma? Compte tenu des nouvelles technologies, de l'informatique, de la réalité virtuelle, etc., à quoi va ressembler le cinéma du futur? Rappelez-vous la constatation de François Truffaut: «A chaque étape, à chaque progrès technique, à chaque nouvelle invention, le cinéma perd en poésie ce qu'il gagne en réalisme.»

Les transports et la technologie

CHAPITRE 7

Dans les villes, on réserve souvent un couloir aux autobus qui roulent dans le sens inverse de la marche des voitures. Piétons, soyez attentifs en traversant la rue!

Web activities

http://interaction.heinle.com

La France bouge

Cultural Focus

- Rise of Technology in France
- Technology and Transportation in Contemporary France

Structures I

- Object Pronouns

Structures II

- Disjunctive Pronouns

Structures III

- Possessive Pronouns
- Demonstrative Pronouns

Functions

- Making Arrangements
- Indicating Possession
- Indicating Distinctions

Literary Reading

- Antoine de Saint-Exupéry: *Vol de nuit* (excerpt)

Perspectives culturelles

Culture générale

Ascension d'une «montgolfière» à Versailles, 1783

Vers la technologie moderne

En septembre 1783, grâce aux frères Joseph (1740–1819) et Etienne (1745–1799) de Montgolfier, le peuple de Paris assiste à un spectacle extraordinaire: l'ascension des premiers appareils plus légers que l'air. En décembre 1783, J. Charles et N. Robert s'embarquent dans une «montgolfière». Suspendus à un ballon à hydrogène, ils réussissent un vol d'environ 36 kilomètres qui va durer deux heures et trente minutes.

A partir des années 1920 et 1930, les transports en commun (le train-express, le paquebot, l'avion...) ont pu réaliser un véritable mariage entre la technologie et l'esthétique. Le style Art déco a transformé en voitures de luxe l'intérieur des trains de la Compagnie internationale des wagons-lits. Pour ceux qui faisaient la traversée de l'Atlantique, de magnifiques paquebots transportaient les passagers dans une architecture somptueuse, mais la préoccupation des constructeurs était de battre les records de vitesse sur l'eau. En 1935, le *Normandie* a parcouru les 2 971 milles de son trajet en 4 jours, 3 heures, 28 minutes.

Fernand Léger (1881–1955), peintre des temps modernes

F. Léger, *Les Constructeurs,* 1950

Pendant les années 1920, le peintre Fernand Léger va s'enthousiasmer pour le chaos de la ville des *années folles* avec ses affiches et ses vitrines aux couleurs pures: rouges, verts, jaunes. Les toiles de Léger prennent rapidement des formes architecturales, et les corps de ses personnages se présentent sous forme de colonnes, d'ovales et de cylindres sur un fond de rectangles et de lignes droites. Il s'attache de plus en plus à mettre en scène le monde ouvrier. Ses tableaux expriment une confiance dans l'avènement de l'ère industrielle du béton et du métal, celle des arts et techniques de la vie moderne.

A. En quoi consiste une *montgolfière?* A quelle époque ont eu lieu les premiers vols d'appareils plus légers que l'air?

B. Quels types de voitures, de trains et de bateaux viennent à votre imagination lorsque vous pensez à l'époque que nous appelons «les années folles»?

C. Dans ses tableaux, quelle forme prend l'enthousiasme de Léger pour les machines et le progrès technique?

Culture contemporaine

Dans l'air

Tout le monde reconnaît le *Concorde*, avec son aile Delta, son nez basculant, et ses performances exceptionnelles (temps de vol diminué de moitié). Mais la haute technologie s'applique aussi aux divers modèles d'*Airbus* fabriqués par Airbus Industrie. Ces avions sont le résultat d'une collaboration d'interêt économique de plusieurs sociétés *(companies)* européennes. Parmi les clients d'Airbus Industrie on compte certaines compagnies aériennes non-européennes (par exemple, American Airlines) et, plus récemment, la Chine qui, en 1996, a commandé plus de 30 appareils *Airbus*.

Ariane

En 1984, les Etats européens ont confié à la société Arianespace la responsabilité de la commercialisation des fusées *Ariane*. La fonction de ces lanceurs est de mettre en orbite, à partir d'un vaste site en Guyane française, à 7 000 km de Paris, des satellites appartenant au domaine civil. Arianespace, qui a effectué plus de 100 lancements de fusées *Ariane* depuis 1980, espère que son *Ariane 5* va devenir le lanceur du vingt et unième siècle et capter plus de 60 pour cent du marché civil occidental des lancements de satellites.

Savez-vous le prix d'un voyage en *Concorde*?

Une fusée *Ariane*

Sur les rails: Le TGV et le tunnel sous la Manche

Depuis 1981, les lignes de TGV—Trains à grande vitesse—se multiplient sur une grande partie de la France et se prolongent même au-delà du territoire français. Le TGV peut atteindre une vitesse maximale de 300 km/h et ses passagers vont bientôt pouvoir effectuer le trajet Paris-Lyon en 2 heures et celui de Paris-Marseille en 3 heures. Une nouvelle ligne, le TGV Transmanche Eurostar, amène les passagers vers Calais d'où, en 35 minutes, ils passent sous la Manche en tunnel pour en sortir à Folkestone en Angleterre.

Le président François Mitterrand et la reine Elizabeth II d'Angleterre ont inauguré le tunnel sous la Manche en 1994. A vrai dire, il s'agit de trois tunnels: un tunnel de service est relié à deux tunnels principaux par des points de communication. Les deux tubes identiques sont destinés au passage du train qu'on appelle «Le Shuttle». Ces navettes transportent voitures, autocars et camions.

D. Quel rôle particulier a joué la France dans l'évolution de l'aviation et de l'aérospatiale?

E. Quels progrès technologiques ont été réalisés récemment dans le système ferroviaire (le chemin de fer) en France? Pourquoi certains Britanniques ont-ils pu manifester des réserves au sujet du tunnel sous la Manche? Ont-ils eu tort ou raison?

Le TGV peut atteindre une vitesse de 300 km/h.

Note culturelle

Les transports urbains

Pour les visiteurs ou les touristes qui ne veulent ou ne peuvent pas se servir de leur propre véhicule, d'une voiture de location ou de leurs pieds pour se déplacer dans Paris, les transports en commun sont un moyen efficace et plutôt facile à utiliser.

D'abord, il y a le métro de Paris. Les entrées ou «bouches» des stations de métro sont marquées par un grand M, facilement visible du trottoir. On descend vers les quais souterrains en passant devant les guichets ou les distributeurs automatiques où l'on achète son billet. Le carnet de tickets coûte moins cher que le billet individuel et, pour les personnes qui se servent du métro pendant plusieurs jours, le billet de tourisme ou la «carte orange» permettent un nombre illimité de voyages pendant une période donnée. Après avoir validé son ticket, on attend sur le quai. Quelques minutes plus tard, une des rames de la RATP se présente sur la voie. On monte en voiture, et le petit voyage commence. En suivant le plan affiché dans chaque voiture, on peut déterminer à quel arrêt il faut descendre. Quelquefois, aux heures de pointe, il faut faire un effort pour sortir de la voiture. Puis, arrivé sur le quai, il faut chercher la sortie du métro ou le passage qui mène à une station de correspondance, car on doit quelquefois changer de ligne pour arriver à sa destination dans Paris. Lorsqu'on se dirige vers la banlieue parisienne (pour visiter Disneyland Paris à Marne-la-Vallée, ou pour se rendre à l'aéroport de Roissy, par exemple), on doit souvent prendre le RER.

Dans la plupart des villes de France, le plus populaire des transports en commun est l'autobus. Les municipalités maintiennent un réseau de lignes, et chaque bus porte le numéro de la ligne qu'il dessert ainsi que le nom du terminus. Pour savoir quel autobus il faut prendre, on doit consulter le tableau qui se trouve à tous les arrêts. En montant par l'avant du bus, on peut aussi vérifier qu'on ne s'est pas trompé de direction en posant la question au conducteur. Ensuite, on doit composter son ticket dans la machine qui est placée à côté de lui, puis s'asseoir. Mais attention! Le bus ne s'arrête pas nécessairement à tous les points indiqués sur le parcours. Il faut donc faire signe quand on veut descendre en appuyant sur un bouton spécial avant de sortir par la porte arrière ou celle du milieu.

Ceux qui sont pressés ou ne veulent pas se servir du bus ou du métro dans les grandes villes, peuvent très bien arrêter un taxi dans la rue ou en faire venir un en téléphonant à une compagnie de taxis. La plupart des chauffeurs de taxi n'acceptent pas plus de trois clients à la fois et demandent un supplément pour les bagages. Ils sont, en général, très fiers de leur véhicule et ont l'habitude de se glisser adroitement entre les autres voitures pour vous conduire rapidement à destination. Il ne faut pas oublier de leur donner un pourboire d'au moins 10 pour cent, même si cela n'est pas obligatoire.

Les transports ferroviaires et aériens

Le train

Tous les jours en France, 13 000 trains circulent en moyenne sur les lignes de la SNCF (Société Nationale des Chemins de fer Français), établissement public qui bénéficie d'une subvention annuelle importante de l'Etat. Les passagers disposent d'un vaste réseau ferroviaire qui dessert le pays entier. Ils se servent volontiers du chemin de fer pour effectuer des voyages aussi bien longs que courts car il s'agit en France d'un moyen de transport moderne, rapide et ponctuel. Le coût du voyage en train est relativement modeste, surtout par rapport au prix de l'avion qui est souvent entre deux et trois fois plus cher. Il existe aussi beaucoup de possibilités d'obtenir un billet à tarif réduit dont les bénéficiaires sont les couples, les familles, les groupes, les militaires, les 12 à 25 ans, les plus de 59 ans, etc. Il suffit souvent d'avoir l'âge et l'état civil ou social requis pour obtenir une réduction de 20 pour cent à 50 pour cent sur le prix normal. La SNCF a, bien entendu, le droit d'imposer certaines conditions aux diminutions accordées sur les prix: il faut quelquefois partir en période creuse (les jours «bleus»: du lundi midi au vendredi midi et du samedi midi au dimanche 15 h) et éviter les jours «blancs» (le reste du week-end) et «rouges» (les jours de grands départs en vacances). Pour être sûr des conditions, il vaut mieux demander des renseignements dans une gare ou une agence de voyages. Si le déplacement doit se faire en TGV (Train à grande vitesse), la réservation est obligatoire. Elle peut se faire par Minitel, dans les agences de voyages, aux guichets de toute gare ou, jusqu'à quelques minutes avant le départ, aux distributeurs automatiques de billets à réservation rapide. On peut également se servir de «Socrate», le système informatisé de réservation et de vente des billets, dont les terminaux se trouvent dans presque toutes les gares SNCF.

L'avion

Tous les ans, des millions de voyageurs sont transportés vers 75 pays et à l'intérieur de la France métropolitaine par les avions d'Air France qui est, en même temps, une entreprise commerciale soumise à la concurrence internationale et un service public soumis au contrôle de l'Etat. En Europe, ce sont les aéroports de Paris (Roissy et Orly) qui, après ceux de Londres, accueillent le plus grand nombre de passagers: plus de 55 millions par an. La capitale française est une véritable plaque tournante, un carrefour du trafic aérien mondial.

En ce qui concerne l'avenir, le train va-t-il continuer à l'emporter sur l'avion, surtout en France métropolitaine? Si on compare les vitesses des transports aériens, ferroviaires et routiers, au départ de Paris, on constate que les voyageurs à destination de Genève, près de la frontière franco-suisse, mettent respectivement 3 h 15 en avion, 3 h 30 par le TGV et 6 h 10 en voiture, de centre à centre; à destination de Lyon 3 h 10, 2 h et 4 h 50; et à destination de Montpellier, 2 h 50, 4 h 40 et 8 h 55. Pour l'instant, il y a dix fois plus de voyageurs sur les voies ferrées que dans le ciel de France. Seul le client, qui pèse le pour et le contre des divers moyens de transport selon ses besoins personnels, va pouvoir décider de leur évolution.

Discussion

F. Imaginez que vous faites du tourisme dans la capitale française. Quel moyen de transport en commun choisissez-vous pour vous rendre, par exemple, du Louvre à la place de la Bastille? de l'aéroport de Roissy au quartier de la gare Montparnasse? des Invalides au boulevard Saint-Michel (si vous êtes pressé)? Expliquez vos choix en tenant compte des distances, du prix et du temps dont vous disposez. (Consultez le plan de la ville, page 234.)

G. Il semble évident que l'Etat encourage les gens à se servir du train pour voyager en France. Faites un petit inventaire des moyens que la SNCF emploie pour inciter les gens à prendre le train. Etes-vous partisan d'une politique de ce genre? Expliquez pourquoi.

H. Pour effectuer un voyage d'affaires entre Paris et Genève, quel moyen de transport préférez-vous? Et si vous voulez faire du tourisme en même temps, faites-vous le même choix? Quels avantages et quels inconvénients présentent ces divers moyens de transport?

Expansion

I. De quelle manière l'esprit qui a inspiré les frères Montgolfier continue-t-il à se manifester de nos jours?

J. Quelqu'un a dit que ce n'étaient pas les grands peintres qui créaient le style au XXe siècle mais les ingénieurs. Etes-vous d'accord ou non avec cette affirmation?

K. Si un gouvernement, dans la répartition des aides financières, doit choisir entre l'automobile, le chemin de fer et l'aéronautique, lequel de ces domaines doit selon vous avoir la priorité? Défendez votre point de vue.

Vocabulaire actif

Les activités

appuyer to press (a button)
attacher to fasten
atterrir to land
composter to punch (a ticket)
décoller to take off
se déplacer to get around
enregistrer to check (baggage)
éteindre to extinguish
faire une escale to stop over
se rendre to go
valider to validate

Pour voyager

une **agence de voyages** travel agency
un **aller-retour** round-trip ticket
un **aller simple** one-way ticket
l'**arrivée** *(f)* arrival
le **bureau de renseignements** information counter
le **comptoir** airline ticket counter
une **correspondance** connection, transfer point
une **grève** strike
le **haut-parleur** loudspeaker
les **heures de pointe** *(f pl)* rush hour
l'**horaire** *(m)* schedule
un **tarif (réduit)** (reduced) fare
les **transports en commun** *(m pl)* mass transport
une **valise** suitcase

En avion

la **ceinture** seat belt
la **compagnie aérienne** airline
la **piste** runway
la **porte** gate
un **steward / une hôtesse de l'air** flight attendant
le **vol** flight

Dans le métro

un **arrêt** stop
une **bouche de métro** subway entrance
un **carnet** book of tickets
le **distributeur** ticket dispenser
un **plan** map
le **quai** platform
une **rame** subway train
la **RATP (Régie Autonome des Transports Parisiens)** Paris bus and subway agency
le **RER (Réseau Express Régional)** suburban rapid transit line
la **sortie** exit
la **voie** track
la **voiture** subway or railway car

En bus

l'**avant** *(m)* front
le **bouton** button
le **car** intercity bus
le **couloir** aisle, bus lane

Par le train

le **chemin de fer** railroad
un **compartiment** compartment
une **couchette** bunk
la **gare** station
l'**indicateur** *(m)* train schedule
la **période creuse** slack period
un **rapide** express train
un **réseau** network
la **SNCF (Société Nationale des Chemins de fer Français)** French national railroad system

Les caractéristiques

à bord on board
à destination de bound for
affiché(e) posted
direct(e) non-stop
en partance (pour) departing
en provenance de arriving from
de location rental
fumeur (non-fumeur) smoking (non-smoking)

Exercices de vocabulaire

Vocabulaire actif: On the board, list headings for various forms of transportation (bus, subway, train, plane) and ask groups of students to brainstorm vocabulary to fit each category. After a predetermined time limit, compare lists. Some vocabulary items may appear in several categories.

A. Vous visitez Paris avec un(e) ami(e) qui n'a jamais pris le métro. Votre ami(e) vous demande comment se servir de ce moyen de transport. Complétez les phrases suivantes par le terme approprié de la liste pour expliquer à votre ami(e) comment utiliser le métro à Paris.

l'arrêt	la station
la bouche de métro	un ticket
un carnet	la rame
une correspondance	valider
le plan	la sortie
le quai	

1. D'abord, il faut trouver ________ la plus proche.
2. Ensuite, descends dans ________.

3. Cherche le distributeur et achète ________.
4. Pour économiser de l'argent, il est préférable d'acheter ________.
5. Consulte ________.
6. N'oublie pas de ________ ton ticket, tu risques d'être contrôlé(e).
7. Va sur ________ pour attendre ________.
8. Tu dois déterminer s'il faut prendre ________.
9. Arrivé(e) à ________ désiré, tu descends, et voilà. C'est très simple.
10. Enfin, tu cherches ________ pour quitter la station.

B. Vous avez passé l'année scolaire à Toulouse. A la fin de votre séjour, il vous faut prendre le train de Toulouse jusqu'à Paris pour aller ensuite à l'aéroport de Roissy. Vous allez à la gare de Toulouse pour arranger ce voyage. Formez des questions ou des phrases logiques en utilisant chacune des expressions idiomatiques suivantes.

1. à destination de
2. un aller-retour ou un aller simple
3. fumeur ou non-fumeur
4. un tarif réduit
5. un rapide
6. un compartiment
7. réservé ou non-réservé
8. une correspondance

C. Vous arrivez à l'aéroport de Roissy avec un(e) ami(e) pour prendre votre vol vers les Etats-Unis. Complétez les phrases par les termes appropriés de la liste suivante.

atterrir
le comptoir
attacher
enregistrer
le haut-parleur
l'horaire
(la) porte
décoller

1. D'abord, il faut chercher _______ Air France.
2. Est-il nécessaire d'_______ toutes nos valises?
3. Consultons ________ pour voir si notre vol va partir à l'heure.
4. Ecoute, je crois que _______ annonce notre vol.
5. De quelle ______ part notre vol?
6. Ah, il y a un petit retard; notre vol va ______ à onze heures au lieu de dix heures et demie.
7. Attention, il faut ______ ta ceinture, on y va!
8. Dans huit heures, on va ______ à New York.

Activité orale

Cahier: Activités orales: A, B, C, D

D. Vous êtes arrivé(e) à la gare d'Arles. Regardez les symboles qui suivent et complétez chacune des phrases suivantes par le terme qui correspond au symbole approprié.

1. Vous avez soif et désirez prendre quelque chose à boire avant de quitter la gare. Vous cherchez ________.
2. Vous avez laissé un paquet dans le train de Dijon. Vous cherchez ________.
3. Vous voulez laisser votre valise à la gare pendant votre visite de la ville. Vous cherchez ________.
4. Vous désirez confirmer votre réservation pour le voyage de retour. Vous cherchez ________.
5. Vous voulez vous asseoir et vous reposer un moment avant de quitter la gare. Vous cherchez ________.
6. Vous désirez quitter la gare. Vous cherchez ________.

INFORMATION

Information - Réservation	Train Autos Couchettes	Facilités pour handicapés	Relais-toilettes (bains-douches)	Bureau des objets trouvés
Consigne	Bagages	Non fumeurs	Bar (cafétéria)	Sortie
Point de rencontre	Billets	Eau potable	Buffet (restaurant)	Toilettes pour dames
Consigne automatique	Salle d'attente	Téléphone public	Fumeurs	Toilettes pour hommes
Chariot porte-bagages	Bureau de poste	Bureau de change	Entrée	

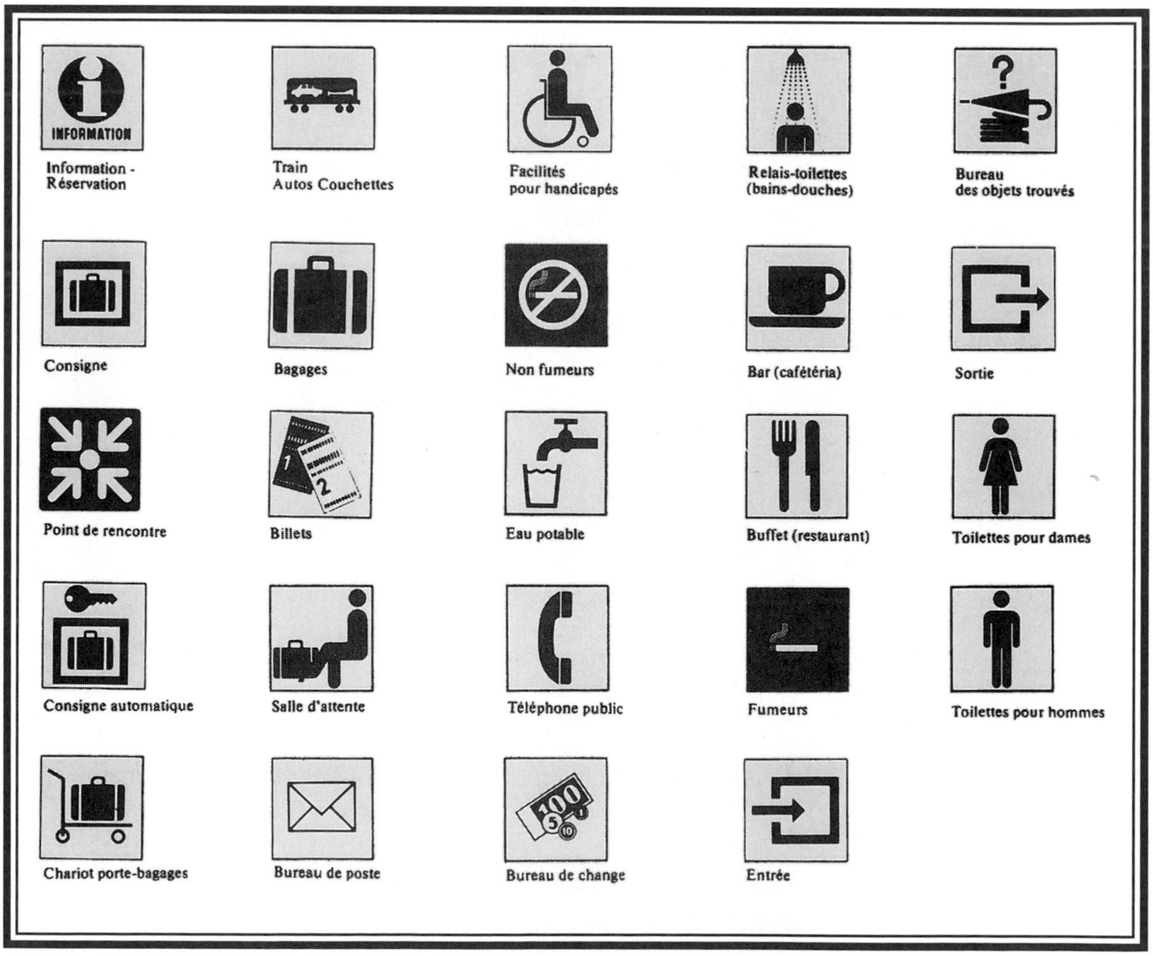

Structures I

Object Pronouns

Rappel! Rappel!

Study the following examples in which the English pronoun *it* is used. Note that in French, a different pronoun is necessary in each case.

Je **le** vois.	*I see **it**.*	J'**en** ai besoin.	*I need **it**.*
J'**y** réponds.	*I answer **it**.*	J'écris avec **cela.**	*I write with **it**.*

To choose which object pronoun to use in French, you must know what preposition, if any, the verb requires when introducing a following noun object. If you concentrate first on the preposition, you can choose correctly every time.

Choosing Object Pronouns

A. **Direct-Object Pronouns:** If a verb does not require a preposition and the noun object directly follows the verb, the noun object is replaced by the appropriate direct-object pronoun: **me, te, le, la, l', nous, vous, les.**

—Vous cherchez **le métro?**
—Oui, je **le** cherche.

—Alors, vous voyez **la bouche de métro?**
—Oui, je **la** vois.

—Descendez dans la station. Vous savez consulter **les plans?**
—Oui, je sais **les** consulter.

Some common verbs that do not require a preposition before a noun object are **acheter, aimer, amener, choisir, consulter, faire, lire, préférer, réserver, trouver, vendre.** (See also ***Chapitre 6,*** p. 192, and ***Chapitre 9,*** p. 302.)

Activité 1: To reinforce understanding of object pronouns, early exercises focus on choosing from a subset of the total number of pronouns possible (e.g., **le, la, l', les,** or **y, en**). After sufficient review, exercises require students to choose from a wider range of object pronouns.

Cahier: Activité orale: E

1. Vous dites à un(e) ami(e) que vous allez faire un voyage au Canada francophone. Il / Elle vous pose les questions suivantes. Répondez à ses questions en remplaçant les mots indiqués par le pronom qui convient.

1. —Tu fais **ce voyage** à Québec en été?
   —Oui, je _________ fais en été.
2. —Tu prends **ta voiture,** n'est-ce pas?
   —Oui, je _________ prends.
3. —Vous visitez **les sites touristiques célèbres?**
   —Oui, nous _________ visitons.
4. —Tu emmènes **tes copains?**
   —Oui, je _________ emmène.

B. **Indirect-Object Pronouns:** If the noun object is a person and is introduced by the preposition **à**, the preposition and its object are replaced by the appropriate indirect-object pronoun: **me, te, lui, nous, vous, leur.** Note that **lui** and **leur** replace both masculine and feminine nouns.

—Vous avez parlé **à l'agent?**
—Oui, je **lui** ai parlé.

—Et vous avez écrit **à vos amis** pour les inviter?
—Oui, je **leur** ai écrit.

C. ***Y:*** If the object of the preposition **à** is a thing, the preposition and its object are replaced by **y**. **Y** also replaces a preposition of location and its object (***dans* le sac, *sous* la table, *devant* la porte,** etc.).

—Est-ce que la directrice a répondu **à votre lettre?**
—Oui, elle **y** a répondu.

—Et est-ce qu'on dîne bien **dans l'avion?**
—Oui, on **y** dîne bien.

For other verbs requiring the preposition **à** before a noun object, see ***Chapitre 6,*** p. 192, and ***Chapitre 9,*** p. 302.

2. Votre ami(e) vous interroge toujours au sujet de votre voyage au Canada. Répondez à ses questions en remplaçant les mots en caractères gras par les pronoms appropriés.

1. Quand est-ce que tu vas **au Canada?**
   J' ______ vais au mois de juillet.
2. Tu as déjà téléphoné **aux copains** pour les inviter?
   Bien sûr, je ______ ai déjà téléphoné.
3. Tu écris toujours des lettres **à tes amis canadiens?**
   Oui, je ______ écris toujours des lettres.
4. Et ils répondent **à tes lettres?**
   Bien sûr, ils ______ répondent.
5. Ils habitent toujours **à Québec?**
   Oui, ils ______ habitent toujours.
6. Tu vas envoyer des cartes postales **à tes amis,** n'est-ce pas?
   Oui, oui, je vais ______ envoyer des cartes comme d'habitude.

Activité orale

Cahier: Activités orales: F, G

D. ***En:*** The pronoun **en** replaces the preposition **de** and its object when the object is a thing. When the noun object is introduced by a number or another expression of quantity **(beaucoup de, plusieurs, assez de,** etc.), **en** replaces the preposition, if any, and the noun, but the expression of quantity remains in the sentence.

—Elle a fait **deux voyages** en France.
—C'est vrai? Elle **en** a fait deux?

—Est-ce qu'on a besoin **de son passeport** pour aller en France?
—Oui, on **en** a besoin.

—Est-ce qu'elle a envoyé **beaucoup de cartes?**
—Oui, elle **en** a envoyé **beaucoup.**

—Est-ce qu'elle parle souvent **de ses voyages?**
—Ah, oui. Elle **en** parle souvent.

For other verbs requiring the preposition **de** before a noun object, see also ***Chapitre 6,*** p. 192, and ***Chapitre 9,*** p. 302.

E. **Disjunctive Pronouns:** When the noun object of **de** is a person, the preposition retains its original position in the sentence, and the person is replaced by the appropriate disjunctive pronoun: **moi, toi, lui / elle, nous, vous, eux / elles.** Note that third-person forms **(lui / elle** and **eux / elles)** show a gender distinction.

—Vous parliez **de Marie?**
—Oui, on parlait **d'elle.**

—Qu'est-ce que vous pensez **d'eux?**
—Ses amis sont très gentils.

3. Vous parlez avec un(e) camarade d'un ami commun et d'un voyage qui n'a pas eu lieu. Remplacez les mots en caractères gras par les pronoms appropriés.

1. —Mon ami rêve **d'aller en France.**
   —C'est vrai, il ________ rêve?
2. —Oui, mais il a peur en avion. Il a fait deux **longs voyages** en Californie et en Floride, mais jamais en avion.
   —Il ________ a fait deux sans prendre l'avion?
3. —Oui. Et il parle toujours **d'un voyage en France.**
   —En effet, il ________ parle toujours.
4. —Et il parle sans cesse de **son amie Suzanne** qui est allée en France l'année dernière.
   —Pourquoi parle-t-il si souvent d'________?
5. —Ah, ce n'est pas seulement de **Suzanne** qu'il parle; il parle aussi de tous ses copains qui ont visité la France.
   —Il parle d'________, mais il n'a pas le courage de les imiter, hein?

Cahier: Activité orale: H

6. —C'est ça. Il n'a pas trop **de courage,** n'est-ce pas?
   —En effet, il n'________ a pas trop.

F. **Prepositions with Object Pronouns:** If the noun object is a person and is introduced by any preposition other than **à**, the preposition retains its original position in the sentence, and the person is replaced by the appropriate disjunctive pronoun.

—Ils partent en vacances **avec leurs copines?**
—Oui, ils partent **avec elles.**

—Ils ont réservé des places **pour les copines?**
—Oui, bien sûr. Ils ont réservé des places **pour elles.**

—Et **pour leur frère** aussi?
—Oui, **pour lui** aussi.

4. Employez les éléments indiqués pour poser des questions à d'autres étudiants. Vos voisins doivent répondre aux questions en utilisant des pronoms objets dans leurs réponses.

1. tu / sortir souvent / avec tes copains?
2. tu / habiter toujours / chez tes parents?
3. tu / acheter quelquefois / un cadeau / pour ton (ta) meilleur(e) ami(e)?
4. tu / être assis(e) / devant (nom d'un[e] étudiant[e])?
5. tu / parler français / avec ton (ta) prof?
6. tu / aller au restaurant / avec ton (ta) meilleur(e) ami(e)?
7. tu / faire des courses / pour tes copains?
8. tu / voyager souvent / sans ta famille?

Position of Object Pronouns

This section emphasizes the position of single object pronouns in past, present, and future time. The sequencing of two object pronouns is presented but is not practiced extensively because double object pronouns are less frequently used.

Object pronouns are placed either directly before a conjugated verb or directly before an infinitive, depending on which verb the object pronoun logically accompanies. Never separate these pronouns from the verb form on which they depend. Note the position of pronouns in negative and interrogative sentences.

Vous **lui** parlez.
Vous ne **lui** parlez pas.
Lui parlez-vous?

Vous **lui** avez parlé.
Vous ne **lui** avez pas parlé.
Lui avez-vous parlé?

Il voudrait **la** voir.
Il ne voudrait pas **la** voir.
Voudrait-il **la** voir?

—Tu **lui** téléphones aujourd'hui?
—Non, je **lui** ai téléphoné hier.
—Tu veux toujours **la** voir?
—Oui, je veux bien **la** voir.

When two object pronouns are used together, the following order is used before the verb:

me	**le**	**lui**	**y**	**en**
te	**la**	**leur**		
se	**les**			
nous				
vous				

—Dis, tu as parlé **à ta mère de nos projets de voyage?**
—Oui, oui, je **lui en** ai parlé hier.
—Et tes parents vont **nous** prêter **la voiture?**
—Oui, ils vont **nous la** prêter.
—Super! Alors, nous cherchons **des copains** pour **nous** accompagner **jusqu'à Paris.**
—Oui, nous **en** cherchons pour **nous y** accompagner tout de suite.

Remember that in compound tenses, the past participle of a verb using **avoir** as the auxiliary agrees with any direct-object pronoun preceding the verb.

J'ai vu **mes amies.** Je **les** ai vu**es.**

When **le** and **les** are used as object pronouns, there is no contraction with **de** or **à.**

J'ai envie **de le** voir. J'hésite **à les** acheter.

5. Vous voyagez avec un groupe en France et tout le monde a des questions à poser sur les moyens de transport. Voici les questions que les voyageurs posent au guide au sujet du métro. Jouez le rôle du guide et répondez aux questions selon les indications données en remplaçant les mots en caractères gras par les pronoms appropriés.

1. D'abord, on cherche une **bouche de métro,** n'est-ce pas? (oui)
2. Et puis, on descend directement **dans la station?** (oui)
3. Il faut acheter un **carnet de tickets?** (non)
4. Le plan est toujours affiché **au mur?** (oui)
5. Il faut attendre longtemps **les rames?** (non)
6. Il y a beaucoup **de passagers** à six heures du soir? (oui)
7. Il est toujours nécessaire de prendre une **correspondance?** (non)

6. Voici les questions posées au guide au sujet des trains. Continuez à jouer le rôle du guide et répondez aux questions en remplaçant les mots en caractères gras par les pronoms appropriés.

1. Et pour prendre le train, on achète **les billets** au guichet?
2. Est-ce qu'il est toujours nécessaire d'enregistrer **les valises?**
3. Vaut-il mieux réserver une **place?**
4. Il y a toujours huit **personnes** dans un compartiment?
5. Peut-on parler **aux autres passagers?**
6. On donne son billet **au contrôleur?**
7. L'horaire des trains est toujours précisé **sur l'indicateur?**
8. On attend le train **sur le quai?**
9. On demande **des renseignements à l'agent?**
10. Il faut toujours valider (ou composter) **le billet?**

Cahier: Activité orale: I

Cahier: Activité écrite: A

7. Une étudiante française qui passe l'année dans votre université vous pose les questions suivantes. Répondez à ses questions en utilisant les pronoms objets appropriés.

1. Est-ce que tes parents t'envoient quelquefois de l'argent?
2. Est-ce que le prof de français vous parle souvent français?
3. Est-ce que tes copains t'ont souvent rendu visite à l'université l'année dernière?
4. Est-ce qu'ils t'ont souvent téléphoné ce semestre?
5. Est-ce que les profs te parlent souvent après les cours?
6. Peux-tu me recommander un bon cours pour le semestre prochain?
7. Est-ce que les profs ici vous font passer beaucoup d'examens?
8. Veux-tu venir en France l'été prochain?

Activité 8: This exercise may be done as directed questioning or in pairs. If done in pairs, verify accuracy by having teams report sample questions and answers to the entire class.

8. Posez des questions à vos camarades de classe en employant les éléments suivants. Vos camarades doivent répondre aux questions en utilisant des pronoms compléments d'objet dans leurs réponses.

1. aimer bien ton cours de français
2. téléphoner à tes copains
3. voyager en France
4. avoir des camarades de chambre
5. regarder souvent la télé
6. avoir une voiture
7. vendre tes livres à la fin du semestre
8. suivre quatre cours
9. déjeuner au restaurant universitaire
10. parler souvent à tes amis
11. travailler en bibliothèque
12. pouvoir facilement trouver une place sur le parking
13. parler souvent au prof de français
14. ???

À écrire
Cahier: Activité écrite: B

Object Pronouns with the Imperative

To introduce object pronouns with the imperative, have students suggest common classroom commands and instructions using the imperative. For each example. replace any noun objects with object pronouns. Once students understand the activity, reverse roles and have them replace nouns with pronouns. **(Fermez la porte! Fermez-la!; Ouvrez le livre! Ouvrez-le!; Allez au tableau! Allez-y!).** Change commands to the negative for additional practice.

Object pronouns used with a negative imperative immediately precede the verb and follow their normal order of placement.

Ne **lui en** donnez pas.
Ne **me la** donnez pas.
Ne **les y** mettez pas.
Ne **m'en** parlez pas.

With an affirmative imperative, the object pronouns immediately follow the verb, are connected to it by hyphens, and are placed in the following order: (1) direct object, (2) indirect object, (3) **y**, and (4) **en.**

Donnez-**lui-en.**
Passe-**la-moi.**
Mettez-**les-y.**
Parlez-**lui-en.**
Achètes-**en.**
Vas-**y.**
Donnez-m'**en.**
Parlez-m'**en.**

When **me** and **te** follow an affirmative imperative, they are replaced by **moi** and **toi.**

Donnez-**moi** le livre.	Donnez-**le-moi.**
Achète-**toi** ce livre.	Achète-**le-toi.**

9. Vous prenez le train en France avec des amis et vous avez besoin de dire à chacun de faire quelque chose. Employez les éléments indiqués pour composer des phrases impératives. Ensuite, un(e) autre étudiant(e) doit répéter les mêmes ordres en y remplaçant un des noms par un pronom.

1. chercher / une bouche de métro
2. descendre / à la station près de la gare
3. acheter / votre billet au guichet
4. composter / votre billet avant de monter dans le train
5. trouver / la bonne voiture
6. chercher / votre compartiment
7. mettre / vos affaires sous votre siège
8. montrer / votre billet au contrôleur
9. prendre / vos valises
10. descendre / du train

À écrire
Cahier: Activités écrites: C, D

Synthèses

A. Votre ami(e) pense aller en France cet été. Faites une remarque à propos de chacune de ses phrases en employant l'**impératif** affirmatif ou négatif et les pronoms convenables. Utilisez l'expression **puisque** *(since)* suivie d'une phrase pour expliquer votre réaction.

MODELE En France, je vais acheter une nouvelle voiture.
Oui, **achètes-en une,** puisque ta voiture ne marche pas bien.
OU: **N'en achète pas une,** puisque ta voiture marche toujours bien.

1. Je vais aller en France cet été.
2. A Paris, je vais lire *Le Monde.*
3. Je vais aussi visiter le Louvre.
4. Je vais prendre le train pour aller à Nice.
5. A Nice, je vais aller à la plage.
6. Je vais téléphoner à mon ancien voisin qui habite à Nice.
7. Je vais aussi faire de la planche à voile *(windsurfing).*
8. Je vais parler aux Français.

Activité B, variation: This exercise works well in groups of 4 or 5.

B. Interview: Les moyens de transport. Posez les questions suivantes à d'autres étudiants. Ils doivent répondre aux questions en employant un pronom pour remplacer les noms compléments d'objet.

1. Tu as une voiture?
2. Tu prends ta voiture pour aller à l'université?
3. Tu mets ta voiture sur le parking?
4. Ta voiture consomme beaucoup d'essence?
5. Tu prends souvent le train?
6. Tu aimes ou tu détestes prendre l'avion?
7. On prend souvent des taxis dans votre ville?
8. Il y a un système de bus dans votre ville?

À écrire
Cahier: Activités écrites: E, F

Lexique personnel

Suggestion: Have students prepare their personalized vocabulary lists at home. Then, in class, have students work in small groups to compare lists.

Les moyens de transport

Cherchez les mots qui correspondent aux thèmes suivants:

1. les moyens de transport que vous utilisez pour (a) rentrer chez vous, (b) partir en Europe, (c) aller faire du ski au Canada, (d) aller de Paris à Dijon, (e) traverser la ville de Washington
2. comment acheter un ticket pour les transports en commun (avion, train, autobus, etc.)
3. l'expérience d'un voyage en avion

En utilisant le vocabulaire du chapitre et votre lexique personnel, faites les activités suivantes.

1. Vous avez la possibilité de partir en France l'été prochain. Expliquez les divers moyens de transport que vous allez utiliser pour vous rendre de votre domicile jusqu'à votre hôtel à Paris.
2. Les étrangers pensent souvent que les Américains utilisent exclusivement la voiture pour se déplacer et ne prennent jamais les transports en commun. Décrivez l'emploi que font les Américains de ces moyens de transport.
3. Décrivez en détail votre voyage le plus long.
4. Dans quelles villes américaines y a-t-il le métro? Avez-vous déjà pris le métro aux Etats-Unis, à Londres, à Paris? Expliquez à un(e) ami(e) comment se servir du métro.

Interactions

Activité. Le vrai prix d'un scooter. Comment calcule-t-on un budget annuel pour un objet d'usage quotidien comme un scooter? N'oubliez pas que l'achat du scooter lui-même ne représente qu'une partie des dépenses. Répondez aux questions à la page 229.

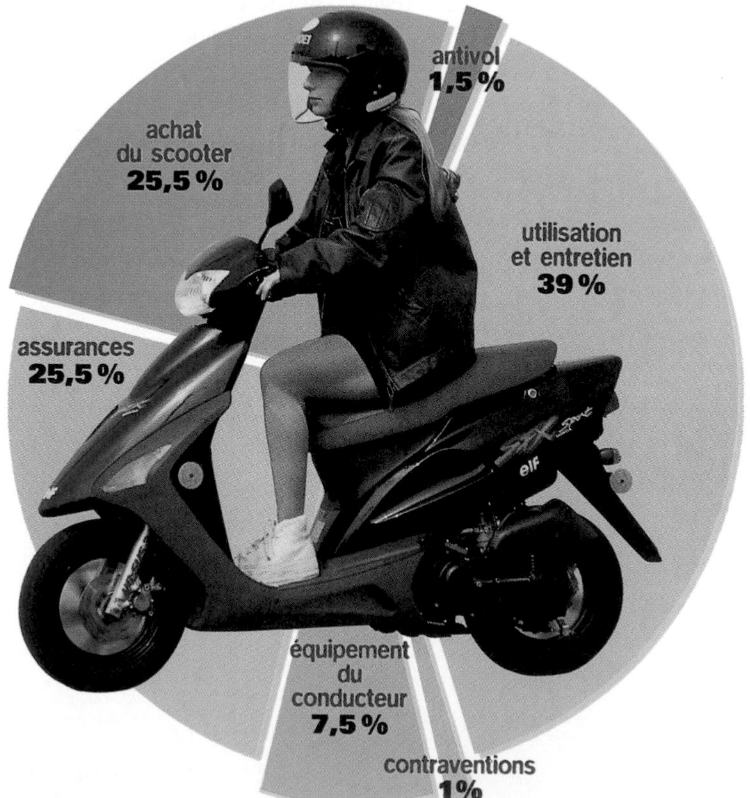

1. Quels sont les frais associés à l'utilisation et à l'entretien d'un scooter ou d'une voiture?
2. Que veut dire «contravention» (pour circuler sans casque, pour avoir grillé un feu rouge, etc.)? Pour quelles autres raisons peut-on avoir à payer une amende?
3. L'assurance est obligatoire et souvent chère. Qu'est-ce qui influe sur le tarif de l'assurance?
4. Quel type d'antivol recommandez-vous?
5. L'équipement du conducteur est-il une nécessité ou un luxe pour ceux qui possèdent un scooter? Faut-il un casque? Un blouson (de préférence en cuir)? Des chaussures (qui couvrent les chevilles)? Des gants? Des lunettes de soleil?
6. Combien dépensez-vous chaque année en frais de transport?

Structures II

Disjunctive Pronouns

A. **As Compound Subject or Object:** The disjunctive pronouns are **moi, toi, lui / elle / soi, nous, vous, eux / elles.** Compound subjects and objects may be composed of two or more disjunctive pronouns or a combination of nouns and pronouns. In such cases, the noun precedes the pronoun.

Charles et moi, nous allons au cinéma.
Nous avons invité **Pierre et elle.**
Eux et elles viennent aussi.
Vous et lui, vous pourrez nous accompagner.

The subject pronoun is normally repeated when it is **nous** or **vous; ils** is often omitted.

B. **To Emphasize a Single Element of the Sentence:** In French, emphasis cannot be placed on a single element of the sentence with voice inflection as is done in English because each element of a sentence receives equal stress. Emphasis can be achieved by the addition of a disjunctive pronoun or by using the construction **c'est** or **ce sont** followed by the appropriate disjunctive pronoun.

Moi, je ne l'ai pas vu.	***I*** *didn't see him.*
Je ne l'ai pas vu, **lui.**	*I didn't see* ***him.***
Ce n'est pas moi qui l'ai vu.	***I'm not*** *the one who saw him.*
C'est lui que j'ai vu.	***He's*** *the one I saw.*

A disjunctive pronoun stressing a subject can be placed either at the beginning or at the end of the sentence. A disjunctive pronoun used to stress an object is placed only at the end of the sentence.

Moi, je ne l'ai pas vu.	Elle l'a vu, **lui.**
Je ne l'ai pas vu, **moi.**	Nous les avons rencontrés, **eux.**

When using the construction **c'est / ce sont** followed by the disjunctive pronoun and a clause, be sure that the verb of the clause agrees in gender and number with the disjunctive pronoun.

C'est **moi** qui **suis** en retard.
Ce sont **elles** qui **prennent** l'autobus.
C'est **nous** qui **voyageons** ensemble.
C'est **vous** qui **conduisez.**

C. **After a Preposition:** Remember to replace the object of any preposition except **à** (+ person or thing) or **de** (+ thing) by the appropriate disjunctive pronoun. (See p. 223.)

D. **In Special Constructions:**

- Subject pronouns cannot stand alone without a verb. A disjunctive pronoun can be used alone.

Qui est là?	**Moi.**
Qui a fait cela?	**Lui.**
Qui vient avec vous?	**Eux.**

- When the impersonal subject pronoun **on** is used, **soi** is used as the object of a preposition.

On est toujours bien chez **soi.**
On aime travailler pour **soi.**

- The ending **-même(s)** added to any of the disjunctive pronouns reinforces the pronoun. In such cases, **-même** is the equivalent of the English *-self,* as in *myself, himself, yourself,* and agrees in number with the pronoun it accompanies.

J'y vais **moi-même.**
Nous travaillons pour **nous-mêmes.**

- The disjunctive pronouns are used as direct objects following the negative expressions **ne... que** and **ne... ni... ni...**

Il **n'**aime **qu'elle.**
Je **n'**accompagne **qu'eux.**
Il **ne** comprend **ni elle ni moi.**
Je **n'**ai vu **ni lui ni eux.**

- The disjunctive pronouns follow **que** in comparisons.

Il court **plus vite que moi.**
Elles voyagent **plus souvent que lui.**

- After the following verbs, when the object of the preposition **à** refers to people, a disjunctive pronoun is used.

être à	Cette voiture **est à moi.**
faire attention à	**Faites attention à elles.**
s'habituer à	Nous **nous habituons à vous.**
penser à	Je **pense à lui.**
tenir à	Il **tient à eux.**

- However, even with the verbs in the preceding list, when the object of the preposition **à** is a thing, the object pronoun **y** is used.

Je m'habitue **au climat.**	Je m'**y** habitue.
Elles pensent **au voyage.**	Elles **y** pensent.

Rappel! Rappel!

Remember, the preceding examples of **à** with a disjunctive pronoun are exceptions, and you should learn them as such.

In the majority of cases, a person as the object of the preposition **à** is replaced by an indirect-object pronoun, which precedes the verb.

Je donne le carnet **à Paul.**	Je **lui** donne le carnet.
Ils téléphonent **à leurs copains.**	Ils **leur** téléphonent.

1. Jean-Marc a eu une expérience assez bizarre qu'il raconte dans une lettre à son professeur de français. Complétez la lettre de Jean-Marc par les pronoms qui conviennent.

Cher Monsieur,

Je vous écris pour raconter le début de mon dernier voyage avec mes amis Charles et Louise. Nous devions prendre le train pour Nice. Charles avait réservé des places pour Louise et *(me)* ________. Nous devions nous retrouver à la gare à huit heures, mais je suis arrivé avant *(them)* ________. Quelques minutes plus tard, Charles est arrivé sans Louise. A huit heures et quart, *(she)* ________ n'était toujours pas là. Charles était de plus en plus inquiet et *(I)* ________ étais même plus inquiet que *(him)* ________. Je suis monté dans le train pour essayer de trouver Louise. En descendant du train, je n'ai vu ni Charles ni *(her)* ________. *(He)* ________ n'était plus sur le quai. Je pensais à *(them)* ________ quand soudain Charles m'a appelé. *(They)* ________ étaient là tous les deux derrière *(me)* ________. Quelle histoire! Louise était arrivée à sept heures et demie et *(she)* ________ nous attendait dans le train. Enfin Charles et *(I)* ________ y sommes montés aussi. Est-ce qu'on se sentait bêtes? Sûrement pas! C'étaient *(them)* ________, les responsables, n'est-ce pas?

Avec mes meilleurs sentiments,
Jean-Marc

2. Posez des questions à vos camarades de classe en utilisant les éléments indiqués. Vos camarades doivent utiliser des pronoms dans leurs réponses.

MODELE aimer travailler avec ton / ta petit(e) ami(e)
—Tu aimes travailler avec ton / ta petit(e) ami(e)?
—Non, je n'aime pas travailler avec lui / elle.

1. s'habituer à notre prof de français
2. voyager souvent avec tes camarades de chambre
3. penser souvent à ton / ta petit(e) ami(e)
4. travailler plus souvent que ton copain
5. rentrer tard à la maison plus souvent que tes camarades de chambre
6. parler souvent de tes profs
7. faire attention à tes parents
8. vouloir me présenter à ton / ta meilleur(e) ami(e)
9. habiter toujours chez tes parents
10. acheter des cadeaux pour tes amis

Synthèses

A. Jeff, Erica, Kate, Sarah et Matthew suivent un cours d'été à l'université de Dijon. Jeff et Erica viennent d'organiser une excursion à Paris pour tout le groupe. Ils sont en train de revoir les préparatifs que chacun doit faire pour le voyage. Jouez le rôle d'Erica et répondez aux questions de Jeff en utilisant un pronom disjoint et des pronoms compléments d'objet quand c'est possible.

MODELE JEFF: Qui réserve les chambres d'hôtel? C'est Matthew?
ERICA: Oui, c'est lui qui les réserve.

1. Qui vérifie le numéro de l'autobus pour aller à la gare? C'est Matthew?
2. C'est bien toi qui achètes nos billets de train et réserves nos places?
3. Et Kate et Sarah s'occupent des chambres d'hôtel?
4. Qui fait les courses pour le pique-nique? Est-ce que c'est Sarah?
5. Qui réserve les billets pour le concert des Spice Girls? Toi et moi, n'est-ce pas?
6. Et c'est bien moi qui vais consulter le *Guide Michelin* pour trouver des restaurants à Paris, n'est-ce pas?
7. Qui va dresser une liste de musées et de monuments à visiter? C'est Kate et Sarah?
8. Qui va demander à quelqu'un de venir nous chercher à la gare à notre retour? C'est Kate et Matthew?

Activité B: As preparation for this exercise, elicit from students all forms of disjunctive pronouns and object pronouns. Give students a few minutes to complete exercise before verifying correct answers.

B. De retour à Dijon, Erica écrit une lettre à un autre camarade de sa classe de français au sujet du voyage à Paris. Complétez sa lettre en utilisant des pronoms disjoints ou des pronoms compléments d'objet.

Cher Marc,

Je ________ écris un petit mot à la hâte pour ________ dire que toute la bande a passé quelques jours à Paris. Tout le monde s'est beaucoup amusé. Sarah et Matthew? Je ne ________ ai pas vus depuis le voyage parce qu'on ne suit pas les mêmes cours. Je vois Jeff et Kate assez souvent et je suis allée au cinéma avec ________ hier soir. C'est ________ qui ai choisi les restaurants à Paris et ________, ils ________ ont beaucoup appréciés. On est allés à un concert des Spice Girls, elles étaient fantastiques. Jeff et ________, nous ________ avions vues l'année dernière et c'est ________ qui avons proposé ce concert qui a plu à tout le monde. ________, tu devrais vraiment venir faire des études en France l'été prochain.

A bientôt,

Erica

Interactions

Activité 1. Les transports urbains. La technologic aide à moderniser les métros, les bus, les trams, pour laisser respirer les villes. Les transports urbains nous offrent une solution aux problèmes de pollution et d'embouteillages. Répondez aux questions suivantes.

1. Quels sont les avantages des transports urbains? Quels en sont les inconvénients?
2. Quels sont les obstacles matériels au développement des transports urbains en Europe? Aux Etats-Unis?
3. Quels sont les obstacles psychologiques?
4. Pourquoi est-il si difficile pour les gens de garer leur voiture et de prendre les transports urbains, surtout aux Etats-Unis?
5. Utilisez-vous les transports en commun?

Activité 2, follow-up: Train travel is not as popular in the United States as it is in France, but air travel is very common. Follow up this activity with a similar discussion of air travel in the United States. Which American cities are major hubs for airline travel?

Activité 2. Paris à la carte. Situez les six gares de Paris par rapport aux monuments touristiques ou aux rues qui se trouvent à proximité.

la gare de l'Est
la gare de Lyon
la gare St-Lazare
la gare Montparnasse
la gare du Nord
la gare d'Austerlitz

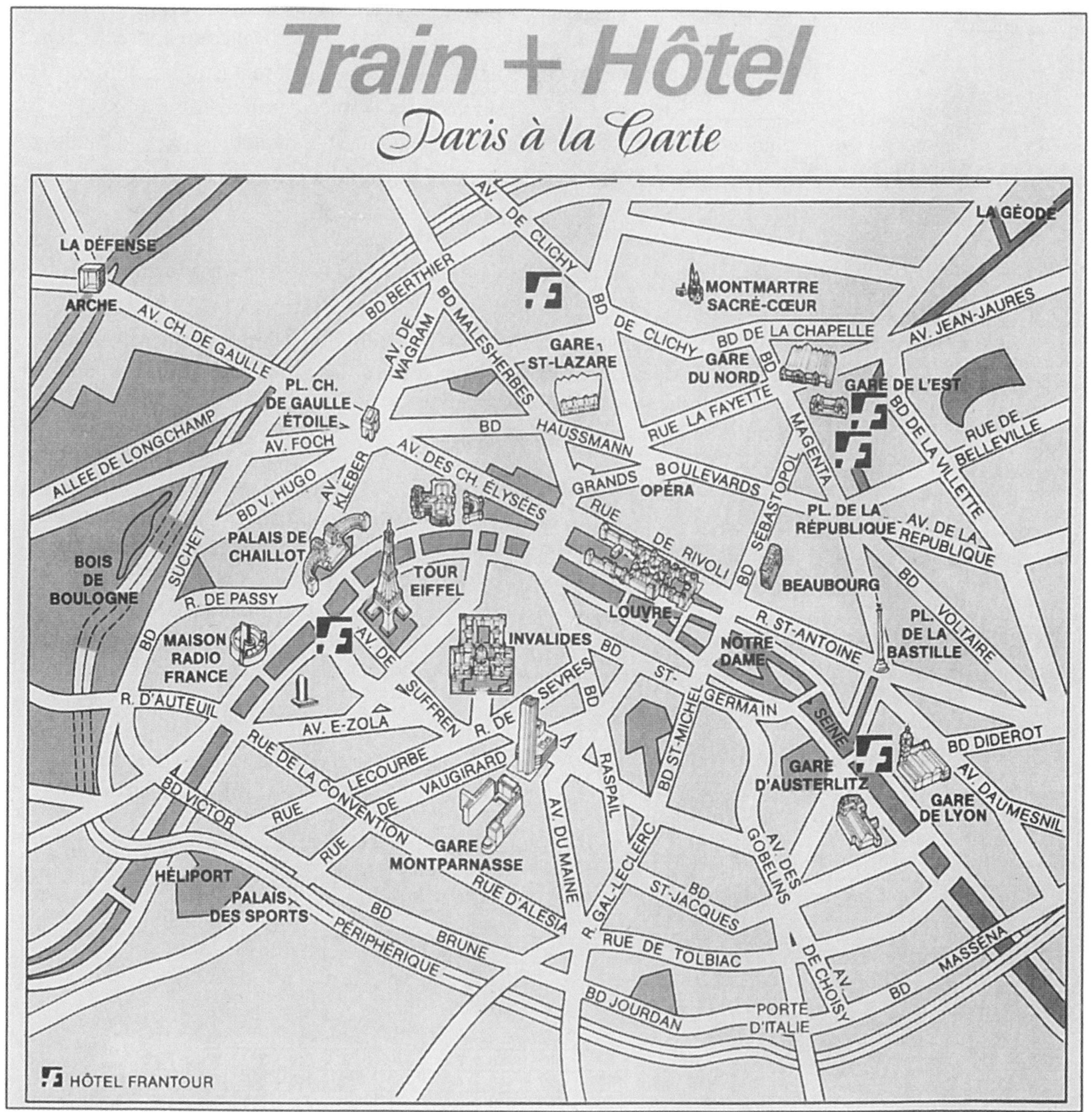

Pour s'exprimer

Avant de faire les activités qui suivent, écoutez la conversation entre Christelle et Magali qui parlent de leurs projets pour l'été.

CONTEXTE: Nous sommes à Paris en juillet. Christelle termine bientôt ses examens de fin de deuxième année de médecine et compte rentrer chez ses parents à Bordeaux. Magali se prépare à faire un stage à Aix dans un cabinet d'architecte pendant l'été. Chacune doit partir vers une destination différente. Comment vont-elles organiser leur départ et leur voyage?

A l'écoute

1. Christelle et Magali mentionnent plusieurs moyens de transport au cours de leur conversation. Lesquels avez-vous notés?
2. Faites une liste des villes dont vous entendez le nom au cours du dialogue. Essayez de les situer sur la carte de France au début du livre. A quelle distance approximative sont-elles de la capitale?
3. Imaginez dans le détail l'emploi du temps de Magali le jour de son départ. Retracez son voyage depuis le moment où elle quitte son appartement à Paris.
4. Comparez le voyage de Christelle et celui de Magali. Pour chacun des moyens de transport mentionnés, à quels avantages et inconvénients est-ce que les jeunes filles font allusion?

A vous la parole

Voici une liste d'expressions utiles pour proposer quelque chose et pour accepter ou refuser une proposition. Un membre de la classe fait une des propositions indiquées à un(e) camarade de classe qui accepte ou refuse en expliquant sa décision.

Pour proposer	**Pour accepter**	**Pour refuser**
Tu veux m'accompagner... ?	Oui, oui, je veux bien.	Merci, mais je n'ai pas le temps.
Si on allait... ?	Ah, oui, volontiers!	Je regrette, mais je suis très occupé(e) en ce moment.
Ça te tente de... ?	Mais oui, bien sûr.	Franchement, ça ne me dit pas grand-chose.
Dis, tu voudrais... ?	D'accord. Je suis disponible.	Non, vraiment, ça ne me tente pas.
Si on partageait les frais pour... ?	Pourquoi pas?	Je voudrais bien, mais je suis fauché(e) *(broke)*.
	Ça m'est égal.	

A vous la parole: Encourage students to continue using these expressions by rewarding their ongoing use in determining their class participation grades.

1. donner une soirée le week-end prochain
2. partager un appartement l'année prochaine
3 prendre un pot ce soir
4. voyager en France l'été prochain
5. passer les vacances de printemps chez mes parents
6. aller au concert de MC Solaar
7. passer les vacances en Floride
8. dîner dans un restaurant végétarien
9. préparer ensemble l'examen de français
10. ???

Situations

The **Situations** sections present a variety of cumulative activites that may be done orally or assigned as written homework. They are designed to reinforce structures, vocabulary, and cultural information presented in the chapter.

1. Vous êtes à Paris et vous désirez prendre le train pour aller à Tours pendant deux jours afin de visiter quelques-uns des châteaux de la vallée de la Loire. Imaginez votre conversation avec l'agent de la SNCF à la gare.
2. Vous avez passé l'année scolaire à Bordeaux et maintenant vous voulez rentrer aux Etats-Unis. Vous allez dans une agence de voyages pour préparer votre retour (le train vers Paris et le vol transatlantique). Quelles questions posez-vous?
3. Vous arrivez à Paris pour prendre l'avion à destination de New York, mais vous apprenez que votre vol charter a été annulé *(canceled).* Allez au comptoir et essayez de trouver un autre vol.
4. Vous passez l'année à Paris, et vos parents viennent vous rendre visite pendant les vacances de Noël. Quand vous allez les chercher à l'aéroport de Roissy, vous apprenez que leur vol a du retard. Allez au comptoir Air France et demandez des renseignements sur leur arrivée.

Structures III

Possessive Pronouns

Possessive Pronouns: Lead into a discussion of possessive pronouns by reviewing possessive adjectives. Using the statements with possessive adjectives as models, replace the possessed objects with possessive pronouns **(J'ai trouvé un livre. Est-ce que c'est ton livre? C'est le tien?).**

Variation: Using possessive adjectives, ask students questions about common objects that they are likely to own **(De quelle couleur est ta voiture? Ta voiture est vieille?).** Then introduce possessive pronouns by commenting on your possessions **(La mienne est très économique).**

The possessive pronouns in French are equivalent to the English pronouns *mine, yours, his, hers, its, ours, theirs.* A possessive pronoun replaces the possessive adjective and the noun it modifies. The possessive pronoun must agree with the noun replaced, *not* with the possessor.

One Possessor	Single Possession	Plural Possessions
mine	**le mien** *(m)*	**les miens** *(m)*
	la mienne *(f)*	**les miennes** *(f)*
yours (fam.)	**le tien** *(m)*	**les tiens** *(m)*
	la tienne *(f)*	**les tiennes** *(f)*
yours (formal)	**le vôtre** *(m)*	**les vôtres** *(m & f)*
	la vôtre *(f)*	
his / hers / its	**le sien** *(m)*	**les siens** *(m)*
	la sienne *(f)*	**les siennes** *(f)*
More Than One Possessor	**Single Possession**	**Plural Possessions**
ours	**le nôtre** *(m)*	**les nôtres** *(m & f)*
	la nôtre *(f)*	
yours	**le vôtre** *(m)*	**les vôtres** *(m & f)*
	la vôtre *(f)*	
theirs	**le leur** *(m)*	**les leurs** *(m & f)*
	la leur *(f)*	

Apportez votre livre et **mon livre.**
Apportez votre livre et **le mien.**

Ils ont vérifié vos billets et **les miens.**
Tu peux prendre ma valise et **les tiennes.**
Jeanne a acheté mon carnet et **le sien.**
Je vais attacher ma ceinture et **la sienne.**
Voici votre compartiment et **le nôtre.**
Vous avez pris vos places et **les nôtres.**
J'ai réclamé ma valise et **la vôtre.**
Nous pouvons trouver notre train et **le leur.**

The pronoun forms corresponding to the adjectives **notre** and **votre** have a circumflex accent over the **o (ô),** and, like **les leurs,** the plural forms show no gender distinction.

The prepositions **à** and **de** contract with the definite article of the possessive pronouns.

Je pense à mon voyage et **au sien.**
Nous avons besoin de notre voiture et **des leurs.**

Rappel! Rappel!

The choices involving **le sien** and **le leur** sometimes pose a problem for the English speaker. When expressing *his* or *hers,* only one person is the possessor, so choose from among **le sien, les siens, la sienne,** and **les siennes** the form that agrees with the object possessed, not the possessor.

—Elle achète son billet?	—*She's buying her ticket?*
—Oui, elle achète son billet à elle et **le sien.**	—*Yes, she's buying her ticket and* ***his.***
—Et lui?	—*And what about him?*
—Il enregistre ses valises à lui et **les siennes.**	—*He's checking his bags and* ***hers.***

When expressing *theirs,* there is always more than one possessor, but they may possess either a single thing or more than one thing.

—Mon train part à midi. A quelle heure part **leur train?**
—**Le leur** part à trois heures.
—Alors, je vais mettre mes valises dans le compartiment. Et **leurs valises à eux?**
—Mettez **les leurs** dans le compartiment aussi.

To express the concept of possession, the two types of structures **Elle est à moi** and **C'est la mienne** can be used.

The two constructions are not always interchangeable. When no comparison or contrast is implied in expressing ownership, French usage tends to prefer the form **il / elle / ce + être + à +** disjunctive pronoun. In making comparisons, the possessive pronoun would be preferred.

—Cette cassette?	**—Elle est à moi.** *(= statement of ownership)*
—C'est ma cassette?	**—Non, c'est la mienne.** *(= mine, not yours)*

1. Vous venez de terminer un voyage en voiture avec des amis. Il reste quelques affaires dans la voiture et vous essayez de déterminer à qui elles appartiennent. Répondez aux questions selon les indications.

1. —J'ai déjà enlevé ma valise. Cette valise-là, elle est à Paul?
   —Oui, c'est *(his)* ________.
2. —Jeanne, tu as déjà ton sac, non? Alors, ce sac-là est à Marie?
   —Oui, c'est *(hers)* ________.
3. —Ce livre-ci est à moi. Et le livre qui est par terre?
   —C'est *(theirs)* ________.
4. —Et ces petits gâteaux?
   —Ils sont *(ours)* ________.
5. —Voilà aussi un carnet.
   —Il est *(mine)* ________.
6. —Tout le monde a enlevé ses affaires. Les affaires qui restent sont à Paul et à Martin?
   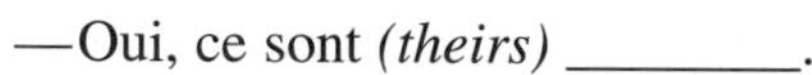
   —Oui, ce sont *(theirs)* ________.
7. —J'ai aussi trouvé des cassettes.
   —Alors, les cassettes de Renaud sont à vous, non? Et les cassettes de MC Solaar sont *(mine)* ________.
8. —Tu as vu mes lunettes de soleil *(sunglasses)?*
   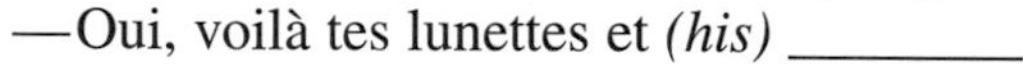
   —Oui, voilà tes lunettes et *(his)* ________.

Activité orale
Cahier: Activités orales: J, K

À écrire
Cahier: Activités écrites: G, H

2. Répondez aux questions suivantes en utilisant un pronom possessif.

1. Vous utilisez votre livre ou mon livre?
2. Vous avez votre stylo ou le stylo de votre camarade de chambre?
3. Vous prenez votre voiture ou la voiture de votre ami(e)?
4. Vous empruntez quelquefois les vêtements de votre camarade de chambre? Pourquoi?
5. Vous préférez vos cassettes ou les cassettes de votre ami(e)?

Demonstrative Pronouns

The demonstrative pronouns in French are equivalent to the English expressions *this one, that one, these,* and *those*. A demonstrative pronoun replaces a demonstrative adjective and the noun it modifies. It must agree in gender and number with the noun replaced.

	Singular	Plural
Masculine	**celui**	**ceux**
Feminine	**celle**	**celles**

Apportez-moi ce livre.
Apportez-moi **celui-là**.

Basic Uses of Demonstrative Pronouns

The demonstrative pronoun cannot stand alone and must be followed by one of the following constructions.

A. ***-ci* or *-là:***

Cette voiture-là est sale; prenons **celle-ci.**	*That car is dirty, let's take **this one.***
Cet avion est dangereux; je préfère **celui-là.**	*This plane is dangerous; I prefer **that one.***
Les couchettes de ce côté sont plus commodes que **celles-là.**	*The bunks on this side are more convenient than **those.***
Ce trajet est plus facile que **ceux-là.**	*This trip is easier than **those.***

The demonstrative pronoun followed by **-ci** may also mean *the latter;* followed by **-là** it may mean *the former.* The **-ci** refers to the last element mentioned (the latter or closest one), whereas **-là** refers to the first element mentioned (the former or the farthest one).

Nous allons prendre ou le bateau ou l'avion. Moi, je préfère **celui-ci** car **celui-là** va trop lentement.	*We're going to take either the boat or the plane. I prefer **the latter,** because **the former** goes too slowly.*

B. **A relative pronoun + clause:**

De tous les trains, je préfère **celui qui est rapide.**	*Of all the trains, I prefer **the one that is fast.***
Montrez-moi ma place et **celles que vous avez réservées.**	*Show me my place and **those you reserved.***
Voilà **celle dont j'ai besoin.**	*There's **the one I need.***

C. ***De* + noun:**

Voilà ma valise et **celle de Jean.**	*There's my suitcase and **John's.***
J'ai apporté mon horaire et **ceux de Paul et d'Hélène.**	*I brought my schedule and **Paul's and Helen's.***

Ceci and cela

The neuter demonstrative pronouns **ceci** and **cela** do not refer to a specific noun but to a concept or idea. **Ceci** announces an idea that is to follow, and **cela** refers to something that has already been stated.

> Je vous dis **ceci:** ne prenez jamais le métro après 11 heures du soir.
> Vous avez manqué le train, et je vous ai dit que **cela** allait arriver.

Cela (ça) is often used to translate *this* or *that* as the subject of a verb other than **être.** With **être**, **ce (c')** is used as the subject.

Ça is generally used only in spoken language; **cela** is used in written French.

> **C'est** un trajet difficile.
> **Ça fait** une heure qu'on attend.

3. Vous rentrez après un long voyage avec des souvenirs pour tout le monde. Distribuez les souvenirs en utilisant un pronom démonstratif dans vos phrases.

1. Voilà un livre. C'est ________ d'Hélène.
2. Voilà une bague *(ring).* C'est ________ que j'ai apportée pour Josée.
3. Voilà une cassette. C'est ________ de Marc.
4. Et ces bracelets en bois sont ________ qui se vendent partout en Afrique.
5. J'ai rapporté des diapositives aussi jolies que ________ qu'on vend en Amérique.
6. Voilà un sac. C'est ________ d'Annick.
7. Enfin, une bouteille de cognac. C'est ________ d'Edouard.
8. Et ces excellents chocolats? ________, je les garde pour moi.

À écrire
Cahier: Activités écrites: I, J

Interactions

Activité. La technologie d'aujourd'hui et de demain. Complétez le questionnaire de WorldPlus à la page 241. Ensuite répondez aux questions suivantes.

1. Le développement de la technologie amène des changements importants dans la vie quotidienne. A votre avis, quels ont été les changements les plus importants de ces 25 dernières années?
2. Y a-t-il des innovations technologiques avec lesquelles vous n'êtes pas d'accord? (par exemple, le clonage d'animaux? les appareils qui prolongent la durée de la vie?)
3. Comment pouvons-nous éviter l'emploi abusif de la technologie? A qui en donner le contrôle? au gouvernement? aux scientifiques? aux médecins? à qui d'autre?
4. Pouvez-vous identifier certains métiers qui n'existaient pas il y a 25 ans? Lesquels?
5. Comptez-vous employer la technologie dans votre carrière professionnelle? Comment?

Activité orale
Cahier: Activité orale: L

À écrire
Cahier: Activités écrites: K, L, S'exprimer par écrit

Êtes-vous citoyen du monde?

- J'ai une double nationalité. Est-ce que ça compte?
- S'agit-il d'un de ces formulaires qu'il faut remplir avant de quitter l'avion?
- Je me vois plutôt comme un membre privilégié du réseau *WorldPlus*,[SM] qui a la certitude d'obtenir rapidement des communications téléphoniques claires à travers le monde.

Pouvez-vous envoyer un document par télécopieur de Hong Kong à Honolulu et faire des claquettes en même temps?

- Ça dépend des chaussures que je porte.
- Je dois avouer que le son du télécopieur m'incite bien plus à danser le flamenco!
- Grâce au service *WorldPlus*, j'obtiens des transmissions par télécopieur en quelques secondes seulement. (À peine le temps qu'il faut pour faire une double pirouette.)

Vous arrive-t-il de rêver dans une autre langue?

- I beg your pardon!
- Je rêve toujours dans la langue de l'endroit où se déroule mon rêve.
- Dans mes rêves, j'utilise mon numéro de compte *WorldPlus*. Le service téléphonique est donc toujours dans ma langue maternelle.

Que faut-il pour devenir un homme ou une femme du monde?

- De l'argent.
- De l'expérience.
- Le service *WorldPlus*. Grâce à lui, je me sens en confiance partout.

Si vous avez répondu «WorldPlus» à l'une ou l'autre de ces questions, vous avez réussi le test de citoyenneté mondiale haut la main! Par contre, si la matière traitée ne vous était pas des plus familières, sachez que WorldPlus est un service qui vous permet d'avoir accès personnellement à un réseau mondial sophistiqué de télécommunications dans plus de 40 pays et sites. Il vous suffit de composer un code d'accès et votre numéro de compte pour obtenir, en quelques secondes, des communications téléphoniques de première qualité. Ainsi qu'une foule d'autres services comme la messagerie vocale, les transmissions par télécopieur, l'assistance annuaire internationale et le service d'interprétation. Composez notre numéro dès aujourd'hui. Et faites le tour du monde dans une classe à part!

Voici le Service de Communication WorldPlus[SM]

Au Canada, composez le 800 382-5617 pour tous les détails. Ou communiquez par télécopieur au 305 938-1786.

WorldPlus est une marque de service internationale de la société AT&T. © 1994 AT&T.

WorldPlus

Perspectives littéraires

Mise en train

Sujets de réflexion

1. Qui sont les pionniers d'aujourd'hui, c'est-à-dire les personnes qui risquent leur vie au nom du progrès intellectuel, scientifique et matériel?
2. Pourquoi des films tels que *Apollo 13* et *Titanic* excitent-ils tellement l'imagination du public?
3. Quelle a été la réaction du public au moment du désastre de la navette spaciale *Challenger?* Quels ont été les arguments pour et contre l'envoi d'astronautes américains à bord de la station Mir?
4. Quels sont les moyens de transport les plus modernes? Etes-vous tenté(e) de les prendre? Va-t-on pouvoir faire un jour des voyages de tourisme dans l'espace? Si on vous donne un jour la possibilité de faire un voyage à bord d'une navette spaciale, quelle va être votre réaction? Expliquez votre réponse.

Antoine de Saint-Exupéry

Antoine de Saint-Exupéry, le légendaire «Saint-Ex», est né en 1900, c'est-à-dire au seuil de l'ère vraiment moderne, à une époque où les inventions les plus fondamentales, l'électricité ou la voiture, par exemple, n'étaient pas encore très répandues. Sa formation indique déjà deux aspects de sa personnalité exceptionnelle, puisqu'il a préparé l'Ecole navale et a été élève à l'Ecole des Beaux-Arts. Ce jeune homme, doué pour l'aventure, a été immédiatement attiré par l'aviation qui commençait à se développer au cours des années 1920 et 1930. Le métier de pilote incarnait pour lui non seulement l'aventure, mais aussi la solidarité des héros anonymes qui travaillaient pour le progrès, ainsi qu'un élément quasiment spirituel qui allait inspirer ses créations artistiques. En tant que pilote de ligne, Saint-Exupéry a vécu les débuts de la liaison aérienne entre la France et l'Amérique. Comme pilote d'essai, il a travaillé pour faire progresser ce nouveau moyen de transport. Malheureusement, devenu pilote de raid pendant la guerre, il est mort au cours d'une mission de combat en 1944.

Le génie artistique de Saint-Exupéry réside dans le fait qu'il réunit, souvent dans un seul récit, les éléments techniques, humains et même métaphysiques de l'aviation. Son roman *Courrier Sud* décrit la liaison aérienne dangereuse établie entre Toulouse et Dakar. *Pilote de guerre* évoque de façon presque documentaire le travail d'une mission militaire. Ces récits ont permis au public des années 30 et 40 de découvrir un métier tout à fait nouveau et dangereux. Pourtant, Saint-Exupéry a su enrichir ses récits d'épisodes et de tableaux dramatiques et même lyriques. Il s'agit dans ses romans d'êtres humains qui luttent jusqu'à leurs limites au nom du progrès, de la «mission», du but qui donne un sens à la vie et à la mort. La philosophie de Saint-Exupéry annonce déjà l'existentialisme de Jean-Paul Sartre qui va dominer, en partie, la deuxième moitié du XXe siècle.

Dans son roman *Vol de nuit,* un groupe d'aviateurs essaient d'établir une liaison aérienne en Argentine, ce qui nécessite des vols au-dessus des Andes, souvent sans oxygène dans le poste de pilotage. L'avion du jeune pilote Fabien s'égare au cours d'une formidable tempête. Fabien, accompagné de son radio, maintient le vol de l'appareil, mais il est tout à fait perdu dans un ciel noir et orageux. Ses camarades, à terre, essaient de l'aider, mais sans succès. L'avion de Fabien tombe en panne d'essence. On retrouve ici le drame à la fois éternel et très moderne du courage et la tragédie des pionniers de tous les temps. Ce sont des pilotes comme Saint-Exupéry, ou son personnage fictif Fabien, qui ont ouvert la voie à beaucoup d'avancées que nous tenons pour acquises aujourd'hui: le courrier par avion, et même les vols supersoniques du *Concorde.*

Avant de lire

1. La tragédie de Fabien se divise en deux parties. Les paragraphes 1–23 sont consacrés aux techniques, aux connaissances et à la technologie qu'emploie Fabien pour essayer de sauver la situation. L'action de cette première partie est très simple, mais pleine d'une illusion vaine. Complétez les phrases suivantes pour faire un résumé de cette première partie.
   a. Fabien croit qu'il s'agit d'une tempête locale et qu'il va...
   b. Il cherche de la lumière, mais...
   c. Il essaie de descendre au-dessous de la tempête, mais...
   d. Fabien appelle plusieurs villes par radio pour trouver où il pourrait atterrir. De partout il reçoit le même message: ...
2. Dans la seconde partie de cette tragédie (les paragraphes 24–33), le ton des descriptions est très positif, mais derrière ces descriptions on sent une forte ironie.
   a. Dégagez de ces paragraphes les images de beauté et de bonheur.
   b. Trouvez les allusions qui indiquent que Fabien et son camarade vont mourir.

Saint-Exupéry: Vol de nuit *(extrait)*

(1) Cependant, le courrier de Patagonie [l'avion de Fabien] abordait l'orage, et Fabien renonçait à le contourner. Il l'estimait trop étendu, car la ligne d'éclairs s'enfonçait vers l'intérieur du pays et révélait des forteresses de nuages. Il tenterait de passer par-dessous, et, si l'affaire se présentait mal, se résoudrait au demi-tour.

(2) Il lut son altitude: mille sept cents mètres. Il pesa des paumes sur les commandes pour commencer à la réduire. Le moteur vibra très fort et l'avion trembla. Fabien corrigea, au jugé, l'angle de descente, puis, sur la carte, vérifia la hauteur des collines: cinq cents mètres. Pour se conserver une marge, il naviguerait vers sept cents.

(3) Il sacrifiait son altitude comme on joue une fortune.

(4) Un remous fit plonger l'avion, qui trembla plus fort. Fabien se sentit menacé par d'invisibles éboulements.° Il rêva qu'il faisait demi-tour et retrouvait cent mille étoiles, mais il ne vira pas d'un degré.

cave-ins, crumblings

(5) Fabien calculait ses chances: il s'agissait d'un orage local, probablement, puisque Trelew, la prochaine escale,° signalait un ciel trois quarts couvert. Il s'agissait de vivre vingt minutes à peine dans ce béton° noir. Et pourtant le pilote s'inquiétait. Penché à gauche contre la masse du vent, il essayait d'interpréter les lueurs confuses qui, par les nuits les plus épaisses, circulent encore. Mais ce n'étaient même plus des lueurs. A peine des changements de densité, dans l'épaisseur des ombres, ou une fatigue des yeux.

stop
concrete

(6) [...] Il déplia un papier du radio: «Où sommes-nous?»

(7) Fabien eût donné cher pour le savoir. Il répondit: «Je ne sais pas. Nous traversons, à la boussole,° un orage.»

compass

(8) Il se pencha encore. Il était gêné par la flamme de l'échappement,° accrochée au moteur comme un bouquet de feu, si pâle que le clair de lune l'eût éteinte, mais qui, dans ce néant,° absorbait le monde visible. Il la regarda. Elle était tressée° drue par le vent, comme la flamme d'une torche.

exhaust
void, nothingness
braided, plaited

(9) Chaque trente secondes, pour vérifier le gyroscope et le compas, Fabien plongeait sa tête dans la carlingue. Il n'osait plus allumer les faibles lampes rouges, qui l'éblouissaient pour longtemps, mais tous les instruments aux chiffres de radium versaient une clarté pâle d'astres. Là, au milieu d'aiguilles° et de chiffres, le pilote éprouvait une sécurité trompeuse: celle de la cabine du navire sur laquelle passe le flot. La nuit, et tout ce qu'elle portait de rocs, d'épaves,° de collines, coulait aussi contre l'avion avec la même étonnante fatalité.

needles
wrecks, shipwrecks

(10) «Où sommes-nous?» lui répétait l'opérateur.

(11) Fabien émergeait de nouveau, et reprenait, appuyé à gauche, sa veille° terrible. Il ne savait plus combien de temps, combien d'efforts le délivreraient de ses liens sombres. Il doutait presque d'en être jamais délivré, car il jouait sa vie sur ce petit papier, sale et chiffonné, qu'il avait déplié et lu mille fois, pour bien nourrir son espérance: «Trelew: ciel trois quarts couvert, vent ouest faible.» Si Trelew était trois quarts couvert, on apercevrait ses lumières dans les déchirures des nuages. A moins que...

watch

(12) La pâle clarté promise plus loin l'engageait à poursuivre; pourtant, comme il doutait, il griffonna° pour le radio: «J'ignore si je pourrai passer. Sachez-moi° s'il fait toujours beau en arrière.»

scribbled / Let me know

(13) La réponse le consterna: «Commodoro signale: "Retour ici impossible. Tempête."»

was falling back

(14) Il commençait à deviner l'offensive insolite qui, de la Cordillère des Andes, se rabattait° vers la mer. Avant qu'il eût pu les atteindre, le cyclone raflerait les villes.

(15) «Demandez le temps de San Antonio... »

static

(electrical) discharges

(16) «San Antonio a répondu: "Vent ouest se lève et tempête à l'Ouest. Ciel quatre quarts couvert." San Antonio entend très mal à cause des parasites.° J'entends mal aussi. Je crois être obligé de remonter bientôt l'antenne à cause des décharges.° Ferez-vous demi-tour? Quels sont vos projets?»

(17) «Foutez-moi la paix. Demandez le temps de Bahia Blanca... »

(18) «Bahia Blanca a répondu: "Prévoyons avant vingt minutes violent orage ouest sur Bahia Blanca."»

(19) «Demandez le temps de Trelew.»

(20) «Trelew a répondu: "Ouragan trente mètres seconde ouest et rafales de pluie."»

(21) «Communiquez à Buenos Aires: "Sommes bouchés de tous les côtés, tempête se développe sur mille kilomètres, ne voyons plus rien. Que devons-nous faire?"»

(22) Pour le pilote, cette nuit était sans rivage puisqu'elle ne conduisait ni vers un port (ils semblaient tous inaccessibles) ni vers l'aube: l'essence manquerait dans une heure quarante. Puisque l'on serait obligé, tôt ou tard, de couler en aveugle, dans cette épaisseur. [...]

surrounded, encircled

(23) Il pensa qu'il était cerné.° Tout se résoudrait, bien ou mal, dans cette épaisseur. [...]

inn

(24) Il monta, en corrigeant mieux les remous, grâce aux repères qu'offraient les étoiles. Leur aimant pâle l'attirait. Il avait peiné si longtemps, à la poursuite d'une lumière, qu'il n'aurait plus lâché la plus confuse. Riche d'une lueur d'auberge,° il aurait tourné jusqu'à la mort, autour de ce signe dont il avait faim. Et voici qu'il montait vers des champs de lumière.

well

mud

(25) Il s'élevait peu à peu, en spirale, dans le puits° qui s'était ouvert, et se refermait au-dessous de lui. Et les nuages perdaient, à mesure qu'il montait, leur boue° d'ombre, ils passaient contre lui, comme des vagues de plus en plus pures et blanches. Fabien émergea.

(26) Sa surprise fut extrême: la clarté était telle qu'elle l'éblouissait. Il dut, quelques secondes, fermer les yeux. Il n'aurait jamais cru que les nuages, la nuit, pussent éblouir. Mais la pleine lune et toutes les constellations les changeaient en vagues rayonnantes.

(27) L'avion avait gagné d'un seul coup, à la seconde même où il émergeait, un calme qui semblait extraordinaire. Pas une houle ne l'inclinait. Comme une barque qui passe la digue, il entrait dans les eaux réservées. Il était pris dans une part de ciel inconnue et cachée comme la baie des îles bienheureuses. La tempête, au-dessous de lui, formait un autre monde de trois mille mètres d'épaisseur, parcouru de rafales, de trombes° d'eau, d'éclairs, mais elle tournait vers les astres une face de cristal et de neige.

torrents

(28) Fabien pensait avoir gagné des limbes° étranges, car tout devenait lumineux, ses mains, ses vêtements, ses ailes. Car la lumière ne descendait pas des astres, mais elle se dégageait, au-dessous de lui, autour de lui, de ces provisions blanches.

limbo

(29) Ces nuages, au-dessous de lui, renvoyaient toute la neige qu'ils recevaient de la lune. Ceux de droite et de gauche aussi, hauts comme des tours. Il circulait un lait de lumière dans lequel baignait l'équipage. Fabien, se retournant, vit que le radio souriait.

(30) «Ça va mieux!» criait-il.

(31) Mais la voix se perdait dans le bruit du vol, seuls communiquaient les sourires. «Je suis tout à fait fou, pensait Fabien, de sourire: nous sommes perdus.»

(32) Pourtant, mille bras obscurs l'avaient lâché.° On avait dénoué ses liens, comme ceux d'un prisonnier qu'on laisse marcher seul, un temps, parmi les fleurs.

loosened, set free

(33) «Trop beau», pensait Fabien. Il errait parmi des étoiles accumulées avec la densité d'un trésor, dans un monde où rien d'autre, absolument rien d'autre que lui, Fabien, et son camarade, n'était vivant. Pareils à ces voleurs des villes fabuleuses, murés° dans la chambre aux trésors dont ils ne sauront plus sortir. Parmi des pierreries glacées, ils errent, infiniment riches, mais condamnés.

walled up

Synthèses

Après la lecture

1. Fabien cherche, l'une après l'autre, des solutions à sa situation. Mais il découvre qu'il ne peut ni monter, ni descendre, ni faire demi-tour. Expliquez.
2. Le premier message de la ville de Trelew représente le seul espoir de Fabien. Pourquoi? En quoi le dernier message de Trelew représente-t-il la fin de cet espoir?
3. L'avion réussit enfin à monter au-dessus de la tempête. Pourquoi la lumière semble-t-elle alors si forte? Dégagez des images qui montrent pourquoi Fabien est si surpris.
4. Dans l'avant-dernier paragraphe, Fabien éprouve un sentiment de libération. De quoi est-il libéré? Selon la philosophie de Saint-Exupéry, pourquoi Fabien peut-il trouver de la satisfaction dans cette situation tragique?
5. Expliquez cette déclaration de Fabien: «*Trop* beau».
6. Expliquez la dernière image de l'extrait qui compare Fabien et son camarade aux «voleurs des villes fabuleuses» (les explorateurs de tombeaux égyptiens, peut être?).
7. Saint-Exupéry est célèbre pour son art d'associer les explications techniques et les passages lyriques. Identifiez une image que vous trouvez particulièrement lyrique et expliquez-la.

Pour mieux lire

1. Saint-Exupéry est connu aussi pour son style simple et clair. Même le sens des mots qu'on ne reconnaît pas immédiatement peut être deviné d'après le contexte. En groupes de trois ou quatre personnes, discutez du sens possible des mots indiqués en italique dans chacune des phrases suivantes. S'il y a des phrases que vous ne pouvez pas comprendre, réfléchissez-y avec d'autres étudiants.

   a. [Il] abordait l'orage, et Fabien renonçait à le *contourner.*
   b. Il lut son altitude... Il pesa... sur les *commandes* pour commencer à la réduire.
   c. Fabien corrigea, *au jugé,* l'angle de descente...
   d. [Il] vérifia la hauteur des *collines.*
   e. Un *remous* fit plonger l'avion, qui trembla plus fort.
   f. Il rêva qu'il faisait demi-tour, [...] mais il ne *vira* pas d'un degré.
   g. Chaque trente secondes, pour vérifier le gyroscope et le compas, Fabien plongeait sa tête dans la *carlingue.*
   h. ... il jouait sa vie sur ce petit papier, sale et chiffonné, qu'il avait *déplié* et lu mille fois...
   i. ... le cyclone *raflerait* les villes.
   j. Sa surprise fut extrême: la clarté était telle qu'elle *l'éblouissait.*
   k. Comme une *barque* qui passe la digue, il entrait dans les eaux réservées.
   l. On avait dénoué ses *liens,* comme ceux d'un prisonnier qu'on laisse marcher seul... parmi les fleurs.

2. Comme dans beaucoup d'extraits de romans, presque toutes les actions définies sont exprimées au passé simple. Trouvez dans le texte des exemples de ce temps littéraire du passé et indiquez leur équivalent non-littéraire au passé composé.

Expansion

1. La lecture de *Vol de nuit* nous offre un bel ensemble de métaphores maritimes pour décrire le voyage aérien du pilote Fabien. Imaginez que vous êtes J. Charles ou N. Robert et que vous faites un des premiers voyages en ballon au XVIIIe siècle. Vous écrivez une page dans votre journal intime pour décrire ce que vous avez vu en survolant la campagne française au départ de Paris. Utilisez des images métaphoriques.
2. Au XIXe et au XXe siècles, l'idée de la vitesse est devenue obsessionnelle. Faites une liste des découvertes qui ont sensiblement «accéléré» le rythme de la vie moderne. Y en a-t-il quelques-unes que vous jugez inutiles ou frivoles? Est-ce que les grandes découvertes dans la technologie des transports ont été motivées par le désir d'aller toujours plus vite ou par d'autres préoccupations? Quelle est, à votre avis, la découverte la plus importante qu'on ait faite dans le domaine des transports? Expliquez votre réponse.
3. La technologie et l'art. Comparez l'utilisation de la technologie faite par Fernand Léger dans son tableau (page 212) et par Antoine de Saint-Exupéry dans le passage que vous avez lu de son roman (pages 243–246). En quoi ces deux hommes méritent-ils d'être appelés des humanistes?

À la fac

CHAPITRE 8

La Sorbonne à Paris est un établissement public d'enseignement supérieur partagé en plusieurs universités.

Web activities

http://interaction.heinle.com

Une vie d'étudiant

Cultural Focus

- The Rise of Education in France
- Education in Contemporary France

Structures I

- Formation of the Present Subjunctive
- Formation of the Past Subjunctive

Structures II

- Uses of the Subjunctive

Structures III

- The Subjunctive after Certain Conjunctions
- The Subjunctive after Indefinite Antecedents
- The Subjunctive in Superlative Statements

Functions

- Stating Opinions and Preferences
- Expressing Feelings and Reactions
- Describing Personal Values

Literary Reading

- Jean-Jacques Rousseau: *Emile* (excerpt)

Perspectives culturelles

Culture générale

La Sorbonne

En 1257, Robert de Sorbon a créé un établissement pour faciliter l'étude de la théologie chez les étudiants (qu'on appelait écoliers) pauvres. A partir de la Renaissance, cette faculté de théologie a été connue sous le nom de *Sorbonne.* Au XVIIe siècle, le cardinal de Richelieu a pris la décision de reconstruire la Sorbonne. Il a confié les travaux à l'architecte Lemercier, et c'est celui-ci qui en a édifié la magnifique chapelle avec son dôme de style Louis XIII. Les bâtiments de la Sorbonne que nous admirons aujourd'hui ont été refaits ou modifiés vers 1900.

Le dôme de la Sorbonne: un excellent exemple du classicisme en architecture

Napoléon et l'Université impériale

L'Université de Paris a été fondée en 1192. Une vingtaine d'autres universités vont apparaître en France avant la fin du XVIIIe siècle. A la suite de la Révolution, ces universités vont être supprimées, ce qui va permettre à Napoléon Ier, en 1806, de créer sa propre Université impériale. Le principe des universités d'Etat, administrées par le pouvoir central, a donc été formellement établi en France à partir de l'époque napoléonienne.

Napoléon Bonaparte a créé le principe de l'université d'Etat en France.

Jules Ferry et l'école républicaine

Jules Ferry (1832–1893) a exercé une grande influence sur l'enseignement en France lorsqu'il a été ministre de l'Instruction publique. Avec la «loi Jules Ferry» de 1882, l'école publique devient gratuite pour tous, laïque (c'est-à-dire neutre en matière de religion) et obligatoire de 7 à 13 ans. Une instruction morale et civique remplace l'enseignement religieux. A partir de 1889, les instituteurs sont des fonctionnaires d'Etat. Au-delà de l'école primaire, l'enseignement était resté payant, et la gratuité ne va s'étendre à tout le secondaire qu'en 1932. La loi de 1880 avait institué des lycées de jeunes filles, mais il faut attendre 1924 pour que l'enseignement féminin soit aligné sur le modèle masculin.

A. Si l'on doit choisir, pour s'inscrire à l'université, entre la Sorbonne ou un établissement de création assez récente, quelles raisons peut-on donner pour préférer la Sorbonne?

B. Comment l'Etat a-t-il obtenu le monopole de l'enseignement supérieur en France dès le début du XIXe siècle?

C. On fait souvent allusion aux «valeurs républicaines» en parlant du système éducatif dont Jules Ferry a été en grande partie le créateur. Quels aspects de cette école vous semblent les plus «républicains»?

Culture contemporaine

La fac des sciences—«Jussieu»

En 1970, l'Université de Paris a été divisée en treize universités dans la capitale et sa banlieue. Parmi ces universités, on compte la «fac des sciences», qu'on a l'habitude d'appeler «Jussieu». L'architecture tubulaire et le caractère répétitif des éléments préfabriqués sont assez typiques des structures universitaires conçues pendant les années soixante. En France, sur 1 000 habitants, 36 font des études supérieures. La France occupe ainsi le troisième rang parmi les pays occidentaux derrière le Canada (41) et l'Espagne (38) mais devant, par exemple, les Etats-Unis (31), l'Allemagne (26), le Royaume-Uni (18) et l'Italie (15).

L'Université des Antilles et de la Guyane: l'UAG

Devenue une véritable université depuis 1982, ses campus guadeloupéens, martiniquais et guyanais sont saturés de plus de 12 000 étudiants. Les amphithéâtres sont souvent surpeuplés et les conditions de travail laissent beaucoup à désirer. En 1995, pour manifester leur mécontentement, les étudiants, s'inspirant des étudiants en France métropolitaine, ont lancé une grève qui a duré un mois. Depuis ce temps-là, des progrès ont été accomplis sur les campus de l'UAG. Les étudiants antillais peuvent y préparer des maîtrises dans une assez grande variété de matières sans quitter leur île. Bien sûr, en métropole, le choix est beaucoup plus ouvert, mais comment supporter le climat d'Europe quand on a connu la fac sous les tropiques?

La fac des sciences—«Jussieu»

Les établissements privés et l'apprentissage

Traditionnellement, l'université française forme des penseurs, des étudiants sélectionnés sur la base de l'intelligence conceptuelle. Mais de plus en plus d'établissements privés d'enseignement supérieur préparent des jeunes à une insertion professionnelle en France. La formation par apprentissage offre un excellent moyen de réconcilier la connaissance théorique et la pratique. Elle prépare à un diplôme de l'enseignement technique reconnu et offre, en même temps, une véritable expérience professionnelle.

D. Lorsque le nombre d'étudiants inscrits dans les universités (les effectifs) augmente radicalement, quels sont les problèmes auxquels l'administration doit faire face? Dans un pays comme la France, où toute personne ayant le bac peut s'inscrire à l'université, faut-il envisager une sélection supplémentaire pour essayer de réduire les effectifs?

E. Dans une tradition bien française, pour manifester leur mécontentement, les étudiants font périodiquement appel à la grève. Est-ce que ces types d'arrêts de travail en manière de protestation font également partie des habitudes estudiantines chez vous aussi? Pourquoi?

F. Quel est, pour vous, le profil typique des étudiants qui s'inscrivent, en France, dans des établissements privés d'enseignement supérieur plutôt qu'à l'université? S'agit-il du même profil chez vous?

Note culturelle

Les élèves en année de terminale au lycée préparent non seulement l'examen du bac mais également leur vie à l'automne suivant. Avant de s'inscrire dans l'enseignement supérieur, il faut prendre certaines décisions provisoires sinon définitives. Va-t-on s'orienter vers une formation en faculté, les classes préparatoires aux concours d'entrée des grandes écoles, un institut universitaire de technologie (IUT), un Brevet de technicien supérieur (BTS)... ? En théorie, les inscriptions en première année commencent le jour des résultats du bac, mais en pratique, il y a souvent des procédures de recueil de vœux (concernant les filières que l'on désire suivre) et de préinscription. Les étudiants doivent donc se renseigner sur les inscriptions spéciales et les dates limites dans l'établissement où ils veulent aller. D'ailleurs, l'étudiant va être obligé de compter sur lui-même de plus en plus souvent, car une série d'épreuves plus ou moins difficiles marque cette première année de l'enseignement supérieur qu'on appelle parfois le parcours du combattant.

Dans la plupart des cas, que ce soit en IUT, en BTS ou en fac, la première étape comprend deux années d'études qui mènent à un diplôme. Le DUT (Diplôme universitaire de technologie) ou le BTS, qui s'obtient dans certains lycées ou dans une école privée plutôt qu'en fac, sont des diplômes professionnels qui ont été conçus pour la préparation à la vie active. Dans les universités, avec le Deug (Diplôme d'études universitaires générales) obtenu à la fin de la deuxième année, l'étudiant peut avoir accès au deuxième cycle (la licence et la maîtrise) de l'enseignement supérieur long. Mais depuis les événements de mai 1968, des réformes bouleversent régulièrement l'université. Voici certains aspects d'un effort récent cherchant à «simplifier» le système.

Fin juin-début juillet, lorsque les résultats du bac sont connus, les futurs étudiants doivent retirer un dossier d'inscription à l'université et le renvoyer au plus vite. En cas d'admission, l'université fixe une date à laquelle l'étudiant doit se présenter pour l'inscription définitive. Dans les facs parisiennes, les futurs bacheliers ont déjà indiqué, dès mars-avril, la discipline dans laquelle ils désirent s'inscrire ainsi qu'une ou deux facs où ils souhaitent être admis. Et même si l'on est parmi ceux qui n'obtiennent ni la filière ni l'établissement désirés, tout bachelier trouve une place en fin de compte.

Le mois d'octobre arrive enfin. Les nouveaux étudiants participent à une semaine d'orientation et d'information avant le début des cours. On est inscrit pour préparer un Deug précis, car il faut, dès le début, choisir parmi les neuf voies possibles: droit, lettres et langues, arts, sciences humaines et sociales, sciences, technologie industrielle, économie et gestion, administration économique et sociale, et sciences et techniques des activités physiques et sportives. Pendant environ un semestre, on suit un enseignement dans plusieurs disciplines associées au Deug sélectionné. A la fin de cette période, il faut choisir une discipline «majeure» dans laquelle on doit suivre la moitié des enseignements qui mènent à son Deug, et c'est la majeure qui détermine la «mention» ou nom du diplôme qu'on prépare. Par exemple, un Deug «lettres et langues» peut comporter comme majeure «langues étrangères appliquées». Les autres enseignements qui font partie du cursus constituent une «mineure» et déterminent le nom de l'«option», par exemple: «Deug lettres et langues, mention LEA, option anglais-allemand». Dans tous les cas, il est obligatoire de suivre des enseignements de langue française et d'informatique.

L'accès au deuxième cycle universitaire se fait sans difficulté pour les titulaires d'un Deug qui correspond à la même mention de licence. Les étudiants désirant changer d'orientation doivent avoir suivi au moins la mineure de leur nouvelle spécialité, plus certains modules complémentaires. On commence donc par des enseignements généraux en expression orale et écrite, en méthodes de travail, puis on finit par se spécialiser—mais par étapes.

Le ministère de l'Education nationale, dont dépendent toutes les universités, s'est donné comme priorité de rendre les formations universitaires plus souples et plus adaptées aux besoins des étudiants et, en fin de compte, du pays. Il y a actuellement un peu plus de 1,5 million d'étudiants français inscrits en fac. Les droits d'inscription sont toujours assez modiques, mais les étudiants dépensent en moyenne 5 000 francs par mois pour le logement, les loisirs, l'alimentation et le transport.

Discussion

G. Imaginez que vous êtes en terminale au lycée et que vous voulez établir votre calendrier pour cette année si importante. D'abord, quels choix devez-vous faire en ce qui concerne votre formation future? Si vous choisissez une filière universitaire, que devez-vous faire dès que vous recevez les résultats du bac? Et à partir du mois d'octobre, que se passe-t-il?

H. Reprenez dans le détail la ***Note culturelle*** pour comparer vos propres expériences et la série des formalités qui doivent être remplies par les étudiants en France. En quoi vos parcours ont-ils été semblables et différents?

I. Près d'un étudiant sur deux ne parvient pas à obtenir de diplôme de fin de premier cycle en France. Ce résultat vous paraît-il excessif, normal... ? A quelle(s) cause(s) peut-on attribuer un tel phénomène?

Expansion

J. Entre 1192—date de sa fondation—et 1970, quand elle a donné naissance à treize universités, l'Université de Paris a subi plusieurs transformations au sujet desquelles vous possédez maintenant certains détails. Que savez-vous du système universitaire francais?

K. Vous savez maintenant que l'instruction publique en France, malgré certains efforts de décentralisation, dépend principalement de l'autorité de l'Etat. Préparez une liste d'arguments qu'on peut proposer pour justifier un système d'éducation nationale et une deuxième liste d'arguments contre une telle organisation des études à tous les niveaux.

Vocabulaire actif

Les activités

apprendre par cœur to memorize
assister à to attend
échouer to fail
faire des études (de) to study, to major (in)
former to educate, to prepare
s'inscrire to register, to enroll
loger to lodge, to live
s'orienter to choose a course of study
se préinscrire to preregister
se rattraper to make up
recevoir (un diplôme) to finish a course of study, to graduate
régler to settle, to pay
remplir to fill out
retirer to obtain, to withdraw
sécher un cours to cut a class *(coll.)*
subir to undergo

A la fac

un **amphithéâtre (amphi)** lecture hall
un **apprentissage** apprenticeship
un **bachelier** / une **bachelière** baccalaureate holder
le **BTS (Brevet de technicien supérieur)** technical degree obtained at secondary level
la **cité universitaire** residence hall complex
une **classe préparatoire** preparatory class (for the entry exam to the **grandes écoles)**
une **conférence** lecture
un **conseiller** / une **conseillère** adviser
le **contrôle continu des connaissances** periodic testing
une **copie** exam paper
un **cours magistral** lecture by the professor
un **cursus** course of study
le **Deug (Diplôme d'études universitaires générales)** degree obtained after two years of university study
le **deuxième cycle** second level of higher education
un **diplôme** diploma, degree
un **dossier** record, transcript
le **DUT (Diplôme universitaire de technologie)** technical degree obtained at university level
l'**enseignement** *(m)* teaching, instruction, education
une **épreuve** test
les **études** *(f pl)* course of study
_____ **supérieures** graduate school
une **fiche** form
une **formation** education, academic preparation
les **frais d'inscription** *(m pl)* tuition, registration fees
HEC (Ecole des hautes études commerciales) prestigious business school
l'**informatique** *(f)* computer science
les **inscriptions** *(f pl)* registration
une **insertion** entry into
un **IUT (institut universitaire de technologie)** Technical Institute
la **licence** first diploma after **Deug** (3 years of university study)
la **maîtrise** master's degree, one year beyond **licence**
une **majeure** major
une **manifestation** demonstration
une **matière** subject
une **mention** honors (on the **bac** exam), degree concentration
une **mineure** minor
le **ministère de l'Education nationale** Department of Education
un **module** unit
une **moyenne** average
un **niveau** level
une **note** grade
une **orientation** direction of study
un **polycopié** reproduced set of lecture notes
la **première** next to last year of **lycée**
le **recueil de vœux** choice of preferences
le **repêchage** second chance
le **Resto U (RU)** university restaurant
une **spécialisation** major (field of study)
la **terminale** last year of **lycée**
les **travaux pratiques** *(m pl)* drill, laboratory, or discussion sections
une **unité de valeur** credit
la **vie active** work

Les caractéristiques

admis(e) accepted
au fur et à mesure bit by bit
déçu(e) disappointed
démodé(e) old-fashioned
facultatif(-ive) optional
gratuit(e) free
provisoire temporary
reçu(e) passed (an exam)
sélectif(-ive) selective
surpeuplé(e) crowded

Exercices de vocabulaire

A. Quels sont les termes du ***Vocabulaire actif*** qui s'appliquent à chacun des thèmes suivants?

1. le bac et l'accès à l'université
2. les inscriptions
3. les cours
4. les examens
5. le logement et la nourriture

B. Quelle expression de la liste de droite peut-on associer à chaque verbe de la liste de gauche? Il y a souvent plus d'un choix possible.

1. choisir	a. des épreuves
2. échouer	b. le(s) cours
3. retirer	c. la cité universitaire
4. s'inscrire	d. des fiches
5. loger	e. une orientation
6. régler	f. des travaux pratiques
7. remplir	g. un dossier
8. sécher	h. une mention
9. subir	i. les frais d'inscription
10. assister à	j. des conférences

Cahier: Activités orales: A, B

C. Vous rencontrez un groupe d'étudiants francophones qui passent l'année scolaire dans votre université. Ils connaissent tous le système d'enseignement de leur pays, mais ils sont un peu perdus par rapport au système universitaire américain. Employez les termes suivants pour expliquer la vie universitaire américaine à ces étudiants.

sécher des cours	la formation professionnelle
les inscriptions	les notes
une spécialisation	les cours obligatoires
des unités de valeur	les frais d'inscription
se préinscrire	échouer
des cours magistraux	recevoir un diplôme
une mineure	loger

Cahier: Activités orales: C, D

Structures I

Formation of the Present Subjunctive

The subjunctive is a mood, that is, an entirely different way of talking about the world around us. The subjunctive is not used to report the world as it is **(Je pars),** as it was **(Je suis parti[e]),** or as it will be **(Je vais partir / Je partirai);** such cases call for the indicative. Rather, the subjunctive is used to express the world as one would like it to be **(Vous préférez que je parte),** as seen through the subjective filter of one's emotions **(Vous êtes surpris[e] que je parte),** or as viewed in one's opinions **(Vous n'êtes pas sûr[e] que je parte).** Actions are, therefore, presented not as facts but as hypotheses **(Je vais partir pourvu que vous veniez avec moi),** or as events influenced by the subjectivity of the person who is speaking **(Je vais partir, bien que vous veniez avec moi).**

The subjunctive is not prevalent in English today, although some of our common speech patterns may involve its use.

*I wish John **were** here.*
*It is imperative **that you be** here on time.*
*I recommend **that he go** to the doctor.*

Modern French makes more extensive use of the subjunctive than does English. It is an important construction that you will hear often and need to know how to use.

There are four tenses of the subjunctive mood: the **present,** the **past,** the **imperfect,** and the **pluperfect** subjunctive. The latter two are literary tenses that have limited use in modern French.[1] There is no future tense of the subjunctive. An action in the future is expressed by the present subjunctive.

Regular Subjunctive Forms

The formation of the present subjunctive is the same for all regular conjugations (**-er, -ir, -re**). To form the present subjunctive, drop the **-ent** ending of the **ils** form of the present indicative and add the following endings: **-e, -es, -e, -ions, -iez, -ent.**

parler (ils parl~~ent~~)	**finir** (ils finiss~~ent~~)	**répondre** (ils répond~~ent~~)
que je parl**e**	que je finiss**e**	que je répond**e**
que tu parl**es**	que tu finiss**es**	que tu répond**es**
qu'il / elle / on parl**e**	qu'il / elle / on finiss**e**	qu'il / elle / on répond**e**
que nous parl**ions**	que nous finiss**ions**	que nous répond**ions**
que vous parl**iez**	que vous finiss**iez**	que vous répond**iez**
qu'ils / elles parl**ent**	qu'ils / elles finiss**ent**	qu'ils / elles répond**ent**

Most irregular verbs in **-ir** and **-re** (**lire, écrire, dormir, partir, mettre,** etc.) follow a regular pattern in the formation of the present **subjunctive.**

1. Les parents adorent donner en exemple à leurs enfants ce que font «les autres». Ici, M. et Mme Dumont font allusion *(are referring)* aux amis de leurs enfants. Complétez la réaction des enfants en mettant le verbe indiqué à la forme appropriée du subjonctif.

1. —Ils **réussissent** au bac.
   —Et bien sûr, vous voulez aussi que nous ________ au bac.
2. —Ils n'**échouent** jamais aux examens.
   —Croyez-vous que nous ________ aux examens?
3. —Ils **écrivent** d'excellentes dissertations.
   —Mais même au niveau secondaire, il faut que Bruno ________ de bonnes dissertations.
4. —Ils **s'entendent** bien avec leurs professeurs.
   —Vous ne croyez pas que je ________ bien avec mes profs?
5. —Ils **obéissent** à toutes les règles de l'université.
   —Mais, il est essentiel que tout le monde ________ aux règles de l'université.
6. —Ils **lisent** tous les manuels de cours.
   —Il n'est pas suprenant qu'ils ________ tous les manuels.
7. —Ils **suivent** les cours les plus difficiles.
   —Mais, il est essentiel qu'on ________ quelques cours difficiles.

[1] For a discussion of the imperfect and pluperfect subjunctive, see *Appendix A.*

Irregular Subjunctive Forms

Certain irregular verbs have regular subjunctive stems but undergo spelling changes in the **nous** and **vous** forms that correspond to similar irregularities in the stem of the present indicative.

croire (ils croi~~ent~~)	**voir** (ils voi~~ent~~)	**prendre** (ils prenn~~ent~~)	**devoir** (ils doiv~~ent~~)
que je croi**e**	que je voi**e**	que je prenn**e**	que je doiv**e**
que tu croi**es**	que tu voi**es**	que tu prenn**es**	que tu doiv**es**
qu'il / elle / on croi**e**	qu'il / elle / on voi**e**	qu'il / elle / on prenn**e**	qu'il / elle / on doiv**e**
que nous **croyions**	que nous **voyions**	que nous **prenions**	que nous **devions**
que vous **croyiez**	que vous **voyiez**	que vous **preniez**	que vous **deviez**
qu'ils / elles croi**ent**	qu'ils / elles voi**ent**	qu'ils / elles prenn**ent**	qu'ils / elles doiv**ent**
	venir (ils vienn~~ent~~)	**tenir** (ils tienn~~ent~~)	**boire** (ils boiv~~ent~~)
	que je vienn**e**	que je tienn**e**	que je boiv**e**
	que tu vienn**es**	que tu tienn**es**	que tu boiv**es**
	qu'il / elle / on vienn**e**	qu'il / elle / on tienn**e**	qu'il / elle / on boiv**e**
	que nous **venions**	que nous **tenions**	que nous **buvions**
	que vous **veniez**	que vous **teniez**	que vous **buviez**
	qu'ils / elles vienn**ent**	qu'ils / elles tienn**ent**	qu'ils / elles boiv**ent**

Irregular Subjunctive Forms, suggestion: To add variety and to change pace, ask simple personalized questions or do sentence completions that enable students to use the verbs in context (e.g., **Pour réussir à l'université, il est important qu'on...**). Do not have students choose between the indicative and subjunctive at this point.

Stem-changing verbs undergo the same spelling changes in the present subjunctive as in the present indicative.[2]

A few verbs have totally irregular stems in the present subjunctive.

	avoir	**être**	**aller**
	que j'**aie**	que je **sois**	que j'**aille**
	que tu **aies**	que tu **sois**	que tu **ailles**
	qu'il / elle / on **ait**	qu'il / elle / on **soit**	qu'il / elle / on **aille**
	que nous **ayons**	que nous **soyons**	que nous **allions**
	que vous **ayez**	que vous **soyez**	que vous **alliez**
	qu'ils / elles **aient**	qu'ils / elles **soient**	qu'ils / elles **aillent**
savoir	**faire**	**vouloir**	**pouvoir**
que je **sache**	que je **fasse**	que je **veuille**	que je **puisse**
que tu **saches**	que tu **fasses**	que tu **veuilles**	que tu **puisses**
qu'il / elle / on **sache**	qu'il / elle / on **fasse**	qu'il / elle / on **veuille**	qu'il / elle / on **puisse**
que nous **sachions**	que nous **fassions**	que nous **voulions**	que nous **puissions**
que vous **sachiez**	que vous **fassiez**	que vous **vouliez**	que vous **puissiez**
qu'ils / elles **sachent**	qu'ils / elles **fassent**	qu'ils / elles **veuillent**	qu'ils / elles **puissent**

[2] See ***Appendix B.***

2. Voici des phrases qui résument un désaccord typique entre parents et enfants au sujet des études. Complétez les phrases par la forme appropriée du **subjonctif.**

1. Mes parents veulent que je (faire) ______ des études de commerce.
2. Ils désirent que j'(avoir) ______ une belle carrière et que je (être) ______ membre d'une profession libérale.
3. Pour moi, il faut qu'un individu (pouvoir) ______ faire ce qu'il veut faire et qu'il (être) ______ heureux.
4. Mes parents ont peur que je n'(aller) ______ pas à l'université et que je ne (prendre) ______ pas mon avenir au sérieux.
5. J'ai peur que mes parents ne (comprendre) ______ pas l'importance du bonheur individuel.
6. C'est dommage qu'ils n'(avoir) ______ pas confiance en moi.
7. Je veux que mes parents (être) ______ fiers de moi.
8. Mais, en même temps, je ne crois pas qu'on (pouvoir) ______ mener sa vie pour les autres.

Cahier: Activité orale: E

Formation of the Past Subjunctive

Formation of the Past Subjunctive: Review the subjunctive of **avoir** and **être.** Remind students that past participle formation is the same as for the **passé composé.**

The past subjunctive follows the same pattern of formation as the **passé composé.** It is formed by combining the present subjunctive of the auxiliary verb **avoir** or **être** with the past participle of the main verb.

parler
que j'**aie parlé**
que tu **aies parlé**
qu'il / elle / on **ait parlé**
que nous **ayons parlé**
que vous **ayez parlé**
qu'ils / elles **aient parlé**

finir
que j'**aie fini**
que tu **aies fini**
qu'il / elle / on **ait fini**
que nous **ayons fini**
que vous **ayez fini**
qu'ils / elles **aient fini**

répondre
que j'**aie répondu**
que tu **aies répondu**
qu'il / elle / on **ait répondu**
que nous **ayons répondu**
que vous **ayez répondu**
qu'ils / elles **aient répondu**

partir
que je **sois parti(e)**
que tu **sois parti(e)**
qu'il / elle / on **soit parti(e)**
que nous **soyons parti(e)s**
que vous **soyez parti(e)(s)**
qu'ils / elles **soient parti(e)s**

se lever
que je **me sois levé(e)**
que tu **te sois levé(e)**
qu'il / elle / on **se soit levé(e)**
que nous **nous soyons levé(e)s**
que vous **vous soyez levé(e)(s)**
qu'ils / elles **se soient levé(e)s**

3. Vous écrivez à un(e) correspondant(e) en France au sujet de votre premier semestre à l'université. Mettez les verbes indiqués au **passé du subjonctif.**

1. Certains de mes amis sont surpris que je (aller) ______ à la fac.
2. Mais c'est la meilleure décision que j'(prendre) ______.
3. Les cours obligatoires sont les cours les plus difficiles que j'(suivre) ______.
4. Bien qu'on (écrire) ______ beaucoup en cours d'anglais, ça a été un cours très utile.
5. J'étais heureux(-euse) qu'on (lire) ______ des livres si intéressants en cours d'anglais.
6. Le prof n'était pas content que tant d'étudiants (venir) ne ____ pas ______ à sa conférence.
6. Mes parents étaient contents que j'(faire) ______ un si bon travail à l'université.
7. J'ai été surpris(e) qu'un de mes copains (échouer) ______ à son examen de maths.
8. Ma famille était heureuse que j'(réussir) ______ dans tous mes cours et que je (s'amuser) ______ à l'université.

Lexique personnel

Suggestion: Have students prepare their personalized vocabulary lists at home. Then, in class, have students work in small groups to compare lists.

A la fac

Chercher les mots qui correspondent aux thèmes suivants:

1. les cours obligatoires que vous avez suivis
2. les cours facultatifs que vous avez suivis
3. les cours que vous suivez ce semestre
4. votre spécialisation, par exemple:
   Je fais des études de...
   Je suis spécialiste de...
   Je me spécialise en...
5. la profession que vous pensez exercer
   Je pense devenir...

En utilisant le vocabulaire du chapitre et votre lexique personnel, répondez aux questions suivantes.

1. Vous êtes étudiant(e) en quelle année à l'université (première, deuxième, troisième, quatrième)?
2. Quels cours obligatoires avez-vous suivis? Est-ce que l'étude des langues étrangères est obligatoire ou facultative dans votre université?
3. Quelles études faites-vous à l'université?
4. Quels cours suivez-vous ce semestre? Sont-ils tous obligatoires?
5. Avez-vous un conseiller pédagogique? Est-ce qu'il / elle vous aide à établir votre programme d'études?

Structures II

Uses of the Subjunctive

Uses of the Subjunctive: The various uses of the subjunctive are introduced and practiced individually before being combined in the **Pratique, Synthèses,** and end-of-chapter activities.

The usual construction requiring the use of the subjunctive consists of a main clause containing a verbal expression that implies doubt or subjectivity followed by a subordinate clause with a change of subject introduced by **que.**

Il **doute que je finisse** à l'heure.	*He **doubts that I'll finish** on time.*

The use of the subjunctive in the subordinate clause is caused by an expression in the main clause that requires a shift in the mood of the verb from the indicative (fact) to the subjunctive (doubt or subjectivity).

The two essential elements that call for the use of the subjunctive are implied doubt or subjectivity and change of subject. If either one of these elements is missing, the subjunctive is not used.

- If you remove the element of doubt, the subjunctive is not required.

Il est certain que je vais finir à l'heure.	***It is certain that I'll finish** on time.*

- If there is no change of subject, there is no need for a second clause with a verb in the subjunctive. In such cases, the main verb will be followed by an infinitive.

Je **veux finir** à l'heure.	***I want to finish** on time.*

- The past subjunctive is used in the same type of construction as the present subjunctive. There is a main clause containing an expression that implies doubt or subjectivity followed by a subordinate clause with a different subject.

  The verb in the subordinate clause is in the past subjunctive when the action of that verb has taken place prior to the action of the main verb.

  Ses parents **doutent qu'il ait fait** de son mieux l'année dernière.
  Le prof **n'était pas sûr qu'elle soit venue** en classe hier.
  Nous **sommes contents que vous ayez réussi** à l'examen.

  Note from the preceding examples that the tense of the main verb has no effect on the tense of the subjunctive verb. If the subordinate action has taken place prior to the main action, use the past subjunctive. In all other cases, the present subjunctive is used.

Rappel! Rappel!

The keys to using the subjunctive are:

1. Learn the specific types of expressions that may require the use of a subjunctive verb in a subordinate clause.
2. Check to see if the element of doubt or subjectivity is present in the main clause.
3. Verify whether the subjects of the two verbs are different or the same. When the two subjects are different, use the subjunctive in the subordinate clause. When the subjects are the same, use a conjugated verb followed by an infinitive.
4. Verify the sequence of the actions in the main clause and the subordinate clause. If the action of the subordinate clause has taken place prior to the action of the main clause, put the verb in the subordinate clause in the past subjunctive.

Expressions of Doubt, Emotion, Will, and Thought

Expressions of doubt, emotion, will, and thought usually require the subjunctive in the subordinate clause when there is a change of subject and when the context implies doubt or subjectivity.

A. **Doubt:** When used affirmatively or interrogatively, the expressions **douter** and **être douteux** require the subjunctive in a subordinate clause.

> **Je doute que le prof comprenne** le problème.
> **Doutez-vous que je puisse** réussir?
> **Il est douteux qu'il ait fait** des études supérieures.
> **Est-il douteux qu'elles reçoivent** leurs diplômes en juin?

When used negatively, however, expressions of doubt require the indicative in the subordinate clause.

> **Il n'est pas douteux qu'elles vont recevoir** leurs diplômes en juin.
> **Je ne doute pas que M. Dubois est** un très bon professeur.

1. M. et Mme Dumont parlent de l'avenir de leurs enfants. Complétez leur conversation en mettant les verbes entre parenthèses à la forme appropriée du **subjonctif** ou de l'**indicatif** selon le contexte.

—Tu sais, Jacqueline, je doute quelquefois que Philippe (choisir) ________ une bonne carrière.

—Et Béatrice, tu doutes aussi qu'elle (faire) ________ de bonnes études?

—Non, pour elle, je ne doute pas qu'elle (aller) ________ pouvoir réussir ses projets d'avenir dans une école de commerce. Mais, il est douteux que Bruno (être) ________ reçu au bac, tu sais.

—Hein, qu'est-ce que tu dis? Je ne doute pas du tout, moi, qu'il (réussir) ________ son bac. Le problème est le suivant: il est douteux que tu (avoir) ________ confiance en lui.

—Pas vraiment! Il n'est pas douteux que Bruno (être) ________ intelligent; la question n'est pas là!

—Je suppose que tous les parents doutent quelquefois que leurs enfants (pouvoir) ________ se débrouiller. Mais on ne doute jamais que ses enfants (être) ________ capables, pas vrai?

B. **Emotion:** Expressions of emotion are considered to be subjective statements and require the subjunctive after a change of subject, whether used affirmatively, negatively, or interrogatively.

Je **suis contente qu'il ait été reçu** à son bac.
Elle **est heureuse que son ami aille** à la même université qu'elle.
M. Dumont **est triste que Philippe ne fasse pas** des études de médecine.
Ses parents **étaient fâchés que Monique ait échoué** à un examen important.
Je **suis désolé que tu ne sois pas reçu** à l'institut universitaire de technologie.
Etes-vous vraiment surpris que j'aie une mauvaise moyenne en maths?
Nous **avons peur qu'il (n') y ait** trop d'examens dans ce cours.[3]
Je **regrette que vous n'ayez pas réussi** à l'examen.

Note that after expressions of emotion, when there is no change of subject, an infinitive preceded by **de** is used.

Je **suis content de réussir.**	***I'm happy to succeed.***
Elle **est heureuse de venir.**	***She's happy to come.***

Activité 2: This exercise may be done as directed questioning or in pairs. If done in pairs, have teams report what they have learned about each other (e.g., **J'ai parlé avec Monique. Ses parents sont contents qu'elle ait choisi cette université.**).

2. Choisissez un élément dans chaque colonne, puis posez des questions à d'autres étudiants sur les préoccupations de leur famille.

tes parents ta famille	être content(e) que être surpris(e) que être heureux(-euse) que être fâché(e) que avoir peur que	être à la fac choisir cette université avoir une spécialisation pratique suivre un cours de français avoir une bonne / mauvaise moyenne trouver un bon poste réussir dans la vie faire des études de...

[3] After **avoir peur** (and other expressions of fear) you may encounter a **ne** before a subjunctive verb used in the affirmative. This is a stylistic device that has become optional in spoken French. If the subjunctive verb is used negatively, both **ne** and **pas** (or another negative) are required, as in any other negative construction.

3. Voici des phrases entendues au cours d'une conversation entre des amis français. Mettez devant chaque phrase l'expression entre parenthèses. Ensuite décidez si le verbe de la phrase originale doit être au **subjonctif** ou à l'**infinitif.**

MODELES (J'ai peur) J'échoue à l'examen.
J'ai peur d'échouer à l'examen.
(J'ai peur) Tu ne finis pas ta dissertation.
J'ai peur que tu ne finisses pas ta dissertation.

1. (Nous sommes heureux) Notre copine réussit bien en maths.
2. (Etes-vous surpris) Je suis admis à l'université?
3. (Mes parents ne sont pas surpris) Je fais des études à la fac.
4. (Nous sommes désolés) Notre prof de physique part l'année prochaine.
5. (N'es-tu pas content) Tu as de bons résultats?
6. (J'ai peur) Vous ne comprenez pas la difficulté du système éducatif en France.
7. (Mon copain regrette) Il ne peut pas faire des études en France.
8. (Mon amie Sophie a peur) Ses meilleurs copains ne réussissent pas au bac.

Interactions

Activité 1. Vous avez quelquefois des doutes? Nous avons tous des doutes sur ce que font ou disent les personnes autour de nous (nos amis, les politiciens, les journalistes, les acteurs, les célébrités, etc.). Partagez cinq de ces doutes.

MODELE Je doute que le président américain devienne socialiste.

Activité 2, suggestion: To save time, have students prepare their statements as homework. Then use the results as warm-up for the next day's discussion.

Activité 2. Des regrets. Dites trois choses que vous regrettez de ne pas avoir faites. Ensuite, exprimez trois de vos regrets en ce qui concerne la société en général.

MODELES Je regrette de ne pas être allé(e) en France l'été dernier.
Je regrette qu'il y ait tant de gens sans domicile fixe.

Activité 3. Mes parents et moi. Faites une liste de cinq de vos activités que vos parents approuvent. Puis faites une liste de cinq de vos activités qui les surprennent.

MODELES Mes parents sont heureux que je fasse des études à l'université.
Mes parents sont surpris que je ne dorme que cinq heures par nuit.

C. **Will:** Expressions of will are considered to be statements of the speaker's personal desire or preference and require the subjunctive when there is a change of subject in the subordinate clause.

vouloir
Je **veux que vous finissiez** vos devoirs.
*I **want you to finish** your homework.*

désirer
Ils **désirent que j'aille** à l'université.
*They **want me to go** to the university.*

préférer
Elle **préfère que son fils soit** médecin.
*She **prefers her son to be** a doctor.*

souhaiter
Je **souhaite que tu finisses** tes études cette année.
***I wish you would finish** your studies this year.*

The following verbs of ordering or forbidding are also expressions of will. In everyday conversation, however, these verbs are not used in ways that require the subjunctive. They are followed by a noun object introduced by **à,** which in turn is followed by an infinitive introduced by **de.** The noun object may be replaced by an indirect object pronoun that precedes the verb.

demander à (quelqu'un) **de** (faire quelque chose)
M. Dumont **a demandé à son fils de faire** des études de médecine.

dire à (quelqu'un) **de** (faire quelque chose)
On **dit aux étudiants de s'inscrire.**

permettre à (quelqu'un) **de** (faire quelque chose)
Le conseiller **permet à l'étudiant de suivre** cinq cours.

conseiller à (quelqu'un) **de** (faire quelque chose)
Le prof **me conseille de passer** l'examen en octobre.

Rappel! Rappel!

To express a construction consisting of a verb of will followed by another verb form, you must determine if both verbs have the same subject. If the subjects are the same, the verb of will is followed by a dependent infinitive.

Je **veux finir** en juin.	***I want to finish** in June.*
Il **désire parler** au prof.	*He **wishes to talk** to the professor.*
Ils **préfèrent aller** à l'IUT.	*They **prefer to go** to the IUT.*

However, if the subject of the verb of will and the subject of the second verb are not same, the action in the subordinate clause must be expressed with the subjunctive.

Ses parents **veulent qu'il finisse** en juin.	*His parents **want him to finish** in June.*
Il **veut que nous parlions** au prof.	*He **wants us to talk** to the professor.*

4. Parlez des goûts des personnes suivantes en complétant chaque phrase par un verbe approprié au **subjonctif.**

1. Mes parents veulent que je...
2. Je désire que mes parents...
3. Mes amis préfèrent que nous...
4. Mes camarades de chambre veulent que je...
5. Mes professeurs souhaitent que les étudiants...
6. Notre prof de français désire que nous...
7. Mon ami(e) veut que je...
8. Je veux que mon ami(e)...

Activités 5, 6, suggestion: To give each student the opportunity to reflect before making a selection, have students prepare these exercises in advance, for homework, or with a partner.

5. A la terrasse d'un café en France, vous discutez avec des amis des relations parents-enfants vis-à-vis des études. Faites des phrases en employant les éléments indiqués. Soyez certain(e) de bien distinguer entre les phrases où il y a un changement de sujet et celles où le sujet reste le même.

1. les parents américains / désirer toujours / les enfants / réussir à l'école
2. moi aussi / je / vouloir / mes enfants / réussir
3. beaucoup de familles / vouloir / les enfants / faire / des études universitaires
4. par exemple / mon père / souhaiter / je / devenir / ingénieur
5. ah oui, en France / tous les parents / désirer / les jeunes / obtenir / leur bac
6. quelquefois / les jeunes / préférer / travailler / ou faire des études plus pratiques
7. mais les parents / préférer / on / choisir / des programmes plus traditionnels
8. moi, par exemple / je / vouloir / être / informaticien(-ne)

6. Quelquefois, il y a de vrais malentendus entre parents et enfants. Voici l'histoire d'Olivier. Reconstruisez ces phrases qui expliquent le problème qu'il a avec sa famille.

1. ses parents / lui / dire / aller à l'université
2. il / leur / demander / la permission / faire des études techniques
3. ils / lui / interdire / s'inscrire dans une école privée d'hôtellerie
4. Olivier / demander / à son conseiller / lui / donner son opinion
5. le conseiller / lui / suggérer / commencer ses études dans une faculté de lettres
6. enfin, Olivier / demander / à ses parents / changer d'avis
7. ils / lui / défendre / faire les études qu'il veut
8. pauvre Olivier, / ses parents / l'empêcher / réaliser son rêve

D. **Thought (Opinion):** The verbs **croire, penser,** and **espérer** require the subjunctive in a subordinate clause when used negatively or interrogatively. When used affirmatively, these verbs no longer imply doubt or subjectivity, and the verb in the subordinate clause is in the indicative.

—**Crois-tu qu'il comprenne** bien les conséquences de son choix?

—Oui, je **crois qu'il comprend** bien les conséquences de son choix, mais je **ne crois pas qu'il choisisse** bien son orientation.

—**Pensez-vous que ce soit** une bonne chose à faire?

—Je **ne pense pas qu'il soit** nécessaire de faire des études supérieures et je **pense qu'on peut** réussir dans la vie sans diplôme universitaire.

—**Est-ce que ses parents espèrent qu'elle devienne** avocate?

—Non, ils **n'espèrent pas qu'elle** devienne avocate, mais ils **espèrent qu'elle va** faire une bonne carrière.

When used negatively or interrogatively, the expressions **être certain(e)(s)** and **être sûr(e)(s)** require the subjunctive in a subordinate clause.

Elle **n'est pas certaine que vous vous rattrapiez.**	*She* ***isn't certain that you'll make it up.***
Sommes-nous certains qu'elle fasse de son mieux?	***Are we certain that she's doing*** *her best?*
Nous **ne sommes pas sûrs qu'il parte.**	*We* ***are not sure that he's leaving.***
Etes-vous sûr que je réponde bien?	***Are you sure that I'm answering*** *well?*

BUT:

Elle **est sûre qu'il fait** son travail.	*She* ***is sure that he's doing*** *his work.*
Je **suis certain qu'il dit** la vérité.	***I am certain that he's telling*** *the truth.*

Rappel! Rappel!

Pay special attention to the patterns in the uses of the subjunctive that you have studied to this point.

EXPRESSION	SUBJUNCTIVE	INDICATIVE
Doubt	Affirmatively Interrogatively	Negatively
Emotion	Affirmatively Negatively Interrogatively	
Will	Affirmatively Negatively Interrogatively	
Thought / Opinion	Negatively Interrogatively	Affirmatively

7. Posez des questions à vos camarades en utilisant des éléments de chaque colonne. Quand le / la camarade de classe répond, il / elle doit faire attention à l'emploi du **subjonctif** ou de l'**indicatif.**

Activité 7, follow-up: Any question in this exercise would make an interesting topic for group discussions, class debates, or for written compositions.

Crois-tu Penses-tu Es-tu sûr(e) Es-tu certain(e)	que	les études universitaires / être importantes les frais d'inscription / coûter trop cher les études / pouvoir être gratuites certains cours / être obligatoires les cours de langues / être nécessaires les examens / nous aider à apprendre la spécialisation / garantir un bon poste trop d'étudiants / se spécialiser en commerce

Interactions

Activité 1: Before doing the activity, have students talk about their university cafeteria. How is the food? What are the best and worst meals served? How much does a meal cost?

Activité 1. Les Resto U de la région parisienne. Après avoir examiné l'illustration ci-dessous qui donne des précisions sur les différents Resto U de la région parisienne, répondez aux questions suivantes.

1. Quel âge ont les deux Resto U les plus vieux? Y a-t-il une bonne ou une mauvaise ambiance? Nommez quelques avantages de ces deux restaurants.

RESTAURANT UNIVERSITAIRE	AGE	NOMBRE DE PLATS SERVIS CHAQUE JOUR	CADRE AMBIANCE	CHOIX DES PLATS	
CITEAUX (Paris)	17 ans	1100	★	★★	
PITIE-SALPETRIERE (Paris)	20 ans	2000	★★	★	
GRAND-PALAIS (Paris)	25 ans	1200	★	★★	
BULIER (Paris)	25 ans	3500	★	★★	
ASSAS (Paris)	60 ans	1000	★★★	★★★	
NECKER (Paris)	20 ans	3300	★	★	
CITE INTERNATIONALE (Paris)	60 ans	non communiqué	★★★	★★	
DESCARTES (Paris)	5 ans	1100	★★★	★★★	
CENSIER (Paris)	30 ans	2500	●	★	
NANTERRE	20 ans	5000	★	★	

excellent - superbe - nickel ★★★ bon - beau - propre ★★ bof - bof - passable ★

2. Combien de plats par jour sont servis par le Resto U le plus fréquenté? Quels sont les avantages de ce restaurant?
3. Le Resto U le plus moderne a pourtant des désavantages. Lesquels?
4. En général, quels sont les meilleurs et les plus mauvais plats servis dans les Resto U parisiens?
5. Ayant jeté un coup d'œil sur «Les + » et «Les – », dites quel Resto U est, selon vous, le meilleur? Lequel est le pire? Pourquoi?

Activités 2, 3, 4: All of these activities may be easily done in small groups. If class time is limited, assign each group a different activity. Then have each team summarize its discussion for the entire class.

Activité 2. Que souhaitez-vous? Faites une liste de cinq souhaits que vous voulez voir se réaliser pour certaines personnes de votre entourage (vos parents, vos amis, votre petit[e] ami[e]).

MODELE Je souhaite (je voudrais) que mes parents aient plus de temps libre.

Activité 3. Un sondage sur la vie à l'université. Vous voulez faire un sondage pour découvrir les problèmes principaux dans votre université. Préparez six questions pour les autres étudiants de la classe.

MODELE Penses-tu qu'il y ait assez de parcs de stationnement sur le campus?

QUALITE DU REPAS CHOISI	VISITE DES CUISINES	PERSONNEL	LES ⊕	LES ⊖
Carottes râpées . . . ★★ Steak haché . . . . ● Pommes de terre . . ★★ Pastèque . . . . ★ Petits suisses . . . . . . ★	●	★★	Flippers Petits déjeuners	Les consommateurs fument
Carottes râpées . . . . ★ Poulet . . . . ●● Purée . . . . ●● Fromage . . . . ★★ Pomme . . . . ★	●	★	Lumière du jour Menu brasserie Cafétéria 2 flippers	Fermé pendant les vacances
Pâté en croûte . . ★★★ Francfort . . . . ★★ Frites . . . . ★★★ Pêche . . . . ★ Gâteau . . . . ★	impossible sans autorisation du CROUS	★★	Four micro-ondes	Menu pas affiché Système de file d'attente aberrant
Macédoine . . . . ★ Poisson frit . . . . ★ Riz nature . . . . ★ Fromage Camembert . ★ Flan . . . . ★	★★	★	Ouvert midi et soir Ouvert 1 mois été Cafétéria Salle service rapide	
Chou-fleur . . . . ★ Chipolata + viande . ★★ Pommes de terre . . ★★ Flan . . . . ★ Petits suisses	★	●	Machine à café Micro-ondes	
Tomates + hareng . ★★ Rosbeef . . . . ★★ Spaghetti . . . . ★ Gâteau semoule . . . ★★ Yaourt	refusé	●	Cafétéria Micro-ondes	Pas de serviette Pas de menu affiché Pas de ticket au détail
Carottes râpées . . . . ★ Rognons en sauce . ★★★ Riz au safran . . . . ★★★ Fromage frais 1 pomme	★★	★★	Possibilité achat mousseux! Portemanteaux Micro-ondes Chaîne rapide Cafétéria + journaux et tabac Corbeille à pain sur la table Ouvert toute l'année Huile changée tous les 10 jours	Pas de serviette
Chou rouge . . . . . . ★★ Paupiettes . . . . . ★★★ Purée . . . . ★★★ Compote d'abricots . ★★	★★★	★★	3 salles Liquide accepté	1 seul Fermé le week-end Fermé l'été
Concombre . . . . ● Poisson pané . . . . . ●● Epinards . . . . ★ Abricots . . . . ★★ Glace	★	●	Cafétéria Ouvert de 11 h à 15 h 45 Ouvert le soir Liquide accepté Alternance week-end et été	
Tomates . . . . ★★ Truite . . . . ★★ Riz . . . . ★ Cake . . . . ★★ Yaourt	★★	★★★	4 salles avec menus différents Cafétéria Ouvert une grande partie de l'été Ouvert le samedi Ouvert le soir avec menu amélioré	

mauvais - moche - pas net ● **A éviter! ●●**

Les aliments sans notation sont des produits industriels (yaourts, petits suisses, ...)

Activité 4. Trois souhaits. Imaginez que vous pouvez réaliser trois souhaits. Que désirez-vous? Soyez magnanime et faites des souhaits pour les autres et non pour vous-même.

> **MODELE** Je souhaite que les gens sans domicile fixe puissent trouver un logement permanent.

The Subjunctive after Impersonal Expressions

An impersonal expression is any verbal expression that exists only in the third-person singular form and has **il** or **ce** (meaning *it)* as its subject. Impersonal expressions normally require the subjunctive in a subordinate clause because such generalizations imply that the statement being made is open to doubt or is the subjective opinion of the speaker.

The following is a list of some impersonal expressions that require the subjunctive.

Impersonal Expressions with **être**

il est nécessaire	*it is necessary*	**Il est nécessaire que vous fassiez** des études.
il est essentiel	*it is essential*	**Il est essentiel qu'il aille** en classe.
il est important	*it is important*	**Il est important que je choisisse** mes cours.
il est possible	*it is possible*	**Il est possible que vous** n'**ayez** pas **compris.**
c'est dommage	*it's a pity*	**C'est dommage qu'il** ne **réussisse** pas.
c'est triste	*it is sad*	**C'est triste qu'elle ait échoué** à l'examen.
il est surprenant	*it is surprising*	**Il est surprenant que ce cours soit** mauvais.
ce n'est pas la peine	*it's not worth the trouble*	**Ce n'est pas la peine qu'il vienne** me voir.

Impersonal Verbs

il faut	*it is necessary*	**Il faut que vous vous inscriviez.**
il vaut mieux	*it's better*	**Il vaut mieux que nous assistions** aux cours.
il semble	*it seems*	**Il semble que le cours finisse** en juin.
il se peut	*it's possible*	**Il se peut que vous ayez** tort.

The following impersonal expressions require the indicative in the subordinate clause when used affirmatively.

il est certain	*it's certain*	**il est clair**	*it's clear*
il est sûr	*it's sure*	**il est vrai**	*it's true*
il est probable	*it's probable*	**il paraît**	*it seems*
il est évident	*it's evident*	**il me semble**[4]	*it seems to me*

Il est certain que vous avez raison.
Il est vrai qu'il connaît l'université.
Il me semble que vous séchez trop de cours.

[4] Note that the expression **il semble** always requires the subjunctive, whereas **il me semble** requires the subjunctive only when used negatively or interrogatively.

If these expressions are used in the negative or interrogative, the subordinate clause is in the subjunctive.

Il n'est pas sûr que je réussisse à cet examen.
Il n'est pas probable qu'elles aillent à l'université.
Est-il clair qu'elle ait compris?

Rappel! Rappel!

In using impersonal expressions, if you are making a broad general statement rather than addressing a specific person, there is no need for a subordinate clause. In such cases, the impersonal expression is followed by an infinitive. The expressions involving **être** take the preposition **de** before the infinitive.

Il faut s'inscrire en août.
Il faut que vous vous inscriviez avant de partir en vacances.

Il vaut mieux assister à toutes les conférences.
Il vaut mieux qu'il assiste au cours de maths.

Il est nécessaire de remplir certains formulaires.
Il est nécessaire, monsieur, **que vous remplissiez** certains formulaires.

Il est important d'établir un bon programme.
Il est important qu'elles établissent un bon programme.

8. Votre ami du Sénégal va venir passer l'année dans votre université. Vous lui écrivez pour lui donner des conseils. Complétez chaque phrase en mettant les verbes entre parenthèses à la forme appropriée du **subjonctif** ou de l'**indicatif.**

1. D'abord, il est possible que les frais d'inscription (être) ______ augmentés pour l'année prochaine.
2. Il faut que tu (écrire) ______ au bureau des inscriptions pour savoir s'il va y avoir une augmentation.
3. Il est essentiel que tu (s'inscrire) ______ tout de suite aux cours que tu veux suivre.
4. Il est toujours possible que certains cours (être) ______ complets.
5. Il est important que tous les étudiants (venir) ______ à la première séance d'orientation.
6. Il est probable que tu (avoir) ______ au moins un camarade de chambre.
7. Il n'est pas sûr que nous (habiter) ______ la même résidence.
8. Il est important que ton conseiller (comprendre) ______ ta situation en tant qu'étudiant étranger.
9. C'est dommage que tu ne (pouvoir) ______ pas arriver plut tôt.
10. Il est certain que je (venir) ______ te chercher à l'aéroport.

Activité orale
Cahier: Activité orale: F

À écrire
Cahier: Activités écrites: A, B

Synthèses

A. Voici des phrases entendues au cours d'une soirée entre étudiants au moment de la rentrée. Composez une seule phrase en liant les deux propositions indiquées.

MODELES j'ai peur / Yves vient
J'ai peur qu'Yves (ne) vienne.

j' ai peur / je pars si tôt
J'ai peur de partir si tôt.

1. n'es-tu pas content / on vient chez toi ce soir
2. elle veut / on est à l'heure pour la soiréc
3. nous sommes désolés / Luc ne peut pas venir
4. tout le monde souhaite / elle se rattrape
5. je crois / il va revenir cette année
6. penses-tu / il est arrivé avant la rentrée
7. mon prof de français désire / je suis un cours avancé
8. ma mère est triste / je veux quitter l'université
9. mais j'ai peur / je ne réussis pas à ce cours
10. désires-tu / tu pars si tôt
11. je ne doute pas / ce prof est sévère
12. elle préfère / on va au cinéma demain soir
13. je suis étonné(e) / il a changé de spécialisation
14. j'espère / il me demande de sortir avec lui cette semaine
15. je souhaite / je finis mes études l'année prochaine

Cahier: Activités orales: G, H

B. Complétez les phrases suivantes en exprimant vos opinions personnelles sur votre université.

1. Il me semble que les étudiants ici...
2. Je pense que les livres qu'on achète à la librairie...
3. Je suis certain(e) que les profs...
4. Je voudrais que la bibliothèque...
5. Je doute que les étudiants...
6. Il paraît que notre restaurant universitaire...
7. Il est important que ma spécialisation...
8. Je crois que les cours obligatoires...
9. Je voudrais que ma résidence...
10. Il me semble que le plus gros problème à l'université...

Cahier: Activité orale: I

Interactions

Activités 1, 2, 3: Each of these activities may be done in pairs or small groups.

Activité 1. Des visiteurs. Un groupe de lycéens vient passer la journée sur le campus de votre université pour observer la vie quotidienne des étudiants et pour assister aux cours. Ils veulent que vous leur donniez des conseils. Qu'est-ce que vous leur dites?

MODELE Il est essentiel que vous alliez toujours en cours.

Activité 2. Voici ce qu'il faut faire. Votre meilleur(e) ami(e) va étudier une langue étrangère pour la première fois. Quels conseils voulez-vous lui donner?

MODELE Il est important que tu ailles souvent au laboratoire de langues.

Activité 3. Partir pour mieux parler. D'après cette page du *Monde de l'éducation,* il est recommandé à toute personne désirant apprendre une langue étrangère de faire un séjour à l'étranger.

1. Pourquoi est-ce que les langues étrangères sont encore plus importantes qu'autrefois en France?
2. Quels sont les avantages d'un séjour à l'étranger?
3. En dehors des universités, quels autres moyens y a-t-il de faire un séjour à l'étranger? Quels en sont les avantages? Les inconvénients?

Cahier: Activité orale: J

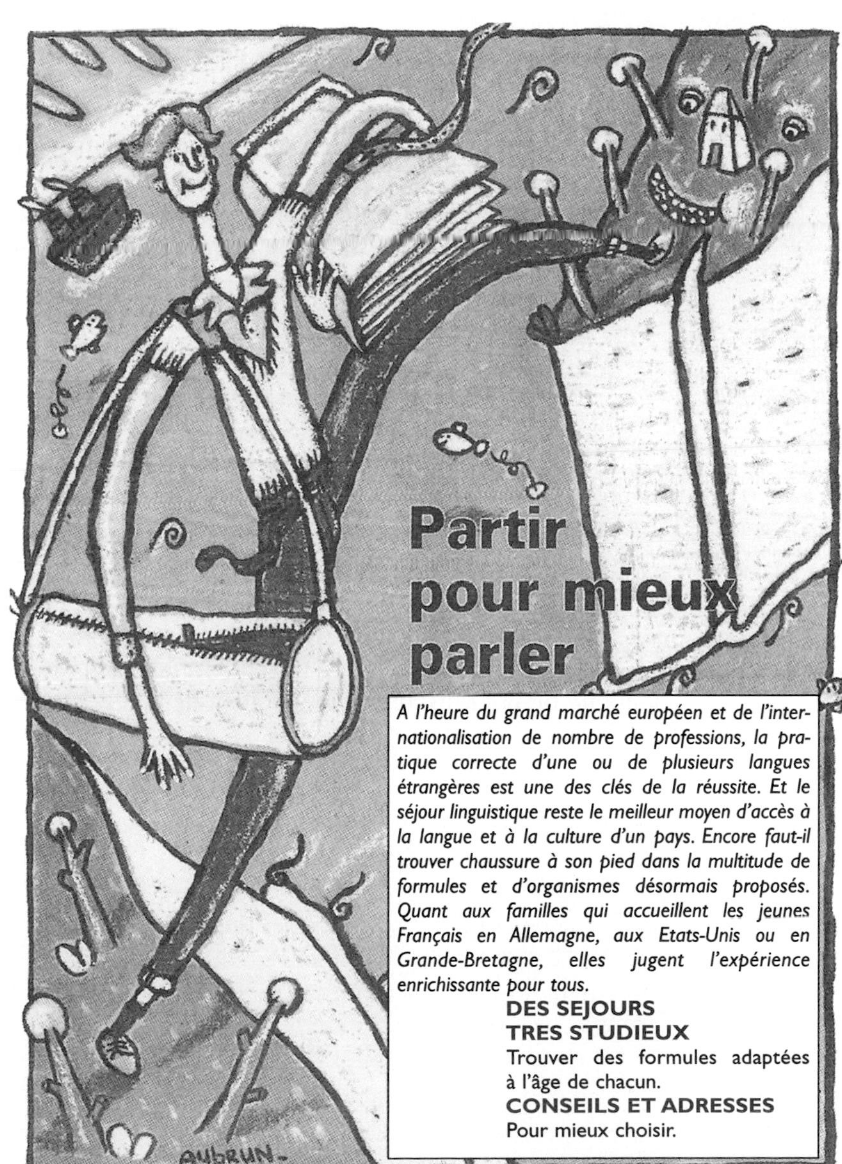

A l'heure du grand marché européen et de l'internationalisation de nombre de professions, la pratique correcte d'une ou de plusieurs langues étrangères est une des clés de la réussite. Et le séjour linguistique reste le meilleur moyen d'accès à la langue et à la culture d'un pays. Encore faut-il trouver chaussure à son pied dans la multitude de formules et d'organismes désormais proposés. Quant aux familles qui accueillent les jeunes Français en Allemagne, aux Etats-Unis ou en Grande-Bretagne, elles jugent l'expérience enrichissante pour tous.

DES SEJOURS TRES STUDIEUX

Trouver des formules adaptées à l'âge de chacun.

CONSEILS ET ADRESSES

Pour mieux choisir.

Pour s'exprimer

Avant de faire les activités qui suivent, écoutez la conversation entre Jim et Sébastien au sujet du système éducatif français.

CONTEXTE: Comme le font tous les ans beaucoup d'Américains, Jim passe sa troisième année universitaire dans une fac française. Sébastien vient d'arriver à la même université où il sympathise bientôt avec Jim. Chacun est curieux d'en savoir plus sur le système éducatif de l'autre. Il y a tant à apprendre sur les règlements, c'est-à-dire la partie officielle de l'enseignement supérieur, mais aussi sur son fonctionnement officieux, qui est souvent surprenant.

A l'écoute

1. Sébastien explique les cours qu'il a dû suivre pendant son année de terminale au lycée. En quoi consiste le programme qu'il a suivi? Est-ce très différent de ce que vous avez fait en dernière année? Quels résultats a-t-il obtenus à la fin de l'année?
2. Comme beaucoup de Français, Sébastien emploie dans la conversation des abréviations, comme «amphi» pour amphithéâtre. Combien de ces formes abrégées pouvez-vous trouver dans le dialogue? Faites une liste de toutes celles que vous ne comprenez pas du premier coup. Le contexte vous permet-il d'en deviner au moins le sens général?
3. Imaginez que c'est Sébastien qui vous demande: «Et ça coûte cher, tout ça?», en parlant des études universitaires chez vous. Répondez-lui. Employez, si possible, le vocabulaire du dialogue.
4. D'après l'explication donnée par Sébastien sur la vie sociale dans les universités françaises, en quoi ressemble-t-elle à la vie associative dans votre propre université? Quelles sont les différences?

A vous la parole

Voici une liste d'expressions souvent employées pour présenter une opinion personnelle ou pour discuter d'idées abstraites.

Vraiment, je suis surpris(e) que...
Pour ma part, je suis certain(e) que...
A mon avis, il est évident que...
Je pense que...
Franchement, je suis désolé(e) que...
Ah non, je ne crois pas que...
Quant à moi, je doute que...
Moi, je crois que...
Je ne pense pas que...
Personnellement, je regrette que...
A vrai dire, je ne suis pas sûr(e) que...

Exprimez vos propres opinions en formant de nouvelles phrases unissant les expressions qui précèdent aux considérations qui suivent. Faites tous les changements nécessaires. Un(e) camarade de classe doit ensuite donner sa propre opinion.

Considérations sur quelques aspects de la vie actuelle.

1. Pour réussir dans la vie, tout le monde a besoin de faire des études universitaires.
2. Les études universitaires doivent être plus orientées vers une formation professionnelle.
3. Les frais d'inscription coûtent trop cher.
4. L'énergie nucléaire est trop dangereuse.
5. Les manipulations génétiques vont beaucoup apporter à l'humanité.
6. L'union libre mène à des mariages plus durables.
7. Actuellement, il est trop facile d'obtenir le divorce.
8. Le gouvernement doit avoir un droit de censure sur les paroles des chansons de rock.
9. Il est nécessaire d'augmenter les impôts pour garantir une assurance maladie à tous les citoyens des Etats-Unis.
10. ???

Situations

The **Situations** section presents a variety of cumulative activities that may be done orally or assigned as written homework. They are designed to reinforce structures, vocabulary, and cultural information presented in the chapter.

1. Un(e) étudiant(e) français(e) vient passer l'année dans votre université. Chaque membre de la classe doit suggérer une activité qu'il est nécessaire (important, essentiel, bon, etc.) que l'étudiant(e) fasse pour suivre des cours ici et pour s'assurer une bonne année universitaire.
2. Plusieurs membres de la classe donnent leur avis sur ce qu'il est nécessaire (important, essentiel, bon, etc.) qu'une personne fasse (possède, soit, etc.) pour être heureuse dans la vie. Les autres étudiants vont donner leurs opinions.
3. En petits groupes, composez une liste d'au moins six réformes que vous croyez nécessaires dans votre université ou dans le système éducatif américain en général. Ensuite, comparez vos réponses à celles des autres groupes.
4. Vos parents veulent que vous fassiez des études de commerce. Vous avez décidé de vous spécialiser en français (ou en histoire, ou en anglais). Justifiez votre décision auprès de vos parents.

Structures III

The Subjunctive after Certain Conjunctions

The conjunctions on page 276 are followed by a subordinate clause with a verb in the subjunctive when there is a change of subject. If there is no change of subject, these conjunctions are followed by an infinitive. Note that in such cases, **que** is dropped, and some of the conjunctions take **de** to introduce the infinitive.

	Change of Subject	Single Subject
avant (que / de) *before*	**Mon conseiller** me parle **avant que je (ne)**[5] **m'inscrive.**	**Je** parle à mon conseiller **avant de m'inscrire.**
sans (que) *without*	**Il** quitte l'école **sans que ses parents** le **sachent.**	**Il** quitte l'école **sans l'annoncer.**
à moins (que / de) *unless*	**Il** va quitter l'école **à moins que ses parents** ne le **laissent** vivre à la résidence universitaire.	**Il** va quitter l'école **à moins de changer** d'avis.
afin (que / de) *so that*	**Je** me spécialise en biologie **afin que mes parents soient** heureux.	**Je** me spécialise en biologie **afin de trouver** un bon poste.
pour (que) *in order that / to*	**Vous** venez **pour que nous** vous **passions** des polycopiés.	**Vous** venez nous voir **pour avoir** des polycopiés.
de peur (que / de) *for fear that / of*	**Il** a bien étudié **de peur que le prof (ne) donne** un examen.	**Il** a bien étudié **de peur d'échouer.**

The following conjunctions must always be followed by a verb in the subjunctive, even when there is no change of subject.

	Change of Subject	Single Subject
bien que *although*	**Il** aime le cours **bien que le sujet soit** difficile à comprendre.	**Il** aime le cours **bien qu'il** n'y **aille** pas souvent.
quoique *although*	**Vous** séchez des cours **quoique vos notes soient** mauvaises.	**Vous** séchez des cours **quoique vous ayez** de mauvaises notes.
pourvu que *provided that*	**Je** vais suivre ce cours **pourvu que la classe soit** peu nombreuse.	**Je** vais suivre ce cours **pourvu que j'aie** le temps.
jusqu'à ce que *until*	**Nous** allons travailler **jusqu'à ce que vous arriviez.**	**Nous** allons travailler **jusqu'à ce que nous comprenions** ce problème.

[5] These expressions may be followed by the pleonastic **ne** before the subjunctive verb.

Rappel! Rappel!

The conjunctions **après que, pendant que, parce que, aussitôt que,** and **dès que** are not followed by the subjunctive because they introduce a clause that is factual rather than hypothetical.

Il m'a parlé **après que vous êtes partie.**	*He spoke to me* ***after you left.***
Je vais travailler **pendant qu'elle est** à l'école.	*I'm going to work* ***while she's*** *at school.*
D'habitude, ils partaient **aussitôt que j'avais fini.**	*They usually left* ***as soon as I had finished.***

1. Votre amie Agnès vient passer un an aux Etats-Unis. Elle doit s'inscrire dans votre université et vous lui écrivez pour lui donner des conseils.

Chère Agnès,

Je vais t'envoyer de la documentation avant que tu ne (partir) ________ de Montpellier. Bien que les inscriptions ne (être) ________ pas très compliquées, tu as besoin d'obtenir certains renseignements.

L'université a préparé des brochures pour qu'on (savoir) ________ quels cours sont au programme.

Tu peux suivre des cours de commerce à moins qu'il n'y (avoir) ________ plus de place. Il ne faut pas que tu (attendre) ________ de venir au campus pour t'inscrire. En t'inscrivant tôt, tu vas certainement avoir les cours que tu veux, pourvu que tu n'(attendre) ________ pas trop longtemps pour envoyer tes documents. Tu ne dois pas aller plus loin sans (préparer) ________ un dossier.

Ne reste pas en France de peur de (ne pas réussir) ________. Je vais t'envoyer le nom d'un professeur pour que tu lui (écrire) ________ avant d'(arriver) ________ aux Etats-Unis.

J'attends que tu (répondre) ________ à ma lettre. Bonne chance! Ecris-moi vite.

Amicalement,
Pam

2. Maintenant, c'est à vous d'exprimer quelques-unes de vos opinions sur la vie d'étudiant chez vous. Complétez chaque phrase logiquement.

1. Je fais de mon mieux pour que mes parents...
2. Je ne m'inscris jamais à un cours sans...
3. J'aime bien le professeur pourvu qu'il / elle...
4. Je ne sèche jamais mon cours de... de peur...
5. J'ai choisi de faire des études universitaires pour...
6. J'étudie le français bien que...
7. J'ai réussi quoique...
8. J'accepte l'opinion de mon conseiller pourvu que...

À écrire
Cahier: Activité écrite: C

The Subjunctive after Indefinite Antecedents

When a subordinate clause refers to a concept (or antecedent) in the main clause that is indefinite, the subordinate verb is in the subjunctive. The context of the sentence will indicate that the existence or nature of the antecedent is doubtful or open to question.

Je cherche **une voiture qui soit** économique.	*I'm looking for **a car that is** economical.*
Il veut trouver **une chambre qui ait** une belle vue.	*He's looking for **a room that has** a good view.*
Nous voulons **une spécialisation qui nous permette** de réussir.	*We're looking for **a major that will permit us** to succeed.*
Elles cherchent **des amis qui fassent** aussi des études.	*They're looking for **friends who are** also going to school.*

When the context of the sentence indicates that the subordinate clause refers to a definite person or thing, the verb is in the indicative.

J'ai acheté **une voiture qui est** très économique.
(You know the car exists.)

Il a loué **une chambre qui a** une belle vue.
(He knows the room has a view.)

Nous avons choisi **une spécialisation qui** nous **permet** de réussir.
(We know that the major will help us succeed.)

Elle a **des amis qui font** aussi des études.
(She has these friends already.)

If the antecedent is preceded by a definite article, this is normally a good indication that the verb in the subordinate clause should be in the indicative.

Voilà **la voiture qui est** si chère.
Nous voulons voir **la chambre qu'il a louée.**

3. Au moment de la rentrée, des copains parlent de différents aspects de la vie d'étudiant. Complétez leurs phrases en choisissant la forme appropriée du verbe entre parenthèses.

1. (être) J'espère trouver une chambre qui ne _______ pas trop chère.
2. (vendre) Nous cherchons une librairie qui _______ les livres de cours moins cher.
3. (être) Moi, je veux trouver une spécialisation qui _______ utile.
4. (savoir) Connaissez-vous quelqu'un qui _______ la date des inscriptions?
5. (être) J'ai déjà suivi les cours qui _______ obligatoires.
6. (comprendre) Il faut trouver un prof qui _______ les problèmes des étudiants.
7. (faire) J'ai un camarade de chambre qui _______ des études de commerce.
8. (avoir) Je ne veux pas suivre un de ces cours où il y _______ une centaine d'étudiants.
9. (choisir) M. Martin fait partie d'un comité qui _______ le nouveau président.
10. (avoir) Nous voulons une nouvelle camarade de chambre qui _______ le même emploi du temps que nous.

À écrire
Cahier: Activité écrite: D

4. Vous parlez de votre vie à l'université avec un(e) ami(e). Complétez les phrases suivantes pour indiquer votre point de vue.

1. Moi, je cherche des amis qui...
2. Toi, tu choisis des cours qui...
3. Notre université cherche des étudiants qui...
4. Je voudrais trouver une spécialisation qui...
5. Je suis spécialiste de... et il me faut trouver un poste qui...

The Subjunctive in Superlative Statements

When a superlative is followed by a subordinate clause, the verb in the subordinate clause is normally in the subjunctive because most superlatives are subjective statements of opinion.

La chimie, c'est **le cours le plus difficile qu'on puisse** suivre ici.	*Chemistry is **the hardest course you can** take here.*
Mme Roland est **le meilleur prof qui soit** à l'université.	*Mme Roland is **the best professor who is** at this university.*

Remember that **personne, rien,** and **le seul** may be used as superlatives and require the subjunctive in a following subordinate clause.

Il **n'**y a **personne qui puisse** réussir à ce cours.	*There is **no one who can** pass this course.*
Je **ne** vois **rien qui soit** intéressant dans le programme du semestre.	*I don't see **anything that is** interesting in the course offerings this semester.*
Une mauvaise moyenne en maths n'est pas **le seul problème qu'il ait** ce semestre.	*A bad average in math isn't **the only problem he has** this semester.*

The subjunctive is not used following a superlative that is a statement of fact rather than an expression of opinion.

C'est **le plus avancé des cours qu'elle suit** ce semestre.	*It is **the most advanced course that she is taking** this semester.*

5. Voici plusieurs affirmations superlatives entendues parmi les étudiants. Complétez ces phrases par la forme appropriée du verbe entre parenthèses.

1. (pouvoir) C'est l'examen le plus difficile qu'on _______ imaginer.
2. (être) Il n'y a personne qui ne _______ pas inquiet avant un examen important.
3. (être) Tu vois ces hommes là-bas? C'est le plus grand qui _______ mon prof de biologie.
4. (suivre) C'est le meilleur cours que je _______ ce semestre.
5. (être) Le prof nous a dit que la note la plus basse de la classe _______ soixante sur cent.
6. (savoir) J'ai donné la seule réponse que je _______.
7. (réussir) Il n'y a pas un seul étudiant qui _______ tout le temps, pas vrai?
8. (pouvoir) Un D en maths? Ce n'est pas la plus mauvaise note qu'on _______ avoir.
9. (avoir) Les étudiants en quatrième année sont les seules personnes qui _______ le privilège de s'inscrire tôt.

À écrire
Cahier: Activités écrites: E, F, G

Synthèses

A. Voici une lettre de Véronique à son frère, qui commence ses études universitaires cette année. Complétez la lettre par la forme appropriée des infinitifs entre parenthèses.

Cher Frédéric,

Je suis si contente que tu (décider) ________ d'aller à la faculté cette année. Ça fait déjà longtemps que je veux que tu le (faire) ________. Toute la famille veut que tu (réussir) ________ dans tes projets. Mais il faut que tu (prendre) ________une décision avant de (partir) ________ à l'université. Vas-tu chercher une chambre qui (être) ________ petite mais pratique à la cité universitaire ou un appartement que tu (pouvoir) ________ partager avec d'autres? Bien qu'il y (avoir) ________ des avantages à habiter dans une maison d'étudiants, il semble que ces résidences (ne plus faire) ________ partie des éléments obligatoires d'une vie universitaire. Il est sûr que beaucoup de jeunes gens (vouloir) ________ toujours connaître la vie commune des maisons d'étudiants. Mais il n'est pas surprenant que d'autres (vouloir) ________ mener une vie indépendante en dehors des cours. Il est même probable que quelques individus (aller) ________ être obligés de travailler en même temps qu'ils (faire) ________ leurs études.

Mon Dieu, je te donne trop de conseils. Bonne chance! Et écris-nous de temps en temps.

Je t'embrasse,
Véro

À écrire
Cahier: Activité écrite: H

B. Interview: La vie d'étudiant. Posez les questions suivantes à un(e) camarade de classe.

1. Est-ce que tes professeurs te demandent de faire trop de devoirs?
2. Penses-tu que certains professeurs soient trop indulgents ou trop sévères?
3. Crois-tu que les étudiants américains doivent apprendre beaucoup de choses par cœur? Pour quels cours?
4. Penses-tu qu'il faille apprendre une langue étrangère pour acquérir une bonne instruction? Pourquoi?
5. Au mois de septembre, avant le premier examen, est-ce que tu as peur que certains professeurs soient trop sévères?
6. Penses-tu que les rapports entre la plupart des étudiants et leurs professeurs soient bons?
7. Es-tu surpris(e) que bien des étudiants aient des problèmes d'argent?
8. Quel est le cours le plus intéressant que tu aies jamais suivi? Pourquoi?
9. Quels avantages ou quels inconvénients y a-t-il à habiter dans une résidence universitaire?
10. Penses-tu que les étudiants américains soient assez sérieux en ce qui concerne leurs études? Pourquoi?

À écrire
Cahier: Activités écrites: I, J

Interactions

Cahier: Activités orales: K, L

Cahier: Activités écrites: K, L, S'exprimer par écrit

Activité. L'instruction pour tous. Lisez l'annonce suivante. Ensuite, répondez aux questions.

1. Quel est le but de l'instruction telle qu'elle est présentée dans cette publicité?
2. A votre avis, est-ce que l'instruction universitaire est un droit pour tout le monde ou un privilège réservé aux meilleurs étudiants du lycée? Comment peut-on comparer des lycées différents?
3. Quel est le but des études universitaires? Le diplôme universitaire est-il la garantie d'un emploi?
4. Quel avenir voyez-vous pour le système universitaire aux Etats-Unis?

Réussir l'école, grandir la vie

Création républicaine, le droit à l'instruction laïque et obligatoire date de 200 ans. Aujourd'hui, le monde entre dans le troisième millénaire. La scolarité est déjà trois à quatre fois plus longue. L'école, c'est la possibilité pour chacun de pousser, mûrir, se cultiver. Pour tous, la maîtrise d'une culture intégrant une lecture renouvelée du passé et des connaissances nouvelles. Proposons des parcours multiples jusqu'à 18 ans et au-delà. Cultivons ce creuset commun de la promotion sociale, de l'épanouissement individuel dans une éducation nationale qui n'oublie personne.

Parce qu'il ne suffit pas de quelques épines pour se défendre, il est temps d'accroître les droits à l'éducation , à l'emploi, à la citoyenneté et à la démocratie.

Le SNES vous invite au dialogue lors des premières rencontres nationales pour l'éducation. Prof : métier de vie.*

* Syndicat national des enseignants du secondaire

Perspectives littéraires

Mise en train

Sujets de réflexion

1. Résumez les attitudes au sujet des études générales et de l'enseignement professionnel (formation pratique et technique) aujourd'hui.
2. Quelle est votre spécialisation? Pourquoi l'avez-vous choisie? Quels cours suivez-vous pour ajouter une dimension professionnelle à votre programme d'études?

Jean-Jacques Rousseau

Jean-Jacques Rousseau fait partie des «philosophes» qui ont cherché à réformer la société française au cours du XVIIIe siècle, le «Siècle des Lumières» *(Enlightenment).* Le plus original et le plus radical de ces philosophes, Rousseau pousse à l'extrême les concepts de liberté et d'égalité; ses notions politiques (presque communistes avant l'heure) se trouvent à la base de son *Contrat social,* publié en 1762. Son premier roman, *La Nouvelle Héloïse,* annonce déjà le mouvement romantique du siècle suivant par la place qu'il accorde au sentiment et au bonheur de l'individu. Les idées réformatrices de Rousseau touchent même au domaine de l'éducation, jusque-là basée sur une formule rigide qui insistait, par exemple, sur la nécessité de la mémorisation et des châtiments corporels. *Emile* propose au public un système éducatif d'une modernité frappante: l'éducation doit suivre les étapes du développement naturel de l'élève, se faire par des méthodes actives et concrètes, et comprendre un élément pratique. Il y a à notre époque une résonance des idées de Rousseau qui disait aux parents d'Emile qu'une éducation fondée exclusivement sur les arts et les lettres ne suffisait plus à une époque de grands changements sociaux et que son élève devait apprendre avant tout un métier manuel.

Avant de lire

Cherchez l'idée centrale de chaque paragraphe dans cet extrait de l'*Emile.* Déterminez si les phrases suivantes sont vraies ou fausses. Si une phrase est fausse corrigez-la. Justifiez votre réponse.

a. Paragraphe 1: Une fois sa situation établie, un individu peut toujours compter sur la stabilité sociale.
b. Paragraphe 2: Travailler est une obligation pour tout membre d'une société.
c. Paragraphe 3: Le travail manuel n'est pas digne d'une personne qui occupe une position sociale élevée.
d. Paragraphe 4: En travaillant, on gagne une certaine indépendance.
e. Paragraphe 5: Rousseau préfère que son élève exerce un métier plutôt artistique.

Jean-Jacques Rousseau: Emile *(extrait)*

(1) Vous vous fiez° à l'ordre actuel de la société sans songer que cet ordre est sujet à des révolutions inévitables, et qu'il vous est impossible de prévoir ni de prévenir celle qui peut regarder° vos enfants. Le grand devient petit, le riche devient pauvre, le monarque devient sujet; les coups du sort° sont-ils si rares que vous puissiez compter d'en être exempt? Nous approchons de l'état de crise et du siècle des révolutions. Qui peut vous répondre de ce que vous deviendrez alors? Tout ce qu'ont fait les hommes, les hommes peuvent le détruire; il n'y a de caractères ineffaçables° que ceux qu'imprime la nature, et la nature ne fait ni princes, ni riches, ni grands seigneurs. [...] Heureux qui sait alors quitter l'état qui le quitte, et rester homme en dépit du sort! [...]

You have confidence in
touch, await
fate
permanent

(2) L'homme et le citoyen, quel qu'il soit, n'a d'autre bien à mettre dans la société que lui-même, tous ses autres biens y sont malgré lui, et quand un homme est riche, ou il ne jouit° pas de sa richesse, ou le public en jouit aussi. Dans le premier cas, il vole aux autres ce dont il se prive;° et, dans le second, il ne leur donne rien. Ainsi la dette sociale lui reste tout entière, tant qu'il ne paie que de son bien... Nul père ne peut transmettre à son fils le droit d'être inutile à ses semblables:° or, c'est pourtant ce qu'il fait, selon vous, en lui transmettant ses richesses, qui sont la preuve et le prix du travail. Celui qui mange dans l'oisiveté° ce qu'il n'a pas gagné lui-même, le vole; et un rentier° que l'Etat paye pour ne rien faire ne diffère guère, à mes yeux, d'un brigand qui vit aux dépens des° passants. Hors de la société, l'homme isolé, ne devant rien à personne, a le droit de vivre comme il lui plaît; mais dans la société, où il vit nécessairement aux dépens des autres, il leur doit en travail le prix de son entretien; cela est sans exception. Travailler est donc un devoir indispensable à l'homme social. Riche ou pauvre, puissant ou faible, tout citoyen oisif est un fripon.°

enjoys
denies himself
peers
idleness
recipient of unearned income
at the expense of
rogue

(3) Or, de toutes les occupations qui peuvent fournir la subsistance à l'homme, celle qui le rapproche le plus de l'état de nature est le travail des mains: de toutes les conditions, la plus indépendante de la fortune et des hommes est celle de l'artisan. L'artisan ne dépend que de son travail: il est libre, aussi libre que le laboureur est esclave, car celui-ci tient à son champ, dont la récolte° est à la discrétion d'autrui... Toutefois l'agriculture est le premier métier de l'homme: c'est le plus honnête, le plus utile, et par conséquent le plus noble qu'il puisse exercer. Je ne dis pas à Emile: «Apprends l'agriculture»; il la sait. Tous les travaux rustiques lui sont familiers: c'est par eux qu'il a commencé, c'est à eux qu'il revient sans cesse. Je lui dis donc: «Cultive l'héritage de tes pères. Mais si tu perds cet héritage, ou si tu n'en as point, que faire? Apprends un métier. —Un métier à mon fils! mon fils artisan! Monsieur, y pensez-vous? —J'y pense mieux que vous, Madame, qui voulez le réduire à ne pouvoir jamais être qu'un lord, un marquis, un prince, et peut-être un jour moins que rien: moi, je veux lui donner un rang qu'il ne puisse perdre, un rang qui l'honore dans tous les temps, je veux l'élever à l'état d'homme; et, quoi que vous puissiez dire, il aura moins d'égaux à ce titre qu'à tous ceux qu'il tiendra de vous.»

harvest

disdain

(4) [...] Il s'agit moins d'apprendre un métier pour savoir un métier, que pour vaincre les préjugés qui le méprisent.° Vous ne serez jamais réduit à travailler pour vivre. Eh! tant pis, tant pis pour vous! Mais n'importe; ne travaillez point par nécessité, travaillez par gloire. Abaissez-vous à l'état d'artisan pour être au-dessus du vôtre. Pour vous soumettre la fortune et les choses, commencez par vous en rendre indépendant. [...]

weaver / gilder / polisher

carpenter

(5) Souvenez-vous que ce n'est point un talent que je vous demande, c'est un métier, un vrai métier, un art purement mécanique, où les mains travaillent plus que la tête, et qui ne mène point à la fortune, mais avec lequel on peut s'en passer... Je veux absolument qu'Emile apprenne un métier. Un métier honnête, au moins, direz-vous? Que signifie ce mot? Tout métier utile au public n'est-il pas honnête? Je ne veux point qu'il soit brodeur,° ni doreur,° ni vernisseur;° je ne veux qu'il soit musicien, ni comédien, ni faiseur de livres... J'aime mieux qu'il soit cordonnier que poète; j'aimer mieux qu'il pave les grands chemins que de faire des fleurs de porcelaine... Tout bien considéré, le métier que j'aimerais le mieux qui fût du goût de mon élève est celui de menuisier.° Il est propre, il est utile, il peut s'exercer dans la maison; il tient suffisamment le corps en haleine; il exige dans l'ouvrier de l'adresse et de l'industrie, et dans la forme des ouvrages que l'utilité détermine, l'élégance et le goût ne sont pas exclus.

Synthèses

Après la lecture

1. Selon Rousseau (paragraphe 1), en quoi les connaissances pratiques représentent-elles une sorte de garantie de stabilité dans les périodes de changements sociaux?
2. Pourquoi (au paragraphe 2) Rousseau dit-il que travailler est une nécessité pour tout membre d'une société? Que pense-t-il de la fortune héritée ou des programmes d'assistance sociale qui distribuent de l'argent aux pauvres?
3. Quels sont les avantages du métier d'artisan (paragraphes 3 et 4)?
4. Quelle sorte de métier Rousseau recommande-t-il pour son élève (paragraphe 5)? Pourquoi?

Pour mieux lire

1. Rousseau utilise souvent le subjonctif pour nuancer ses idées. Expliquez les emplois suivants du subjonctif dans cet extrait:

   a. «les coups du sort sont-ils si rares que vous *puissiez* compter d'en être exempt?»
   b. «L'homme et le citoyen, quel qu'il *soit*... »
   c. «... l'agriculture est le premier métier de l'homme... et par conséquent le plus noble qu'il *puisse* exercer.»
   d. «... je veux lui donner un rang qu'il ne *puisse* perdre... un rang qui l'*honore* dans tous les temps... »
   e. «et, quoi que vous *puissiez* dire, il aura moins d'égaux à ce titre qu'à tous ceux qu'il tiendra de vous.»
   f. «Je veux absolument qu'Emile *apprenne* un métier.»
   g. «J'aime mieux qu'il *soit* cordonnier que poète;»

2. Souvent, dans un texte, ce sont les formules de transition qui posent des problèmes de compréhension. Essayez de deviner le sens des termes en italique dans les phrases suivantes. Si vous ne pouvez pas comprendre ces expressions, cherchez-les dans le dictionnaire.

   a. «*Dans le premier cas,* il vole aux autres [...] et dans le second, il ne leur donne rien.»
   b. «Nul père ne peut transmettre à son fils le droit d'être inutile à ses semblables; *or,* c'est *pourtant* ce qu'il fait [...] en lui transmettant ses richesses... »
   c. «L'artisan [...] est aussi libre que le laboureur est esclave, *car* celui-ci tient à son champ... »
   d. «... l'agriculture est le premier métier [...] et *par conséquent* le plus noble... »

Expansion

1. En disant, «Nous approchons [...] du siècle des révolutions», Rousseau parlait des révolutions sociales qui allaient mettre fin aux privilèges de l'aristocratie. Nous sommes, nous aussi, en période de révolution dans le domaine du travail et de l'éducation. Expliquez.
2. Imaginez un Jean-Jacques Rousseau d'aujourd'hui à qui on demande ce qu'il pense de l'éducation qui est dispensée actuellement en France. Quels sont les aspects de ce système auxquels il est plutôt favorable? Lesquels déteste-t-il? Expliquez.

La francophonie

CHAPITRE 9

Bon nombre de francophones vivent sous les latitudes tropicales. Ici, port de pêche de la Martinique.

Cultural Focus

- The Francophone World
- The Francophone Identity

Structures I

- Prepositions with Infinitives

Structures II

- Other Uses of Prepositions
- The Present Participle

Structures III

- Relative Pronouns

Functions

- Expressing Intention
- Specifying the Purpose or Nature of Objects
- Indicating Location or Duration
- Qualifying Information

Literary Reading

- Tahar Ben Jelloun: Interview + *L'Enfant de sable* (excerpt)

Web activities

http://interaction.heinle.com

Ici on parle français

Perspectives culturelles

Culture générale

Le rayonnement de la langue française dans le monde

La ville de Québec

Pour comprendre l'histoire de l'expansion du français dans le monde, il faut d'abord remonter au XVIe siècle, à l'époque où la France a choisi de naviguer du côté du Nouveau Monde. Ce sont des explorateurs guidés par Jacques Cartier qui ont réussi à établir la première colonie française outre-Atlantique. Les descendants de ces colons forment une partie des six millions de Franco-Canadiens concentrés au Québec, où l'on a conservé le français comme première langue.

Ailleurs dans le Nouveau Monde, on retrouve l'héritage et la présence français en Haïti, premier pays à avoir déclaré son indépendance de la patrie française au début du XIXe siècle. Aux Etats-Unis, à travers la Nouvelle-Angleterre, on remarque de nombreuses églises et écoles fondées il y a cent ans par des immigrants franco-canadiens. Vers le sud du pays, c'est surtout en Louisiane que l'héritage des colons français est évident. Les danses et la musique folkloriques, aussi bien que le nom des villes, nous rappellent le rôle joué par la France dans l'histoire de cette région. Mais la plus célèbre des traditions françaises est la grande fête du Mardi gras à La Nouvelle-Orléans—un lien entre deux mondes, l'ancien et le nouveau.

Casamance, au Sénégal

En Afrique du Nord, surtout en Algérie, au Maroc et en Tunisie, l'autorité française s'est établie à partir de la conquête d'Alger en 1830. Au Proche-Orient, la Syrie et le Liban ont aussi connu des régimes français au XXe siècle avant d'obtenir leur autonomie. Au sud du Sahara, dans ce qu'on appelle l'Afrique noire, il y a une quinzaine de pays où la langue française a été introduite par des colons français ou belges au cours du XIXe siècle. Après la Seconde Guerre mondiale et surtout pendant les années soixante, la grande majorité de ces pays africains ont gagné leur indépendance, mais le français y est souvent resté une des langues officielles. (Voir les cartes au début du livre et à la page 297.)

A. En quel siècle la présence française s'est-elle établie en Amérique du Nord? Et en Afrique? Que reste-t-il de cette présence aujourd'hui?

B. Qu'est-ce que le mouvement séparatiste au Québec? Que désirent les partisans de ce mouvement?

C. Avez-vous voyagé en Louisiane? Donnez des exemples de noms de villes qui indiquent l'héritage français dans cette région.

Culture contemporaine

Qui parle français actuellement?

Le monde compte actuellement près de 200 millions de francophones. On parle français dans cinq continents, sans compter les nombreuses îles de langue française. Parmi les 70 millions de personnes ayant appris le français comme langue maternelle, c'est en Europe qu'on en rencontre le plus grand nombre, et tout d'abord les 58 millions d'habitants de la France elle-même. La langue française n'est pourtant pas réservée aux citoyens français. On estime qu'il y a, sans compter les Français métropolitains, environ 9 millions de francophones en Europe. Première langue de 4,5 millions de Belges, de 300 000 Luxembourgeois et de 1,2 million de Suisses, le français partage avec d'autres langues le statut de langue officielle dans ces pays.

La Guadeloupe

Il faut aussi compter les francophones de nationalité française qui habitent en Martinique, en Guadeloupe, en Guyane, et à la Réunion—les quatre départements d'outre-mer (les DOM). Le territoire français s'étend aussi au-delà des DOM, car la République française est présente également dans ses territoires d'outre-mer (les TOM) et ses collectivités territoriales (les CT): la Nouvelle-Calédonie, les îles Wallis-et-Futuna en Mélanésie et la Polynésie française dans l'océan Pacifique; Mayotte dans l'océan Indien; Saint-Pierre-et-Miquelon dans l'océan Atlantique, et les Terres australes et antarctiques françaises.

Il y a toujours bon nombre de pays en Afrique où la culture française contribue encore de façon importante à la vie économique et intellectuelle. En Afrique du Nord, même si l'arabe est la première langue de cette région du Maghreb, c'est le français qu'on emploie dans un nombre important de cours universitaires aussi bien que dans les milieux diplomatiques. En Afrique noire, dans plusieurs pays, le français est l'une des langues officielles, et ces pays emploient souvent le français pour communiquer avec leurs voisins. Il n'est pas rare de rencontrer dans les universités en France des étudiants africains venus apprendre une profession ou une technologie destinée au développement socio-économique de leur pays.

Tous ces peuples—Américains du Nord ou du Sud, Africains du Maghreb ou des régions du Sud, Antillais, ou habitants des terres dispersées du Pacifique—ont contribué, malgré leurs différences, la couleur de leur peau ou leurs traditions, à l'enrichissement de cet héritage linguistique et culturel qu'on appelle la francophonie.

Le Limousin, terre d'asile pour créateurs francophones

«Algériens, Québecois, Nigériens, Maliens, Libanais, utilisent le français pour créer des œuvres littéraires et théâtrales... Ils se retrouvent à Limoges pour échanger leurs expériences, et nous en faire profiter... »

«... Le point commun à ces créations, c'est la langue. [Le festival des] Francophonies montre et fait écouter la langue française parlée dans les endroits les plus éloignés de la planète, riche de cette diversité.»

«Par une curieuse inversion, c'est l'importation en France de spectacles africains, américains ou asiatiques, qui témoigne de la vitalité et du rayonnement de la langue française... Ce n'est plus la France qui exporte sa culture [...], ce sont des étrangers qui montrent aux Français ce qu'ils font tous les jours du français.» (Texte du programme du Festival)

D. Pourquoi est-il logique que la langue française soit employée comme langue de communication entre tant de pays en Afrique?

E. Quel est le point commun entre toutes les activités artistiques du festival des Francophonies à Limoges? En quoi ce festival constitue-t-il une «importation» de culture?

F. Dans quel sens faites-vous partie de la francophonie?

Les francophonies—au pluriel

Note culturelle: Refer students to the maps of the Francophone World and Africa on pages xiv–xv and xvii–xviii.

Note culturelle

La francophonie

La francophonie se fonde sur le partage de la langue française, pour l'enrichissement de tous les pays qui la composent. Or, une langue trouve son accomplissement dans l'activité littéraire, qui mobilise toutes ses ressources, qui la célèbre dans toutes ses beautés, qui l'oblige parfois à se renouveler ou à inventer des formes d'expression innovatrices. Une langue ne vit et ne prospère que parce que des écrivains, des conteurs, des poètes—tous ouvriers du mot—la plient à leur volonté créatrice, la montrent dans tous ses états, la font penser, rire, rêver, agir... Les écrivains figurent donc au premier rang des artisans de la francophonie.

La prise de parole

Les littératures francophones procèdent toutes d'un désir parallèle de manifester une présence au monde. Se développant dans des situations de contacts, voire de déséquilibres culturels, la production littéraire d'expression française devient le moyen de définir et de proclamer une identité, qui peut être problématique.

Beaucoup de textes disent l'urgence d'une parole longtemps empêchée, qui s'épanouit enfin dans l'expression littéraire: ce sont les littératures des peuples colonisés, des communautés autrefois asservies, des minorités toujours menacées. L'objectif premier est alors de «prendre la parole», dans toute la force du terme—comme ailleurs on a pris la Bastille. Littératures où les écrivains se font la voix de ceux qui n'avaient pas de voix.

L'écrivain et sa langue

Le problème de la relation de l'écrivain d'expression française avec sa langue d'écriture alimente des débats toujours renouvelés. La revue *La Quinzaine littéraire* avait adressé en 1985, à l'occasion du Salon du Livre de Paris, un questionnaire à un ensemble d'écrivains représentatifs des littératures francophones. La première question était: «L'utilisation du français comme moyen d'expression et de création a-t-elle été pour vous un choix naturel ou vous a-t-elle été imposée pour des raisons institutionnelles, d'enseignement ou de pression sociale? Dans la nécessité de vous faire entendre, avez-vous choisi le français par opportunité ou par obligation?»

Les réponses reçues se rassemblent sur quelques options fondamentales. Il n'est plus possible de présenter le français comme la langue de toutes les supériorités. Il n'est pas pensable non plus d'en réserver la propriété aux seuls Français. L'accord se fait aussi sur quelques thèmes: c'est la langue qui s'impose à l'écrivain et non l'écrivain qui choisit arbitrairement sa langue d'écriture; si elle est le lieu d'affirmation de l'identité, elle invite aussi à l'expérience de l'exil et de l'étrangeté; c'est l'impureté fondatrice du français des francophones qui lui permet d'atteindre à l'universel.

Note culturelle, follow-up: Have each student select one of the Francophone authors mentioned in the text to profile in a later class presentation of 2–3 minutes or in a written narrative.

Qui choisit qui?

«Non, il ne s'agit pas de choix. Imposée ou pas, la langue francaise était là toute séduction dehors, m'environnant. L'école et l'avenir. Comme le petit Breton, le petit Alsacien. En plus pour moi, la civilisation passait par le français, c'était dit. Mon père (instituteur) aidant, je me suis appliqué à apprendre, parler, écrire, penser, regarder... , vivre.»

Tchicaya U Tam'Si (Congo)

«Francophonie, yes. Je n'ai pas choisi la langue française, elle m'a choisi. Et j'en suis très content. Je veux la garder. [...] Je veux pouvoir mélanger en elle ma raison et ma folie, mon présent difficile et ma mémoire, prolonger ma vie autant que possible [...], lui organiser d'autres fêtes, inviter d'autres mots à partager ses merveilles [...], lui dire que je n'aime qu'elle parce que c'est vrai, la tromper avec d'autres langues parce que ça fait partie de la vérité, de l'Histoire qui m'a été donnée et dans laquelle je me débats comme je peux.»

Jean-Claude Charles (Haïti)

La langue et l'identité

«Le français est ma langue maternelle. J'écris dans ma langue maternelle. Ma langue paternelle est aussi le français. J'écris aussi dans ma langue paternelle. La langue du Québec est aussi le francais. J'écris aussi dans la langue du Québec. [...] C'est ma langue et je n'en ai pas d'autre.»

Suzanne Jacob (Québec)

«La grande leçon que donne l'écrivain africain [de langue française]: faire du français, langue de l'Ancien Maître, le lieu d'assomption de sa propre identité.»

Mukala Kadima-Nzuji (République
démocratique du Congo [ex-Zaïre])

«C'est cette langue [l'arabe, langue de mon père] qui m'est familière et inconnue, que je veux présenter dans les livres que j'écris en français, ma langue maternelle, à travers les personnages romanesques en exil comme moi, déplacés, dispersés, coupés de la terre familiale et de la langue maternelle. A la croisée, pour toujours, dans le jeu avec la vie, la folie, la mort.»

Leïla Sebbar (France/Algérie)

Pour conclure

«Pour clore définitivement la question, parce que je ne vais pas passer ma vie à m'expliquer, encore moins à me justifier pourquoi j'écris en français, j'emprunte une phrase à Henry James, cité par Maurice Blanchot dans *Le Livre à venir:*

"Nous travaillons dans les ténèbres—nous faisons ce que nous pouvons—nous donnons ce que nous avons. Notre doute est notre passion, et notre passion notre tâche. Le reste est folie de l'art."»

Tahar Ben Jelloun (Maroc)

Discussion

G. En quoi les écrivains francophones contribuent-ils au développement et à l'évolution de la langue française?

H. Qu'est-ce que les écrivains francophones essaient de définir en se servant de la langue française comme moyen de production littéraire?

I. Pourquoi beaucoup d'écrivains francophones se servent-ils de la langue française (au lieu d'utiliser leur langue maternelle, par exemple)? En petits groupes, choisissez une des réponses proposées à la page 292 et faites un résumé de la réponse de l'auteur à la question «... avez-vous choisi le français par opportunité ou par obligation?» Comparez les résumés des différents groupes. Y a-t-il une idée essentielle que semblent contenir ces réponses?

Expansion

J. Pour les habitants des pays francophones, il y a toujours un problème d'*identité* qui se pose. Quels avantages y a-t-il à être francophone?

K. Comment pourriez-vous expliquer à un(e) francophone le problème de l'identité culturelle qui se manifeste actuellement aux Etats-Unis? Possédez-vous vous-même deux cultures (hispanique, japonaise, afro-américaine, vietnamienne, koréenne, par exemple)? Comment est-ce que vous vous voyez en tant qu'«Américain(e)»?

Vocabulaire actif

Les activités

conserver to preserve
élargir to broaden
établir to establish
s'étendre to extend
naviguer to sail

La francophonie

un(e) **anglophone** English-speaking person
le **carnaval** (winter) festival
un **colon** colonist
des **communautés** *(f pl)* communities
la **conquête** conquest
le **créole** native language spoken in many Francophone countries
un **département** administrative division of France
un **divertissement** pastime, entertainment
la **douceur de vivre** pleasant lifestyle
une **fête** festival
un(e) **francophone** French-speaking person
la **francophonie** French-speaking world
l'**Hexagone** *(m)* the Hexagon (term for France stemming from its six-sided shape)
un **lien** link
le **Maghreb** Arab term for North African countries
la **mer des Caraïbes** Caribbean Sea
la **métropole** mainland France
un **palmier** palm tree
la **patrie** homeland
un **pays** country
la **peau** skin
la **plage** beach
le **Proche-Orient** Middle East
le **sable** sand
un **sport d'hiver** winter sport

Les caractéristiques

destiné(e) (à) intended (for)
d'outre-mer overseas
fier (fière) proud
francophone French-speaking
indigène native
maternel(le) native (language)
métropolitain(e) of / from continental France

Exercices de vocabulaire

A. Quels termes du ***Vocabulaire actif*** peut-on associer à chacun des endroits suivants? Il y a souvent plus d'un choix possible.

1. la Suisse
2. l'Algérie et le Maroc
3. la France
4. le Canada
5. La Nouvelle-Orléans
6. Tahiti
7. les Bouches-du-Rhône, les Alpes-Maritimes, le Morbihan et 92 autres divisions de la France
8. la Guadeloupe et la Martinique
9. le Sénégal
10. le Nouveau Monde

B. Composez des phrases en utilisant **C'est un(e)...** ou **Ce sont des...** pour indiquer quels termes du ***Vocabulaire actif*** correspondent aux définitions suivantes.

1. une personne qui parle anglais
2. la France
3. Daytona et Malibu
4. le ski et la luge
5. une personne qui habite dans une colonie
6. une personne qui parle français
7. la division géographique française qui correspond à un état des Etats-Unis
8. la Belgique, les Etats-Unis, l'Italie, le Gabon, etc.
9. l'espèce d'arbre qu'on trouve près de certaines plages
10. les pays de l'Afrique du Nord

Cahier: Activités orales: A, B, C, D

Structures I

Prepositions with Infinitives, suggestion: Begin with what students already know. Write the three categories of verbs on the board and ask students to suggest verbs that take **à, de,** or no preposition when followed by an infinitive. Have a student volunteer write verbs on the board under the appropriate headings. As each verb is mentioned, have a student use it in a sentence to demonstrate the verb + infinitive construction. When students run out of ideas, continue to suggest verbs and have students guess in which category each belongs. Once the correct category has been chosen, ask a student to use the verb correctly in a sentence.

Prepositions with Infinitives

When a conjugated verb in French is followed by another verb in the same clause, the second verb will be in the infinitive form.

The equivalent English construction may often involve the *-ing* form of the verb, but in French this second verb *always* takes the infinitive form.

Je **veux travailler.**	***I want to work.***
Je **continue à travailler.**	***I continue working.***
J'ai fini de travailler.	***I have finished working.***

Note in the preceding models that some verbs require no preposition to introduce a dependent infinitive. Other verbs take **à** and still others use **de** before the dependent infinitive. This usage is not determined by the infinitive, but rather by whether the conjugated verb takes a preposition to introduce the infinitive form. English usage often gives no clue to when a French verb requires a preposition; you must learn this for each verb. Following are lists of some common verbs requiring no preposition and others requiring **à** or **de** before a dependent infinitive.

A. **Conjugated Verb + Infinitive:**

aimer	Anne **aime voyager.**
aller	Nous **allons visiter** la Martinique.
croire	Ils **ont cru entendre** un mot de créole.
désirer	Elle **désire** m'**accompagner.**
devoir	Il **doit prendre** les billets à l'avance.
espérer	Nous **espérons arriver** à l'heure.
faire	Elles vont **faire réserver** des places.
falloir	Il **faut visiter** le marché de Rabat.
penser	Je **pense rentrer** en mars.
pouvoir	Est-ce qu'on **peut prendre** l'avion?
préférer	Elles **préfèrent rester** ici.
savoir	A la Réunion, on **sait danser** le séga.
souhaiter	Le groupe **souhaite voir** Tahiti.
vouloir	Moi, je **veux descendre** en ville.

B. **Conjugated Verb + *à* + Infinitive:**

aider à	Le guide **aide** les touristes **à s'amuser.**
s'amuser à	Il **s'amuse à parler** aux visiteurs.
apprendre à	On va **apprendre à apprécier** la cuisine créole.
commencer à	Nous **commençons à comprendre** la langue.
continuer à	Ils **continuent à voyager** après Noël.
enseigner à	On **enseigne** aux touristes **à danser** le séga.
s'habituer à	Je **m'habitue à voyager** en avion.
hésiter à	Nous **hésitons à traverser** l'Atlantique.
inviter à	Mes amis m'**invitent à voyager** avec eux.
réussir à	**J'ai réussi à prendre** un billet.
tenir à[1]	Mes parents **tiennent à voyager** en été.

C. **Conjugated Verb + *de* + Infinitive:**

accepter de	**J'ai accepté de venir.**
s'arrêter de	Le guide **s'est arrêté de parler.**
avoir envie de	**J'ai envie de rester** ici.
avoir peur de	Elle **a peur de voyager.**
choisir de	Nous **avons choisi de partir** en mars.
décider de	Il **a décidé de quitter** son pays.
essayer de	Il **essaie de gagner** de l'argent.
finir de	Il **finit de préparer** son voyage.
manquer (de)	Elle **a manqué (de) tomber** dans l'avion.
oublier de	**J'ai oublié de consulter** l'agent.
refuser de	Ils **refusent de partir** en avril.
regretter de	Nous **regrettons de ne pas rester** plus longtemps ici.
risquer de	Ils **risquent d'être** en retard.
venir de[2]	Elle **vient de visiter** la Réunion.

[1] The verb **tenir** means *to hold.* **Tenir à** means *to insist (on).*
[2] Remember that **venir de** + infinitive means *to have just.*

D. ***Après* + Past Infinitive**

With the preposition **après,** use the past infinitive form, which is the infinitive **avoir** or **être** followed by the past participle of the main verb.

Après avoir voyagé, ils sont retournés chez eux.	***After having traveled,*** *they returned home.*
Après être allés en ville, ils sont rentrés.	***After having gone*** *downtown, they went home.*

1. Employez les éléments indiqués pour poser des questions à un(e) camarade de classe.

1. tu / aimer / voyager?
2. tu / tenir / voyager / dans des pays exotiques?
3. dans quels pays / tu / désirer / aller?
4. dans quels pays / tu / ne pas vouloir / aller?
5. tu / espérer / faire un voyage en Europe?
6. tu / commencer / économiser de l'argent pour un voyage?
7. tu / hésiter / quelquefois / prendre l'avion?
8. tu / avoir peur / prendre l'avion?

Activité 2: To reinforce the important link between context and structure, this exercise is designed to make students think about meaning as well as form. Students must be aware of the meaning of the statements they create.

2. Voici l'histoire de Kandioura, un Sénégalais qui a fait des études supérieures en France. Complétez le récit en mettant les verbes entre parenthèses au **passé composé.** Ajoutez la préposition appropriée, si nécessaire.

Kandioura est né dans un village du Sénégal. A l'école, il (apprendre) ________ parler français. Il (se mettre) ________ parler français tous les jours, mais il (essayer) ________ conserver, en même temps, sa langue maternelle, le wolof. Kandioura (arriver) ________ obtenir son bac sans difficulté, et il (décider) ________ aller à Paris. Fidèle à ses origines sénégalaises, il (refuser) ________ abandonner sa propre culture, même s'il (choisir) ________ faire ses études universitaires en France. Là, il (s'habituer) ________ travailler beaucoup et sa vie (être) n' ________ pas toujours ________ facile. A un moment, il (regretter) ________ d'avoir quitté son pays et il (penser) ________ y retourner. Mais il (décider) ________ de rester en France pour devenir professeur de français. Quelques années plus tard, il (réussir) ________ obtenir un poste de professeur dans une université américaine. Cependant, il (vouloir) n' ________ pas ________ renoncer à sa nationalité et il retourne souvent au Sénégal pour les vacances.

3. Employez un des verbes à gauche et une des expressions à droite pour formuler des questions que vous posez à un(e) camarade de classe.

Activité 3, follow-up: Have students use the same elements to ask you questions.

MODELE Tu vas regarder la télé ce soir?

aimer	voyager pendant les week-ends
commencer	apprendre le français
s'arrêter	faire du ski
aller	parler français en cours
pouvoir	fumer
décider	aller à des concerts de rock
hésiter	travailler
s'amuser	choisir une spécialisation
vouloir	réfléchir à ton avenir
savoir	faire des projets pour l'été
apprendre	retrouver tes amis en ville
essayer	aller au cinéma
regretter	regarder la télé
	???

Activité orale
Cahier: Activité orale: E

À écrire
Cahier: Activité écrite: A

Interactions

Activité 1. Projets de voyage. Choisissez un pays que vous voulez visiter et répondez aux questions suivantes. Où voulez-vous aller? Comment allez-vous voyager? Quels sites touristiques souhaitez-vous visiter? Qu'est-ce que vous espérez faire pendant votre séjour à l'étranger? Les autres étudiants de la classe vont vous poser des questions supplémentaires.

Activité 2: For written practice, this activity may be assigned as homework.

Activité 2. Un auto-portrait. Nous évoluons tous constamment. Pensez à vos traits de caractère, à vos habitudes, à vos activités. Parlez de ce que vous aimeriez changer en vous et de ce que vous voulez conserver. Que voudriez-vous commencer à faire? continuer à faire? ne pas faire? apprendre à faire? Faites un auto-portrait.

Activité 3. Ma journée. Racontez en huit ou dix phrases ce que vous avez fait vendredi dernier. Indiquez l'ordre chronologique des événements en faisant l'enchaînement par l'emploi des termes suivants: **avant de** + infinitif, **après** + nom, **après** + infinitif passé, **ensuite, alors.**

Lexique personnel

Suggestions: Have students prepare their lists of Francophone regions and French names at home. Then, in class, have students work in small groups to compare lists.

Qu'est-ce que je sais du monde francophone?

Cherchez les termes qui correspondent aux sujets suivants:

1. les pays francophones que vous avez visités
2. les pays francophones que vous voulez visiter
3. les noms (de personnes ou d'endroits) d'origine française que vous connaissez aux Etats-Unis

Répondez aux questions suivantes.

1. Avez-vous visité des pays francophones? Lesquels? Avez-vous parlé français avec les habitants?
2. Dans quelles régions des Etats-Unis est-ce qu'il y a un héritage linguistique et culturel français?
3. On vous offre des vacances idéales. Quels pays francophones voulez-vous visiter?

Structures II

Other Uses of Prepositions

A. ***It is* + Adjective + Preposition + Verb:** A frequent problem for the English speaker is expressing the idea *it is* followed by an adjective that in turn introduces an infinitive: *It is difficult to solve this problem.*

Do *not* rely on English structure to determine whether **c'est** or **il est** should be used to introduce the infinitive. Instead, look for the object of the infinitive in French. If the object of the infinitive is in its normal position—immediately after the infinitive—use **il est** and the preposition **de** to introduce the infinitive.

Il est difficile de résoudre *ce problème.*
Il est impossible d'acheter *nos billets.*

If the object of the infinitive is in any other position, or if it is omitted, use **c'est** and the preposition **à** to introduce the infinitive.

C'est *un problème* (*object of* résoudre) difficile à résoudre.
C'est difficile à résoudre.

1. Un(e) camarade de classe raconte un voyage qu'il / elle a fait. Complétez ses déclarations par **c'est... à** ou **il est... de.**

Je suis allé(e) en Guadeloupe, et je peux dire que ________ une île ________ voir. On y parle créole, et ________ possible ________ comprendre au moins quelques mots de cette langue. Mais ________ difficile ________ prononcer.

________ facile ________ visiter toute l'île de la Guadeloupe car elle n'est pas grande. Mais ________ important ________ avoir un bon guide, car ________ possible ________ se tromper de route. Et ________ une situation ________ éviter.

________ amusant ________ passer la soirée à danser et à bavarder avec les autres membres du groupe. En somme, ________ agréable ________ passer des vacances en Guadeloupe.

Prepositional Phrases Describing Nouns: Caution students that when using such expressions for the first time, they would be wise to check a dictionary.

B. **Prepositional Phrases Describing Nouns:** Prepositional phrases are frequently used in French to describe or qualify a noun.

- The preposition **à** denotes purpose, function, or nature.

une machine à laver	***a washing machine***
une glace à la vanille	***vanilla ice cream***
un verre à vin	***a wine glass***
une maison à un étage	***a two-story house***

- The preposition **de** denotes contents or composition.

une robe de coton	***a cotton dress***
un problème de maths	***a math problem***
un verre de vin	***a glass of wine***
une boîte de haricots	***a can of beans***

- The preposition **en** denotes substance.

une maison en brique	***a brick house***
une montre en or	***a gold watch***
une pièce en vers	***a play in verse***

C. **Prepositions Referring to a Location:** When referring to a location, **à** is used in a general sense to mean *at,* **dans** is used to mean *in* (in the physical sense) or *inside of,* and **par** is used to mean *through.*

Je travaille **à la bibliothèque.**	Elles sont **au Resto U** maintenant.
Le laboratoire est **dans ce bâtiment.**	Allez **dans la salle de classe.**
Ils regardent **par la fenêtre.**	Passez **par la porte principale.**

D. **Prepositions with Expressions of Time:** To refer to a period of time, **à** is used with hours of the day and **en** is used with months, years, and all seasons except **au printemps.**

Le groupe est parti { **à trois heures.** / **en mars.** / **en 1998.** / **en hiver.**

- To denote the duration of time, **en** means within a certain time frame and **dans** denotes a specified time in the future.

  Je travaille vite et je peux finir **en une heure.**
  Le concert va se terminer **dans deux heures.**

- The concept *for* is expressed by **pendant** when referring to actual duration and by **pour** when referring to intended duration.

  Il a vécu à Paris **pendant deux ans.**
  Je vais rester à Paris **pour une semaine.**
  Elle est allée à Paris **pour une semaine,** mais elle y est restée **pendant six mois.**

E. **Prepositions with Modes of Transportation:** To describe modes of transportation the preposition **en** is often used, except when referring to train travel, in which case **par le** is used most often.

Ils ont voyagé { **en voiture.** / **en avion et en bateau.** / **par le train.**

F. **The Preposition *pour* Used to Express Intention:** The preposition **pour** introduces an infinitive to denote the intention of an action. In English, the idea of *in order to* is often omitted, but this idea must be expressed in French whenever the infinitive conveys intention.

Je travaille **pour gagner de l'argent.**
Pour faire un gâteau, il faut du sucre.

G. **The Preposition *chez:*** The preposition **chez** has a variety of meanings in French.

Nous allons dîner **chez Pierre.** *(at someone's home)*
Il est **chez le médecin.** *(at someone's business)*
Chez les Martiniquais, le français est une langue commune. *(within a group)*
C'est une attitude bien connue **chez le président.** *(within the nature of a person)*
Chez Camus, il y a beaucoup de descriptions du désert. *(within the work of an author)*

H. **Prepositions with Geographical Locations:** Most names of geographical locations that end in **e** in French are feminine and are preceded by **en** to mean *to, at,* or *in.*

en France	**en** Asie	**en** Angleterre	**en** Australie
en Provence	**en** Floride	**en** Bourgogne	**en** Californie

Names of geographical locations that end in any other letter in French are masculine and are preceded by **à** + definite article to mean *to, at,* or *in.*

au Portugal	**aux** Etats-Unis	**au** Colorado
au Texas	**au** Canada	

There are a few exceptions to these rules that involve masculine geographical place names.

en Israël	**en** Afghanistan	**au** Mexique
en Iran	**en** Illinois	**au** Zaïre

It is possible to use **dans l'état de** or **dans le** with states of the United States, especially the masculine ones.

dans l'état de Washington	**dans le** Colorado

With names of cities, the preposition **à** is always used to mean *to, at,* or *in.* No article is used unless the name of the city itself contains an article, such as **Le Havre (au** Havre).

à Paris	**au** Havre	**à La** Nouvelle-Orléans
à Chicago	**au** Caire	

To express the concept of *coming from* or *originating in,* use **de** before feminine nouns and **de** + definite article before masculine nouns.

Ce sont des vins **de** France.	Je viens **des** Etats-Unis.

Note the following exception:

Ce sont des oranges **d'**Israël.	Je viens **d'**Israël.

Un artisan africain travaille le bois.

Prepositions with Noun Objects: Students may confuse this topic with the discussion of prepositions with infinitives (pp. 294–296). To avoid problems, emphasize that this section focuses on verbs that require (or do not require) a preposition before a *noun.*

I. **Prepositions with Noun Objects:** Most verbs in French do not require a preposition when they are followed by a noun object. The following is a list of some of these verbs.

apprendre	Elle **apprend le français.**
comprendre	Maintenant, il peut **comprendre le français.**
essayer	Ils **essaient la cuisine créole.**
étudier	On **étudie les pays francophones.**
parler	Son ami haïtien **parle créole.**
payer	Ses parents **paient son voyage** en France.
prendre	Elle **prend l'avion** pour y aller.
recevoir	Nous **recevons des cartes** de nos amis.
savoir	Nous **savons la date** de leur retour.
visiter	Ils **visitent la Martinique.**
voir	Ils **voient les sites touristiques** de l'île.

A few verbs require the preposition **de** before a noun object.

s'agir de	Il **s'agit d'un voyage** au Canada.
avoir besoin de	J'**ai besoin d'argent** pour voyager.
parler de	Nous **parlons du Canada** en cours.

Other verbs take the preposition **à** before a noun object.

dire à	Le prof **dit à la classe** d'étudier le monde francophone.
s'intéresser à	Elles **s'intéressent à la culture francophone.**
penser à	Elles **pensent à leurs amis martiniquais.**
permettre à	Les parents vont **permettre à leurs filles** de visiter la Martinique.

Remember that it is not always possible to determine from English usage whether a French verb requires a preposition before a noun or pronoun object.

2. François Ngolet, un étudiant du Gabon, vient passer l'année scolaire dans votre université. Vous voulez lui donner des renseignements sur la vie universitaire. Complétez chaque phrase par la préposition appropriée.

1. D'abord, si vous n'habitez pas une chambre ______ une des résidences, vous devez venir au campus ______ voiture.
2. Dans chacune des résidences, il y a des machines ______ laver. J'ai vécu ______ une résidence ______ toute ma première année à l'université.
3. ______ faire toutes les dissertations, il faut travailler souvent ______ bibliothèque.
4. La bibliothèque, c'est le bâtiment ______ brique là-bas, ______ deux étages.
5. ______ bibliothèque, il y a des cabinets de travail pour les étudiants.
6 ______ trois heures, il y a un cours de littérature française.
7. ______ hiver, il fait assez froid ici, mais ______ printemps, il fait un temps splendide.

Activité orale

Cahier: Activités orales: F, G

À écrire

Cahier: Activité écrite: B

8. Si, ______ l'année, vous voulez visiter les principaux sites touristiques de la région, vous pouvez y arriver ______ moins de deux heures, surtout si vous voyagez ______ le train.
9. Vous allez dîner souvent ______ vos nouveaux amis américains. On a l'habitude d'inviter souvent les étrangers ______ pouvoir mieux connaître leur culture.
10. Si vous voulez, je vous retrouve ce soir ______ six heures _______ restaurant universitaire ______ vous aider à choisir vos cours.

3. Vous parlez encore avec François Ngolet. Il raconte un peu sa vie. Complétez chaque phrase par la préposition appropriée.

1. Bien sûr, je suis né ______ Gabon, mais très jeune, je suis allé habiter ______ des cousins ______ Brazzaville ______ Congo.
2. Ayant réussi mon bac, j'ai décidé de faire des études ______ France ______ Montpellier.
3. Là, j'ai fait la connaissance de Sylvia qui est originaire ______ Virginie ______ Etats-Unis.
4. Quand j'ai terminé mon doctorat, j'avais le choix entre retourner ______ Gabon, aller _____ Canada où j'ai des amis qui viennent ______ Gabon ou m'installer ______ Etats-Unis.
5. J'ai été admis dans des universités _______ Nouvelle-Orléans et ______ Chicago, mais j'ai voulu rester près de Sylvia. J'ai donc choisi de venir ______ Virginie pour faire des études.
6. Sylvia et moi, nous allons nous marier au printemps, et je viens de recevoir l'offre d'un poste comme professeur _____ New York _____ Staten Island. Nous allons passer l'été ______ les parents de Sylvia et puis partir pour arriver ______ New York avant la rentrée.

4. Employez les éléments indiqués pour poser des questions à un(e) camarade de classe. Ajoutez la préposition appropriée où c'est nécessaire.

1. tu / venir à l'université / voiture / avion / ou / train?
2. tu / habiter / une résidence universitaire?
3. tu / travailler souvent / la bibliothèque / ou / ta chambre?
4. que / tu / faire / gagner de l'argent?
5. tu / retrouver quelquefois / tes amis / restaurant universitaire?
6. tu / travailler beaucoup / tes cours?
7. tu / passer les vacances / tes parents?
8. tu / aller / recevoir ton diplôme / 20 ___?

5. Complétez les phrases en indiquant un endroit logique.

1. Mes parents habitent...
2. J'ai d'autres membres de ma famille qui sont...
3. Mon / ma meilleur(e) ami(e) habite...
4. Mon université est...
5. J'ai des copains qui sont étudiants...
6. J'ai voyagé...
7. Je voudrais passer quelque temps...
8. Je voudrais un jour habiter...

Synthèses

A. Un(e) de vos ami(e)s, qui a été coopérant(e) *(Peace Corps volunteer),* vous raconte ses expériences en Afrique. Complétez ses commentaires à l'aide des prépositions appropriées ou **il est / c'est.**

1. ________ avoir une bonne idée de l'immensité de l'Afrique, il faut traverser le continent ________ voiture, mais ________ est difficile ________ faire.
2. ________ 1997, Laurent Désiré Kabila a préparé un coup d'Etat ________ Zaïre qui s'appelle, de nos jours, la République démocratique du Congo. ________ les Congolais, il y a eu beaucoup d'émotion, d'expressions ________ joie et ________ tristesse.
3. Après avoir passé trois mois au Togo ________ 1991, je suis allé(e) ________ la cafétéria de l'ambassade américaine à Lomé et j'ai pris un sandwich ________ fromage et ________ jambon, un verre de thé glacé, une salade ________ tomates et une glace ________ la vanille. Quelle joie de retrouver la civilisation américaine!
4. Pour rentrer ________ Etats-Unis, notre groupe est parti ________ hiver, ________ janvier plus précisément, ________ trois heures de l'après-midi. Nous avons voyagé ________ voiture et puis ________ avion. J'étais très triste de quitter le Togo parce que j'y avais vécu ________ deux ans.
5. ________ République démocratique du Congo, Mohammed Ali a beaucoup d'amis parce qu'il est allé ________ leur pays ________ participer à un match ________ boxe très célèbre.

À écrire
Cahier: Activité écrite: C

B. Vous êtes coopérant et vous travaillez en Afrique. Un jeune Africain du Togo vous pose des questions. Répondez à ses questions.

1. De quel pays venez-vous?
2. Dans quel état habitez-vous?
3. Quels autres pays avez-vous vus?
4. Où pouvez-vous aller pour entendre parler français en Amérique du Nord? Et pour entendre parler espagnol?
5. Où se trouve la ville de Dallas? de Chicago? de Miami?
6. Dans quels états américains est-ce qu'on produit du vin?
7. Dans quels pays étrangers voulez-vous voyager?
8. Dans quels autres pays francophones voulez-vous voyager?

À écrire
Cahier: Activités écrites: D, E

Interactions

Activité 1. Le tour du monde. On vous a demandé d'arranger un voyage autour du monde. Il y a douze pays à visiter. Avec un(e) camarade de classe, organisez un itinéraire qui montre l'ordre dans lequel vous comptez visiter les douze pays choisis.

MODELE Nous allons partir des Etats-Unis pour aller en Angleterre. D'Angleterre, nous allons au Danemark. Du Danemark...

Activité 2. Interview. Posez les questions suivantes à un(e) camarade de classe.

1. Pour quelle(s) raison(s) apprends-tu le français?
2. Sais-tu parler d'autres langues étrangères?

3. Que sais-tu très bien faire?
4. Combien d'heures par semaine étudies-tu le français?
5. A quoi penses-tu quand tu ne fais pas attention en classe?
6. Le français mis à part, à quoi t'intéresses-tu? (à la politique, à la musique, aux sports, etc.)
7. De quels sujets aimes-tu parler avec tes amis?

Activité 3. Le français aux Etats-Unis. Regardez la carte de la répartition de la population francophone aux Etats-Unis. Dans quelles régions des Etats-Unis est-ce qu'il y a des concentrations de gens qui parlent français chez eux? Le nom de certains endroits dénote l'influence française aux Etats-Unis. Faites une liste des états ou des villes qui illustrent cette influence. Par exemple: le Vermont; Terre Haute, Indiana; Des Moines, Iowa; etc.

Répartition de la population francophone aux Etats-Unis

Nombre de familles qui parlent français à la maison

- Plus de 100 000 familles
- 40 000 à 100 000 familles
- 10 000 à 40 000 familles
- 5 000 à 10 000 familles
- Moins de 5 000 familles

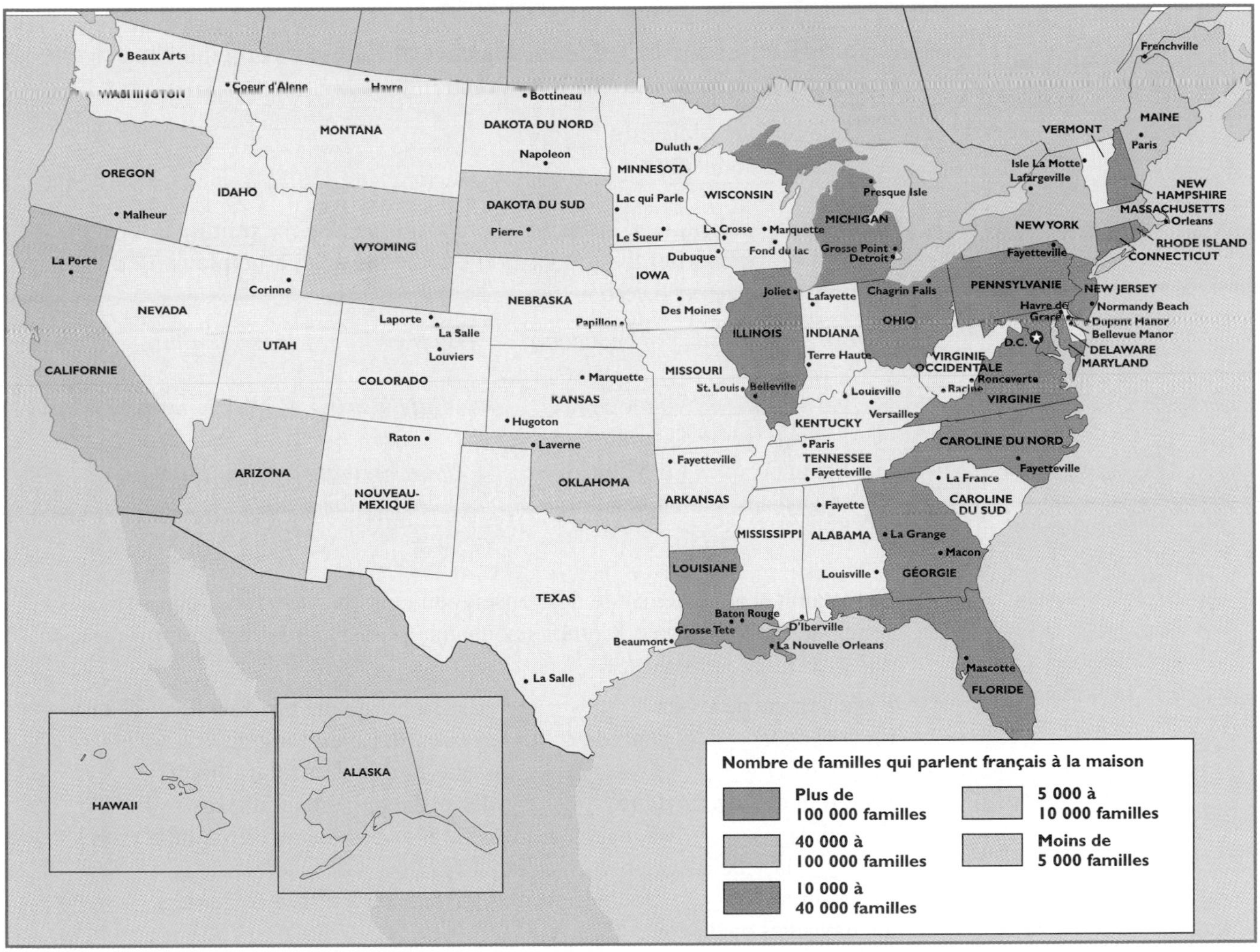

The Present Participle

To form the present participle in French, drop the **-ons** ending from the **nous** form of the present indicative and add the ending **-ant.**

parler	nous **parl~~ons~~**	**parlant**	*speaking*
finir	nous **finiss~~ons~~**	**finissant**	*finishing*
répondre	nous **répond~~ons~~**	**répondant**	*answering*
partir	nous **part~~ons~~**	**partant**	*leaving*
voir	nous **voy~~ons~~**	**voyant**	*seeing*

Only **avoir, être,** and **savoir** have irregular present participles.

avoir	**ayant**
être	**étant**
savoir	**sachant**

The present participle is used in the following ways.

- **As an Adjective.** When used as an adjective, the present participle must agree in gender and number with the noun it modifies.

  une histoire **plaisante**
  des jeux **amusants**

- **After the Preposition *en*.** After most prepositions, use the infinitive form of the verb. However, after the preposition **en**, the present participle is used to mean *by, while, upon* + verb + *-ing.*

En voyageant, j'ai beaucoup appris.	***By traveling,*** *I learned a lot.*
En visitant le Maroc, nous avons vu le Sahara.	***While visiting*** *Morocco, we saw the Sahara.*
En arrivant à La Nouvelle-Orléans, il a cherché un taxi.	***Upon arriving*** *in New Orleans, he looked for a taxi.*

Activité 6, suggestion: Have students give the English equivalent of each statement to reinforce the particular uses of the present participle form.

6. Un(e) ami(e) vous demande des renseignements sur un voyage que vous venez de faire à Québec. Complétez chaque phrase par la forme appropriée du verbe entre parenthèses.

1. J'avais envie de (voir) _______ une ville francophone pas loin de chez moi.
2. En (voyager) _______ par le train, j'ai économisé de l'argent.
3. En (arriver) _______ à la gare, je suis allé(e) directement à l'hôtel.
4. J'ai eu la chance de (faire) _______ des excursions magnifiques.
5. En (faire) _______ des visites guidées, je n'ai eu aucune difficulté à (voir) _______ la ville de Québec en trois jours.
6. En (rentrer) _______ par le train, j'ai passé mon temps à (regarder) _______ les paysages québécois.

À écrire

Cahier: Activités écrites: F, G

Pour s'exprimer

Ecoutez la conversation suivante entre un Québecois, Gino, et un Haïtien, Alfred, qui parlent français avec l'accent de leur pays. Vous allez écouter très attentivement ce qu'ils disent avant de faire les activités suivantes.

CONTEXTE: Nous sommes à Boston. Gino Lavoie et Alfred Noël, deux francophones, sont heureux de pouvoir se parler en français dans cette ville universitaire des Etats-Unis. En échangeant des idées, Gino et Alfred vont découvrir que, malgré leurs différences, ils ont beaucoup en commun.

A l'écoute

1. Gino vient du Québec. Il est sensible aux accents des autres personnes qui parlent français, car lui aussi a un accent—l'accent québécois. Pouvez-vous découvrir, en l'écoutant parler, certaines caractéristiques de cet accent? Donnez quelques exemples de mots où cet accent vous paraît assez fort. Faites surtout attention aux voyelles nasales, à la voyelle **i,** et à certaines consonnes comme le **t,** le **d,** et le **r.**
2. Selon Gino et Alfred, qui sont les francophones dans leurs pays? Situez sur une carte géographique leurs villes d'origine. En exprimant les distances en kilomètres, expliquez à Gino et Alfred où vous habitez.
3. Quelles questions désirez-vous poser à Gino et Alfred?

La ville basse et le château Frontenac à Québec

A vous la parole

Trouvez dans la liste suivante un élément de liaison qui facilite le passage de la phrase (a) à la phrase (b). Il y a souvent plus d'un choix possible.

Alors là...	*On that point...*
Attends...	*Wait a minute...*
Bref...	*To make a long story short...*
D'ailleurs...	*What's more...*
Ecoute...	*Listen...*
En effet...	*In fact...*
Regarde...	*Look...*
Tu sais...	*You know...*
Tu comprends...	*You understand...*

1. a. C'est une histoire longue et compliquée.
   b. Kandioura a fini par trouver un poste en France.
2. a. Ma copine va bientôt faire un stage au Sénégal.
   b. Elle part ce mois-ci.
3. a. Il faut que l'anglais soit la seule langue internationale.
   b. Je ne suis pas d'accord avec toi.
4. a. Où va notre groupe après le séjour à Québec?
   b. Je vais consulter l'itinéraire.
5. a. Tu ne vas pas demander une bourse pour étudier en Suisse?
   b. Ce n'est pas une bonne idée.
6. a. J'ai besoin de renseignements sur la culture maghrébine.
   b. Maryse peut peut-être t'aider.
7. a. Je vais visiter la Martinique au mois de mai.
   b. Il fait très beau là-bas au printemps.
8. a. Son séjour chez les Cantin a été très agréable.
   b. Ils l'ont invitée à revenir cet été.

Situations

The **Situations** sections present a variety of cumulative activites that may be done orally or assigned as written homework. They are designed to reinforce structures, vocabulary, and cultural information presented in the chapter.

1. Avez-vous déjà voyagé dans un pays de langue française? Racontez votre voyage à la classe. OU: La classe peut vous poser des questions pour essayer de deviner où vous êtes allé(e).
2. Formez plusieurs groupes. Chaque groupe choisit un pays francophone. Faites en classe la description du pays en mentionnant, par exemple, le climat, les villes principales, les sites touristiques, etc.
3. Un ami guadeloupéen vous demande s'il y a une présence francophone aux Etats-Unis. Qu'est-ce que vous lui répondez?
4. Au cours d'un trajet en taxi à Paris, le chauffeur se met à décrire les problèmes posés par l'immigration en France. Il vous demande si l'immigration pose aussi des problèmes chez vous. Qu'est-ce que vous lui répondez?
5. Vous participez à un entretien pour obtenir un poste dans une société ayant beaucoup de contacts dans les pays francophones. On vous demande de parler de votre vie et de décrire vos études. Ensuite, on vous demande dans quels pays francophones vous aimeriez bien travailler.

Structures III

Relative Pronouns, suggestion: To introduce relative pronouns, write full sentence examples using **qui, que, ce qui, ce que, dont,** and **ce dont** on the board. Read each example and orally add one or two similar examples. Then ask students to comment on what they've observed and heard in order to elicit the differences between one relative pronoun and another. Finally, ask students to use the relative pronouns in original sentences.

Relative Pronouns

Relative pronouns are used to join two thought groups by relating one clause to a word or concept in another clause. The word or concept referred to by the subordinate clause is called the antecedent.

Le garçon **qui nous accompagne** est le frère de Marie.	*The boy **who is coming with us** is Marie's brother.*

The relative pronoun is often omitted in English but must always be used in French.

Le pays **que** nous avons visité est un territoire d'outre-mer.	*The country **(that)** we visited is an overseas territory.*

A single French form may have several possible English meanings. For example, **qui** may mean *who, whom, which, what,* or *that.* Choosing the correct relative pronoun in French depends on the pronoun's function in the sentence (subject, direct object, object of a preposition) and whether the verb following the relative pronoun requires a preposition.

Subject of the Clause

It is easy to recognize when a relative pronoun is the subject of the clause it introduces because there will be no other subject in the clause. **Qui** as subject may refer to either persons or things.

Le garçon **qui vient à la fête** est le frère de Marie.
Ce pays **qui se trouve dans le Pacifique** est une ancienne colonie.

When there is no specific word or definite antecedent for the relative pronoun to refer to, an antecedent must be provided by adding **ce.**

Il raconte **ce qui se passe actuellement en Algérie.**
Ils indiquent **ce qui est intéressant en Belgique.**

Relative pronoun constructions that include **ce** are often translated as *what* and refer to a situation or idea rather than to a specific object or person.

Object of the Clause

When the clause introduced by a relative pronoun already has a subject, the relative pronoun is the object of the verb of the clause it introduces. **Que** also refers to either persons or things.

Le garçon **que vous avez invité** vient à la fête.
Les pays **que nous visitons** sont en Asie.

Again, if there is no definite antecedent for the relative pronoun, you must provide one by adding **ce.**

Voilà **ce que vous avez demandé.**
Je ne sais pas **ce qu'il veut.**

Activité orale

Cahier: Activité orale: H

À écrire

Cahier: Activités écrites: H, I

1. Vous rédigez *(are composing)* vos notes pour un exposé sur le monde francophone. Complétez chacune de vos phrases par **qui** ou **que** précédé ou non de **ce.**

1. Un francophone est une personne ______ parle français.
2. Le français est une langue ______ ils emploient assez souvent.
3. Ils savent peut-être ______ se passe dans l'Hexagone.
4. L'Hexagone est un nom ______ l'on donne à la France.
5. Quelquefois ils ignorent ______ les Français font chez eux.
6. La langue et la culture franco-canadiennes sont très importantes pour les personnes ______ habitent le Québec.
7. Un Martiniquais est une personne ______ habite la Martinique.
8. Le créole est une des langues ______ l'on parle en Martinique.

Object of a Preposition

In French, if the verb following the relative pronoun requires a preposition, this preposition is incorporated into the body of the sentence in one of the following ways.

A. ***Dont* and *ce dont:*** The preposition **de** is absorbed into the forms **dont** and **ce dont,** which refer to both persons and things.

Voici le livre **dont vous avez besoin.**	*Here is the book* ***that you need.*** *(to need* = **avoir besoin** ***de)***
Voilà le guide **dont je parlais.**	*There's the guide* ***that I was talking about.*** *(to talk about* = **parler** ***de)***

If there is no definite antecedent for **dont,** you must add **ce.**

Ce dont elle a peur n'est pas clair.	*It's not clear* ***what she's afraid of.*** **(avoir peur** ***de)***
Apportez **ce dont vous avez besoin** pour le voyage.	*Bring* ***what you need*** *for the trip.*

Dont is used to express *whose, of whom,* and *of which.* After **dont** meaning *whose,* the word order in French is always subject + verb + object. This may be the reverse of the English order.

Voilà le guide **dont le frère est** français.	*That's the guide* ***whose brother is*** *French.*
Voilà le touriste **dont vous avez réparé la voiture.**	*There's the tourist* ***whose car you repaired.***

B. ***Qui* and *lequel:*** If the verb following the relative pronoun requires any preposition other than **de,** this preposition must be placed before the appropriate relative pronoun. In such cases, **qui** is usually used to refer to people and the appropriate form of **lequel** (**laquelle, lesquels, lesquelles**) to refer to things.

Voilà mon ami **pour qui j'ai acheté le cadeau.**
C'est l'école **dans laquelle on étudie les langues.**
Allez chercher les chèques **avec lesquels nous allons payer les billets** *(tickets).*

When **lequel, lesquels, lesquelles** are preceded by the preposition **à,** the appropriate contractions must be made.

Voilà le livre **auquel** notre professeur a fait allusion.

Rappel! Rappel!

Remember that in both spoken and written French, you may not place a preposition at the end of the sentence. In English, you might hear *There's my friend I bought the present for* or *That's the course I went to.* In French you would have to say:

Voilà mon amie **pour qui** j'ai acheté le cadeau.
C'est le cours **auquel** j'ai assisté.

The Relative Pronoun où

If the antecedent is a period of time, **où** is used as the relative pronoun in all cases.

J'étais préoccupée le jour **où** j'ai passé l'examen.
Il est venu au moment **où** je partais.

If the antecedent is a location and you want to convey the meaning of **dans, de, à, sur, vers,** etc., use **où.**

Voilà l'école **où (= dans laquelle**) on étudie les langues.
Voilà l'endroit **où (= vers lequel**) il faut aller.

If the antecedent is a location and the verb does not require a preposition before a noun object, use the relative pronoun **que** or **qui.**

Voilà le musée **que** nous avons visité.
C'est un musée **qui** possède une excellente collection.

Rappel! Rappel!

The following steps will help in choosing the correct relative pronoun to use in French.

1. Identify the relative clause and remember that in French you must use a relative pronoun, even if it can be omitted in English.
2. Find the subject of the relative clause. If there is none, use **qui** or **ce qui** as the relative pronoun.
3. Verify whether the verb of the relative clause requires a preposition. If the verb requires **de,** use **dont** or **ce dont** as the relative pronoun. If the verb requires any other preposition, use **qui** for persons or a form of **lequel** for things (preceded by the preposition).
4. If the relative clause has a subject and the verb requires no preposition, use **que** or **ce que** as the relative pronoun or **où** if the antecedent is a period of time. If the antecedent is a location, use **où** if the verb requires a preposition before a noun object and **que** or **qui** if no preposition is involved.

2. Pour accompagner votre exposé, vous montrez les diapositives *(slides)* d'un voyage que vous avez fait dans un pays francophone. Voici vos commentaires sur les diapositives. Complétez chaque phrase à l'aide du pronom relatif approprié, précédé ou non d'une préposition.

1. C'étaient des vacances _______ j'avais besoin pour apprendre le français.
2. Voilà le 747 dans _______ j'ai voyagé.
3. Et voilà l'île _______ je vais vous parler.
4. C'est l'endroit _______ j'ai passé quinze jours.
5. Il s'agit d'un Club Med, et voilà les petits jetons avec _______ on paie toutes les activités.
6. Voilà des gens à _______ je parlais souvent.
7. Regardez la pendule. C'est l'heure _______ l'on dîne dans ce pays.
8. Ici le guide nous dit _______ on a besoin pour faire des promenades autour de l'île.
9. Nous sommes en décembre et c'est un mois _______ l'on peut nager et se promener sur la plage.
10. Enfin de retour! Ce sont des vacances _______ je vais me souvenir pendant toute ma vie.

3. Décrivez quelques aspects de votre vie en complétant les phrases suivantes à l'aide des pronoms **qui** ou **que.**

1. J'ai des amis qui / que...
2. Mes camarades de chambre sont des personnes qui / que...
3. J'ai des profs qui / que...
4. Mon cours de français, c'est un cours qui / que...
5. Mon / ma petit(e) ami(e) est une personne qui / que...
6. Ce semestre, j'ai des cours qui / que...

Activité orale

Cahier: Activités orales: I, J, K, L

Synthèses

A. Ce qui est important à l'université. Quelques étudiants sont en train de parler de leurs études. Complétez leurs remarques à l'aide du pronom relatif approprié, précédé ou non de **ce.**

1. Je veux une formation ______ me permette de réussir dans la vie.
2. Ce sont les cours obligatoires ______ on doit suivre pendant les deux premières années.
3. Des cours plus pratiques? Voilà ______ nous avons besoin.
4. Nous avons vraiment besoin d'un endroit ______ l'on puisse se réunir pour étudier en groupe.
5. M. Duval? C'est un prof avec ______ on apprend beaucoup.
6. La faculté de Lettres? C'est une partie de l'université dans ______ on étudie les langues vivantes.
7. Je n'ai pas eu de bons résultats dans ce cours. J'étais très préoccupé le jour ______ j'ai passé cet examen.
8. ______ m'intéresse vraiment, c'est l'informatique.
9. M. Roche? C'est le prof d'histoire ______ la femme est médecin.
10. ______ je ne comprends pas, c'est qu'il faut payer les droits d'inscription avant la fin des inscriptions.

À écrire

Cahier: Activités écrites: J, K, L, M

B. Les bénéfices du voyage. Transformez chaque phrase en employant **en** + le participe présent.

MODELE Elle apprend quand elle voyage.
Elle apprend en voyageant.

1. Quand on fait un effort, on apprend beaucoup de choses au sujet des étrangers.
2. On rencontre des gens sympathiques quand on visite des pays étrangers.
3. Si on prend le train, on voit le paysage.
4. Quand vous allez dans un autre pays, vous découvrez une autre façon de vivre.
5. Si vous restez quelque temps dans un pays étranger, vous pouvez souvent apprendre un peu la langue de ce pays.

Interactions

Activité 1. Quelques qualités importantes. Quelles sont les qualités d'un bon professeur? Faites cinq ou six phrases à ce sujet.

MODELES Je préfère les professeurs qui ont de la patience.
Je préfère les professeurs avec qui on peut parler.

Activité 2. Tunisie amie. Lisez la publicité pour la Tunisie ci-dessous. Etes vous tenté(e) par cette description? Qu'est-ce qui vous intéresse? Imaginez que vous avez gagné un voyage en Tunisie. Que voudriez-vous y voir?

Activité 3: Answer for model: Lucille Ball of "I Love Lucy" fame («**Extravagante Lucie**» in French).

Activité 3. Qui est-ce? Pensez à un personnage célèbre. Faites le portrait de cette personne sans dire son nom. Les autres étudiants de la classe vont essayer de deviner de qui vous parlez.

MODELE Je pense à une personne qui est morte il y a quelques années: une grande vedette. Elle était très amusante. C'était une actrice comique que tout le monde aimait et respectait. Elle avait les cheveux roux et a été la vedette de plusieurs séries à la télévision. Qui est-ce?

A écrire
Cahier: Activités écrites: S'exprimer par écrit

Activité 4. Invitation au voyage. En prenant comme modèle la publicité pour la Tunisie, créez une publicité pour un autre pays francophone. Préparez entre six et huit phrases. Ensuite, présentez votre «Invitation au voyage» à la classe.

Perspectives littéraires

Mise en train

Sujets de réflexion

1. A votre avis, quels sont les aspects d'une culture qui donnent à ses membres une «identité»? Pensez aux cultures hispanique, afro-américaine, japonaise, par exemple.
2. Actuellement la question de l'identité sexuelle repose de moins en moins sur des stéréotypes. Pourtant, y a-t-il toujours des traits qui sont considérés comme «typiques» des hommes et des femmes?
3. Il y a beaucoup de films où des hommes se déguisent en femmes ou des femmes en hommes, comme *Victor Victoria, Mrs. Doubtfire, Tootsie, Mr. Headmistress* et *Bird Cage,* pour n'en mentionner que quelques-uns. Pourquoi, à votre avis, le public semble-t-il s'intéresser tellement à ce thème?

Tahar Ben Jelloun

Tahar Ben Jelloun est né à Fez, au Maroc, en 1944. Quand il est âgé de dix ans, ses parents s'installent à Tanger. Ces deux villes vont laisser une forte empreinte sur l'imaginaire de son œuvre littéraire. Après avoir été élève au lycée français de Tanger, il étudie la philosophie à l'université de Rabat. Il commence à enseigner à Tétouan, puis à Casablanca. En 1971, il part à Paris étudier la sociologie et la psychiatrie sociale. Sa thèse et son activité professionnelle dans ce domaine le familiarisent avec les problèmes d'adaptation des émigrés maghrébins en France. Plusieurs de ses livres posent le problème du déracinement, de la position de l'individu face à l'hégémonie du groupe, et dénoncent sans complaisance tout ce qui porte atteinte aux droits ou à la dignité de l'homme.

Avant de lire

1. Cet entretien semble assez facile à lire, parce que les questions posées à Tahar Ben Jelloun par le journaliste servent à établir le contexte des réponses. En considérant les questions du journaliste, faites une liste des sujets dont Ben Jelloun va parler.
2. Dans le premier paragraphe de l'extrait de *L'Enfant de sable*, dégagez les mots qui indiquent qu'Ahmed veut aborder avec son père le sujet de son apparence physique.
3. Lisez rapidement le paragraphe 5 de l'extrait et dégagez-en les mots qui expriment le conflit intérieur d'Ahmed par rapport à sa situation.
4. A la fin de cet extrait, il y a une idée surprenante qui souligne le paradoxe que le père d'Ahmed a créé. A la fin du paragraphe 5, que demande Ahmed?

Interview avec Tahar Ben Jelloun: «Tahar Ben Jelloun—Raconteur d'histoires de notre temps»

Romancier, nouvelliste, poète, prix Goncourt 1987 pour *La Nuit sacrée,* intervenant au journal *Le Monde* et à la télévision française sur des questions autant littéraires que politiques, Tahar Ben Jelloun, non, n'a pas réponse à tout. S'il est si demandé, c'est justement parce qu'il est capable de penser plus loin que le bout de son stylo, de faire réfléchir, d'être et de rendre les autres conscients des mouvements du monde.

Qu'est-ce qui vous fait courir, Tahar Ben Jelloun?

obsession

(1) TBJ: J'ai une hantise,° c'est l'injustice! Témoigner est ma passion. Je suis un justicier! Et puis ensuite, j'aime raconter des histoires. Pas pour s'endormir, pas pour passer le temps, mais pour se réveiller. J'ai une fille de 9 ans, je lui raconte des histoires sur le chemin de l'école. Les histoires, ça sert à penser, à être conscient de ce qui se passe autour de soi. Pour cela, il y a l'école, bien sûr, mais les histoires, ça rajoute de la vie.

Pourquoi écrivez-vous en français?

old section of Moroccan town

(2) TBJ: Je suis né à Fez, au Maroc. C'est une très belle ville, très traditionnelle, pleine de petites ruelles, la médina.° Puis à 10 ans, ma famille est allée s'installer à Tanger. Là, je suis allé au lycée. On étudiait davantage le français que l'arabe. J'ai été formé par les deux langues. L'arabe est ma langue maternelle, mais j'ai pensé que j'avais quelque chose à gagner si je maîtrisais le français. Je m'investissais beaucoup dans la langue française. Puis, j'ai continué. Je n'ai jamais écrit en arabe. Le français était un défi, une richesse de plus.

Quand écrivez-vous? Vous servez-vous de l'ordinateur?

literary characters

(3) TBJ: J'écris le matin. Je n'utilise pas d'ordinateur. J'ouvre mon cahier et j'attends. Parfois rien n'arrive. Il faut que l'esprit et le corps s'habituent. Un livre est quelque chose de très vivant. J'y pense tout le temps. Il est très excitant de créer des personnages,° de les faire vivre. Je m'habitue à eux, et tous les matins je les retrouve. On vit ensemble dans le même espace mental. Je crée un univers à côté de l'univers réel.

Comment avez-vous décidé de devenir écrivain?

(4) TBJ: Je ne l'ai jamais décidé. Mais c'est quelque chose de très fort. Vous sentez que c'est là que vous êtes le mieux, quand vous racontez des histoires. A 20 ans, j'ai écrit des poèmes, contre l'injustice, contre des choses horribles et inadmissibles dans la société.

Vous évoquez beaucoup dans vos livres la condition des femmes. Pourquoi?

(5) TBJ: Je suis quelqu'un qui témoigne et qui dénonce. Une des grandes injustices est la condition qui est faite aux femmes dans le monde arabe. Je suis très sensible à la manière dont on les traite. Il y a eu une évolution qui est due aux femmes elles-mêmes, pas au gouvernement. Bien sûr, il y a le code de la famille qui est rétrograde,° pas à l'honneur du pays, mais la société est en avance. Les mœurs se sont libéralisées, les femmes se battent, 33% d'entre elles travaillent. L'avenir leur appartient. Les hommes ont le pouvoir politique, les femmes le pouvoir social, même si ce n'est inscrit nulle part dans les textes.

backward

Dans vos conversations courantes, quand vous êtes en France, vous dites «ils» en parlant des Français, ou «nous»?

(6) TBJ: Je dis rarement «nous». J'établis une distance entre ce que je suis et ce que je vois, mais j'établis cette distance partout, même au Maroc, où je dis «les Marocains». Mon parti pris est celui de l'objectivité, je suis un observateur. J'ai une relation d'équilibre entre les deux pays, et j'ai la même exigence critique. Il est dur de devoir choisir. Nulle part il n'y a de satisfactions garanties.

Vous ne vous sentez pas apatride?

(7) TBJ: Non, pas du tout. J'ai des racines° claires, précises. Je suis marocain, de culture musulmane humaniste et modérée. Je me sens marocain partout où je vais, culturellement et psychologiquement. Je suis aussi adepte des valeurs des droits de l'homme, de la Révolution française, de l'état de droit. En même temps, je suis fasciné par la générosité, l'hospitalité, la convivialité et la largesse d'esprit des Marocains. Ce sont des choses qui se sont un peu perdues en Europe.

roots

Synthèses I

Après la lecture

L'entretien

1. Quelle est la passion de Tahar Ben Jelloun? Dans quel sens pourrait-on comparer ses motivations à celles des auteurs afro-américains comme Toni Morrison, par exemple?
2. Pourquoi Tahar Ben Jelloun aime-t-il raconter des histoires?
3. A quelle époque de sa vie Tahar Ben Jelloun a-t-il commencé à étudier le français? Pourquoi a-t-il choisi d'écrire en français?
4. Comment voit-il les personnages qu'il a créés?
5. Pourquoi Tahar Ben Jelloun parle-t-il si souvent de la condition des femmes dans ses livres?
6. Quel contraste la dernière réponse de Tahar Ben Jelloun offre-t-elle entre les valeurs françaises et marocaines?

Tahar Ben Jelloun: L'Enfant de sable *(extrait)*

Avec son livre, *L'Enfant de sable* (1986) Tahar Ben Jelloun a séduit un large public en recourant à la forme du conte° pour poser le problème de l'identité aléatoire:° la huitième fille de Hadj Ahmed est déclarée de sexe masculin, mais comment vivre cette identité impossible?... Toute l'œuvre de Tahar Ben Jelloun est écrite pour conjurer l'enfermement dans cette impossibilité.

tale
problematic

Humilié de ne pas avoir de fils, d'héritier mâle, mais «seulement» des filles, un riche commerçant avait décidé de faire passer sa dernière-née pour un garçon. Ainsi, la petite fille fut appelée Ahmed. Habillée et éduquée comme un vrai garçon, elle devait mener une étrange existence, privée de sa vie de jeune fille, mêlée aux hommes, prise par tous pour un homme.

(1) Un jour Ahmed alla voir son père dans son atelier et lui dit:
— Père, comment trouves-tu ma voix?
— Elle est bien, ni trop grave ni trop aiguë.
— Bien, répondit Ahmed. Et ma peau,° comment tu la trouves?
— Ta peau? Rien de spécial.
— As-tu remarqué que je ne me rase pas tous les jours?
— Oui, pourquoi?
— Que penses-tu de mes muscles?
— Quels muscles?
— Ceux par exemple de la poitrine°... [...] Père, je vais me laisser pousser la moustache.
— Si cela te fait plaisir!
— Dorénavant, je m'habillerai en costume, cravate...
— Comme tu veux, Ahmed.
— Père! Je voudrais me marier...
— Quoi? Tu es trop jeune encore...
— Ne t'es-tu pas marié jeune?
— Oui, c'était un autre temps...
— Et mon temps, c'est quoi?
— Je ne sais pas. Tu m'embarrasses.

skin
chest

(2) — N'est-ce pas le temps du mensonge,° de la mystification? Suis-je un être ou une image, un corps ou une autorité, une pierre dans un jardin fané° ou un arbre rigide? Dis-moi, qui suis-je?

lie
faded

(3) — Mais pourquoi toutes ces questions?

(4) — Je te les pose pour que toi et moi nous regardions les choses en face. Ni toi ni moi ne sommes dupes.

suffocate / drown
hold on to / void
rid myself of / notebook

(5) Ma condition, non seulement je l'accepte et je la vis, mais je l'aime. Elle m'intéresse. Elle me permet d'avoir les privilèges que je n'aurais jamais pu connaître. Elle m'ouvre des portes et j'aime cela, même si elle m'enferme ensuite dans une cage de vitres. Il m'arrive d'étouffer° dans mon sommeil. Je me noie° dans ma propre salive. Je me cramponne° à la terre mobile. J'approche ainsi du néant.° Mais, quand je me réveille, je suis malgré tout heureux d'être ce que je suis. J'ai lu les livres d'anatomie, de biologie, de psychologie et même d'astrologie. J'ai beaucoup lu et j'ai opté pour le bonheur. La souffrance, le malheur de la solitude, je m'en débarrasse° dans un grand cahier.° En optant pour la vie, j'ai accepté l'aventure. Et je voudrais aller jusqu'au bout de cette histoire. Je suis homme. Je m'appelle Ahmed selon la tradition de notre Prophète. Et je demande une épouse. [...] Père, tu m'as fait un homme, je dois le rester. Et, comme dit notre Prophète bien-aimé, «un musulman complet est un homme marié».

disarray

(6) Le père était dans un grand désarroi.° Il ne savait quoi répondre à son fils ni à qui demander conseil. Après tout, Ahmed poussait la logique jusqu'au bout. Il n'avait pas tout dit à son père, car il avait un plan. Un grand silence chargé de malaise. Ahmed était devenu autoritaire. [...]

Synthèses II

Après la lecture

L'Enfant de sable

1. Quelle est la réaction du père d'Ahmed aux premières questions de son «fils»? Qu'est-ce que cette réaction indique sur les motivations et les attitudes du père?
2. Au paragraphe quatre, Ahmed indique pourquoi il (elle) décide d'avoir cette conversation avec son père. Quelle a été sa motivation?
3. Pourquoi Ahmed dit-il (elle): «Ma condition... je l'aime»? En quoi cette attitude de la part d'Ahmed est-elle ironique?
4. A la fin de l'extrait, quelle attitude d'Ahmed le père critique-t-il? Est-ce que cette attitude est habituellement considérée comme un trait masculin ou féminin? Expliquez l'ironie de cette réaction du père d'Ahmed.
5. Expliquez le titre de cette œuvre de Tahar Ben Jelloun. En quoi ce titre évoque-t-il l'univers marocain de l'auteur? Quelles seraient les caractéristiques d'un enfant fait «de sable»?

Pour mieux lire

1. Trouvez dans la colonne de droite les prépositions qui correspondent en anglais aux mots indiqués dans les extraits de l'interview avec Tahar Ben Jelloun dans la colonne de gauche.

a. «Romancier [...] intervenant au journal *Le Monde* [...] **sur** des questions aussi bien littéraires que politiques... »	1. by
b. «Pas **pour** s'endormir, pas **pour** passer le temps... »	2. in opposition to / against
c. «... je lui raconte des histoires **sur** le chemin de l'école.»	3. in **(3 fois)**
d. «J'ai été formé **par** les deux langues.»	4. parallel to
e. «Je n'ai jamais écrit **en** arabe.»	5. in order to / for the purpose of
f. «Je crée un univers **à côté de** l'univers réel.»	6. on **(au sens physique)**
g. «... j'ai écrit des poèmes **contre** l'injustice... »	7. between
h. «J'établis une distance **entre** ce que je suis et ce que je vois... »	8. on **(sujet)**
i. «Je suis né **à** Fez, **au** Maroc.»	

2. Ben Jelloun emploie souvent des mots qui vont par paires. Quelquefois ces mots constituent une suite logique, d'autres fois ils représentent un contraste. Dans les deux cas, si vous connaissez la signification de l'un de ces mots, vous pouvez assez facilement deviner le sens de l'autre. Dans les phrases suivantes, tirées de *L'Enfant de sable,* indiquez la signification des mots en italique.

   a. «Elle [ta voix] est bien, ni trop *grave* ni trop *aiguë.*»
   b. «... je m'habillerai en costume, *cravate*... »
   c. «Suis-je un *être* ou une *image?*»
   d. «La *souffrance,* le *malheur* de la solitude... »
   e. «Je suis *homme* [...] Et je demande une *épouse*... »

Expansion

1. Dans l'interview, Tahar Ben Jelloun dit: «J'ai une hantise, c'est l'injustice!» Dans quel sens peut-on dire qu'il parle de deux sortes d'injustices à la fois dans *L'Enfant de sable?*
2. Cette œuvre de Tahar Ben Jelloun constitue aussi une parabole culturelle. En quoi cet auteur francophone pratique-t-il, lui aussi, une sorte de déguisement?

Découvrir et se découvrir

CHAPITRE 10

Cultural Focus

- Discovery and Escapism in the Past
- Vacationing and Self-Discovery in Contemporary France

Structures I

- Formation of the Future and the Future Perfect

Structures II

- Uses of the Future and the Future Perfect

Structures III

- Formation of the Conditional and the Past Conditional
- Uses of the Conditional and the Past Conditional
- Tense Sequences

Functions

- Narrating the Future
- Talking about Plans
- Describing Wishes and Regrets
- Describing Relationships between Events

Literary Reading

- Charles Baudelaire: *L'Invitation au voyage* (poem and prose poem)

La découverte du monde est aussi un moyen de se découvrir.

http://interaction.heinle.com

Voyageons!

Perspectives culturelles

Culture générale

Exploration et utopie

Les Français commencent à connaître l'Amérique et l'Asie au XVIIe siècle grâce aux récits des explorateurs et des missionnaires. Les navigateurs et les voyageurs rédigent des rapports généralement orientés sur l'aspect pratique de leur expérience. Les missionnaires, eux, observent la nature, les gens, la végétation et les bêtes. Ainsi le Père Du Tertre écrit-il, dans un livre publié en 1667: «*Les sauvages de ces îles sont... tels que la nature les a produits, c'est-à-dire dans une grande simplicité et naïveté naturelle; ils sont tous égaux, sans que l'on connaisse presque aucune sorte de supériorité ni de servitude.*»

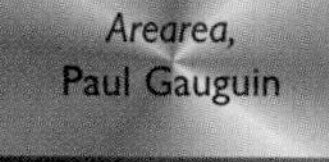

Arearea,
Paul Gauguin

Gauguin et l'exotisme océanien

Paul Gauguin (1848–1903) a pris la décision, vers 1890, de s'enfuir vers la Polynésie, où il pourrait vivre dans l'univers calme de son art. A Tahiti, il découvrira une peinture primitive aux teintes plates et intenses et aux volumes simplifiés d'une nature pure et sauvage. C'est la couleur qui permettra à Gauguin de dessiner son sujet et de construire son tableau en attribuant aux couleurs une fonction psychique. Grâce au contact avec les peuples de la Polynésie, Gauguin a découvert un art authentique, simple et naïf.

Magritte et l'art surréaliste

Le peintre belge René Magritte (1898–1967) se considérait comme un penseur plutôt qu'un peintre au sens usuel du terme. Selon lui, «la peinture sert à évoquer ce qui nous importe le plus, c'est-à-dire le mystère du monde.» Peintre surréaliste, Magritte représente presque toujours des objets ou des éléments familiers mais dans un assemblage qui incite le spectateur à s'interroger sur les énigmes d'un monde mystérieux. Tout se passe dans notre univers mental, nous dit Magritte. Il suffit quelquefois du choc visuel produit par une de ses œuvres pour que nous pénétrions un peu plus loin dans le nôtre.

La Clef des champs,
René Magritte

A. Mettez-vous à la place d'un Européen du XVIIe siècle. Que pensez-vous du récit du Père Du Tertre: est-il objectif, ou bien s'agit-il d'une sorte de propagande?

B. En quoi le tableau de Gauguin vous paraît-il «simple» et «naïf»? A votre avis, pourquoi Gauguin a-t-il éprouvé le besoin de quitter l'Europe pour pouvoir peindre?

C. Qu'est-ce qui se passe dans votre «univers mental» quand vous regardez ce tableau de Magritte?

Culture contemporaine

Les vacances de luxe

Le luxe a toujours fait rêver le monde comme étant un moyen d'échapper au quotidien. Au XIXe siècle, à l'époque romantique, on aime se rapprocher de la nature. Le chemin de fer va peu à peu réduire les distances et modifier les destinations en vogue. Au XXe siècle, ce seront la Provence et la Côte d'Azur puis, après la Seconde Guerre mondiale, les festivals dans les villes d'Avignon et d'Orange ou le village de Saint-Tropez. Aujourd'hui, les vacances de luxe ne sont plus réservées aux personnes ayant un pouvoir d'achat élevé. Tout le monde semble prêt à faire des sacrifices sur d'autres dépenses pour pouvoir s'offrir des vacances exceptionnelles.

Le tourisme vert

Les Français sont de plus en plus incités à prendre des «vacances vertes» par la nostalgie de vivre en harmonie avec la nature, le désir de retrouver leurs racines campagnardes disparues au moment de l'exode rural des années 50, et la volonté des familles de réduire les dépenses en allant dans des endroits où les prix sont moins élevés. Actuellement, ce type de vacances se développe surtout dans le centre de la France, une région assez peu peuplée où existent toujours certains modes de vie oubliés dans les villes, un grand calme et l'authenticité que recherchent de plus en plus de vacanciers.

Voyages dans une réalité virtuelle

Dans notre monde déterminé par la technologie et rationalisé à l'extrême, on est parfois tenté de croire que la vérité est ailleurs. La porte est ouverte au fantastique, aux *ovnis* (objets volants non identifiés) et parfois même à des enlèvements par des extraterrestres! S'agit-il de rêves éveillés, d'hallucinations, de transes ou d'un aspect de la réalité qui nous échappe encore?

D. Quelles sortes de vacances de luxe sont proposées au public d'aujourd'hui? Etes-vous d'accord avec l'idée que ces vacances ne sont plus réservées aux riches?

E. Indiquez des exemples de tourisme vert que vous pourriez pratiquer. Qu'est-ce qui motive souvent les gens à pratiquer ce genre de tourisme?

F. Qu'est-ce qui explique, à notre époque, le succès phénoménal d'une série télévisée comme *Aux frontières du réel (The X-Files)*?

Que pensez-vous des «vacances vertes»?

Note culturelle

Pour les Français, les vacances sont sacrées et, parmi les Européens, ils sont particulièrement avantagés pour en profiter. La France arrive en seconde position derrière l'Allemagne pour la durée annuelle des vacances. Depuis 1936, année où les salariés français sous le gouvernement de gauche du Front Populaire ont obtenu le droit à deux semaines de congés payés par an, les vacances annuelles sont devenues de plus en plus longues. Une cinquième semaine a été accordée en 1982. Le phénomène des congés payés a eu une influence considérable sur la conception des loisirs en France. Aujourd'hui, beaucoup se demandent s'il est préférable de diviser leur année en onze mois de dur labeur avec, en perspective, un mois de détente, ou s'il ne vaudrait pas mieux concevoir un meilleur équilibre tout au long de l'année.

Dans beaucoup de pays, la notion de «week-end», c'est-à-dire deux jours consécutifs sans travail en fin de semaine, existe depuis longtemps. En France, le dimanche est jour de repos, mais le samedi (ou le lundi pour les commerçants) ne l'a pas toujours été. L'idée de pouvoir disposer de deux jours pour se promener, flâner à la maison, bricoler ou se détendre est une conquête assez récente. On estime qu'il y a environ 2,5 millions de résidences secondaires en France, ce qui expliquerait pourquoi tant de gens passent si souvent un ou deux jours chez des parents ou des amis au cours de l'année. Et le repas du dimanche midi, en famille, reste bien enraciné dans les mœurs des Français, qu'on reste chez soi ou qu'on se retrouve chez d'autres.

Depuis quelques années, une nouvelle pratique s'est aussi ajoutée aux habitudes des Français, celle des vacances d'hiver. Ce sont surtout les jeunes, les cadres ou directeurs d'entreprise, et les membres des professions libérales qui en profitent pour partir aux sports d'hiver ou pour séjourner à la campagne. Les vacances scolaires, quinze jours en décembre-janvier, puis quinze jours en février-mars, ont également encouragé l'élargissement des types de loisirs d'hiver offerts aux jeunes ainsi qu'aux parents qui les accompagnent parfois. Les Jeux olympiques d'Albertville, en 1992, ont aussi contribué à stimuler le goût des vacanciers pour les activités sportives d'hiver.

Les Français sont donc assez nombreux à partir en vacances plusieurs fois pendant l'année. Mais pour eux, ce sont encore les mois de juillet et d'août qui constituent la période des «grandes vacances». Le fait de prendre des vacances à cette époque de l'année s'est généralisé dans la population. La façon dont on passe son temps libre dépend, cependant, de la catégorie sociale à laquelle on appartient.

D'abord, la moitié des vacanciers restent chez eux pendant les vacances d'été, soit pour travailler dans la maison, soit parce qu'ils n'ont pas les moyens de faire autre chose. Parmi ceux qui partent, la plupart, surtout les plus de 30 ans, restent en France. On pourrait suggérer deux hypothèses pour expliquer ce phénomène (qui est nettement moins marqué dans les autres pays européens): d'une part, la France est un pays dont les attraits touristiques sont suffisamment variés (climat, diversité des paysages et des sites à visiter, etc.) pour encourager les Français à y rester; d'autre part, beaucoup de Français voyagent mal à l'étranger et se sentent mieux et plus en sécurité dans leur propre pays. Chez les jeunes de moins de 30 ans, si on pratique des sports, c'est surtout le tennis et le cyclisme ou, à la mer, la planche à voile et autres sports nautiques qui attirent les vacanciers. Où qu'ils aillent, les gens de tout âge semblent aussi profiter de ce temps libre pour lire. Et où pratiquent-ils la lecture? La moitié d'entre eux partent à la mer et à la recherche du soleil, malgré la foule, les prix élevés et les difficultés de circulation dans les stations balnéaires. Les autres voyagent vers l'intérieur du pays, à la campagne ou à la montagne. Peut-être les Français ont-ils raison d'être casaniers? La France est la destination européenne la plus souvent choisie par les touristes étrangers. Il n'y a pas de fumée sans feu!

Discussion

G. Dans le milieu social que vous connaissez le mieux (chez vous, vos parents, vos voisins, ...), combien de semaines de vacances annuelles prend-on? Est-ce comparable à la moyenne nationale? Quels facteurs déterminent le nombre et la durée des vacances que l'on prend au cours de l'année? Quelle réaction avez-vous eue en apprenant la durée des vacances annuelles en Allemagne et en France, par exemple?

H. Quelle a été l'importance historique du gouvernement du Front Populaire en 1936 par rapport aux habitudes vacancières des Français? Ces habitudes ont-elles évolué? Expliquez.

I. Reprenez les renseignements que la ***Note culturelle*** vous donne sur les vacances en France. Imaginez puis planifiez des vacances pour une famille typiquement française. Expliquez vos choix.

Expansion

J. Vous avez sans doute déjà utilisé le mot «exotique» dans vos conversations. Que veut dire ce mot quand vous l'employez? Faites une petite liste d'exemples de situations, de lieux, de circonstances «exotiques».

K. Quel rôle joue «le fantastique» dans les réactions du public du XVIIe siècle devant les récits des explorateurs et celles du public d'aujourd'hui devant les récits de science-fiction? Y a-t-il des similarités à relever entre les deux époques?

L. Lequel des deux tableaux préférez-vous, celui de Gauguin ou celui de Magritte? Faites une petite analyse de vos réactions personnelles devant chacun de ces tableaux. Aimez-vous le réalisme en art, ou êtes-vous attiré vers d'autres genres? Expliquez votre point de vue.

Vocabulaire actif

Les activités

se baigner to swim
bénéficier (de) to benefit (from)
bricoler to putter
se faire bronzer to get a suntan
faire des économies to save money
faire le graissage to lubricate (the car)
faire le plein to fill the gas tank
faire la vidange to change the oil
flâner to loaf around
s'occuper de to take care of
profiter de to take advantage of
se renseigner to obtain information
rouler to drive
signaler to indicate

Les possibilités de vacances

la **Côte** the Riviera
un **dépliant** brochure, folder
une **escale** stopover
un **forfait vacances** vacation package deal
les **moyens** *(m pl)* (financial) means
un **rabais** discount
une **randonnée** hike
une **résidence secondaire** vacation home
une **station balnéaire** seaside resort
des **vacances vertes** *(f pl)* eco-tourism
des **vols-vacances** *(m pl)* reduced airfares for vacation travel

Pour voyager en voiture

l'**autoroute** *(f)* superhighway
la **batterie** battery
les **freins** *(m pl)* brakes
un(e) **garagiste** garage operator
le ***Guide Michelin*** popular French travel guide
la **mise au point** tune-up
un **pneu** tire
la **pression** pressure

A l'hôtel

un **acompte** deposit
des **gîtes** *(m pl)* hostels
l'**hébergement** *(m)* housing
un **hôtelier** / une **hôtelière** hotel manager
le **séjour** stay
un **tarif (réduit)** a (reduced) rate

Les caractéristiques

casanier(-ière) stay-at-home
compris(e) included
forfaitaire all-inclusive
intéressant(e) (financially) advantageous

Exercices de vocabulaire

A. Vous étudiez pendant l'année scolaire en France et vous préparez un voyage pour les grandes vacances. Voici une liste de questions que vous désirez poser dans une agence de voyages. Complétez chaque question à l'aide d'un terme approprié de la liste suivante.

un forfait	intéressant
un dépliant	un rabais
une escale	le séjour
faire des économies	un tarif réduit

1. Pour aller au Maroc, avez-vous un ________ vacances à me proposer?
2. Y a-t-il un vol direct ou faut-il faire ________?
3. Est-ce que les étudiants bénéficient d'________?
4. C'est-à-dire, y a-t-il ________ pour les étudiants?
5. Combien coûtent le vol et ________, petit déjeuner compris?
6. Avez-vous ________ qui explique les détails du voyage?
7. C'est le prix le plus ________ que vous puissiez proposer?
8. Pour me permettre ce voyage, il va me falloir ________, n'est-ce pas?

B. Vous entendez des gens faire les constatations suivantes au sujet de leurs vacances. Substituez un terme du ***Vocabulaire actif*** à chacune des expressions en caractères gras.

1. Sur la Côte, même au mois de mai, on peut **aller dans l'eau.**
2. J'allais partir en vacances en juillet, mais j'ai décidé de **faire de petits travaux** chez moi.
3. Il faut téléphoner au **propriétaire de l'hôtel.**
4. Il y avait **une réduction** sur le prix des chambres.
5. Nous adorons faire des **promenades** à la montagne.
6. Cela fait dix heures qu'elle **conduit.**
7. Ils vont **demander des renseignements** à l'agence de voyages.
8. Pour réserver notre chambre, il faut envoyer **de l'argent.**
9. Le petit déjeuner est **inclus dans le prix de la chambre.**
10. Si on voyage en groupe, il y a des tarifs vraiment **pas chers.**

C. Vous faites un voyage en voiture et vous arrivez dans une station-service près de Strasbourg où vous demandez à la garagiste de jeter un coup d'œil sur votre voiture. Complétez les phrases en utilisant les mots suivants.

la batterie	le graissage	la pression
les freins	le plein	la vidange

1. Vérifiez ________ des pneus, s'il vous plaît.
2. J'ai besoin d'huile aussi. Faites ________.
3. Ma voiture est un peu lente à démarrer *(start up)* le matin. Vérifiez le niveau d'eau dans ________.
4. Il y a un bruit bizarre sous la voiture. Faites ________ aussi.
5. J'ai un peu de difficulté à arrêter la voiture. Vérifiez ________.
6. Enfin, faites ________ d'essence, s'il vous plaît. Merci, madame.

Cahier: Activités orales: A, B, C

Structures I

Formation of the Future and the Future Perfect

Formation of the Future

The future tense indicates that an action *will* be performed at a future time. To form the future tense, use the infinitive as the stem and add the appropriate endings: **-ai, -as, -a, -ons, -ez, -ont.** For **-re** verbs, drop the **-e** from the infinitive.

voyager	partir	prendre
je voyager**ai**	je partir**ai**	je prendr**ai**
tu voyager**as**	tu partir**as**	tu prendr**as**
il / elle / on voyager**a**	il / elle / on partir**a**	il / elle / on prendr**a**
nous voyager**ons**	nous partir**ons**	nous prendr**ons**
vous voyager**ez**	vous partir**ez**	vous prendr**ez**
ils / elles voyager**ont**	ils / elles partir**ont**	ils / elles prendr**ont**

A list of the most important verbs with irregular future stems follows.

aller	**ir-**	faire	**fer-**	savoir	**saur-**
avoir	**aur-**	falloir	**faudr-**	valoir	**vaudr-**
devoir	**devr-**	pleuvoir	**pleuvr-**	venir	**viendr-**
envoyer	**enverr-**	pouvoir	**pourr-**	voir	**verr-**
être	**ser-**	recevoir	**recevr-**	vouloir	**voudr-**

Unless a verb has an irregular future stem, its future is formed regularly, even if the verb is irregular in the present tense.[1]

1. Votre correspondante française vous invite à passer l'été en France. Vous lui écrivez pour parler de vos projets d'été. Complétez les phrases suivantes en mettant au **futur** les verbes entre parenthèses.

1. Le semestre (finir) ______ en mai.
2. Je (venir) _____ en France début juin.
3. Est-ce que nous (pouvoir) ______ faire une excursion en Bretagne?
4. Mon / ma meilleur(e) ami(e) (vouloir) ______ certainement m'accompagner.
5. Tu (faire) _______ de ton mieux pour lui trouver un logement à Paris, n'est-ce pas?
6. Par exemple, tes parents le / la (recevoir) _____ pendant quelques jours?
7. Mon prof de français (être) ______ à Paris aussi.
8. Nous (aller) _______ un soir au théâtre.
9. Après trois ou quatre jours, (descendre) _______ -nous vers le Midi?
10. On (prendre) ______ le train ou la voiture?
11. Où est-ce que nous (habiter) ______?
12. Je sais que je (s'amuser) _____ beaucoup cet été.

Activité orale

Cahier: Activité orale: D

À écrire

Cahier: Activités écrites: A, B

Activité 2: This exercise may be done as directed questioning or in pairs. If done in pairs, check accuracy by having students use the same elements to ask you questions.

À écrire

Cahier: Activités écrites: C, D

2. Posez des questions à vos camarades en employant les expressions suivantes afin de connaître leurs projets pour demain.

aller à la bibliothèque	se lever
arriver en cours de français	prendre la voiture
avoir un examen	regarder la télé
se coucher	rentrer
déjeuner au Resto U	retrouver des amis
faire des devoirs	travailler
faire du sport	venir au campus

Formation of the Future Perfect

The future perfect tense **(futur antérieur)** indicates that an action will have been performed prior to another action at a future time. The future perfect is formed with the future of the auxiliary **avoir** or **être** and the past participle of the main verb. The future perfect of all verbs is formed this way.

[1] For the future of stem-changing verbs, see ***Appendix B.***

Au mois de septembre, quand vous serez prêts pour la rentrée, Sylvie et Dominique **seront** déjà **parties** pour la Côte. Elles **auront pris** la voiture, elles **auront voyagé** pendant quelques heures et elles **seront arrivées** à Fréjus. Sylvie **aura** beaucoup **conduit** et Dominique **aura fait** des excursions en montagne. Elles se **seront** beaucoup **amusées,** et vous, vous **aurez** beaucoup **travaillé.** Ce n'est pas juste.

Lexique personnel

Voyagez-vous souvent?

Cherchez les expressions qui correspondent aux thèmes suivants:

1. les endroits où vous avez passé des vacances
2. les endroits où vous voudriez passer des vacances
3. les moyens de transport que vous employez le plus souvent pour voyager
4. vos projets de vacances pour l'été prochain

Employez les éléments indiqués pour poser des questions à un(e) camarade de classe.

1. que / tu / faire / pendant les grandes vacances?
2. tu / faire / souvent / des voyages?
3. comment / tu / voyager / normalement?
4. tu / préférer / voyager / en voiture, en avion ou par le train?
5. quel / être / ton voyage / le plus intéressant?
6. tu / faire / déjà / un voyage organisé?
7. tu / profiter / déjà / d'un voyage à prix forfaitaire?
8. combien / on / payer / le vol, le séjour et les repas quand on va en Floride?

Structures II

Uses of the Future and the Future Perfect

Uses of the Future

The simple future tense expresses an action that will take place at a future time. It is the equivalent of the English *will (shall)*... [2]

Je **partirai** en juillet.	*I'll **leave** in July.*
Ils **prendront** le train.	*They **will take** the train.*

In conversation, the present tense is sometimes used instead of the future.

—Quand est-ce que vous **partirez?**
—Je **pars** demain.

[2]The future formed with **aller** + infinitive expresses an action that is more certain and immediate and is equivalent to the English *to be going to* + infinitive. Although these two future constructions are technically not interchangeable, the distinction between them is very fine, and in conversation a strict distinction is not always observed.

Je **vais partir** tout de suite.	***I am going to leave** right now.*
Je **partirai** peut-être un jour.	***I will** perhaps **leave** one day.*

The verb **devoir** used in the future expresses the idea *will have to...* **Devoir** in the present tense followed by the infinitive is also used to express an action that is probable in the future.

Il **doit arriver** bientôt.	*He **must be arriving** soon.*

1. Vous quittez votre chambre le matin et vous désirez laisser un petit mot à vos camarades de chambre pour les informer de vos activités de la journée. Complétez chaque phrase par un verbe approprié au **futur.**

1. A neuf heures...
2. Après mon premier cours...
3. Pour le déjeuner...
4. Pendant l'après-midi...
5. Vers six heures...
6. Avant de me coucher...

Uses of the Future Perfect

The future perfect tense is used to express the idea that one action in the future will take place and be completed before another action in the future takes place. It expresses the English *will have* + past participle.

Quand il ira à l'université en septembre, il **aura** déjà **fait** son voyage en France.	*When he goes to the university in September, he **will have** already **taken** his trip to France.*
Nous **serons parties** à trois heures demain.	*We **will have left** by three o'clock tomorrow.*

The Future after quand, lorsque, dès que, aussitôt que, après que

As shown in the following table of tense sequences, after the expressions **quand, lorsque, aussitôt que, dès que,** and **après que,** you must use a future tense in French where English uses the present.

Quand il viendra, nous pourrons partir.	***When he comes,** we will be able to leave.*

		subordinate clause		main clause
si	+	present tense	+	future imperative present
quand **lorsque** **dès que** **aussitôt que**	+	future future perfect	+	future imperative[3]
après que	+	future perfect	+	future imperative

[3] With **quand** and **lorsque** the future perfect may also be used in the main clause. See ***Rappel,*** p. 331.

This principle may be easier to remember if you realize that French structure is actually more logical than English on this point, given that *when* **(quand, lorsque),** *as soon as* **(dès que, aussitôt que),** and *after* **(après que)** all refer to actions that have not yet taken place.

Si tu **arrives** à l'hôtel avant minuit, **téléphone**-moi.
S'il **fait** beau, nous **ferons** un voyage.

BUT:

Quand (lorsque) tu **téléphoneras** à l'hôtel, tu **pourras** réserver une chambre.
Lorsque vous **serez** en France, **venez** me voir.
Dès que (aussitôt que) j'**aurai réglé** mes affaires, je **partirai.**
Après que j'**aurai fait** le plein, vous **devrez** vérifier les freins.

Rappel! Rappel!

Note that if you use the simple future in the subordinate clause, you are implying that the actions of both clauses will take place in the same time frame.

The future perfect in the subordinate clause implies that the action of that clause must take place and be completed before the main action can take place.

This distinction is often up to the speaker, and both the simple future and the future perfect are used following the conjunctions in question.

Quand il **partira,** / **sera parti,** } nous irons en vacances.

Dès que vous **achèterez** / **aurez acheté** } les billets, nous partirons.

BUT:

Après que j'aurai consulté une agence de voyages, nous prendrons une décision.

2. Après avoir passé quelques mois dans une famille à Paris, vous pensez faire une excursion pendant les grandes vacances avec la fille de vos hôtes. Vous parlez de ces projets d'été à la mère de la jeune fille. Complétez la conversation suivante par le **futur,** le **futur antérieur** ou le **présent** des verbes entre parenthèses selon le contexte.

—Donc, j'(avoir) _______ besoin de louer une voiture pour faire ce voyage.

—Si tu (faire) _______ des économies, tu pourras avoir assez d'argent pour louer la voiture et payer l'essence.

TOURNEZ

S.V.P.

—D'accord, mais je (devoir) ______ réserver la voiture bien avant notre départ. Après que j'(réserver) ______ la voiture, il faudra aussi retenir une chambre dans un hôtel du Midi.

—Quand tu (téléphoner) _____ à l'hôtel, tu pourras leur donner le numéro de ta carte de crédit pour retenir la chambre.

—Tu (pouvoir) ______ nous prêter une carte Michelin?

—Oui, bien sûr. Comme ça, si tu (se perdre) ______, tu pourras la consulter. D'ailleurs, vous (rouler) ______ peut-être plus vite si tu prends les routes nationales au lieu de prendre l'autoroute. Au début des grandes vacances, il (y avoir) ______ énormément de circulation sur les autoroutes.

—Tu as raison et en plus, les petites routes (être) ______ plus agréables. Nous (s'arrêter) _____ souvent pour regarder le paysage et visiter les endroits intéressants.

Activité orale

Cahier: Activité orale: E

—Quand tu (arriver) _______ là-bas, mets la voiture dans un garage. Comme ça tu n'(avoir) _______ pas d'ennuis. Et quand tu (commencer) ______ le voyage de retour, téléphone-moi.

À écrire

Cahier: Activité écrite: E

—Oui, oui, d'accord. Nous te (faire) _____ connaître nos projets après que nous (tout organiser) ______.

Activité 3, follow-up: For writing practice, have students expand one of their sentence completions into an essay.

3. Vous parlez de votre avenir avec des amis. Complétez logiquement chaque phrase.

1. Quand j'aurai terminé mes études...
2. Si je trouve un bon poste...
3. Lorsque je gagnerai un salaire suffisant...
4. Avant l'âge de trente ans...
5. Je me marierai quand...
6. J'aurai des enfants si...
7. Je voyagerai si...
8. Je serai heureux(-euse) quand...

Synthèses

A. Des amis parlent d'un voyage qu'ils vont faire ensemble à Paris. Complétez leurs phrases en mettant les verbes entre parenthèses aux temps qui conviennent.

1. Quand nous (être) ________ à Paris, je ferai du lèche-vitrines sur les Champs-Elysées.
2. Si Beth en a l'occasion, elle (aller) ________ au marché aux puces.
3. Après que tu (visiter) ________ le Louvre, tu pourras voir la collection des impressionnistes au musée d'Orsay.
4. Si nous (avoir) ________ de la chance, nous trouverons un bon petit hôtel.
5. Dès que nous aurons trouvé un hôtel, Paul (pouvoir) ________ réserver des billets pour un concert.

Activité B, follow-up: Have students use this exercise as a pattern and write a brief letter to a friend describing plans for an extended trip to another country.

B. Monique écrit un petit mot à une amie au sujet d'un voyage qu'elle va faire. Mettez les verbes entre parenthèses aux temps qui conviennent.

Chère Sandrine,
Je (partir) ________ ce soir. Demain (être) _______ le premier jour de mes vacances et je (aller) _______ chez mes cousins à Toulouse. Je (prendre) _______ l'autoroute pour y aller, mais quand je (rentrer) _______, je (revenir) _______ par les routes départementales. Il (falloir) _______ sûrement prendre beaucoup de détours, mais je (pouvoir) _______ ainsi mieux apprécier le paysage. Quand je (être) _______ de retour, je (devoir) _______ me remettre au travail.

Amitiés,
Monique

C. Interview. Posez des questions logiques au **futur** en employant les éléments suivants. Quand votre partenaire aura répondu, posez-lui une question supplémentaire.

1. partir de la fac aujourd'hui
2. aller après tes cours
3. faire des courses cet après-midi
4. rentrer tôt ou tard
5. regarder la télé
6. faire pendant le week-end
7. aller voir un film
8. sortir avec tes amis
9. dîner au restaurant
10. se coucher tôt ou tard

D. Voici une liste de préparatifs à faire pour un voyage ordinaire. Mettez les verbes au **futur** et arrangez ces activités dans l'ordre où vous les faites normalement avant de partir en voyage. Comparez votre liste avec celles de vos camarades de classe pour trouver un compagnon de voyage dont les habitudes sont compatibles avec les vôtres.

ranger la maison	consulter une agence de voyages
faire les valises	acheter les billets
choisir un itinéraire	téléphoner à des amis
faire la lessive	aller chercher des chèques de voyage
réserver des chambres	se procurer des brochures
???	???

À écrire
Cahier: Activité écrite: F

Interactions

Activité 1. Projets d'été. Quels sont vos projets pour l'été qui suivra la fin de vos études universitaires? Quand vous aurez obtenu votre diplôme, que ferez-vous pour fêter cet événement? Travaillerez-vous? Voyagerez-vous? Racontez vos projets à la classe. Les autres étudiants vous poseront des questions.

Activité 2. Pouvez-vous prédire l'avenir? Essayez de prédire l'avenir d'un(e) de vos camarades de classe. Où travaillera-t-il / elle? Quelles seront ses responsabilités? Où habitera-t-il / elle? Voyagera-t-il / elle souvent? Parlera-t-il / elle une langue étrangère dans le cadre de son travail? (Les autres étudiants de la classe vont vous poser des questions pour deviner de qui vous parlez.)

Activité 3. Le difficile passage à la vie d'adulte. Actuellement, il est plus difficile de trouver sa place dans la société qu'il y a vingt ans. Une enquête compare la situation des jeunes de 20 ans en 1983 et en 1992. Quelles évolutions principales constatez-vous? Comment peut-on expliquer ces phénomènes? Est-ce semblable pour les jeunes Américains? Pourquoi croyez-vous qu'il y ait une baisse de 79% dans le nombre de jeunes qui vivent en couple ou mariés? Jusqu'à quel point cette évolution se poursuivra-t-elle?

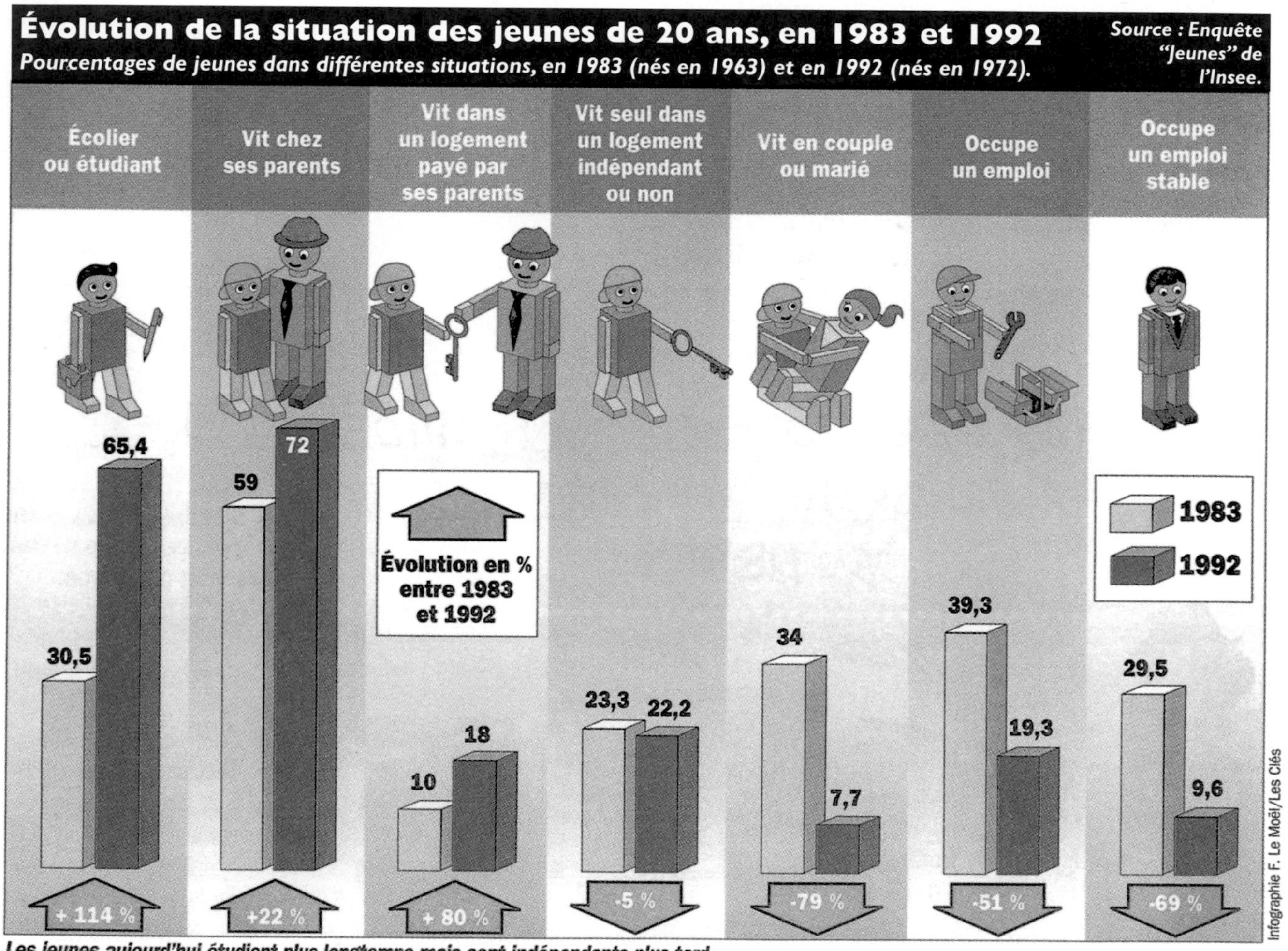

Évolution de la situation des jeunes de 20 ans, en 1983 et 1992

Pourcentages de jeunes dans différentes situations, en 1983 (nés en 1963) et en 1992 (nés en 1972).

Source : Enquête "Jeunes" de l'Insee.

	Écolier ou étudiant	Vit chez ses parents	Vit dans un logement payé par ses parents	Vit seul dans un logement indépendant ou non	Vit en couple ou marié	Occupe un emploi	Occupe un emploi stable
1983	30,5	59	10	23,3	34	39,3	29,5
1992	65,4	72	18	22,2	7,7	19,3	9,6
Évolution en % entre 1983 et 1992	+ 114 %	+22 %	+ 80 %	-5 %	-79 %	-51 %	-69 %

Infographie F. Le Moël/Les Clés

Les jeunes aujourd'hui étudient plus longtemps mais sont indépendants plus tard.

Pour s'exprimer

Avant de faire les activités suivantes, écoutez la conversation de ce jeune ménage.

CONTEXTE: Beaucoup de Français se demandent où passer leurs vacances d'été. Le jeune ménage que nous allons maintenant entendre se pose aussi la question. Le couple a déjà un enfant, le petit Loïc, et en attend un deuxième. Elle voudrait faire ceci, lui voudrait faire cela. Comment pourra-t-on sortir de cette impasse?

A l'écoute

1. On entend mentionner dans le dialogue quatre noms de lieux: une région et trois villes. Quels sont ces noms? Quels renseignements dans le texte vous permettent de les situer en France?
2. L'homme et la femme ont des idées bien arrêtées en ce qui concerne leurs grandes vacances! Combien d'arguments la femme donne-t-elle pour convaincre son mari qu'elle a raison? Pourquoi le mari veut-il aller ailleurs?
3. Qui propose le compromis? Y a-t-il, à votre avis, une autre solution? Qu'auriez-vous fait à la place de la femme ou du mari dans une situation pareille?
4. Quel moyen de transport sera utilisé pour partir en vacances? Quels préparatifs faudra-t-il faire avant de se mettre en route?

A vous la parole

On emploie aussi le verbe **aller + infinitif** pour parler des actions à venir. Il y a une distinction entre cette forme et une action exprimée au **futur simple,** par exemple, **je vais travailler / je travaillerai.** Normalement, on utilise **aller + infinitif** pour exprimer un futur proche et le verbe au **futur simple** pour parler d'actions qui sont plus éloignées dans le temps. Il s'agit d'une distinction qui ne se fait pas rigoureusement, mais qu'on a tendance à faire, même dans la conversation.

Employez les éléments suivants pour poser des questions à des camarades de classe. Il faut choisir entre la forme **aller + infinitif** ou le **futur simple,** selon le contexte.

1. après ce cours / tu / travailler / en bibliothèque?
2. quand / tu / recevoir / ton diplôme?
3. le week-end prochain / tu / dîner / au restaurant?
4. à quelle heure / tu / rentrer / ce soir?
5. dans cinq ans / tu / habiter / toujours dans cette ville?
6. quand / tu / finir / tes études?
7. pendant la semaine / tu / aller / au cinéma?
8. où / tu / passer / les vacances d'été?
9. où / tu / vouloir / habiter dans dix ans?
10. tu / déjeuner / au restaurant universitaire aujourd'hui?

Situations

1. Vous êtes déjà à Paris et vous voulez continuer votre voyage en Europe par le train. Allez à l'agence de voyages et demandez les renseignements nécessaires.
2. Vous avez loué une voiture pour faire une excursion en France. Maintenant, vous vous trouvez à Orléans et votre voiture ne démarre pas. Imaginez la conversation avec le (la) garagiste. Un(e) autre étudiant(e) jouera le rôle du (de la) garagiste.
3. Dans les entretiens d'embauche *(hiring)*, il y a une question qu'on pose souvent aux candidats: «Où voudriez-vous en être dans cinq ans?» Imaginez que vous participez à un entretien en vue d'un poste à IBM France. Composez une réponse à cette question.
4. Au cours d'une conversation avec des étudiants français, on commence à parler de l'avenir de la société américaine, de l'état de l'économie, de la drogue, de la violence, etc. En petits groupes, composez une description de la société américaine dans l'avenir. Comparez vos réponses à celles des autres groupes afin de communiquer votre point de vue aux étudiants français.

Structures III

Formation of the Conditional and the Past Conditional

Formation of the Conditional

Formation of the Conditional and the Past Conditional: Remind students that the stems for the conditional are the same as the stems for the future and that the endings are the same as the endings for the imperfect.

To form the conditional, use the infinitive as the stem and add the appropriate endings: **-ais, -ais, -ait, -ions, -iez, -aient.** For **-re** verbs, drop the **-e** from the infinitive.

voyager	**partir**	**prendre**
je voyager**ais**	je partir**ais**	je prendr**ais**
tu voyager**ais**	tu partir**ais**	tu prendr**ais**
il / elle / on voyager**ait**	il / elle / on partir**ait**	il / elle / on prendr**ait**
nous voyager**ions**	nous partir**ions**	nous prendr**ions**
vous voyager**iez**	vous partir**iez**	vous prendr**iez**
ils / elles voyager**aient**	ils / elles partir**aient**	ils / elles prendr**aient**

Note that the stem for the conditional is the same as for the future and that the endings are the same as for the imperfect.

The verbs that have irregular future stems use the same stems for the formation of the conditional.[4]

aller	**ir-**	faire	**fer-**	savoir	**saur-**
avoir	**aur-**	falloir	**faudr-**	valoir	**vaudr-**
devoir	**devr-**	pleuvoir	**pleuvr-**	venir	**viendr-**
envoyer	**enverr-**	pouvoir	**pourr-**	voir	**verr-**
être	**ser-**	recevoir	**recevr-**	vouloir	**voudr-**

[4] For the conditional forms of stem-changing verbs, see ***Appendix B.***

1. Les différents membres du Club français parlent avec Sophie, une étudiante française qui passe l'année dans votre université, de ce qu'ils aimeraient faire pendant les grandes vacances. Complétez les phrases en y mettant les verbes entre parenthèses au **conditionnel.**

1. Je (faire) ______ bien un voyage en France.
2. Nous (aller) ______ au Canada si nous avions assez d'argent.
3. Il (falloir) ______ que je travaille beaucoup pour me payer un voyage.
4. Je (être) ______ content(e) d'aller à la plage.
5. Mes copains (partir) ______ aussi pour la plage.
6. Ma copine (venir) ______ aux Etats-Unis pour me rendre visite.
7. Sophie, tu (vouloir) ______ rester ici pendant l'été?
8. Je (travailler) ______ d'abord pour gagner de l'argent.
9. Et j'(attendre) ______ le mois de juillet pour prendre mes vacances.
10. M. / Mme (nom de votre professeur de français), où (prendre) ______ -vous vos vacances?

Activité orale

Cahier: Activités orales: F, G

À écrire

Cahier: Activité écrite: G

Formation of the Past Conditional

The past conditional is formed with the conditional of the auxiliary **avoir** or **être** and the past participle of the main verb. All verbs form the past conditional in this way.

j'**aurais voyagé**	nous **serions parti(e)s**
il **aurait pris**	elle **serait arrivée**
vous **auriez fait**	ils **seraient allés**
elles **auraient fini**	tu **te serais levé(e)**

2. Nous regrettons quelquefois de ne pas avoir fait certaines choses. Employez les éléments suivants au passé du **conditionnel** pour dire ce que vous auriez fait l'été dernier si vous aviez pu.

1. faire un voyage...
2. travailler davantage
3. partir plus longtemps en vacances
4. aller...
5. chercher un autre travail
6. s'amuser davantage
7. sortir avec mes amis plus souvent
8. ???

Uses of the Conditional and the Past Conditional

The conditional tense expresses an action that is hypothetical or subject to some condition before it can take place. It has the English equivalent *would*...

Je **voudrais** visiter la Bretagne.	***I would like** to visit Brittany.*
Ils **voyageraient** en voiture.	*They **would travel** by car.*

Rappel! Rappel!

Be careful not to confuse the English *would* used hypothetically with *would* meaning *used to.*

J'**irais** en France l'été prochain si c'était possible.	*I* ***would go*** *to France next summer if possible.*
J'**allais** à la plage tous les jours quand j'étais plus jeune.	*I* ***would go*** *to the beach every day when I was younger.*

In the first example, the action in question has not yet taken place and depends on other circumstances.

In the second example, you can recognize that *would* means *used to* because the context is in the past.

The past conditional tense expresses an action in the past that was dependent on certain conditions before it could take place. It expresses the English idea *would have* + past participle.

> L'année dernière, Sylvie et Dominique ont fait le tour de la France en quinze jours. Mais elles n'ont pas tout vu. Si elles avaient eu le temps, elles **auraient** aussi **voyagé** en Bretagne et elles **seraient** aussi **allées** en Corse.

The conditional tenses are used following the expression **au cas où,** meaning *in case.*

> Je viendrai de bonne heure **au cas où** vous **arriveriez** avant midi.
> J'étais venu(e) de bonne heure **au cas où** vous **seriez arrivés** avant midi.

Verbs such as **vouloir, pouvoir,** and **aimer** are often used in the conditional to indicate a more polite tone for a request.

> —Dis, Sylvie, tu **voudrais** me rendre un petit service? **Pourrais**-tu aller à l'agence de voyages pour demander des plans de Fréjus et des Alpes-Maritimes?
> —Ah, j'**aimerais** bien t'aider, mais je ne peux pas y aller aujourd'hui. Est-ce que je **pourrais** faire cette commission demain?
> —Bien sûr. Demain **serait** parfait.

The past conditional of **devoir** is sometimes called the tense of regret.

Cet après-midi, je **devrais** faire les courses.	*This afternoon, I* ***ought to (should)*** *do the shopping.*
J'**aurais dû** les faire hier, mais je n'ai pas pu.	*I* ***ought to have (should have)*** *done it yesterday, but I wasn't able to.*

Activité 3, follow-up: Ask students to role play a scene in which they order food in a café or restaurant. Underscore that it is not merely a matter of getting something to eat and drink, but how politely they do it.

3. Quelques-unes des personnes avec qui vous voyagez en France ne sont pas aussi au courant de la culture française que vous. Aidez-les à s'exprimer plus poliment en mettant leurs phrases au **conditionnel.**

1. Monsieur, je veux de l'eau, s'il vous plaît.
2. Et moi, je prends volontiers le coq au vin avec des légumes.
3. Pardon, madame, pouvez-vous m'indiquer l'heure, s'il vous plaît?
4. Monsieur, avez-vous la monnaie de cent francs?
5. Mademoiselle, savez-vous par hasard à quelle heure ouvre le Louvre?
6. Marie-Laure, peux-tu m'aider à déchiffrer ce plan de métro?

Tense Sequences

Rappel! Rappel!

The conditional tenses are often used in the main clause in conditional *(if..., then)* statements (*If* I had the time, I *would love* to visit Brittany).

The English speaker must choose the correct tenses to use in both the *if* clause and the main clause. (See table following.)

The key to the tense sequences outlined in the table is that they never vary, although there may be several possible translations in English for the verb in the *if* clause.

si j'avais le temps { *if I had the time* / *if I were to have the time*

	SUBORDINATE CLAUSE	MAIN CLAUSE
si	imperfect pluperfect[5]	conditional past conditional

Si j'**avais** le temps, j'**aimerais** visiter la Belgique.
S'ils **trouvaient** un hôtel, ils **iraient** sur la Côte d'Azur.

Si j'**avais eu** l'argent, je **serais allée** en France.
Si nous **étions arrivés** en juin, nous **aurions vu** le festival.

[5] Remember that the pluperfect is formed with the imperfect of **avoir** or **être** and the past participle.

4. Vous parlez de vos projets d'avenir, pour le moment hypothétiques. Complétez chaque phrase par le **conditionnel** ou l'**imparfait** des verbes entre parenthèses selon le contexte.

1. Si je (recevoir) ______ mon diplôme en mai, je ferais d'abord un long voyage.
2. Si je trouvais un emploi tout de suite, j'(acheter) ______ une nouvelle voiture.
3. Si mon / ma meilleur(e) ami(e) avait le temps, il / elle (venir) ______ me rendre visite.
4. Ma famille et moi, nous (partir) ______ en vacances ensemble, si tout le monde était libre.
5. Mes copains français viendraient me voir, si j'(avoir) ______ mon propre appartement.
6. Si ma famille me donnait un peu d'argent, je (pouvoir) ______ chercher un appartement.
7. Mes amis feraient des économies, s'ils (pouvoir) ______ partager un logement pendant un an ou deux.
8. Si je ne trouvais pas de poste tout de suite, je (faire) ______ des demandes d'admission dans les universités pour faire des études supérieures.
9. Si, en septembre, ma copine n'avait pas de poste, elle (aller) ______ en Californie.
10. Et moi, si je ne trouvais pas de travail, mes frères et sœurs (pouvoir) ______ m'aider un peu.

Activité orale

Cahier: Activité orale: H

À écrire

Cahier: Activité écrite: H

Activité 5: This exercise may be done as directed questioning or in pairs.

5. Employez les éléments indiqués pour poser des questions à un(e) camarade de classe.

1. si / tu / être riche / que / tu / acheter?
2. si / tu / aller en France / que / tu / vouloir voir?
3. si / tu / faire le tour du monde / où / tu / aller?
4. si / tu / avoir l'argent / que / tu / faire?
5. si / tu / pouvoir réformer ton université / que / tu / changer?
6. ???

6. Le passé du **conditionnel** est le temps des choses qui n'ont pas eu lieu. Complétez les phrases suivantes par un verbe au **conditionnel passé** pour exprimer ce que vous auriez fait.

1. Si j'avais eu plus d'argent, ...
2. Si j'avais eu plus de temps, ...
3. Si je n'étais pas allé(e) à cette université, ...
4. Si j'avais pu parler plus franchement à mes parents, ...
5. Si j'avais pu dire la vérité à mon prof, ...
6. Si j'avais choisi d'autres camarades de chambre, ...

Rappel! Rappel!

Contrast the following tense sequences involving the future and the conditional tenses.

si	+	present	+	future present imperative
si	+	imperfect pluperfect	+	conditional past conditional
quand **lorsque** **dès que** **aussitôt que**	+	future future perfect	+	future imperative
après que	+	future perfect	+	future imperative

The key to manipulating these tense sequences is to concentrate on the tense of the main verb, which will be easily identified as the imperative, present, future, conditional, or past conditional. Then determine the tense of the verb in the subordinate clause according to the conjunction in question.

Synthèses

A. En attendant votre train dans la gare d'une grande ville française, vous entendez d'autres voyageurs qui parlent de vacances et de voyages. Complétez chaque phrase par le **conditionnel présent** ou **passé** du verbe entre parenthèses.

1. Si le temps n'était pas désagréable, je (aller) ________ à la plage.
2. Si j'avais le temps, je (aimer) ________ aller en Belgique.
3. Si j'avais eu les moyens, je (aller) ________ du côté de Saint-Tropez.
4. Elle (voir) ________ la bonne route si elle regardait la carte.
5. Je (se renseigner) ________ si j'avais eu le temps.
6. Il (falloir) ________ écouter les prévisions météorologiques si vous faisiez un voyage dans les Alpes.
7. Je (vouloir) ________ savoir s'il avait déjà réglé ses affaires.
8. Nous (pouvoir) ________ compter sur du beau temps, si nous voyagions en été.
9. S'il avait fait du soleil, vous (ne pas trouver) ________ le voyage si désagréable.
10. Tu (partir) ________ pour les Alpes-Maritimes si tu aimais la montagne.

À écrire
Cahier: Activités écrites: I, J, K

B. Interview: Les études. Posez les questions suivantes à un(e) camarade de classe.

1. Si tu avais l'argent, à quelle université irais-tu?
2. Qu'est-ce que tu aurais fait de différent dans tes études?
3. Si tu avais su que les études étaient si difficiles, les aurais-tu commencées?
4. Quelle autre ville universitaire aurais-tu choisie si tu n'étais pas venu(e) dans celle-ci?
5. Quels autres cours suivrais-tu si tu avais le temps?
6. Est-ce que tu t'achèterais un meilleur ordinateur pour t'aider dans tes études si tu en avais les moyens?

C. Plusieurs étudiants français parlent de leurs vacances. Qu'est-ce qu'ils ont fait? Que vont-ils faire? Que feraient-ils s'ils avaient le temps ou l'argent nécessaire? Complétez leurs déclarations par le temps approprié des verbes entre parenthèses.

1. Aussitôt qu'il y (avoir) ______ de la neige, j'irai à la montagne pour faire du ski.
2. S'il (ne pas pleuvoir) ______ demain, je ferai de la planche à voile.
3. S'il avait fait beau hier, je (aller) ______ à la plage.
4. Si j' (avoir) ______ les moyens, je ferais des excursions.
5. S'ils (faire) ______ un voyage dans les Alpes, ils auraient vu de la neige en été.
6. Je travaillerai cet été si je (pouvoir) ______ trouver un poste.
7. Si nous descendons vers le sud, nous (trouver) ______ sûrement le beau temps.
8. Demain, nous partirons plus tôt que prévu au cas où il y (avoir) ______ de la pluie.
9. S'il (faire) ______ chaud à Paris, il fera encore plus chaud à Nice.
10. Si vous aviez su que la pluie allait arriver, est-ce que vous (aller) ______ à Paris ce week-end-là?

À écrire
Cahier: Activités écrites: L, M, N

D. Voici des expressions qui s'emploient souvent avec le **conditionnel.** Réagissez à chacune des phrases suivantes en utilisant une de ces expressions dans une phrase au **conditionnel.**

Si c'était moi...
Au cas où...
A ta place, ...
Faute de mieux, ...
Si j'étais toi, ...

Pendant les vacances qui viennent...

1. Je vais suivre des cours d'été.
2. Je vais travailler pour ma mère.
3. Je voyagerai en Egypte.
4. Je ferai un stage dans une entreprise internationale en Afrique.
5. Je serai moniteur / monitrice de colonie de vacances.
6. Je trouverai un emploi à Disney World.
7. Je vais assister à une grande réunion de famille.
8. ???

E. Le rêve et la réalité. Pour chacun des thèmes suivants, composez une phrase au **conditionnel** pour exprimer ce que vous voudriez. Ensuite, composez une phrase au **futur** pour dire ce qui arrivera probablement.

1. terminer mes études
2. recevoir mon diplôme
3. trouver un poste
4. se marier
5. voyager
6. habiter

Interactions

Activité 1. Autrement. Si vous n'étiez pas venu(e) ici faire des études, qu'est-ce que vous auriez fait? Seriez-vous allé(e) à une autre université? Auriez-vous habité à l'étranger? Où auriez-vous travaillé? En quoi est-ce que votre vie aurait pu être différente?

Activité 2. Le mythe du voyage. Le mot «voyage» a un fort contenu symbolique. Un voyage, au sens propre, permet de changer de lieu, d'identité, d'activité, d'habitudes, bref, de vie. Mais on peut aussi «voyager» au sens figuré, s'évader de soi-même. Le rêve est le véhicule essentiel de cette évasion; l'imagination, le support. Pour chacun des «voyages» suivants, décrivez ce qu'on cherche à trouver, ou ce qu'on essaie de fuir dans sa propre vie.

Activité orale

Cahier: Activités orales: I, J, K

À écrire

Cahier: Activités écrites: O, P, S'exprimer par écrit

1. Les villages du *Club Méditerranée* offrent un confort, une qualité de vie et une sécurité supérieurs à ceux que l'on trouve localement.
2. *Disneyland Paris* a pour vocation de faire entrer les visiteurs dans un monde magique, plus beau que la réalité.
3. Les jeux vidéo et les techniques de «réalité virtuelle» sont d'autres exemples, plus élaborés, de cette volonté de simuler la vie.

Disneyland, Paris

Perspectives littéraires

Mise en train

Sujets de réflexion

1. Où allez-vous, que faites-vous pour échapper aux problèmes et aux ennuis de la vie de tous les jours?
2. Faites la description de ce qui serait pour vous un endroit idéal où vous auriez la possibilité de vous évader de la réalité quotidienne.

Charles Baudelaire

Charles Baudelaire, poète du XIXe siècle, est connu comme l'auteur qui a su introduire le modernisme dans le domaine de la poésie. En 1857, il a publié *Les Fleurs du mal,* recueil de poèmes qui approfondissent principalement deux thèmes: (1) la dualité de la nature humaine et (2) l'ennui de l'homme face aux limitations intellectuelles et spirituelles de la vie. En 1861, Baudelaire reprendra une forme déjà expérimentée par d'autres écrivains, le poème en prose. Dans ses «Petits poèmes en prose», il développe beaucoup des mêmes thèmes qu'il avait déjà abordés dans *Les Fleurs du mal.*

Avant de lire

1. Faites une liste d'images tirées du poème *L'Invitation au voyage* (à la page 345) qui représentent les éléments fondamentaux de cette vision de l'idéal de Baudelaire.
2. Ce poème évoque-t-il la ville ou la campagne? De quelle sorte de climat s'agit-il? Ce poème s'inspire d'un endroit réel. Pouvez-vous deviner où se trouve cet endroit?
3. Le refrain du poème est composé de cinq éléments: l'ordre, la beauté, le luxe, le calme, la volupté. Dégagez du poème les images qui illustrent ces différents éléments.

Charles Baudelaire: L'Invitation au voyage *(poème)*

Mon enfant, ma sœur,
Songe à la douceur
D'aller là-bas vivre ensemble!
Aimer à loisir,
Aimer et mourir
Au pays qui te ressemble!
Les soleils mouillés
De ces ciels brouillés
Pour mon esprit ont les charmes
Si mystérieux
De tes traîtres yeux
Brillant à travers leurs larmes.

Là, tout n'est qu'ordre et beauté,
Luxe, calme et volupté.

Des meubles luisants,
Polis par les ans,
Décoreraient notre chambre;
Les plus rares fleurs
Mêlant leurs odeurs
Aux vagues senteurs de l'ambre,
Les riches plafonds,
Les miroirs profonds,
La splendeur orientale,
Tout y parlerait
A l'âme en secret
Sa douce langue natale.

Là, tout n'est qu'ordre et beauté
Luxe, calme et volupté.

Vois sur ces canaux
Dormir ces vaisseaux
Dont l'humeur est vagabonde;
C'est pour assouvir
Ton moindre désir
Qu'ils viennent du bout du monde.
Les soleils couchants
Revêtent les champs,
Les canaux, la ville entière,
D'hyacinthe et d'or;
Le monde s'endort
Dans une chaude lumière.

Là, tout n'est qu'ordre et beauté,
Luxe, calme et volupté.

L'Invitation au voyage *(poème en prose)*

"land of peace and plenty"
obstinately

(1) Il est un pays superbe, un pays de Cocagne,° dit-on, que je rêve de visiter avec une vieille amie. Pays singulier, noyé dans les brumes de notre Nord, et qu'on pourrait appeler l'Orient de l'Occident, la Chine de l'Europe, [...] tant elle l'a patiemment et opiniâtrement° illustré de ses savantes et délicates végétations.

unexpected
angel

(2) Un vrai pays de Cocagne, où tout est beau, riche, tranquille, honnête; où le luxe a plaisir à se mirer dans l'ordre; où la vie est grasse et douce à respirer; d'où le désordre, la turbulence et l'imprévu° sont exclus; où le bonheur est marié au silence; où la cuisine elle-même est poétique, grasse et excitante à la fois; où tout vous ressemble, mon cher ange.°

(3) Tu connais cette maladie fiévreuse qui s'empare de nous dans les froides misères, cette nostalgie du pays qu'on ignore, cette angoisse de la curiosité? Il est une contrée qui te ressemble, où tout est beau, riche, tranquille et honnête, où la fantaisie a bâti et décoré une Chine occidentale, où la vie est douce à respirer, où le bonheur est marié au silence. C'est là qu'il faut aller vivre, c'est là qu'il faut aller mourir!

(4) Oui, c'est là qu'il faut aller respirer, rêver et allonger les heures par l'infini des sensations. Un musicien a écrit l'*Invitation à la valse;* quel est celui qui composera l'*Invitation au voyage,* qu'on puisse offrir à la femme aimée, à la sœur d'élection?

clocks

(5) Oui, c'est dans cette atmosphère qu'il ferait bon vivre, —là-bas, où les heures plus lentes contiennent plus de pensées, où les horloges° sonnent le bonheur avec une plus profonde et plus significative solennité.

blissful
filtered / fabrics
lead
locks
decorated earthenware

(6) Sur des panneaux luisants, ou sur des cuirs dorés et d'une richesse sombre, vivent discrètement des peintures béates,° calmes et profondes, comme les âmes des artistes qui les créèrent. Les soleils couchants, qui colorent si richement la salle à manger ou le salon, sont tamisés° par de belles étoffes° ou par ces hautes fenêtres ouvragées que le plomb° divise en nombreux compartiments. Les meubles sont vastes, curieux, bizarres, armés de serrures° et de secrets comme des âmes raffinées. Les miroirs, les métaux, les étoffes, l'orfèvrerie et la faïence° y jouent pour les yeux une symphonie muette et mystérieuse; et de toutes choses, de tous les coins, des fissures des tiroirs et des plis des étoffes s'échappe un parfum singulier, un *revenez-y* de Sumatra, qui est comme l'âme de l'appartement.

(7) Un vrai pays de Cocagne, te dis-je, où tout est riche, propre et luisant, comme une belle conscience, comme une magnifique batterie de cuisine, comme une splendide orfèvrerie, comme une bijouterie bariolée!° Les trésors du monde y affluent, comme dans la maison d'un homme laborieux et qui a bien mérité du monde entier. Pays singulier, supérieur aux autres, comme l'Art l'est à la Nature, où celle-ci est réformée par le rêve, où elle est corrigée, embellie, refondue.

striped, rainbow-colored

(8) Qu'ils cherchent, qu'ils cherchent encore, qu'ils reculent sans cesse les limites de leur bonheur, ces alchimistes de l'horticulture! Qu'ils proposent des prix de soixante et de cent mille florins pour qui résoudra leurs ambitieux problèmes! Moi, j'ai trouvé ma *tulipe noire*° et mon *dahlia bleu!*°

black tulip / blue dahlia

(9) Fleur incomparable, tulipe retrouvée, allégorique dahlia, c'est là, n'est-ce pas, dans ce beau pays si calme et si rêveur, qu'il faudrait aller vivre et fleurir? Ne serais-tu pas encadrée° dans ton analogie, et ne pourrais-tu pas te mirer, pour parler comme les mystiques, dans ta propre *correspondance?*°

framed
correspondence

(10) Des rêves! toujours des rêves! et plus l'âme est ambitieuse et délicate, plus les rêves l'éloignent du possible. Chaque homme porte en lui sa dose d'opium naturel, incessamment sécrétée et renouvelée, et, de la naissance à la mort, combien comptons-nous d'heures remplies par la jouissance positive, par l'action réussie et décidée? Vivrons-nous jamais, passerons-nous jamais dans ce tableau qu'a peint mon esprit, ce tableau qui te ressemble?

(11) Ces trésors, ces meubles, ce luxe, cet ordre, ces parfums, ces fleurs miraculeuses, c'est toi. C'est encore toi, ces grands fleuves et ces canaux tranquilles. Ces énormes navires qu'ils charrient, tout chargés de richesses, et d'où montent les chants monotones de la manœuvre, ce sont mes pensées qui dorment ou qui roulent sur ton sein. Tu les conduis doucement vers la mer qui est l'Infini, tout en réfléchissant les profondeurs du ciel dans la limpidité de ta belle âme; —et quand, fatigués par la houle° et gorgés° des produits de l'Orient, ils rentrent au port natal, ce sont encore mes pensées enrichies qui reviennent de l'Infini vers toi.

sea / laden

Synthèses

Après la lecture

1. Dans chaque paragraphe du poème en prose:
   a. soulignez l'idée principale
   b. soulignez les images qui se rapportent à l'idée centrale du paragraphe
   c. indiquez les idées ou les images qu'on ne trouverait pas normalement dans un texte en prose
2. Dégagez du poème les images qui se rapportent à cette «vieille amie» que le poète mentionne au premier paragraphe. Quelle relation y a-t-il selon vous entre le poète et cette personne?
3. Composez une liste d'images qui sont les mêmes dans les deux textes de Baudelaire.
4. Quels sont les mots du poème en prose qui illustrent le refrain du poème en vers? Quels mots, dans le reste du poème, reflètent les mots du refrain?
5. Est-ce que le portrait de l'«amie» du poète est semblable dans les deux poèmes? Pourquoi?
6. Au dernier paragraphe du poème en prose, le poète indique de façon assez directe les clés des symboles fondamentaux du poème en vers. Que symbolise ce pays? Et les bateaux qui le traversent? Que cherche le poète? Avez-vous l'impression qu'il cherche la même chose dans les deux textes? Expliquez.

Pour mieux lire

Une des grandes contributions de Baudelaire à la poésie moderne est sa théorie des «correspondances». Pour montrer l'association entre le monde réel et le monde de l'imagination et pour créer des images nouvelles et frappantes, Baudelaire associe souvent deux concepts qui n'ont aucun lien logique entre eux (par exemple, un son et une odeur). Il ne s'agit pas de traduire ces images, mais de les interpréter. Dans les deux textes, trouvez et interprétez des exemples des *correspondances* de Baudelaire.

Expansion

L'Invitation au voyage de Baudelaire (poème en vers et poème en prose) nous incite, en tant que lecteurs, à imaginer un ailleurs, un lieu *autre* que celui où nous sommes. Gauguin et Magritte, dans le domaine de la peinture, nous invitent eux aussi à nous servir de notre imagination. En vous rappelant votre définition de l'*exotisme* ainsi que la notion de *correspondances* chez Baudelaire (le rapprochement de deux éléments appartenant à des registres différents), dites si vous trouvez plus de similarités entre Baudelaire et Gauguin ou entre Baudelaire et Magritte.

Appendice A

This appendix contains a discussion of the passive voice, indirect discourse, the literary tenses, and special uses of the definite article.

The Passive Voice

Formation of the Passive Voice

The passive voice is limited to transitive verbs that take a direct object, i.e., verbs not used with a preposition preceding the object of the verb. In a passive construction, the word receiving the action of the verb becomes the subject of the sentence. All verbs in the passive voice are formed by conjugating the verb **être** in the appropriate person and tense, followed by the past participle of the action verb. The past participle always agrees in gender and number with the subject of **être.**

An active voice construction becomes passive when transformed according to the following model:

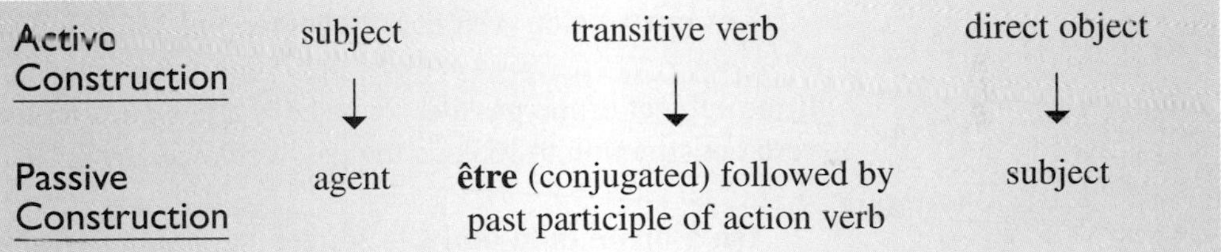

Note that if the agent (person or thing) performing the action is expressed in the sentence, it is preceded by the preposition **par** *(by)* and sometimes **de.**

Active Voice	Passive Voice
Les supermarchés attirent la clientèle *Supermarkets attract customers.*	**La clientèle est attirée par** les supermarchés. ***Customers are attracted by*** *supermarkets.*
Tout le monde l'aimait. *Everyone loved her.*	**Elle était aimée de** tout le monde. ***She was loved by*** *all.*
Tout le groupe a fait l'excursion. *The whole group made the trip.*	**L'excursion a été faite par** tout le groupe. ***The trip was made by*** *the whole group.*
Un metteur en scène tournera le film. *A director will make the film.*	**Le film sera tourné par** un metteur en scène. ***The film will be made by*** *a director.*
Un vin léger accompagne le poisson. *A light wine accompanies the fish.*	**Le poisson fut accompagné d'**un vin léger. ***The fish was accompanied by*** *a light wine.*
Beaucoup de touristes visiteraient ces pays. *Many tourists would visit these countries.*	**Ces pays seraient visités par** beaucoup de touristes. ***These countries would be visited by*** *many tourists.*

The past tenses of **être (passé composé,** imperfect, pluperfect) when used in the passive voice follow the normal uses of the past tenses (description / completed action).

La ville **était protégée** par les montagnes.
La population **a été surprise** par les nouvelles.

Avoiding the Passive Voice

French usage tends to avoid the passive voice, especially when the agent performing the action is a person.

If the subject of the passive sentence is not a person, you may replace the true passive construction either by using **on** as the subject of the active verb or by making the active verb reflexive.

On vend des légumes au marché.
Des légumes se vendent au marché. } ***Vegetables are sold*** *in the market.*

On ouvrira les portes à 20 heures.
Les portes s'ouvriront à 20 heures. } ***The doors will be opened*** *at 8 P.M.*

If the subject of the passive sentence is a person, you must use **on** + the active verb construction to replace the passive voice.

On a invité mon ami à la soirée.	***My friend was invited*** *to the party.*
On choisira les meilleurs candidats.	***The best candidates will be chosen.***

Remember that **on** always takes a third-person singular verb even though the corresponding passive construction may have a plural subject and verb.

In English, the indirect object of a verb may be the subject of a sentence in the passive voice.

Marcel was sent the money by his parents.
Hélène was promised a promotion.

However, in French, the object of the preposition **à** can never become the subject of a passive sentence. If the agent of the action is expressed, you may use the passive voice with the direct object of the verb as the subject.

L'argent a été envoyé à Marcel par ses parents.

If the agent is not expressed, you may substitute **on** + the active verb for the true passive construction.

On a promis une promotion à Hélène.

The following verbs are often followed by **à:**

dire	**On lui a dit de partir.**	*He was told to leave.*
demander	**On leur demande de chanter.**	*They are being asked to sing.*
donner	**Cette lettre nous a été donnée par nos amis.**	*We were given this letter by our friends.*
envoyer	**On m'a envoyé des fleurs.**	*I was sent some flowers.*
expliquer	**Le film lui sera expliqué par le metteur en scène.**	*The film will be explained to her by the director.*
promettre	**On a promis une voiture à Sophie.**	*Sophie was promised a car.*
offrir	**On a offert à Robert un poste en Europe.**	*Robert was offered a position in Europe.*

Rappel! Rappel!

You must be aware of when to use the passive voice rather than the active voice. English usage will clearly indicate when the passive voice is required. The unique construction involving a form of the verb *to be* followed by a past participle cannot be confused with the translations of any other verb forms in French. Compare the following examples based on some of the more commonly used tenses.

	ACTIVE VOICE	PASSIVE VOICE
PRESENT	**Les étudiants projettent** généralement **le film** à 8 heures. ***The students** normally **show the film** at 8 o'clock.*	**Le film est** généralement **projeté par les étudiants** à 8 heures. ***The film is** normally **shown by the students** at 8 o'clock.*
PASSE COMPOSE	**La vedette a interprété le rôle.** ***The star played the part.***	**Le rôle a été interprété par la vedette.** ***The part was played by the star.***
IMPERFECT	**Les grèves perturbaient** souvent **le service du métro.** ***Strikes** often **disrupted metro service.***	**Le service du métro était** souvent **perturbé par les grèves.** ***Metro service was** often **disrupted by strikes.***
PLUPERFECT	**Son père avait vendu la voiture.** ***Her father had sold the car.***	**La voiture avait été vendue par son père.** ***The car had been sold by her father.***
FUTURE	**Le professeur corrigera l'examen** demain. ***The professor will correct the test** tomorrow.*	**L'examen sera corrigé par le professeur** demain. ***The test will be corrected by the professor** tomorrow.*

A. Ecrivez les phrases suivantes en utilisant la voix passive et en exprimant l'agent dans les phrases.

1. Ce nouvel auteur a écrit un livre.
2. Les étudiants subiront beaucoup d'examens.
3. Les marchands avaient déjà vendu tous les produits.
4. L'agence de voyages propose cette excursion magnifique.
5. Mes parents m'ont offert ce voyage.

B. Ecrivez les phrases suivantes à la voix active. Utilisez le pronom **on** comme sujet de vos phrases.

1. Les touristes sont bien accueillis en Martinique.
2. De nouveaux supermarchés seront construits.
3. L'émission a été présentée à cinq heures.
4. Les paquets vous seront envoyés par avion.
5. Les copains étaient invités à une soirée.

C. Ecrivez les phrases suivantes à la voix active. Utilisez un verbe pronominal *(reflexive verb)* dans vos phrases.

1. Les pâtisseries sont vendues dans une boulangerie.
2. Le français est parlé au Canada.
3. Le train est employé plus souvent en France qu'aux Etats-Unis.
4. Les portes du musée seront ouvertes à dix heures.
5. Cela n'est pas fait ici.

Indirect Discourse

If one relates exactly what another person has said, putting his or her words in quotation marks and not changing any of the original wording, this is called *direct discourse.*

Roger a dit: «Je viendrai ce soir».

If one does not directly quote another person's words but simply relates his or her statement indirectly in a clause, this is called *indirect discourse.*

Roger a dit qu'il viendrait ce soir.

To use indirect discourse in French, you must be aware of the proper sequence of tenses between the introductory statement and the indirect quotation. If the introductory verb is in the present or future, there will be no change in the tenses of the verbs that recount what the person has said.

Marie dit: «Je viendrai».	**Elle dit qu'elle viendra.**
Marie dira: «Je suis venue».	**Elle dira qu'elle est venue.**
Marie dit: «Je viendrais».	**Elle dit qu'elle viendrait.**
Marie dira: «Je venais».	**Elle dira qu'elle venait.**

However, if the introductory verb is in a past tense, there will be certain changes in the tenses of the verbs in the subordinate clause. These tense sequences are summarized below. Note that the tense sequences used in indirect discourse in French correspond in all cases to the tense sequences normally used in indirect discourse in English.

TENSE OF ORIGINAL STATEMENT	INTRODUCTORY VERB IN PAST TENSE	TENSE OF SUBORDINATE VERB
PRESENT J'**arrive** à 2 heures.	Il a dit qu'...	**IMPERFECT** il **arrivait** à 2 heures.
FUTURE On **aura** un examen demain.	Mon ami avait déjà dit qu'...	**CONDITIONAL** on **aurait** un examen demain.
FUTURE PERFECT Elle **sera** déjà **partie** avant le déjeuner.	J'expliquais qu'...	**PAST CONDITIONAL** elle **serait** déjà **partie** avant le déjeuner.
PASSE COMPOSE Nous **avons fait** nos devoirs.	Le prof a demandé si...	**PLUPERFECT** nous **avions fait** nos devoirs.

The imperfect, pluperfect, conditional, and past conditional tenses remain unchanged in indirect discourse.

Il **allait faire** les provisions.	Il a dit qu'il **allait faire** les provisions.
Nous **avions** déjà **fait** nos devoirs.	Nous expliquions que nous **avions** déjà **fait** nos devoirs.
Ils **viendraient** si possible.	Elle avait déjà expliqué qu'ils **viendraient** si possible.
J'**aurais** peut-être **trouvé** le numéro.	Il a répondu qu'il **aurait** peut-être **trouvé** le numéro.

If there is more than one verb in the subordinate clause, each verb must be considered separately according to the sequence of tenses outlined above.

Je **suis arrivée** à 3 heures et j'**allais** partir après le dîner.	Elle a dit qu'elle **était arrivée** à 3 heures et qu'elle **allait** partir après le dîner.

A. Complétez les phrases suivantes en employant le temps convenable du verbe original.

1. Le prof annonce: «Il y aura un examen mercredi». Il a annoncé qu'il y _______ un examen mercredi.
2. La présentatrice déclare: «Il fera beau demain». Elle déclare qu'il _______ beau demain.
3. Les étudiants suggèrent: «Nous aurions dû travailler davantage». Ils ont suggéré qu'ils _______ travailler davantage.
4. Nous disons: «Nous avons froid dans cette chambre». Nous lui avons dit que nous _______ froid dans cette chambre.
5. Mes copains annoncent: «On ira ensemble». Ils annoncent qu'on _______ ensemble.
6. Nos parents répondent: «Vous avez eu des problèmes, mais vous réussirez bientôt». Ils ont répondu que nous _______ des problèmes mais que nous _______ bientôt.
7. Ma sœur déclare: «Je viendrai si j'ai les moyens». Elle a déclaré qu'elle _______ si elle _______ les moyens.
8. Je vous l'assure: «Ils arriveront avant nous». Je vous assure qu'ils _______ avant nous.
9. J'ai écrit à mon professeur: «Vous recevrez mon devoir quand je retournerai à l'école». Je lui ai écrit qu'il _______ mon devoir quand je _______ à l'école.
10. Nous demandons: «Vous voulez descendre au café?» Nous avons demandé s'ils _______ descendre au café.

B. Répondez à chaque question en employant le discours indirect.

1. — Il fait du vent.
   — Pardon? Qu'est-ce que vous avez dit?
   — J'ai dit qu'...
2. — Il neigera cet après-midi.
   — Qu'est-ce que vous annoncez?
   — J'annonce qu'...
3. — Nous aurions voulu quitter Paris plus tôt.
   — Qu'est-ce que vous avez déclaré?
   — J'ai déclaré que...
4. — Il y a eu un accident sur l'autoroute ce matin.
   — Qu'est-ce qu'il a annoncé?
   — Il a annoncé qu'...
5. — L'inflation augmentera l'année prochaine.
   — Qu'est-ce qu'on a prédit?
   — On a prédit que...
6. — Nous avions déjà acheté nos billets.
   — Qu'est-ce que vous me dites?
   — Je vous dis que...

7. — Je pourrai vous accompagner.
   — Qu'est-ce qu'elle vous a assuré?
   — Elle m'a assuré qu'...
8. — Cette voiture marche bien.
   — Qu'est-ce qu'il a garanti?
   — Il a garanti que...
9. — Je n'ai pas touché à ses affaires.
   — Qu'est-ce que ton petit frère a juré?
   — Il a juré qu'...
10. — C'est ma place.
   — Pardon? Qu'est-ce que vous dites?
   — Je dis que...

C. Roger et Pierre, qui étudient à l'Université de Bordeaux, partent demain pour passer les vacances de Noël chez Roger en Normandie. Racontez au passé leur conversation en employant le discours indirect.

PIERRE: As-tu entendu les informations à la radio?

ROGER: Oui, et les nouvelles ne sont pas bonnes.

PIERRE: Eh bien, qu'est-ce qu'on annonce?

ROGER: Le temps sera encore mauvais, et les autoroutes seront bondées.

PIERRE: J'espère qu'on n'aura pas de neige en plus.

ROGER: On signale qu'il va tout simplement pleuvoir. Peut-être que nous ferions mieux de prendre les routes secondaires.

PIERRE: Je me demande si elles seront glissantes.

ROGER: Non, non il ne fait pas assez froid pour cela. Nous allons faire un bon voyage. Tu vas voir.

PIERRE: Je l'espère.

Literary Tenses

There are four literary verb tenses in French. Their use is usually limited to written contexts; they are almost never heard in conversation.

It is unlikely that you will be called upon to produce these tenses, but you should be able to recognize them. They appear in classical and much of the contemporary literature that you will read, especially in the **je** and **il** forms. Passive recognition of these tenses is not difficult because the verb endings are usually easy to identify.

The **passé simple** and the **passé antérieur** belong to the indicative mood; the two other tenses are the imperfect subjunctive and the pluperfect subjunctive.

The passé simple

As its name indicates, this is a simple past tense, involving no auxiliary verb. You will find the **passé simple** easiest to recognize if you become familiar with the endings of the three regular conjugations and certain irregular forms.

1. **Regular Forms**. To form the **passé simple** of regular **-er** verbs, take the stem of the infinitive and add the appropriate endings: **-ai, -as, -a, -âmes, -âtes, -èrent.**

parler

je parl**ai**	nous parl**âmes**
tu parl**as**	vous parl**âtes**
il / elle / on parl**a**	ils / elles parl**èrent**

To form the **passé simple** of regular **-ir** and **-re** verbs, add the appropriate endings to the stem of the infinitive: **-is, -is, -it, -îmes, -îtes, -irent.**

réfléchir

je réfléch**is**	nous réfléch**îmes**
tu réfléch**is**	vous réfléch**îtes**
il / elle / on réfléch**it**	ils / elles réfléch**irent**

rendre

je rend**is**	nous rend**îmes**
tu rend**is**	vous rend**îtes**
il / elle / on rend**it**	ils / elles rend**irent**

2. **Irregular Forms.** Most verbs with an irregularly formed **passé simple** have an irregular stem to which you add one of the following groups of endings.

-is	**-îmes**	**-us**	**-ûmes**
-is	**-îtes**	**-us**	**-ûtes**
-it	**-irent**	**-ut**	**-urent**

Following is a partial list of the most common verbs in each of the above categories.

-is		**-us**	
faire	**je fis**	**boire***	**je bus**
mettre*	**je mis**	**croire***	**je crus**
prendre*	**je pris**	**devoir***	**je dus**
rire*	**je ris**	**plaire***	**je plus**
voir	**je vis**	**pleuvoir***	**il plut**
écrire	**j'écrivis**	**pouvoir***	**je pus**
conduire	**je conduisis**	**savoir***	**je sus**
craindre	**je craignis**	**falloir***	**il fallut**
naître	**il naquit**	**valoir**	**il valut**
peindre	**je peignis**	**vouloir***	**je voulus**
vaincre	**je vainquis**	**vivre***	**je vécus**
		connaître*	**je connus**
		mourir	**il mourut**

* Note that the past participles of these verbs may be helpful in remembering the irregular **passé simple** stems.

Avoir and **être** which are frequently seen in the **passé simple,** have completely irregular forms.

avoir		**être**	
j'**eus**	nous **eûmes**	je **fus**	nous **fûmes**
tu **eus**	vous **eûtes**	tu **fus**	vous **fûtes**
il / elle / on **eut**	ils / elles **eurent**	il / elle / on **fut**	ils / elles **furent**

Two additional common verbs with irregular forms in the **passé simple** are **venir** and **tenir.**

venir		**tenir**	
je **vins**	nous **vînmes**	je **tins**	nous **tînmes**
tu **vins**	vous **vîntes**	tu **tins**	vous **tîntes**
il / elle / on **vint**	ils / elles **vinrent**	il / elle / on **tint**	ils / elles **tinrent**

3. **Use of the *passé simple.*** The **passé simple** is often thought of as the literary equivalent of the **passé composé.** To an extent this is true. Both tenses are used to refer to specific past actions that are limited in time.

   Victor Hugo **est né** en 1802. **(passé composé)**
   Victor Hugo **naquit** en 1802. **(passé simple)**

   The fundamental difference between these two tenses is that the **passé simple** can never be used to refer to a time frame that has not yet come to an end. There is no such limitation on the **passé composé.**

   Consider the sentence, **J'ai écrit deux lettres aujourd'hui.** This thought can be expressed only by the **passé composé** because **aujourd'hui** is a time frame that is not yet terminated. In contrast, the statement, **Robert Burns a écrit des lettres célèbres à sa femme** could also be expressed in the **passé simple — Robert Burns écrivit des lettres célèbres à sa femme —** because the time frame has come to an end.

   Descriptions in the past that are normally expressed by the imperfect indicative are still expressed in the imperfect, even in a literary context.

The passé antérieur

1. **Formation.** The **passé antérieur** is a compound tense that is formed with the **passé simple** of the auxiliary verb **avoir** or **être** and a past participle.

parler	j'**eus parlé,** etc.
sortir	je **fus sorti(e),** etc.
se lever	je **me fus levé(e),** etc.

2. **Use of the *passé antérieur.*** The **passé antérieur** is used to refer to a past action that occurred prior to another past action. It is most frequently found in a subordinate clause following a temporal conjunction such as **quand, lorsque, après que, dès que, aussitôt que.** The conjunction indicates that the action in question immediately preceded another action in the past. The latter action will generally be expressed in the **passé simple.**

   Hier soir, après qu'il **eut fini** de manger, il **sortit.**

The Imperfect Subjunctive

1. **Formation.** The imperfect subjunctive is most often encountered in the third-person singular. The imperfect subjunctive is formed by taking the **tu** form of the **passé simple,** doubling its final consonant, and adding the endings of the present subjunctive. The third-person singular **(il / elle / on)** does not follow the regular formation. To form it, drop the consonant, place a circumflex accent (^) over the final vowel, and add a **t.**

aller (tu allas → allass-)

que j'all**asse**	que nous all**assions**
que tu all**asses**	quc vous all**assiez**
qu'il / elle / on all**ât**	qu'ils / elles all**assent**

2. **Use of the Imperfect Subjunctive.** Like the other tenses of the subjunctive, the imperfect subjunctive is most often found in a subordinate clause governed by a verb in the main clause that requires the use of the subjunctive. The verb of the main clause is either in a past tense or in the conditional. For the imperfect subjunctive to be used in the subordinate clause, the action expressed in this clause must occur at the same time as the action of the main verb or later.

   Je **voulais qu'**elle me **répondît.**
   Elle **voudrait qu'**on l'**écoutât.**

The Pluperfect Subjunctive

1. **Formation.** The pluperfect subjunctive is formed with the imperfect subjunctive of the auxiliary verb **avoir** or **être** and a past participle. Like the imperfect subjunctive, this tense is mostly used in the third-person singular.

   que j'eusse parlé, qu'il eût parlé, etc.
   que je fusse sorti(e), qu'il fût sorti, etc.
   que je me fusse lavé(e), qu'elle se fût lavée, etc.

2. **Use of the Pluperfect Subjunctive.** The pluperfect subjunctive, like the imperfect subjunctive, is usually found in a subordinate clause. It is used when the main verb is either in a past tense or in the conditional and the action expressed in the subordinate clause has occurred prior to the action of the main clause.

   Il **déplora qu'**elle **fût** déjà **partie.**

   In reading, you may occasionally encounter a verb form identical to the pluperfect subjunctive that does not follow the usage outlined above. In such cases, you will be dealing with an alternate literary form of the past conditional, and you should interpret it as such.

   Ce n'était pas un baba au rhum qu'il m'**eût fallu,** mais un vrai rhum, celui des condamnés.

In lighter prose and conversation, the imperfect subjunctive is replaced by the present subjunctive, and the pluperfect subjunctive is replaced by the past subjunctive.

Bien qu'elle **eût** beaucoup **voyagé,** j'insistai pour qu'elle m'**accompagnât.**
(Bien qu'elle **ait** beaucoup **voyagé,** j'insistai pour qu'elle m'**accompagne.**)

The following excerpt is taken from a twentieth-century French novel by Raymond Radiguet. Here, the author makes liberal use of the **passé simple** and the imperfect subjunctive. Locate and identify these tenses in the passage.

Jusqu'à douze ans, je ne me vois aucune amourette, sauf pour une petite fille nommée Carmen à qui je fis tenir, par un gamin plus jeune que moi, une lettre dans laquelle je lui exprimais mon amour. Je m'autorisais de cet amour pour solliciter un rendez-vous. Ma lettre lui avait été remise le matin avant qu'elle se rendît en classe. J'avais distingué la seule fillette qui me ressemblât, parce qu'elle était propre, et allait à l'école accompagnée d'une petite sœur, comme moi de mon petit frère. Afin que ces deux témoins se tussent, j'imaginai de les marier, en quelque sorte. A ma lettre, j'en joignis donc une de la part de mon frère, qui ne savait pas écrire, pour Mlle Fauvette. J'expliquai à mon frère mon entremise, et notre chance de tomber juste sur deux sœurs de nos âges et douées de noms de baptême aussi exceptionnels. J'eus la tristesse de voir que je ne m'étais pas mépris sur le bon genre de Carmen, lorsque, après avoir déjeuné avec mes parents qui me gâtaient et ne me grondaient jamais, je rentrai en classe.

(Raymond Radiguet, *Le Diable au corps,* Grasset)

Special Uses of the Definite Article

In addition to the uses of the definite article presented in ***Chapitre 1*** (pp. 16–17, 20–21), the articles **le, la, l',** and **les** are also found in grammatical constructions that differ radically from English usage.

- **TITLES**

  The definite article is used before titles when referring indirectly to people. The article is not used when addressing a person directly.

La reine Elisabeth habite à Londres.	***Queen Elizabeth*** *lives in London.*
Je suis dans le cours **du professeur Dupont.**	*I'm in* ***Professor Dupont's*** *class.*

- **LANGUAGES**

The definite article is used before the names of languages, except after the verb **parler** (unmodified) and after the prepositions **en** and **de.**

Nous étudions **le français.**	*We're studying* ***French.***
Il désire enseigner **le russe.**	*He wants to teach* ***Russian.***

BUT:

Vous parlez **français.** (Vous parlez bien **le français.**)	*You speak* ***French.*** *(You speak* ***French*** *well.)*
Le livre est **en italien.**	*The book is* ***in Italian.***
C'est un professeur **d'allemand.**	*He's a* ***German*** *teacher.*

- **PARTS OF THE BODY AND CLOTHING**

The definite article is used with parts of the body and clothing to indicate possession. If the noun is modified, the possessive adjective is used as in English.

Elle ferme **les yeux.**	*She shuts* ***her eyes.***
Il a **les mains** dans **les poches.**	*He has* ***his hands*** *in* ***his pockets.***

BUT:

Elle ferme **ses yeux bleus.**	*She shuts* ***her blue eyes.***
Il a **ses deux mains** dans **ses poches vides.**	*He has both* ***his hands*** *in* ***his empty pockets.***

A. Complétez les phrases suivantes par l'article défini convenable quand il est nécessaire.

1. Nous étudions _________ français.
2. En classe nous parlons _________ français.
3. Je veux apprendre à parler couramment _________ français.
4. Notre texte est écrit en _________ anglais.
5. Pour le cours de français j'ai _________ professeur (nom de votre professeur). Il / Elle est prof de _________ français depuis longtemps.
6. Monsieur / Madame (nom de votre professeur) _________ a étudié en France et parle bien _________ français.

B. Complétez le paragraphe suivant par les articles convenables.

_________ empereur Napoléon était un homme intéressant mais curieux. Il est né en Corse et parlait _________ italien et _________ français. Il avait _________ yeux verts, _________ cheveux clairsemés, et il n'était pas grand. Il a fait beaucoup de conquêtes et faisait peur (à) _________ roi Georges d'Angleterre et (à) _________ tsar Nicolas de Russie. Mais pendant une grande bataille, Napoléon fermait _________ yeux et gardait toujours _________ main droite dans sa veste. Tous les grands hommes ont des habitudes particulières.

Appendice B

This appendix contains complete sample conjugations of regular verbs **(-er, -ir,** and **-re),** irregular verbs, and stem-changing verbs.

Regular Verbs

Regular -er verb: donner

indicatif

PRESENT	**IMPARFAIT**	**FUTUR**	**PASSE SIMPLE (littéraire)**
je donne	je donnais	je donnerai	je donnai
tu donnes	tu donnais	tu donneras	tu donnas
il donne	il donnait	il donnera	il donna
nous donnons	nous donnions	nous donnerons	nous donnâmes
vous donnez	vous donniez	vous donnerez	vous donnâtes
ils donnent	ils donnaient	ils donneront	ils donnèrent
PASSE COMPOSE	**PLUS-QUE-PARFAIT**	**FUTUR ANTERIEUR**	**PASSE ANTERIEUR (littéraire)**
j'ai donné	j'avais donné	j'aurai donné	j'eus donné

conditionnel		*impératif*	*participe présent*
PRESENT	**PASSE**	donne	donnant
je donnerais	j'aurais donné	donnons	
tu donnerais		donnez	
il donnerait			
nous donnerions			
vous donneriez			
ils donneraient			

subjonctif

PRESENT	**PASSE**	**IMPARFAIT (littéraire)**	**PLUS-QUE-PARFAIT (littéraire)**
que je donne	que j'aie donné	que je donnasse	que j'eusse donné
que tu donnes		que tu donnasses	
qu'il donne		qu'il donnât	
que nous donnions		que nous donnassions	
que vous donniez		que vous donnassiez	
qu'ils donnent		qu'ils donnassent	

Regular -ir verb: finir

indicatif

PRESENT	**IMPARFAIT**	**FUTUR**	**PASSE SIMPLE (littéraire)**
je finis	je finissais	je finirai	je finis
tu finis	tu finissais	tu finiras	tu finis
il finit	il finissait	il finira	il finit
nous finissons	nous finissions	nous finirons	nous finîmes
vous finissez	vous finissiez	vous finirez	vous finîtes
ils finissent	ils finissaient	ils finiront	ils finirent
PASSE COMPOSE	**PLUS-QUE-PARFAIT**	**FUTUR ANTERIEUR**	**PASSE ANTERIEUR (littéraire)**
j'ai fini	j'avais fini	j'aurai fini	j'eus fini

conditionnel

PRESENT
je finirais
tu finirais
il finirait
nous finirions
vous finiriez
ils finiraient

PASSE
j'aurais fini

impératif

finis
finissons
finissez

participe présent

finissant

subjonctif

PRESENT
que je finisse
que tu finisses
qu'il finisse
que nous finissions
que vous finissiez
qu'ils finissent

PASSE
que j'aie fini

IMPARFAIT (littéraire)
que je finisse
que tu finisses
qu'il finît
que nous finissions
que vous finissiez
qu'ils finissent

PLUS-QUE-PARFAIT (littéraire)
que j'eusse fini

Regular -re verb: attendre

indicatif

PRESENT
j'attends
tu attends
il attend
nous attendons
vous attendez
ils attendent

IMPARFAIT
j'attendais
tu attendais
il attendait
nous attendions
vous attendiez
ils attendaient

FUTUR
j'attendrai
tu attendras
il attendra
nous attendrons
vous attendrez
ils attendront

PASSE SIMPLE (littéraire)
j'attendis
tu attendis
il attendit
nous attendîmes
vous attendîtes
ils attendirent

PASSE COMPOSE
j'ai attendu

PLUS-QUE-PARFAIT
j'avais attendu

FUTUR ANTERIEUR
j'aurai attendu

PASSE ANTERIEUR (littéraire)
j'eus attendu

conditionnel

PRESENT
j'attendrais
tu attendrais
il attendrait
nous attendrions
vous attendriez
ils attendraient

PASSE
j'aurais attendu

impératif

attends
attendons
attendez

participe présent

attendant

subjonctif

PRESENT
que j'attende
que tu attendes
qu'il attende
que nous attendions
que vous attendiez
qu'ils attendent

PASSE
que j'aie attendu

IMPARFAIT (littéraire)
que j'attendisse
que tu attendisses
qu'il attendît
que nous attendissions
que vous attendissiez
qu'ils attendissent

PLUS-QUE-PARFAIT (littéraire)
que j'eusse attendu

Irregular Verbs

Avoir *and* être

avoir

indicatif

PRESENT	IMPARFAIT	FUTUR	PASSE SIMPLE **(littéraire)**
j'ai	j'avais	j'aurai	j'eus
tu as	tu avais	tu auras	tu eus
il a	il avait	il aura	il eut
nous avons	nous avions	nous aurons	nous eûmes
vous avez	vous aviez	vous aurez	vous eûtes
ils ont	ils avaient	ils auront	ils eurent

PASSE COMPOSE	PLUS-QUE-PARFAIT	FUTUR ANTERIEUR	PASSE ANTERIEUR **(littéraire)**
j'ai eu	j'avais eu	j'aurai eu	j'eus eu

conditionnel

PRESENT	PASSE
j'aurais	j'aurais eu
tu aurais	
il aurait	
nous aurions	
vous auriez	
ils auraient	

impératif

aie
ayons
ayez

participe présent

ayant

subjonctif

PRESENT	PASSE	IMPARFAIT **(littéraire)**	PLUS-QUE-PARFAIT **(littéraire)**
que j'aie	que j'aie eu	que j'eusse	que j'eusse eu
que tu aies		que tu eusses	
qu'il ait		qu'il eût	
que nous ayons		que nous eussions	
que vous ayez		que vous eussiez	
qu'ils aient		qu'ils eussent	

être

indicatif

PRESENT	IMPARFAIT	FUTUR	PASSE SIMPLE (littéraire)
je suis tu es il est nous sommes vous êtes ils sont	j'étais tu étais il était nous étions vous étiez ils étaient	je serai tu seras il sera nous serons vous serez ils seront	je fus tu fus il fut nous fûmes vous fûtes ils furent
PASSE COMPOSE	**PLUS-QUE-PARFAIT**	**FUTUR ANTERIEUR**	**PASSE ANTERIEUR (littéraire)**
j'ai été	j'avais été	j'aurai été	j'eus été

conditionnel

PRESENT	PASSE
je serais tu serais il serait nous serions vous seriez ils seraient	j'aurais été

impératif

sois
soyons
soyez

participe présent

étant

subjonctif

PRESENT	PASSE	IMPARFAIT (littéraire)	PLUS-QUE-PARFAIT (littéraire)
que je sois que tu sois qu'il soit que nous soyons que vous soyez qu'ils soient	que j'aie été	que je fusse que tu fusses qu'il fût que nous fussions que vous fussiez qu'ils fussent	que j'eusse été

Verbs in -er

aller

indicatif

PRESENT	PASSE COMPOSE	PASSE SIMPLE (littéraire)	
je vais tu vas il va nous allons vous allez ils vont	je suis allé(e) tu es allé(e) il est allé nous sommes allé(e)s vous êtes allé(e)(s) ils sont allés	j'allai tu allas il alla nous allâmes vous allâtes ils allèrent	
IMPARFAIT	**PLUS-QUE-PARFAIT**	**FUTUR**	**FUTUR ANTERIEUR**
j'allais	j'étais allé(e)	j'irai	je serai allé(e)

conditionnel

PRESENT	PASSE
j'irais	je serais allé(e)

impératif

va
allons
allez

participe présent

allant

subjonctif

PRESENT	IMPARFAIT (littéraire)
que j'aille que tu ailles qu'il aille que nous allions que vous alliez qu'ils aillent	que j'allasse que tu allasses qu'il allât que nous allassions que vous allassiez qu'ils allassent

envoyer

indicatif

PRESENT	PASSE COMPOSE	PASSE SIMPLE (littéraire)	
j'envoie tu envoies il envoie nous envoyons vous envoyez ils envoient	j'ai envoyé	j'envoyai tu envoyas il envoya nous envoyâmes vous envoyâtes ils envoyèrent	
IMPARFAIT	**PLUS-QUE-PARFAIT**	**FUTUR**	**FUTUR ANTERIEUR**
j'envoyais	j'avais envoyé	j'enverrai	j'aurai envoyé

conditionnel

PRESENT	PASSE
j'enverrais	j'aurais envoyé

impératif

envoie
envoyons
envoyez

participe présent

envoyant

subjonctif

PRESENT	IMPARFAIT (littéraire)
que j'envoie que tu envoies qu'il envoie que nous envoyions que vous envoyiez qu'ils envoient	que j'envoyasse que tu envoyasses qu'il envoyât que nous envoyassions que vous envoyassiez qu'ils envoyassent

Renvoyer is conjugated like **envoyer.**

Verbs in -ir

dormir

indicatif

PRESENT	PASSE COMPOSE	PASSE SIMPLE (littéraire)	
je dors tu dors il dort nous dormons vous dormez ils dorment	j'ai dormi	je dormis tu dormis il dormit nous dormîmes vous dormîtes ils dormirent	
IMPARFAIT	**PLUS-QUE-PARFAIT**	**FUTUR**	**FUTUR ANTERIEUR**
je dormais	j'avais dormi	je dormirai	j'aurai dormi

conditionnel

PRESENT	PASSE
je dormirais	j'aurais dormi

impératif

dors
dormons
dormez

participe présent

dormant

subjonctif

PRESENT	IMPARFAIT (littéraire)
que je dorme	que je dormisse
que tu dormes	que tu dormisses
qu'il dorme	qu'il dormît
que nous dormions	que nous dormissions
que vous dormiez	que vous dormissiez
qu'ils dorment	qu'ils dormissent

Other verbs conjugated like **dormir** include **endormir, s'endormir, partir, servir, sentir,** and **sortir.**

PRESENT

partir	**servir**	**sentir**	**sortir**
je pars	je sers	je sens	je sors
tu pars	tu sers	tu sens	tu sors
il part	il sert	il sent	il sort
nous partons	nous servons	nous sentons	nous sortons
vous partez	vous servez	vous sentez	vous sortez
ils partent	ils servent	ils sentent	ils sortent

PASSE COMPOSE

je suis parti(e)	j'ai servi	j'ai senti	je suis sorti(e)

conquérir

indicatif

PRESENT	PASSE COMPOSE	PASSE SIMPLE (littéraire)
je conquiers	j'ai conquis	je conquis
tu conquiers		tu conquis
il conquiert		il conquit
nous conquérons		nous conquîmes
vous conquérez		vous conquîtes
ils conquièrent		ils conquirent

IMPARFAIT	PLUS-QUE-PARFAIT	FUTUR	FUTUR ANTERIEUR
je conquérais	j'avais conquis	je conquerrai	j'aurai conquis

conditionnel

PRESENT	PASSE
je conquerrais	j'aurais conquis

impératif

conquiers
conquérons
conquérez

participe présent

conquérant

subjonctif

PRESENT	IMPARFAIT (littéraire)
que je conquière	que je conquisse
que tu conquières	que je conquisses
qu'il conquière	qu'il conquît
que nous conquérions	que nous conquissions
que vous conquériez	que vous conquissiez
qu'ils conquièrent	qu'ils conquissent

Acquérir is conjugated like **conquérir.**

courir

indicatif

PRESENT
je cours
tu cours
il court
nous courons
vous courez
ils courent

PASSE COMPOSE
j'ai couru

PASSE SIMPLE (littéraire)
je courus
tu courus
il courut
nous courûmes
vous courûtes
ils coururent

IMPARFAIT
je courais

PLUS-QUE-PARFAIT
j'avais couru

FUTUR
je courrai

FUTUR ANTERIEUR
j'aurai couru

conditionnel

PRESENT
je courrais

PASSE
j'aurais couru

impératif

cours
courons
courez

participe présent

courant

subjonctif

PRESENT
que je coure
que tu coures
qu'il coure
que nous courions
que vous couriez
qu'ils courent

IMPARFAIT (littéraire)
que je courusse
que tu courusses
qu'il courût
que nous courussions
que vous courussiez
qu'ils courussent

fuir

indicatif

PRESENT
je fuis
tu fuis
il fuit
nous fuyons
vous fuyez
ils fuient

PASSE COMPOSE
j'ai fui

PASSE SIMPLE (littéraire)
je fuis
tu fuis
il fuit
nous fuîmes
vous fuîtes
ils fuirent

IMPARFAIT
je fuyais

PLUS-QUE-PARFAIT
j'avais fui

FUTUR
je fuirai

FUTUR ANTERIEUR
j'aurai fui

conditionnel

PRESENT
je fuirais

PASSE
j'aurais fui

impératif

fuis
fuyons
fuyez

participe présent

fuyant

subjonctif

PRESENT
que je fuie
que tu fuies
qu'il fuie
que nous fuyions
que vous fuyiez
qu'ils fuient

IMPARFAIT (littéraire)
que je fuisse
que tu fuisses
qu'il fuît
que nous fuissions
que vous fuissiez
qu'ils fuissent

S'enfuir is conjugated like **fuir.**

mourir

indicatif

PRESENT
je meurs
tu meurs
il meurt
nous mourons
vous mourez
ils meurent

PASSE COMPOSE
je suis mort(e)

PASSE SIMPLE (littéraire)
je mourus
tu mourus
il mourut
nous mourûmes
vous mourûtes
ils moururent

IMPARFAIT
je mourais

PLUS-QUE-PARFAIT
j'étais mort(e)

FUTUR
je mourrai

FUTUR ANTERIEUR
je serai mort(e)

conditionnel

PRESENT
je mourrais

PASSE
je serais mort(e)

impératif

meurs
mourons
mourez

participe présent

mourant

subjonctif

PRESENT
que je meure
que tu meures
qu'il meure
que nous mourions
que vous mouriez
qu'ils meurent

IMPARFAIT (littéraire)
que je mourusse
que tu mourusses
qu'il mourût
que nous mourussions
que vous mourussiez
qu'ils mourussent

ouvrir

indicatif

PRESENT
j'ouvre
tu ouvres
il ouvre
nous ouvrons
vous ouvrez
ils ouvrent

PASSE COMPOSE
j'ai ouvert

PASSE SIMPLE (littéraire)
j'ouvris
tu ouvris
il ouvrit
nous ouvrîmes
vous ouvrîtes
ils ouvrirent

IMPARFAIT
j'ouvrais

PLUS-QUE-PARFAIT
j'avais ouvert

FUTUR
j'ouvrirai

FUTUR ANTERIEUR
j'aurai ouvert

conditionnel

PRESENT
j'ouvrirais

PASSE
j'aurais ouvert

impératif

ouvre
ouvrons
ouvrez

participe présent

ouvrant

subjonctif

PRESENT
que j'ouvre
que tu ouvres
qu'il ouvre
que nous ouvrions
que vous ouvriez
qu'ils ouvrent

IMPARFAIT (littéraire)
que j'ouvrisse
que tu ouvrisses
qu'il ouvrît
que nous ouvrissions
que vous ouvrissiez
qu'ils ouvrissent

Other verbs conjugated like **ouvrir** include **couvrir, découvrir, offrir,** and **souffrir.**

venir

indicatif

PRESENT
je viens
tu viens
il vient
nous venons
vous venez
ils viennent

PASSE COMPOSE
je suis venu(e)

PASSE SIMPLE (littéraire)
je vins
tu vins
il vint
nous vînmes
vous vîntes
ils vinrent

IMPARFAIT
je venais

PLUS-QUE-PARFAIT
j'étais venu(e)

FUTUR
je viendrai

FUTUR ANTERIEUR
je serai venu(e)

conditionnel

PRESENT
je viendrais

PASSE
je serais venu(e)

impératif

viens
venons
venez

participe présent

venant

subjonctif

PRESENT
que je vienne
que tu viennes
qu'il vienne
que nous venions
que vous veniez
qu'ils viennent

IMPARFAIT (littéraire)
que je vinsse
que tu vinsses
qu'il vînt
que nous vinssions
que vous vinssiez
qu'ils vinssent

Other verbs conjugated like **venir** include **devenir, revenir, tenir, maintenir, soutenir, obtenir,** and **retenir.**

Verbs in -re

boire

indicatif

PRESENT
je bois
tu bois
il boit
nous buvons
vous buvez
ils boivent

PASSE COMPOSE
j'ai bu

PASSE SIMPLE (littéraire)
je bus
tu bus
il but
nous bûmes
vous bûtes
ils burent

IMPARFAIT
je buvais

PLUS-QUE-PARFAIT
j'avais bu

FUTUR
je boirai

FUTUR ANTERIEUR
j'aurai bu

conditionnel

PRESENT
je boirais

PASSE
j'aurais bu

impératif

bois
buvons
buvez

participe présent

buvant

subjonctif

PRESENT
que je boive
que tu boives
qu'il boive
que nous buvions
que vous buviez
qu'ils boivent

IMPARFAIT (littéraire)
que je busse
que tu busses
qu'il bût
que nous bussions
que vous bussiez
qu'ils bussent

conduire

indicatif

PRESENT
je conduis
tu conduis
il conduit
nous conduisons
vous conduisez
ils conduisent

PASSE COMPOSE
j'ai conduit

PASSE SIMPLE (littéraire)
je conduisis
tu conduisis
il conduisit
nous conduisîmes
vous conduisîtes
ils conduisirent

IMPARFAIT
je conduisais

PLUS-QUE-PARFAIT
j'avais conduit

FUTUR
je conduirai

FUTUR ANTERIEUR
j'aurai conduit

conditionnel

PRESENT
je conduirais

PASSE
j'aurais conduit

impératif

conduis
conduisons
conduisez

participe présent

conduisant

subjonctif

PRESENT
que je conduise
que tu conduises
qu'il conduise
que nous conduisions
que vous conduisiez
qu'ils conduisent

IMPARFAIT (littéraire)
que je conduisisse
que tu conduisisses
qu'il conduisît
que nous conduisissions
que vous conduisissiez
qu'ils conduisissent

Other verbs conjugated like **conduire** include **construire, cuire, détruire, produire,** and **traduire.**

connaître

indicatif

PRESENT
je connais
tu connais
il connaît
nous connaissons
vous connaissez
ils connaissent

PASSE COMPOSE
j'ai connu

PASSE SIMPLE (littéraire)
je connus
tu connus
il connut
nous connûmes
vous connûtes
ils connurent

IMPARFAIT
je connaissais

PLUS-QUE-PARFAIT
j'avais connu

FUTUR
je connaîtrai

FUTUR ANTERIEUR
j'aurai connu

conditionnel

PRESENT
je connaîtrais

PASSE
j'aurais connu

impératif

connais
connaissons
connaissez

participe présent

connaissant

subjonctif

PRESENT
que je connaisse
que tu connaisses
qu'il connaisse
que nous connaissions
que vous connaissiez
qu'ils connaissent

IMPARFAIT (littéraire)
que je connusse
que tu connusses
qu'il connût
que nous connussions
que vous connussiez
qu'ils connussent

Reconnaître and **paraître** are conjugated like **connaître.**

craindre

indicatif

PRESENT

je crains
tu crains
il craint
nous craignons
vous craignez
ils craignent

PASSE COMPOSE

j'ai craint

PASSE SIMPLE (littéraire)

je craignis
tu craignis
il craignit
nous craignîmes
vous craignîtes
ils craignirent

IMPARFAIT

je craignais

PLUS-QUE-PARFAIT

j'avais craint

FUTUR

je craindrai

FUTUR ANTERIEUR

j'aurai craint

conditionnel

PRESENT

je craindrais

PASSE

j'aurais craint

impératif

crains
craignons
craignez

participe présent

craignant

subjonctif

PRESENT

que je craigne
que tu craignes
qu'ils craigne
que nous craignions
que vous craigniez
qu'ils craignent

IMPARFAIT (littéraire)

que je craignisse
que tu craignisses
qu'il craignît
que nous craignissions
que vous craignissiez
qu'ils craignissent

Peindre and **plaindre** are conjugated like **craindre.**

croire

indicatif

PRESENT

je crois
tu crois
il croit
nous croyons
vous croyez
ils croient

PASSE COMPOSE

j'ai cru

PASSE SIMPLE (littéraire)

je crus
tu crus
il crut
nous crûmes
vous crûtes
ils crurent

IMPARFAIT

je croyais

PLUS-QUE-PARFAIT

j'avais cru

FUTUR

je croirai

FUTUR ANTERIEUR

j'aurai cru

conditionnel

PRESENT

je croirais

PASSE

j'aurais cru

impératif

crois
croyons
croyez

participe présent

croyant

subjonctif

PRESENT

que je croie
que tu croies
qu'il croie
que nous croyions
que vous croyiez
qu'ils croient

IMPARFAIT (littéraire)

que je crusse
que tu crusses
qu'il crût
que nous crussions
que vous crussiez
qu'ils crussent

dire

indicatif

PRESENT
je dis
tu dis
il dit
nous disons
vous dites
ils disent

PASSE COMPOSE
j'ai dit

PASSE SIMPLE (littéraire)
je dis
tu dis
il dit
nous dîmes
vous dîtes
ils dirent

IMPARFAIT
je disais

PLUS-QUE-PARFAIT
j'avais dit

FUTUR
je dirai

FUTUR ANTERIEUR
j'aurai dit

conditionnel

PRESENT
je dirais

PASSE
j'aurais dit

impératif

dis
disons
dites

participe présent

disant

subjonctif

PRESENT
que je dise
que tu dises
qu'il dise
que nous disions
que vous disiez
qu'ils disent

IMPARFAIT (littéraire)
que je disse
que tu disses
qu'il dît
que nous dissions
que vous dissiez
qu'ils dissent

écrire

indicatif

PRESENT
j'écris
tu écris
il écrit
nous écrivons
vous écrivez
ils écrivent

PASSE COMPOSE
j'ai écrit

PASSE SIMPLE (littéraire)
j'écrivis
tu écrivis
il écrivit
nous écrivîmes
vous écrivîtes
ils écrivirent

IMPARFAIT
j'écrivais

PLUS-QUE-PARFAIT
j'avais écrit

FUTUR
j'écrirai

FUTUR ANTERIEUR
j'aurai écrit

conditionnel

PRESENT
j'écrirais

PASSE
j'aurais écrit

impératif

écris
écrivons
écrivez

participe présent

écrivant

subjonctif

PRESENT
que j'écrive
que tu écrives
qu'il écrive
que nous écrivions
que vous écriviez
qu'ils écrivent

IMPARFAIT (littéraire)
que j'écrivisse
que tu écrivisses
qu'il écrivît
que nous écrivissions
que vous écrivissiez
qu'ils écrivissent

Décrire is conjugated like **écrire.**

faire

indicatif

PRESENT

je fais
tu fais
il fait
nous faisons
vous faites
ils font

PASSE COMPOSE

j'ai fait

PASSE SIMPLE (littéraire)

je fis
tu fis
il fit
nous fîmes
vous fîtes
ils firent

IMPARFAIT

je faisais

PLUS-QUE-PARFAIT

j'avais fait

FUTUR

je ferai

FUTUR ANTERIEUR

j'aurai fait

conditionnel

PRESENT

je ferais

PASSE

j'aurais fait

impératif

fais
faisons
faites

participe présent

faisant

subjonctif

PRESENT

que je fasse
que tu fasses
qu'il fasse
que nous fassions
que vous fassions
qu'ils fassent

IMPARFAIT (littéraire)

que je fisse
que tu fisses
qu'il fît
que fissions
que vous fissiez
qu'ils fissent

lire

indicatif

PRESENT

je lis
tu lis
il lit
nous lisons
vous lisez
ils lisent

PASSE COMPOSE

j'ai lu

PASSE SIMPLE (littéraire)

je lus
tu lus
il lut
nous lûmes
vous lûtes
ils lurent

IMPARFAIT

je lisais

PLUS-QUE-PARFAIT

j'avais lu

FUTUR

je lirai

FUTUR ANTERIEUR

j'aurai lu

conditionnel

PRESENT

je lirais

PASSE

j'aurais lu

impératif

lis
lisons
lisez

participe présent

lisant

subjonctif

PRESENT

que je lise
que tu lises
qu'il lise
que nous lisions
que vous lisiez
qu'ils lisent

IMPARFAIT (littéraire)

que je lusse
que tu lusses
qu'il lût
que nous lussions
que vous lussiez
qu'ils lussent

mettre

indicatif

PRESENT
je mets
tu mets
il met
nous mettons
vous mettez
ils mettent

PASSE COMPOSE
j'ai mis

PASSE SIMPLE (littéraire)
je mis
tu mis
il mit
nous mîmes
vous mîtes
ils mirent

IMPARFAIT
je mettais

PLUS-QUE-PARFAIT
j'avais mis

FUTUR
je mettrai

FUTUR ANTERIEUR
j'aurai mis

conditionnel

PRESENT
je mettrais

PASSE
j'aurais mis

impératif

mets
mettons
mettez

participe présent

mettant

subjonctif

PRESENT
que je mette
que tu mettes
qu'il mette
que nous mettions
que vous mettiez
qu'ils mettent

IMPARFAIT (littéraire)
que je misse
que tu misses
qu'il mît
que nous missions
que vous missiez
qu'ils missent

Permettre and **promettre** are conjugated like **mettre.**

naître

indicatif

PRESENT
je nais
tu nais
il nait
nous naissons
vous naissez
ils naissent

PASSE COMPOSE
je suis né(e)

PASSE SIMPLE (littéraire)
je naquis
tu naquis
il naquit
nous naquîmes
vous naquîtes
ils naquirent

IMPARFAIT
je naissais

PLUS-QUE-PARFAIT
j'étais né(e)

FUTUR
je naîtrai

FUTUR ANTERIEUR
je serai né(e)

conditionnel

PRESENT
je naîtrais

PASSE
je serais né(e)

impératif

nais
naissons
naissez

participe présent

naissant

subjonctif

PRESENT
que je naisse
que tu naisses
qu'il naisse
que nous naissions
que vous naissiez
qu'ils naissent

IMPARFAIT (littéraire)
que je naquisse
que tu naquisses
qu'il naquît
que nous naquissions
que vous naquissiez
qu'ils naquissent

plaire

indicatif

PRESENT

je plais
tu plais
il plaît
nous plaisons
vous plaisez
ils plaisent

PASSE COMPOSE

j'ai plu

PASSE SIMPLE (littéraire)

je plus
tu plus
il plut
nous plûmes
vous plûtes
ils plurent

IMPARFAIT

je plaisais

PLUS-QUE-PARFAIT

j'avais plu

FUTUR

je plairai

FUTUR ANTERIEUR

j'aurai plu

conditionnel

PRESENT

je plairais

PASSE

j'aurais plu

impératif

plais
plaisons
plaisez

participe présent

plaisant

subjonctif

PRESENT

que je plaise
que tu plaises
qu'il plaise
que nous plaisions
que vous plaisiez
qu'ils plaisent

IMPARFAIT (littéraire)

que je plusse
que tu plusses
qu'il plût
que nous plussions
que vous plussiez
qu'ils plussent

prendre

indicatif

PRESENT

je prends
tu prends
il prend
nous prenons
vous prenez
ils prennent

PASSE COMPOSE

j'ai pris

PASSE SIMPLE (littéraire)

je pris
tu pris
il prit
nous prîmes
vous prîtes
ils prirent

IMPARFAIT

je prenais

PLUS-QUE-PARFAIT

j'avais pris

FUTUR

je prendrai

FUTUR ANTERIEUR

j'aurai pris

conditionnel

PRESENT

je prendrais

PASSE

j'aurais pris

impératif

prends
prenons
prenez

participe présent

prenant

subjonctif

PRESENT

que je prenne
que tu prennes
qu'il prenne
que nous prenions
que vous preniez
qu'ils prennent

IMPARFAIT (littéraire)

que je prisse
que tu prisses
qu'il prît
que nous prissions
que vous prissiez
qu'ils prissent

Other verbs conjugated like **prendre** include **apprendre, comprendre,** and **surprendre.**

rire

indicatif

PRESENT
je ris
tu ris
il rit
nous rions
vous riez
ils rient

PASSE COMPOSE
j'ai ri

PASSE SIMPLE (littéraire)
je ris
tu ris
il rit
nous rîmes
vous rîtes
ils rirent

IMPARFAIT
je riais

PLUS-QUE-PARFAIT
j'avais ri

FUTUR
je rirai

FUTUR ANTERIEUR
j'aurai ri

conditionnel

PRESENT
je rirais

PASSE
j'aurais ri

impératif

ris
rions
riez

participe présent

riant

subjonctif

PRESENT
que je rie
que tu ries
qu'il rie
que nous riions
que vous riiez
qu'ils rient

IMPARFAIT (littéraire)
que je risse
que tu risses
qu'il rît
que nous rissions
que vous rissiez
qu'ils rissent

Sourire is conjugated like **rire.**

suivre

indicatif

PRESENT
je suis
tu suis
il suit
nous suivons
vous suivez
ils suivent

PASSE COMPOSE
j'ai suivi

PASSE SIMPLE (littéraire)
je suivis
tu suivis
il suivit
nous suivîmes
vous suivîtes
ils suivirent

IMPARFAIT
je suivais

PLUS-QUE-PARFAIT
j'avais suivi

FUTUR
je suivrai

FUTUR ANTERIEUR
j'aurai suivi

conditionnel

PRESENT
je suivrais

PASSE
j'aurais suivi

impératif

suis
suivons
suivez

participe présent

suivant

subjonctif

PRESENT
que je suive
que tu suives
qu'il suive
que nous suivions
que vous suiviez
qu'ils suivent

IMPARFAIT (littéraire)
que je suivisse
que tu suivisses
qu'il suivît
que nous suivissions
que vous suivissiez
qu'ils suivissent

vivre

indicatif

PRESENT

je vis
tu vis
il vit
nous vivons
vous vivez
ils vivent

PASSE COMPOSE

j'ai vécu

PASSE SIMPLE (littéraire)

je vécus
tu vécus
il vécut
nous vécûmes
vous vécûtes
ils vécurent

IMPARFAIT

je vivais

PLUS-QUE-PARFAIT

j'avais vécu

FUTUR

je vivrai

FUTUR ANTERIEUR

j'aurai vécu

conditionnel

PRESENT

je vivrais

PASSE

j'aurais vécu

impératif

vis
vivons
vivez

participe présent

vivant

subjonctif

PRESENT

que je vive
que tu vives
qu'il vive
que nous vivions
que vous viviez
qu'ils vivent

IMPARFAIT (littéraire)

que je vécusse
que tu vécusses
qu'il vécût
que nous vécussions
que vous vécussiez
qu'ils vécussent

Verbs in -oir

asseoir

indicatif

PRESENT

j'assieds
tu assieds
il assied
nous asseyons
vous asseyez
ils asseyent

PASSE COMPOSE

j'ai assis

PASSE SIMPLE (littéraire)

j'assis
tu assis
il assit
nous assîmes
vous assîtes
ils assirent

IMPARFAIT

j'asseyais

PLUS-QUE-PARFAIT

j'avais assis

FUTUR

j'assiérai

FUTUR ANTERIEUR

j'aurai assis

conditionnel

PRESENT

j'assiérais

PASSE

j'aurais assis

impératif

assieds
asseyons
asseyez

participe présent

asseyant

subjonctif

PRESENT

que j'asseye
que tu asseyes
qu'il asseye
que nous asseyions
que vous asseyiez
qu'ils asseyent

IMPARFAIT (littéraire)

que j'assisse
que tu assisses
qu'il assît
que nous assissions
que vous assissiez
qu'ils assissent

S'asseoir is conjugated like **asseoir.**

devoir

indicatif

PRESENT
je dois
tu dois
il doit
nous devons
vous devez
ils doivent

PASSE COMPOSE
j'ai dû

PASSE SIMPLE (littéraire)
je dus
tu dus
il dut
nous dûmes
vous dûtes
ils durent

IMPARFAIT
je devais

PLUS-QUE-PARFAIT
j'avais dû

FUTUR
je devrai

FUTUR ANTERIEUR
j'aurai dû

conditionnel

PRESENT
je devrais

PASSE
j'aurais dû

impératif

dois
devons
devez

participe présent

devant

subjonctif

PRESENT
que je doive
que tu doives
qu'il doive
que nous devions
que vous deviez
qu'ils doivent

IMPARFAIT (littéraire)
que je dusse
que tu dusses
qu'il dût
que nous dussions
que vous dussiez
qu'ils dussent

falloir

indicatif

PRESENT
il faut

PASSE COMPOSE
il a fallu

PASSE SIMPLE (littéraire)
il fallut

IMPARFAIT
il fallait

PLUS-QUE-PARFAIT
il avait fallu

FUTUR
il faudra

FUTUR ANTERIEUR
il aura fallu

conditionnel

PRESENT
il faudrait

PASSE
il aurait fallu

subjonctif

PRESENT
qu'il faille

IMPARFAIT (littéraire)
qu'il fallût

pleuvoir

indicatif

PRESENT
il pleut

PASSE COMPOSE
il a plu

PASSE SIMPLE (littéraire)
il plut

IMPARFAIT
il pleuvait

PLUS-QUE-PARFAIT
il avait plu

FUTUR
il pleuvra

FUTUR ANTERIEUR
il aura plu

conditionnel

PRESENT
il pleuvrait

PASSE
il aurait plu

participe présent

pleuvant

subjonctif

PRESENT
qu'il pleuve

IMPARFAIT (littéraire)
qu'il plût

pouvoir

indicatif

PRESENT
je peux
tu peux
il peut
nous pouvons
vous pouvez
ils peuvent

PASSE COMPOSE
j'ai pu

PASSE SIMPLE (littéraire)
je pus
tu pus
il put
nous pûmes
vous pûtes
ils purent

IMPARFAIT
je pouvais

PLUS-QUE-PARFAIT
j'avais pu

FUTUR
je pourrai

FUTUR ANTERIEUR
j'aurai pu

conditionnel

PRESENT
je pourrais

PASSE
j'aurais pu

participe présent

pouvant

subjonctif

PRESENT
que je puisse
que tu puisses
qu'il puisse
que nous puissions
que vous puissiez
qu'ils puissent

IMPARFAIT (littéraire)
que je pusse
que tu pusses
qu'il pût
que nous pussions
que vous pussiez
qu'ils pussent

recevoir

indicatif

PRESENT
je reçois
tu reçois
il reçoit
nous recevons
vous recevez
ils reçoivent

PASSE COMPOSE
j'ai reçu

PASSE SIMPLE (littéraire)
je reçus
tu reçus
il reçut
nous reçûmes
vous reçûtes
ils reçurent

IMPARFAIT
je recevais

PLUS-QUE-PARFAIT
j'avais reçu

FUTUR
je recevrai

FUTUR ANTERIEUR
j'aurai reçu

conditionnel

PRESENT
je recevrais

PASSE
j'aurais reçu

impératif

reçois
recevons
recevez

participe présent

recevant

subjonctif

PRESENT
que je reçoive
que tu reçoives
qu'il reçoive
que nous recevions
que vous receviez
qu'ils reçoivent

IMPARFAIT (littéraire)
que je reçusse
que tu reçusses
qu'il reçût
que nous reçussions
que vous reçussiez
qu'ils reçussent

savoir

indicatif

PRESENT
je sais
tu sais
il sait
nous savons
vous savez
ils savent

PASSE COMPOSE
j'ai su

PASSE SIMPLE (littéraire)
je sus
tu sus
il sut
nous sûmes
vous sûtes
ils surent

IMPARFAIT
je savais

PLUS-QUE-PARFAIT
j'avais su

FUTUR
je saurai

FUTUR ANTERIEUR
j'aurai su

conditionnel

PRESENT
je saurais

PASSE
j'aurais su

impératif

sache
sachons
sachez

participe présent

sachant

subjonctif

PRESENT
que je sache
que tu saches
qu'il sache
que nous sachions
que vous sachiez
qu'ils sachent

IMPARFAIT (littéraire)
que je susse
que tu susses
qu'il sût
que nous sussions
que vous sussiez
qu'ils sussent

valoir

indicatif

PRESENT
je vaux
tu vaux
il vaut
nous valons
vous valez
ils valent

PASSE COMPOSE
j'ai valu

PASSE SIMPLE (littéraire)
je valus
tu valus
il valut
nous valûmes
vous valûtes
ils valurent

IMPARFAIT
je valais

PLUS-QUE-PARFAIT
j'avais valu

FUTUR
je vaudrai

FUTUR ANTERIEUR
j'aurai valu

conditionnel

PRESENT
je vaudrais

PASSE
j'aurais valu

participe présent

valant

subjonctif

PRESENT
que je vaille
que tu vailles
qu'il vaille
que nous valions
que vous valiez
qu'ils vaillent

IMPARFAIT (littéraire)
que je valusse
que tu valusses
qu'il valût
que nous valussions
que vous valussiez
qu'ils valussent

voir

indicatif

PRESENT

je vois
tu vois
il voit
nous voyons
vous voyez
ils voient

PASSE COMPOSE

j'ai vu

PASSE SIMPLE (littéraire)

je vis
tu vis
il vit
nous vîmes
vous vîtes
ils virent

IMPARFAIT

je voyais

PLUS-QUE-PARFAIT

j'avais vu

FUTUR

je verrai

FUTUR ANTERIEUR

j'aurai vu

conditionnel

PRESENT

je verrais

PASSE

j'aurais vu

impératif

vois
voyons
voyez

participe présent

voyant

subjonctif

PRESENT

que je voie
que tu voies
qu'il voie
que nous voyions
que vous voyiez
qu'ils voient

IMPARFAIT (littéraire)

que je visse
que tu visses
qu'il vît
que nous vissions
que vous vissiez
qu'ils vissent

vouloir

indicatif

PRESENT

je veux
tu veux
il veut
nous voulons
vous voulez
ils veulent

PASSE COMPOSE

j'ai voulu

PASSE SIMPLE (littéraire)

je voulus
tu voulus
il voulut
nous voulûmes
vous voulûtes
ils voulurent

IMPARFAIT

je voulais

PLUS-QUE-PARFAIT

j'avais voulu

FUTUR

je voudrai

FUTUR ANTERIEUR

j'aurai voulu

conditionnel

PRESENT

je voudrais

PASSE

j'aurais voulu

impératif

veuille
veuillons
veuillez

participe présent

voulant

subjonctif

PRESENT

que je veuille
que tu veuilles
qu'il veuille
que nous voulions
que vous vouliez
qu'ils veuillent

IMPARFAIT (littéraire)

que je voulusse
que tu voulusses
qu'il voulût
que nous voulussions
que vous voulussiez
qu'ils voulussent

Stem-Changing Verbs

acheter

PRESENT	SUBJONCTIF PRESENT	FUTUR
j'achète	que j'achète	j'achèterai
tu achètes	que tu achètes	tu achèteras
il achète	qu'il achète	il achètera
nous achetons	que nous achetions	nous achèterons
vous achetez	que vous achetiez	vous achèterez
ils achètent	qu'ils achètent	ils achèteront

appeler

PRESENT	SUBJONCTIF PRESENT	FUTUR
j'appelle	que j'appelle	j'appellerai
tu appelles	que tu appelles	tu appelleras
il appelle	qu'il appelle	il appellera
nous appelons	que nous appelions	nous apellerons
vous appelez	que vous appeliez	vous appellerez
ils appellent	qu'ils appellent	ils appelleront

commencer (verbs ending in -cer)

PRESENT	IMPARFAIT	PASSE SIMPLE (littéraire)
je commence	je commençais	je commençai
tu commences	tu commençais	tu commenças
il commence	il commençait	il commença
nous commençons	nous commencions	nous commençâmes
vous commencez	vous commenciez	vous commençâtes
ils commencent	ils commençaient	ils commencèrent

espérer (préférer, répéter, protéger, etc.)

PRESENT	SUBJONCTIF PRESENT	FUTUR
j'espère	que j'espère	j'espérerai
tu espères	que tu espères	tu espéreras
il espère	qu'il espère	il espérera
nous espérons	que nous espérions	nous espérerons
vous espérez	que vous espériez	vous espérerez
ils espèrent	qu'ils espèrent	ils espéreront

essayer (verbs ending in -ayer, -oyer, -uyer)

PRESENT	SUBJONCTIF PRESENT	FUTUR
j'essaie	que j'essaie	j'essaierai
tu essaies	que tu essaies	tu essaieras
il essaie	qu'il essaie	il essaiera
nous essayons	que nous essayions	nous essaierons
vous essayez	que vous essayiez	vous essaierez
ils essaient	qu'ils essaient	ils essaieront

jeter

PRESENT	SUBJONCTIF PRESENT	FUTUR
je jette	que je jette	je jetterai
tu jettes	que tu jettes	tu jetteras
il jette	qu'il jette	il jettera
nous jetons	que nous jetions	nous jetterons
vous jetez	que vous jetiez	vous jetterez
ils jettent	qu'ils jettent	ils jetteront

lever (mener, emmener, geler, etc.)

PRESENT	SUBJONCTIF PRESENT	FUTUR
je lève	que je lève	je lèverai
tu lèves	que tu lèves	tu lèveras
il lève	qu'il lève	il lèvera
nous levons	que nous levions	nous lèverons
vous levez	que vous leviez	vous lèverez
ils lèvent	qu'ils lèvent	ils lèveront

Lexique Français-Anglais

Included in the French–English vocabulary are all terms that are not cognates or that would not be immediately recognizable to a student at the intermediate level. The gender of all nouns is indicated by the notation *m* or *f* and the feminine endings of adjectives are given in parentheses. When feminine endings of adjectives require a change in ending or consist of a separate form, these changes are noted. Expressions consisting of more than one word are listed under their principal part of speech. For all expressions that are considered to be slang or popular, the notation is indicated in parentheses following such entries. Grammatical terms and impersonal expressions are also listed.

A

abandonner to give up
abondant(e) abundant
abonné(e) *m, f* subscriber
abonnement *m* subscription
abonner: s'_______ (à) to subscribe (to)
abord, d'_______ at first
abricot *m* apricot
absolu(e) absolute
absolument absolutely
abstrait(e) abstract
accent *m* accent
  _______ aigu acute accent
  _______ circonflexe circumflex accent
  _______ grave grave accent
accentué(e) stressed
accompagner to go with
accomplissement *m* accomplishment
accord *m* agreement
  d'_______ OK
  être d'_______ to agree
  se mettre d'_______ to come to an agreement
accorder to grant
  s'_______ to agree
accueillir to welcome
achat *m* purchase
acheter to buy
achever to complete
acompte *m* deposit
acquérir to acquire
acquis(e) acquired
acrobaties *f pl* acrobatics
acteur/actrice *m, f* actor/actress
actif(-ive) active
actualités *f pl* news
actuellement presently
addition *f* bill, check
admettre to admit
admis(e) accepted
adresser, s'_______ à to speak to
adversaire *m, f* adversary, opponent
aérien(ne) air, aerial
aéroport *m* airport
affaires *f pl* business; belongings
  régler des _______ to take care of business
affiche *f* movie poster
affiché(e) posted
afficher to post
affirmativement affirmatively
affirmer to affirm
affreux(-euse) awful
afin de in order to, in order that
afin que in order to, in order that
africain(e) African
âgé(e) old
agence *f* agency
  _______ de voyages travel agency
agglomération *f* populated area
agir, s' _______ de to be a question of
agréable agreeable, pleasant
aide *f* help
  à l'_______ de by means of
aide-mémoire *m* reminder
aider to aid, to help
ailleurs elsewhere
  d'_______ furthermore
aimable pleasant, nice
aimer to like, to love
  _______ bien to like
air *m* manner, appearance
  avoir l'air to seem
aise *f* ease, convenience
  à leur _______ at their leisure
ait *pres. subj. of* **avoir**
ajouter to add
album *m* album
  _______ de coupures de journaux scrapbook
alcool *m* alcohol
Algérie *f* Algeria
alimentaire nutritive
aliments *m pl* food
allée *f* aisle
allemand *m* German language
aller to go
  s'en _______ to go away
aller-retour *m* round-trip ticket
aller simple *m* one-way ticket
allumer to turn on
allusion *f* allusion, hint
  faire _______ à to allude to
alors then, in that case
Alpes-Maritimes *f pl* region in southeastern France
amateur *m* fan
ambitieux(-euse) ambitious
amende *f* fine
amener to bring along
américain(e) American
Américain(e) *m, f* American

Amérique du Sud *f* South America
ami(e) *m, f* friend
petit(e) _______ boyfriend/girlfriend
amical(e) friendly
amitié *f* friendship
amphithéâtre (amphi) *m* lecture hall
amusant(e) amusing, entertaining
amuser to amuse, to entertain
s'_______ to have a good time
an *m* year
avoir... _______**s** to be . . . years old
analytique analytical
ancien(ne) old, former
anglais *m* English language
Angleterre *f* England
anglophone *m, f* English-speaking person
année *f* year
_______ **scolaire** school year
anniversaire *m* birthday
annonce *f* announcement, advertisement
annoncer to announce
antenne parabolique *f* satellite dish
_______ **de réception** *f* TV antenna
antérieur(e) anterior, preceding
antonyme *m* antonym
août *m* August
apercevoir, s'_______ to notice
aperçu *past part. of* **apercevoir**
apparaître to appear
appartement *m* apartment
appartenir to belong
appeler to call
s'_______ to be named
appendice *m* appendix
appliquer, s'_______ to apply oneself
apporter to bring
apprécier to enjoy
apprendre to learn
_______ **par cœur** to memorize
apprentissage *m* apprenticeship
approcher, s'_______ to approach
appuyer to press
_______ **sur le bouton** to push the button
après after
_______ **que** after
après-midi *m* afternoon
arbre *m* tree
argent *m* money
_______ **de poche** spending money, allowance
armée *f* army
arrêt *m* stop
arrêté(e) definite
arrêter, s'_______ to stop
arrière *m* back, rear
arrivée *f* arrival
arriver to arrive; to happen
article de fond *m* in-depth article
artisanat *m* crafts
as *m* ace
Asie *f* Asia
aspiré(e) aspirated
asseoir to seat
s'_______ to sit down
assez quite, rather
_______ **de** enough
assiette *f* plate
assimiler to assimilate
assis(e) seated
être _______ to be seated
assister à to attend
assurer to assure, to guarantee
astronomique astronomical
atelier de réparation *m* repair shop
attacher to fasten
attaque *f* attack
attendre to wait for
s'_______ **à** to expect
attentif(-ive) attentive
attention! watch out!
faire _______ **à** to pay attention to
atterrir to land
aubergine *f* eggplant
aucun(e) not any; not a single
au-dessus de above
au fur et à mesure bit by bit
aujourd'hui today
aussi also
_______ **bien que** as well as
aussitôt que as soon as
autant (de) as many
auteur *m* author
authentique authentic
automne *m* autumn
autonomie *f* autonomy; self-government
autorité *f* authority
autoroute *f* superhighway
autour about
_______ **de** around
autre other
autrement otherwise
avance *f* advance
d'_______ in advance
avancer, s'_______ to advance, to move forward
avant *m* front
avant de before
avant que before
avantage *m* advantage
avec with
avenir *m* future
à l'_______ in the future
aventure *f* adventure
aventureux(-euse) adventurous
aventurier *m* adventurer
aviateur/aviatrice *m, f* aviator
avion *m* airplane
_______ **à réaction** jet
en _______ by plane
par _______ by plane
avis *m* opinion
avocat(e) *m, f* lawyer
avoir to have
_______ **à** to need to, to have to
_______ **envie de** to feel like
_______ **le trac** to be afraid
en _______ **assez** to be fed up
avril *m* April
ayant *pres. part. of* **avoir** having
Aztèques *m pl* Aztecs

B

bac *m abbrev. for* **baccalauréat**
baccalauréat *m* diploma based on an exam taken at the end of secondary education
bachelier/bachelière *m, f* baccalaureate holder
bachot *m slang for* **baccalauréat**

bachoter to prepare for the **bac**
baguette *f* loaf of French bread
baigner, se _______ to swim
bain *m* bath
bal *m* ball, dance
balader, se _______ to stroll
banal(e) dull
bande *f* gang
banque de données *f* data bank
bar *m* snack bar
barbant(e) boring *(colloquial)*
bas(se) low
baser to base
basket *m* basketball *(the sport)*
_______**s** *f pl* tennis shoes
bateau *m* boat
en _______ by boat
bâtiment *m* building
bâtir to build
batterie *f* battery
battre, se _______ to fight
bavard(e) outgoing, talkative
bavarder to chat
beau/belle beautiful
faire beau to be nice weather
beaucoup much, many
_______ **de** a lot of
beau-frère *m* brother-in-law
beauté *f* beauty
bébé *m* baby
beignet *m* doughnut
belge Belgian
Belge *m, f* Belgian
Belgique *f* Belgium
belle-mère *f* mother-in-law; stepmother
bénéficier de to benefit from
besoin *m* need, want
avoir _______ **de** to need (to)
bêtise *f* stupidity
beurre *m* butter
bibliothèque *f* library
bien well
_______ **des** many
_______ **que** although
faire du _______ to be beneficial
bientôt soon, shortly
bière *f* beer
bijou *m* jewel
billet *m* ticket
biscuit *m* cookie
_______ **salé** cracker
bizarre strange
bizutage *m* hazing
blanc(he) white
blesser to hurt
se _______ to get hurt
bleu *m* blue cheese
blouson *m* jacket
bœuf *m* beef
bof-génération *f* Generation X
boire to drink
_______ **un verre** to have a drink
boisson *f* drink, beverage
boîte *f* can; night club
bon(ne) kind, good
bonbon *m* piece of candy
bondé(e) crowded
bonheur *m* happiness
bonhomme *m* good-natured man
bonté *f* kindness
bord, à _______ **de** on board
bouche de métro *f* subway entrance
boucher/bouchère *m, f* butcher
boucherie *f* butcher shop
bouger to stir; to budge
boulanger/boulangère *m, f* baker
boulangerie *f* bakery
bouleversement *m* upheaval
boulot *m* work *(colloquial)*
boum *f* party
bouquin *m* book *(colloquial)*
bouquiner to read *(colloquial)*
Bourgogne *f* Burgundy, region of France
bouteille *f* bottle
bouton *m* button
boxe *f* boxing
match de _______ boxing match
branché(e) plugged in; with it *(slang)*
bras *m* arm
brave courageous, nice
bref(-ève) short
en bref in short
brevet de technicien supérieur *m* technical degree obtained at secondary level
brillamment brilliantly
bronzer, se faire _______ to get a tan
brosser, se _______ to brush
bruit *m* sound
brûler to burn
Bruxelles Brussels
BTS *m abbrev. for* **brevet de technicien supérieur**
bûcher to cram *(slang)*
bureau de renseignements *m* information counter

C

ça that
_______ **ne fait rien** it doesn't matter
_______ **y est** that's it, it's done
cabas *m* tote bag
cadavre *m* corpse
cadeau *m* gift, present
cadre *m* setting
café m coffee
_______ **instantané** instant coffee
caisse *f* cash register
caissier/caissière *m, f* cashier
calculer to calculate
calmement calmly
calmer to calm, to quiet
se _______ to calm down
camarade *m, f* friend, chum
_______ **de chambre** roommate
_______ **de classe** classmate
cambriolage *m* breaking and entering
cambrioleur *m* thief
camion *m* truck
campagne *f* campaign; countryside
canadien(ne) Canadian
candidat(e) *m, f* candidate
candidature *f* **présenter sa** _______ to be a candidate
capitale *f* capital
capturer to capture

car because
car *m* intercity bus
_______ **scolaire** school bus
carnaval *m* winter festival
carnet *m* book of tickets
carrefour *m* intersection
carrière *f* career
carte *f* card, map
_______ **(postale)** postcard
_______ **d'étudiant** student card
cartouche *f* carton
cas *m* case
au _______ **où** in case
casanier/casanière stay-at-home
cathédrale *f* cathedral
cause, à _______ **de** because of
ceci this, this thing
ceinture *f* belt, seat belt
cela that, that thing
célèbre celebrated, famous
censure *f* censorship
centaine *f* about a hundred
centre commercial *m* shopping center
cependant nevertheless, however
cercle *m* circle
cérémonie *f* ceremony
cerise *f* cherry
certain(e) definite, particular
être _______ to be certain
il est _______ it is certain
certainement certainly
C.E.S. (collège d'enseignement secondaire) *m* first level of secondary school (ages 11–14)
cesser to stop
chacun(e) each one
chaîne *f* channel
changer de _______ to change channels
_______ **stéréo** *f* stereo system
chambre *f* room
champignon *m* mushroom
chance *f* chance, luck
avoir de la _______ to be lucky
changement *m* change
chanson *f* song
chanter to sing
chanteur(-euse) *m, f* singer
chaque each
charcuterie *f* delicatessen
charcutier/charcutière *m, f* delicatessen owner
charger to load
chariot *m* shopping cart
charmant(e) charming
chasser to chase
chat *m* cat
château *m* castle
chaud(e) hot
avoir _______ to be hot
faire _______ to be hot weather
chauffeur *m* driver
chef-d'œuvre *m* masterpiece
chemin de fer *m* railroad
chèque *m* check
toucher un _______ to cash a check
cher(-ère) expensive; dear
chercher to look for, to seek
chéri(e) *m, f* darling, dearest
cheval *m* horse
cheveux *m pl* hair
chèvre *m* goat cheese
chez at, to, in, with, among, in the works of
chien/chienne *m, f* dog
chiffre *m* number
Chinois *m* Chinese
choc *m* shock
choisir to choose
choix *m* choice
chômage *m* unemployment
chose *f* thing
chouette neat, nice *(slang)*
chou-fleur *m* cauliflower
cible *f* target
ci-dessous below
ci-dessus above
ciel *m* sky
cinéaste *m* producer
ciné-club *m* film club
cinéma *m* movies, cinema
cinéphile *m, f* movie buff
cinoche *m* flicks *(slang)*
circonstanciel(le) circumstantial
complément _______ adverbial phrase
circuler to circulate, move around
cité-dortoir *f* bedroom community
cité universitaire *f* residence hall complex
citer to quote
citoyen/citoyenne *m, f* citizen
chèr(e) expensive
classe *f* class
_______ **économique** economy class
_______ **préparatoire** preparatory class (for the entry exam to the **grandes écoles**)
_______ **touriste** second class
en _______ in class
classement *m* ordering, classification
classer to classify
classique classical
clé *f* key
fermer à _______ to lock
climat *m* climate
clip *m* music video
cocher *m* coachman
code indicatif de zone *m* telephone area code
coiffer, se _______ to comb one's hair
coin *m* corner
collectif(-ive) collective
collège d'enseignement secondaire (C.E.S.) *m* first level of secondary school (ages 11–14)
colon *m* colonist
colonie de vacances *f* summer camp
colonne *f* column
combattre to fight
combien how much
_______ **de** how many
commander to order
comme as, like, such as
_______ **d'habitude** as usual
_______ **il faut** as it should be
commencement *m* beginning
commencer to begin
comment how
commentaire *m* comment
commerçant(e) *m, f* shopkeeper

commerce *m* business
_______ **de détail** retail business
_______ **de proximité** neighborhood store
commettre to commit
commissaire *m* commissioner
commissariat *m* police station
commode convenient, comfortable
commun(e) common, ordinary
en _______ in common
communautés *f pl* communities
communiquer to communicate
compagnie *f* company
_______ **aérienne** airline
compagnon/compagne *m, f* companion
compartiment *m* compartment
_______ **non-réservé** unreserved compartment
complément *m* object *(grammatical)*
_______ **d'agent** agent
_______ **d'objet direct** direct object
_______ **d'objet indirect** indirect object
_______ **circonstanciel** adverbial phrase
_______ **déterminatif** adjectival phrase
complet(-ète) complete, full
compléter to complete
compliqué(e) complicated
composer to compose; to compound
composter to punch (a ticket); to validate
comprendre to understand; to include
compris(e) included
y compris including
compter to count
_______ **sur** to count on
comptoir *m* ticket counter
concentrer to concentrate
se _______ **sur** to focus on
concordance *f* agreement
conditionnel *m* conditional *(verb tense)*
_______ **présent** present conditional *(verb tense)*
_______ **passé** past conditional *(verb tense)*
conducteur/conductrice *m, f* driver
conduire to drive
conférence *f* lecture
confondre to confuse
congé *m* **jour de** _______ day off
congelé(e) frozen
conjugaison *f* conjugation
conjuguer to conjugate
connaissance *f* acquaintance
faire la _______ **de** to meet
connaître to know; to understand; to be acquainted with; to experience
conquérir to conquer
conquête *f* conquest
consacrer, se _______ **à** to devote oneself to
conscience politique *f* political awareness
conseil *m* piece of advice
_______**s** advice
conseiller/conseillère *m, f* adviser
conseiller to advise
conservateur(-trice) conservative
conserver to preserve
considérer to consider
consommateur/consommatrice *m, f* consumer
consommation *f* consumption; beverage
consommer to use
consonne *f* consonant
constamment constantly
constater to observe
constituer to constitute
construire to build
construit *past part. of* **construire**
consulter to look up something
se _______ to confer
conte *m* story
_______ **de fées** fairy tale
contenir to contain
content(e) happy
contraire *m* opposite
au _______ on the contrary
contre against
contre *m* con
contribuer to contribute
contrôle continu des connaissances *m* periodic testing
contrôler to verify, to check
contrôleur/contrôleuse *m, f* conductor
convaincre to convince
convenable suitable, appropriate
convenir à to be suitable to
copain/copine *m, f* friend, pal
copie *f* exam paper
correcteur/correctrice *m, f* grader
correspondance *f* connection, transfer point
correspondre to correspond; to agree
corriger to correct
côte *f* chop; coast
_______ **de porc** pork chop
Côte (d'Azur) *f* Riviera
côté m side
à _______ **de** by, near
de mon _______ for my part
de tous les _______**s** from all sides
du _______ **de** in the direction of
coton *m* cotton
robe de (en) _______ cotton dress
côtoyer, se _______ to be next to each other
coucher to put to bed
se _______ to go to bed
couchette *f* bunk
couleur *f* color
couloir *m* corridor
couper to cut, to isolate from
courant(e) current, usual
coureur *m* runner
courgette *f* zucchini
courrier électronique *m* e-mail
courir to run
_______ **des risques** to take chances
cours *m* course
_______ **magistral** *m* lecture by the professor
course *f* race

courses *f pl* errands
faire les _______ to run errands
court(e) short
court métrage *m* short feature
couteau *m* knife
coûter to cost
couvrir to cover
craindre to fear
crainte *f* fear
avoir _______ **de** to be afraid (of, to)
de _______ **(de, que)** for fear (of, that)
créateur(-trice) creative
créature *f* creature
créer to create
crémerie *f* dairy
créole *m* Creole language; native language spoken in many Francophone countries
crever to die *(slang)*
crise *f* crisis
_______ **de nerfs** nervous breakdown
critique *f* criticism
critiquer to criticize
croire to believe
crypté(e) scrambled
cuire to cook
cuisine *f* cooking; food
faire la _______ to cook
curiosité *f* point of interest
cursus *m* course of study

D

dame *f* lady
dangereux(-euse) dangerous
danseur(-euse) *m, f* dancer
de plus en plus more and more
de retour à back at
débat *m* debate
débouché *m* outlet; prospect
debout standing
débrouiller to straighten out
se _______ to manage
début *m* beginning
au _______ **de** at the beginning of
décembre *m* December
décider to decide
décision *f* decision
prendre une _______ make a decision
déclaration *f* statement
décoller to take off
décor *m* set, scenery
découvert *past part. of* **découvrir**
découverte *f* discovery
découvrir to discover
décrire to describe
déçu(e) disappointed
dedans in
défendre to prohibit; to defend
défendu *past part. of* **défendre**
défense *f* prohibition
définitif(-ive) definitive
dehors outside
en _______ **de** outside of
déjà already
déjeuner *m* noon meal
déjeuner to eat lunch
délicat(e) delicate, nice
délicieux(-euse) delicious
délinquance *f* delinquancy
demain tomorrow
à _______ see you tomorrow
demander to ask (for)
se _______ to ask oneself; to wonder
démarrer to start
déménager to move
demi-frère *m* step-brother
démodé(e) old-fashioned
demoiselle *f* young women
démontrer to demonstrate
dent *f* tooth
dentelle *f* lace
dépannage *m* repairing
atelier de _______ repair shop
départ *m* departure
département *m* administrative division of France
dépasser to exceed
dépêcher to send quickly
se _______ to hurry
dépendre (de) to depend (on)
dépenser to spend
dépenses *f pl* expenses
déplacement *m* movement
déplacer, se _______ to get around
déplaire to displease
dépliant *m* brochure, folder
déplu *past part. of* **déplaire**
depuis since; for
dernier(-ière) preceding, final
dernièrement lately
derrière behind
désagréable disagreeable, unpleasant
désastre *m* disaster
descendre to get off; to go down
_______ **à une destination** to travel to
_______ **quelque chose** to take down something
désert *m* desert
désigner to indicate
désir *m* desire
désirer to want, to desire
désolé(e) sorry
désordre *m* disorder, confusion
dès que as soon as
dessin animé *m* cartoon
destination *f* destination
à _______ **de** bound for
destiné(e) (à) intended (for)
destinée *f* destiny
détendre, se _______ to relax
déterminer to determine; to modify
détruire to destroy
Deug *abbrev. for* **diplôme d'études universitaires générales**
Deux chevaux *f* small Citroën
deuxième cycle *m* second level of higher education
devant in front of
devanture *f* storefront
développé(e) developed
sous-_______ underdeveloped
développement *m* development
devenir to become
déviation *f* detour
deviner to guess
devoir *m* written assignment
devoir to have to; to owe
dévoué(e) devoted
dictionnaire *m* dictionary
différent(e) different, various
difficulté *f* difficulty
sans _______ without difficulty
diffuser to broadcast
dimanche *m* Sunday

dîner *m* dinner
dîner to eat dinner
diplomate *m* diplomat
diplôme *m* diploma, degree
_______ **d'études universitaires générales** degree obtained after two years of university study
_______ **universitaire de technologie** technical degree obtained at university level
dire to say, to tell
direct non-stop
en _______ live
directeur/directrice *m, f* director; principal
discipliné(e) disciplined
discothèque *f* discotheque
discours *m* discourse
_______ **direct** direct discourse
_______ **indirect** indirect discourse
discret(-ète) discreet
discuter to discuss
disjoint(e) disjunctive
disparaître to disappear
disponible available
disque *m* record
distinctement distinctly, clearly
distinguer to distinguish
distraction *f* amusement
distraire to amuse
distribuer to distribute, to circulate
distributeur *m* ticket dispenser
divertissement *m* pastime; entertainment
diviser to divide
documentaire *m* documentary
dommage *m* damage; loss
c'est _______ it's a pity
donc then, therefore
donner to give
_______ **un film** to show a film
se _______ to give each other
se _______ **rendez-vous** to arrange to meet
dont of which; of whom; whose
dormir to sleep
dossier *m* record, file
douane *f* customs
doublé(e) dubbed
doubler to dub
douceur de vivre *f* pleasant lifestyle
doute *m* doubt
douter to doubt
douteux(-euse) doubtful
d'outre-mer overseas
dramatique dramatic
drogue *f* drugs
droit(e) right
droite *f* political right wing
drôle de strange
dû *past part. of* **devoir**
dur(e) harsh; hard
durée *f* duration
durer to last
DUT *m abbrev. for* **diplôme universitaire de technologie**

E

eau *f* water
_______ **minérale** mineral water
échange *m* change
échouer to fail
éclater to break out; to begin
école *f* school
économie *f* saving
faire des _______**s** to save money
économique economical
économiser to save (money)
écouter to listen to
écran *m* screen
petit _______ TV
écrémé(e) skimmed
écrire to write
s'_______ to write to each other
écrit *past part. of* **écrire**
à l'_______ in written form
effectuer to make; to bring about
égal(e) equal
être égal à not to matter, to be all the same
également equally
église *f* church
égoïste egotistic; selfish
élargir to broaden
électrique electrical
électronique *f* electronics
élégamment elegantly
élevé(e) high
élève *m, f* student
élire to elect
élitiste elitist
éloignement *m* distance
élu *past part. of* **élire**
embarras du choix *m* large selection
émerveiller to amaze; to dazzle
émission *f* TV program
emmener to take along (people)
empêcher to prevent
emploi *m* employment, job; use
_______ **du temps** schedule
_______ **temporaire** temporary job
employé(e) *m, f* employee
employer to use
emporter to carry away
à _______ carry out
encore still
pas _______ not yet
_______ **que** although
en dehors (de) outside (of)
endormir, s'_______ to go to sleep
endroit *m* place
énergique energetic
enfance *f* childhood
enfant *m, f* child
enfer *m* hell
enfin at last, finally
enfuir, s'_______ to escape
ennemi *m* enemy
ennuyer to bore; to bother
s'_______ to be bored
ennuyeux(-euse) boring
énorme enormous
énormément enormously
enquête *f* inquiry, investigation
enregistrer to check (baggage)
enseignement *m* education
_______ **général** general education
_______ **supérieur** higher education
enseigner to teach
ensemble together
ensemble *m* whole, mass
ensuite then
entendre to hear
_______ **parler de** to hear about

entendu(e) understood
bien entendu of course
entier *m* whole
entièrement entirely
entracte *m* intermission
entraîner to bring about; to entail
entre between
entrée *f* entrance
_______ **libre** free access
entrer to enter
enveloppe *f* envelope
envie *f* desire, longing
avoir _______ **de** to feel like
environ approximately
environnement *m* environment
environs *m pl* surrounding area
envoyer to send
épais(se) thick
épicerie *f* grocery store
épicier/épicière *m, f* grocer
épisode *m* episode
époque *f* era
épouser to marry
époux/épouse *m, f* spouse
épreuve *f* test
équipe *f* team
erreur *f* error
escale *f* stopover
faire une _______ to stop over
escalier *m* stairs
escargot *m* snail
Espagne *f* Spain
espagnol *m* Spanish language
espèce *f* type, sort
en _______**s** in cash
espérer to hope for
esprit *m* spirit, mind, wit
essayer to try
essence *f* gasoline
essentiel *m* the most important thing
essentiel(le) essential
il est essentiel it is essential
essuyer to wipe; to dry
établir to work out; to establish
étage *m* floor (of a building)
état *m* state
Etats-Unis *m pl* United States
été *m* summer
éteindre to turn off; to extinguish
étendre to extend
s'_______ to lie down
étiquette *f* label
étonnant(e) startling
il est _______ it is startling
étonné(e) amazed
étonner, s'_______ to be amazed
étrange strange
étranger/étrangère *m, f* stranger
à l'_______ abroad
étranger(-ère) foreign, strange
être to be
_______ **à** to belong to
_______ **en train de** to be in the process of
étroit(e) tight; narrow
étroitement closely
études *f pl* studies
_______ **secondaires** high school studies
_______ **supérieures** graduate school
faire des _______ **(de)** to study, to major in
programme d'_______**s** course of study
étudiant(e) *m, f* student
maison d'_______**s** residence hall
étudier to study (a subject)
événement *m* event
évidemment evidently
éviter to avoid
évoluer to evolve
évoquer to evoke
examen *m* examination
examinateur/examinatrice *m, f* examiner
examiner to examine
exécution *f* execution
exemplaire *m* copy
exemple *m* example
par _______ for instance
exiger to require
exister to exist
explétif(-ive) superfluous *(grammatical)*
explication *f* explanation
_______ **de texte** literary analysis
expliquer to explain
exploité(e) managed
explorateur/exploratrice *m, f* explorer
exposé *m* classroom presentation
exprimer to express
extrêmement extremely

F

fabriquer to manufacture; to make
fac *f abbrev. for* **faculté**
fâché(e) angry
être _______ to be angry
fâcher, se _______ to get angry
facile easy, quick
facilement easily
façon *f* manner
facultatif(-ive) optional
faculté *f* university division
faible weak
faim, avoir _______ to be hungry
faire to do; to make
_______ **de l'escalade** to go rock climbing
_______ **du jogging** to go jogging
_______ **son possible** to do one's best
_______ **une promenade** to take a walk
_______ **une promenade en bateau** to take a boat ride
se _______ to be done, to be made
s'en _______ to worry
fait *m* fact
fait *past part. of* **faire**
falloir to be necessary *(impersonal)*
fameux(-euse) famous; infamous
familial(e) pertaining to family
familiarité *f* familiarity
famille *f* family
en _______ in the family
fana *m, f* fan
farine *f* flour
fatigant(e) tiring
fatigué(e) tired
faut *See* **falloir**
faute *f* error
fauteuil *m* armchair
faux/fausse false
favori/favorite favorite

fax *m* fax machine
femme *f* wife, woman
fenêtre *f* window
fermer to close
_______ **à clé** to lock
fermeture *f* closing
féroce ferocious
festival *m* (film) festival
fête *f* festival; party
fêter to celebrate
feu *m* fire
_______ **rouge** stoplight
feuilleton *m* serial
février *m* February
fiche *f* form
fier(-ère) proud
filet *m* mesh bag
filiale *f* branch store
fille *f* girl
film *m* film
_______ **d'épouvante** horror movie
le grand _______ main feature
_______ **policier** detective movie
fils *m* son
fin *f* end
à la _______ at the end
de _______ final
en _______ **de** at the end of
fin(e) fine
finalement finally
finir to finish
fixe fixed
flâner to loaf around
fleur *f* flower
flocon *m* flake
fois *f* time
une _______ once
fonctionner to work; to operate
fonder to found
football *m* soccer
forfaitaire all-inclusive
formalité *f* form
formation *f* education, academic preparation
forme *f* form, shape
former, se _______ to form, to compose, to educate
formidable fantastic
formule *f* construction
formuler to formulate; to express
fort(e) strong
fou/folle crazy
foule *f* crowd
fournir to furnish
foyer *m* home
frais/fraîche fresh
frais d'inscription *m pl* tuition, registration fees
fraise *f* strawberry
franc *m* franc, unit of French money
franc/franche frank
français(e) French
Français(e) *m, f* French person
F2 (France 2) TV network
F3 (France 3) TV network
francophone *m, f* French-speaking person
francophonie *f* French-speaking world
frapper to hit, to strike
freins *m pl* brakes
fréquemment frequently
fréquenter to see often
frère *m* brother
frigo *m* refrigerator *(colloquial)*
fringues *f pl* clothes *(slang)*
frites *f pl* french fries
froid(e) cold
avoir _______ to be cold
faire _______ to be cold weather
fromage *m* cheese
frustré(e) frustrated
fuir to flee
fumer to smoke
fumeur (non-fumeur) smoking (non-smoking)
furieux(-euse) furious
furtivement furtively
futur *m* future *(grammatical)*
_______ **antérieur** future perfect
_______ **proche** immediate future

G

gagner to earn
gamin *m* boy
garagiste *m, f* garage operator
garantir to guarantee
garçon *m* boy
garder to keep; to maintain
gardien(ne) *m, f* guardian
gare *f* station
gars *m* guy, boy *(slang)*
gâteau *m* cake
gauche *f* political left wing
gauche left
gazeux(-euse) carbonated
gendarme *m* policeman
gêne *f* difficulty, embarrassment
généreux(-euse) generous
génial neat, cool
génie *m* genius
genre *m* type, gender
gens *m pl* people
gentil(le) nice, gentle
gentilhomme *m* gentleman
géographie *f* geography
gérondif *m* **en** + present participle *(grammatical)*
gîtes *m pl* hostels
glace *f* ice cream
glissant(e) slick, slippery
gloire *f* glory
gorille *m* gorilla
gosse *m, f* kid *(slang)*
gourmand(e) gluttonous
goûter to taste
goutte *f* drop
gouvernement *m* government
graissage *m* greasing, lubrication
faire le _______ to lubricate (a vehicle)
gramme *m* gram
deux cents _______**s de** seven ounces
grand(e) main; big
grand ensemble *m* apartment complex
grande surface *f* very large surburban store
grandeur *f* grandeur; size
grand film *m* main feature
grandir to grow up
grand-mère *f* grandmother
grand-père *m* grandfather
gratuit(e) free
grenouille *f* frog
grève *f* strike

griffe *f* designer's label
gris(e) gray
gros(se) big, large
groupe *m* group
  en _______ in a group
gruyère *m* Swiss cheese
guère hardly
guerre *f* war
  faire la _______ to fight a war
  Première Guerre mondiale First World War
guichet *m* ticket window
Guide Michelin *m* popular French travel guide
guillemets *m pl* quotation marks

H

habiller to dress
  s'_______ to get dressed
habitant(e) *m, f* inhabitant
habiter to live (in)
habitude *f* habit
  d'_______ usually
  comme d'_______ as usual
habituellement habitually
habituer, s'_______ **à** to get used to
haricot *m* bean
hâte *f* haste
  à la _______ hastily, hurriedly
hausse *f* rise
haut(e) high; loud
haut-parleur *m* loudspeaker
Le Havre port city in northern France
hebdomadaire *m* weekly
hébergement *m* housing
HEC *abbrev. for* **Ecole des hautes études commerciales** prestigious business school
héritier *m* heir
héros/héroïne *m, f* hero
hésiter to hesitate
heure *f* hour
  à l'_______ on time
  à quelle _______ at what time
  à tout à l'_______ see you later
  de bonne _______ early
  demi-_______ half hour
  _______**s de pointe** rush hour
heureusement happily, fortunately
heureux(-euse) happy
Hexagone *m* the Hexagon (term for France stemming from its six-sided shape)
hier yesterday
histoire *f* story, history
historique historic
hiver *m* winter
  en _______ in the winter
HLM *f* subsidized housing
homard *m* lobster
homme *m* man
honnête honest
honorer to honor
honte *f* shame
  avoir _______ **de** to be ashamed of
horaire *m* schedule
hors de beyond, outside of
hostilité *f* hostility
hôtelier/hôtelière *m, f* hotel manager
hôtesse *f* flight attendant
huile *f* oil
  _______ **végétale** vegetable oil
humour *m* humor
hyperchoix *m* huge selection
hypermarché *m* large supermarket-discount store
hypothèse *f* hypothesis

I

ici here
  d'_______ **(à)** from now until
idée *f* idea
identifier to identify
idiotisme *m* idiom
il y a there is, there are; ago
île *f* island
imaginaire imaginary
imaginer, s'_______ to imagine
immeuble collectif *m* multifamily housing
immobiliser to immobilize
imparfait *m* imperfect *(verb tense)*
impératif(-ive) imperative
inconvénient *m* inconvenience; drawback
indéfini(e) indefinite
indépendance *f* independence
indéterminé(e) unmodified, indefinite
indicateur *m* train schedule
indicatif *m* indicative (*mood of a verb)*
indigène native
indiquer to indicate, to point out
individu *m* individual
individualiste individualistic
infiniment infinitely, exceedingly
inflexion *f* modulation
informations *f pl* news (report)
informatique *f* data processing, computer science
informer to inform, to acquaint
  s'_______ to inquire; to investigate
inquiet(-ète) anxious; restless; worried
inquiéter, s'_______ to worry
inscriptions *f pl* registration
inscrire, s'_______ to enroll, to register
inscrit(e) enrolled
insécurité *f* lack of safety
insister to stress, to draw attention (to)
installer, s'_______ to settle down
instant *m* instant, moment
  un _______ just a minute
instantané(e) instant
Institut universitaire de technologie *m* technical college
instituteur/institutrice *m, f* elementary school teacher
instruction *f* education
instrument *m* instrument
  _______ **de musique** musical instrument
insupportable unbearable
intégrer, s'_______ to become part of
intempéries *f pl* bad weather
intensément intensely
interactif(-ive) interactive
interdit(e) forbidden
intéressant(e) interesting, advantageous
intéresser, s'_______ **à** to be interested in

intérêt *m* interest
interprétation *f* acting
interrogatif(-ive) interrogative
interrompre to interrupt
interrompu *past part. of* **interrompre**
intransitif(-ive) intransitive
intrépide intrepid, bold
intrigue *f* plot
introduire to insert
invité(e) *m, f* guest
inviter to invite
irrégulier(-ière) irregular
italien(ne) Italian
itinéraire *m* itinerary
IUT *m abbrev. for* **Institut universitaire de technologie**

J

jamais never
jambe *f* leg
jambon *m* ham
janvier *m* January
japonais(e) Japanese
jeter par la fenêtre to waste
jeton *m* token; coin
jeu *m* game
jeudi *m* Thursday
jeune young
 _______ **fille** *f* girl
jeunesse *f* youth
joie *f* joy
joli(e) pretty
jouer to play
 _______ **au bridge** to play bridge
 _______ **un rôle** to play a part
jour *m* day
 _______ **de l'an** New Year's Day
 tous les _______**s** every day
journal *m* newspaper
 _______ **télévisé** TV news
journée *f* day
juillet *m* July
juin *m* June
jurer to swear
jusqu'à to
 _______ **ce que** until
jusque until
 _______**-là** that far
justement justly, precisely
justifier to justify

K

kilo *m* 2.2 pounds
 au _______ by the kilogram
kilométrage *m* distance in kilometers
kiosque *m* newspaper/magazine stand

L

là there
là-bas there, over there
laboratoire *m* laboratory
 matériel de _______ laboratory supplies
La Fontaine seventeenth-century French author
laid(e) ugly
laine *f* wool
laisser to leave
lait *m* milk
laitier/laitière *m, f* milk vendor
lancer to fling, to throw
langage *m* language
langue *f* language
laver to wash
 se _______ to wash oneself
lèche-vitrines, faire du _______ to go window shopping
leçon *f* lesson
lecteur/lectrice *m, f* reader
 lecteur de disques compacts *m* CD player
lecture *f* reading
légende *f* legend
léger(-ère) light
légume *m* vegetable
lendemain *m* the following day
lent(e) slow
lentement slowly
lequel/laquelle which one
lever to raise
 se _______ to get up
lexique *m* vocabulary list
librairie *f* bookstore
libre free
licence *f* second-level university diploma; first diploma after **Deug** (3 years of study)
lien *m* link
lieu *m* place, spot
 au _______ **de** instead of
 avoir _______ to take place
ligne *f* line
 en _______ on line
linguistique linguistic
lire to read
lit *m* bed
 au _______ in bed
litre *m* liter
littéraire literary
livraison *f* delivery
 _______ **à domicile** home delivery
livre *m* book
localisation *f* situating, localizing
locataire *m, f* renter
location *f* rental
 de _______ rental
locution *f* phrase
logement social *m* public housing
loger to lodge, to live
logique logical
logiquement logically
loi *f* law
loin far
loisir *m* leisure
 _______**s** *m pl* leisure time activities
Londres London
long métrage *m* feature film
longtemps a long while
lorsque when
louer to rent
loup/louve *m, f* wolf
lu *past part. of* **lire**
lundi *m* Monday
lune *f* moon
luxe *m* luxury
 de _______ luxury
lycée *m* last three years of secondary school
lycéen/lycéenne *m, f* student at **lycée**
Lyon-Bron Lyon airport

M

machin *m* thing *(slang)*
machiniste *m* driver
magasin *m* store
    _______ **d'habillement** clothes store
magazine *m* magazine
Maghreb *m* Arab term for North African countries
magnétoscope *m* VCR
mai *m* May
main *f* hand
maintenant now
maintenir, se _______ to keep up
Maison des jeunes *f* youth center
maison individuelle *f* single family house
maître/maîtresse *m, f* elementary school teacher
maîtrise *f* master's degree
majestueux(-euse) majestic
majeure *f* major
majorité *f* majority
majuscule *f* capital letter
mal *m* pain, ache
    avoir _______ **à** to have an ache
    faire _______ **à** to hurt
malade sick
maladroit(e) clumsy
mal élevé(e) *m, f* ill-mannered person
malentendu *m* misunderstanding
mal entretenu(e) messy
malgré in spite of
malheureusement unfortunately
malheureux(-euse) unfortunate; unhappy
malhonnête dishonest
maman *f* mama
mamie *f* grandma, granny
manger sur le pouce to eat on the run
manière *f* manner
    bonnes _______**s** good breeding
manifestation *f* demonstration
manifester to demonstrate
    se _______ to appear
manquer to neglect
manuel *m* manual
    _______ **de cours** textbook
maquillage *m* makeup
maquilleur/maquilleuse *m, f* make-up artist
marchandage *m* haggling
marchand(e) *m, f* merchant
marchandise *f* merchandise
marché *m* open-air market
    faire le _______ to go grocery shopping
    _______ **du travail** labor market
marcher to work; to function; to walk
mardi *m* Tuesday
Mardi gras Mardi Gras
mari *m* husband
mariage *m* marriage, wedding
marié(e) married
marier, se _______ to get married
marin *m* sailor
Maroc *m* Morocco
marque *f* brand
marquer to characterize
marre, en avoir _______ **de** to have had enough *(slang)*
mars *m* March
masse *f* mass
massif(-ive) massive
Massif central *m* Massif Central (plateau in central France)
maternel(le) native (language)
mathématiques *f pl* mathematics
maths *f pl abbrev. for* **mathématiques**
matière *f* subject
matin *m* morning
matinée *f* morning
mauvais(e) bad
    faire mauvais to be bad weather
maxidiscompte *m* superdiscount
méchant(e) wicked, mean
mécontent(e) displeased, dissatisfied
médecin *m* doctor
médias *m pl* media
meilleur(e) better
mêler to mix
    se _______ **à** to have a hand in
    se _______ **de ses affaires** to mind one's business
même -self, same
menacer to threaten
mener to take; to lead
mensuel *m* monthly newspaper or magazine
menteur(-euse) lying
mention *f* honors on **bac** exam; degree concentration
mentionner to mention
mer *f* sea
    _______ **des Antilles** Caribbean Sea
    _______ **des Caraïbes** Caribbean Sea
mercredi *m* Wednesday
mère *f* mother
mériter to deserve
métier *m* line of work
mètre *m* meter
métropole *f* mainland France
métropolitain(e) of/from continental France
metteur en scène *m* film director
mettre to put
    _______ **au point** to finalize
    _______ **en valeur** highlight
    se _______ to put or place oneself
    se _______ **à** to begin to
    se _______ **d'accord** to get to an agreement
meuble *m* piece of furniture
meublé(e) furnished
meurtre *m* murder
mi-chemin, à _______ halfway
micro-ordinateur *m* personal computer
midi *m* noon
mieux better
    faire de son _______ to do one's best
milieu *m* middle
mineure *f* minor
ministère de l'Education nationale Department of Education

ministre *m* minister, clergy
minuit *m* midnight
mi-octobre *f* mid-October
mise au point *f* tune-up
misère *f* misery, poverty
mistral *m* strong, cold wind in Mediterranean area
mobylette *f* moped
mode *m* style; mood *(grammatical)*
_______ **de vie** lifestyle
_______ **de transport** means of transportation
modique modest
module *m* course unit
moindre least
moins (de) less, fewer
à _______ **de (que)** unless
au _______ at least
mois *m* month
moitié *f* half
moment *m* moment, instant
au _______ **de** at the moment of
à un _______ **donné** at a given moment
monde *m* world
Nouveau _______ New World
Tiers _______ Third World
mondialisation *f* globalization
monnaie *f* change
monsieur *m* gentleman, sir
mont *m* mountain
montagne *f* mountain
en _______ in the mountains
monter to go up, to climb; to board
_______ **en** to get into, to board
montre *f* watch
_______ **en or** gold watch
montrer to show
se _______ to reveal itself
moquer, se _______ **de** to make fun of
morceau *m* piece
moto *f abbrev. for* **motocyclette**
motocyclette *f* motorcycle
mots croisés *m pl* crossword puzzle
mourir to die
mouvement *m* motion
moyen *m* means
_______**s** (financial) means
moyenne *f* average
muet(te) mute, silent
mur *m* wall
musée *m* museum

N

nager to swim
naissance *f* birth
naître to be born
nationalité *f* citizenship, nationality
nature plain
navet *m* "bomb," unsuccessful movie *(slang)*
navette *f* shuttle
naviguer to sail
ne... jamais never
ne... que only
né(e) born
néanmoins nevertheless
nécessaire necessary
négliger to neglect
neige *f* snow
neiger to snow *(impersonal)*
nerveux(-euse) nervous
net(te) clear, neat
nettoyer to clean
neuf/neuve brand-new
nez *m* nose
ni... ni neither . . . nor
Nil *m* Nile
niveau *m* level
Noël *m* Christmas
noir(e) black
en _______ **et blanc** in black and white
nom *m* name
nombre *m* number
_______ **cardinal** cardinal number
_______ **collectif** collective number
_______ **ordinal** ordinal number
nombreux(-euse) numerous; large
non-accentué(e) unaccentuated, unstressed
non-réservé(e) not reserved
Normand *m* Norman
note *f* grade
nourrir to feed, to nourish
nourriture *f* food
nouveau/nouvelle new
La Nouvelle-Orléans *f* New Orleans
nouvelles *f pl* news
novembre *m* November
noyau *m* (nut) pit
nuage *m* cloud
nuit *f* night
numérique digitized
numéroter to number

O

obéir à to obey
objet *m* object
obligatoire compulsory
matière _______ required subject
obligé(e) obliged
oblitérer to cancel
obscurcir to obscure, to darken
obtenir to obtain
occasion *f* event
avoir l'_______ **de** to have the opportunity to
occuper, s'_______ **de** to take care of, to look after
octobre *m* October
odeur *f* odor
œil *m (pl* **yeux**) eye
œuf *m* egg
œuvre *m* works
offrir to offer
s'_______ to treat oneself
oignon *m* onion
omettre to omit
optimiste optimistic
or *m* gold
ordinateur *m* computer
ordonner to order
ordre *m* command
orgueilleux(-euse) proud
orientation *f* direction
orienter to direct
s'_______ to choose a course of study
orthographique spelling
où where
oublier to forget
ouest *m* west
outre-Atlantique across the Atlantic

outre-mer *m* overseas
ouvertement openly
ouverture *f* opening
ouvreuse *f* usherette
ouvrier/ouvrière *m, f* worker
ouvrir to open

P

pain *m* bread
palais *m* palace
pâlir to become pale
palmier *m* palm tree
panier *m* basket
panne *f* breakdown
  en _______ not working, out of order
par by, through
  _______ **câble** cable TV
  _______ **contre** on the other hand
paradis terrestre *m* paradise on earth
paraître to appear
parapluie *m* umbrella
parc d'attraction *m* amusement park
parce que because
pardon excuse me
pareil(le) similar
parenthèses *f pl* parentheses
  entre _______ in parentheses
paresseux(-euse) lazy
parfait(e) perfect
parfois sometimes
parfumé(e) flavored
parisien(ne) Parisian
parking *m* parking lot
parler to speak
  se _______ to speak to each other
parmi among
parole *f* word; spoken word
part *f* behalf
  de la _______ **de** from, on behalf of
partager to share
partance *f* departure
  en _______ **pour** departing
participe *m* participle
particulier(-ière) special
partie *f* part
  faire _______ **de** to be part of
partiel(le) incomplete
partir to depart, to leave
  à _______ **de** from, beginning with
partout everywhere
paru *past part. of* **paraître**
pas mal de a good many
passager/passagère *m, f* passenger
passé *m* past
  _______ **composé** passé composé *(verb tense)*
passer to spend (time); to show (a film)
  _______ **à** to go into
  _______ **à la télé** to appear on TV
  _______ **à table** to go to the table
  _______ **un bon moment** to have a good time
  _______ **un examen** to take an exam
  _______ **un film** to show a film
  se _______ to happen, to be done, to take place
  se _______ **de** to do without
passionné(e) (de) wild (about)
pâtes *f pl* pasta
patiemment patiently
patinoire *f* skating rink
pâtisserie *f* pastry
pâtissier/pâtissière *m, f* pastry chef
patois *m* regional dialect, speech
patrie *f* homeland
patron(ne) *m, f* boss
pauvre poor; unfortunate
payer to pay for
pays *m* country
paysage *m* landscape, scenery
peau *f* skin
pêche *f* peach
pêche *f* fishing,
  aller à la _______ to go fishing
pédale *f* pedal
peigner, se _______ to comb one's hair
peindre to paint
peine *f* trouble
  ce n'est pas la _______ it's not worth it
peintre *m* painter
pendant que while
pendule *f* clock
pensée *f* thought
penser to think
  _______ **à** to think about (have in mind)
  _______ **de** to think about (have an opinion)
percevoir to perceive
perdre to lose
  _______ **son chemin** to get lost
  se _______ to get lost
père *m* father
  _______**s Pèlerins** Pilgrim Fathers
perfectionner to perfect
période *f* period
  _______ **creuse** non-peak (slack) period
périphérie *f* lands outside the mother country
permettre to permit
permis de conduire *m* driver's license
permis(e) allowed
perruche *f* parakeet
personnage *m* character
petit *m* little boy
  _______**s** children
petit commerçant *m* small shopkeeper
petit écran *m* TV
petit(e) ami(e) *m, f* boyfriend, girlfriend
petits pois *m pl* peas
peu little
  _______ **de** few
  un _______ **de** a little
peuple *m* people; nation
peur *f* fear
  avoir _______ **de** to be afraid of
  de _______ **(de, que)** for fear (of, that)
peut, il se _______ it's possible
peut-être perhaps, maybe

phénomène *m* phenomenon
phrase *f* sentence
pièce *f* play; piece
la _______ each
_______ **de rechange** spare part
pied *m* foot
piège *m* trap
piscine *f* swimming pool
piste *f* runway
place *f* seat
sur _______ on the spot
plage *f* beach
plaindre, se _______ to complain, to grumble
plaire to please
se _______ to enjoy oneself
plaisant(e) pleasant, amusing
plaisir *m* pleasure
faire _______ **à** to give pleasure to
plan *m* map
planche *f* board
_______ **à voile** windsurfing board
faire de la _______ **à voile** to windsurf
plancher *m* floor
plateau *m* movie set
plâtre *m* plaster, stucco; plaster cast
plein *m* full
faire le _______ to fill the gas tank
plein(e) full
pleurer to cry
pleuvoir to rain *(impersonal)*
plu *past part. of* **plaire** and **pleuvoir**
pluie *f* rain
plupart *f* most
la _______ **des** the majority of
pluriel *m* plural
plus more
en _______ **de** in addition to
_______**...** _______ the more . . . the . . .
un peu _______ a little more
plus-que-parfait *m* pluperfect *(verb tense)*
plusieurs several
plutôt rather
pluvieux(-ieuse) rainy
pneu *m* tire
poche *f* pocket
argent de _______*m* spending money
point *m* period
poire *f* pear
poisson *m* fish
Poitou *m* region of France
poivron *m* sweet pepper
poli(e) polite
politesse *f* politeness
politique *f* politics
politique political
politisé(e) having a political aspect
polycopié *m* reproduced set of lecture notes
pomme *f* apple
pomme de terre *f* potato
pompiste *m, f* gas station attendant
porte *f* gate
portefeuille *m* wallet
porte-parole *m* spokesperson
porter to carry; to wear
portillon *m* automatic gate
portugais *m* Portuguese language
poser to put
_______ **une question** to ask a question
posséder to own, to possess
possesseur *m* possessor
possessif(-ive) possessive
possibilité *f* possibility
poste *f* post office
mettre à la _______ to mail
poste *m* post, position; set
_______ **de radio** radio receiver
_______ **de télévision** television set
poster to mail
postériorité *f* subsequence
poulet *m* chicken
pour for
_______ **(que)** in order to (that)
pour *m* pro
pourboire *m* tip
pour cent percent
pourquoi why
poursuivi *past part. of* **poursuivre**
poursuivre to pursue
pourtant however
pourvu que provided that
pousser to push
pouvoir *m* power
pouvoir to be able
il se peut it is possible
pratique useful
travaux _______**s** drill or discussion sections
précédent(e) preceding
précéder to precede
précis(e) specific
préciser to state precisely, to specify
précision *f* detail
prédire to predict
préférer to prefer
préinscrire to preregister
premier(-ière) first
première *f* premiere, opening night; next to last year of **lycée**
prendre to take
_______ **au sérieux** to take seriously
_______ **sa retraite** to retire
_______ **quelque chose** to get something to eat or drink
_______ **rendez-vous** to make an appointment
_______ **une décision** to make a decision
_______ **un pot** to have a drink
préoccupé(e) worried
prépositionnel(le) prepositional
complément _______ object of the preposition
près close
de _______ closely
_______ **de** near
présence *f* presence, attendance
présent(e) present
à _______ now
présentateur/présentatrice *m, f* announcer
présentatif(-ive) introductory
présenter to present, to introduce
_______ **sa candidature** to be a candidate
se _______ to introduce oneself, to appear
se _______ **à** to be a candidate for

presque almost
presse *f* press
presser, se _______ to hurry
pression *f* pressure
prêt(e) ready
prévoir to plan
prévu *past part. of* **prévoir**
principe *m* principle
printemps *m* spring
pris *past part. of* **prendre**
privatisé(e) denationalized
prix *m* price
problème *m* problem
prochain(e) next, following
Proche-Orient *m* Middle East
produire to produce
produit *m* product
profiter de to take advantage of
programme *m* schedule of TV programs
 _______ **d'études** course of study
 _______ **de variétés** variety show
progrès *m* progress
 faire des _______ to make progress
projeter to project, to plan
projets *m pl* plans
promener, se _______ to walk; to travel
 se _______ **en voiture** to take a drive
promettre to promise
promotion *f* special offer
pronom *m* pronoun
prononcer to pronounce
propos, à _______ by the way
 à _______ **de** concerning
proposer to propose, to set up
proposition *f* clause
 _______ **principale** main clause
 _______ **subordonnée** subordinate clause
propre own, clean
propriétaire *m, f* landlord, landlady
provenance *f* origin
 en _______ **de** arriving from
Provence *f* region of France
provisions *f pl* groceries
provisoire temporary
provoquer to provoke
publicité *f* advertising commercials, advertisement
pubs *f pl* commercials (*slang*)
puis then
puisque since
puisse *pres. subj. of* **pouvoir**
punir to punish

Q

quai *m* platform
quand when
quant à as for
quart *m* quarter
quartier *m* neighborhood
que that, which
Québécois(e) *m, f* person from Quebec
quel(le) what, which
quelque some
 _______**s** a few
quelque chose something
 avoir _______ to have something wrong
quelquefois sometimes
quelque part somewhere
quelques-un(e)s some
quelqu'un someone
qu'est-ce que what
qu'est-ce que c'est? what is it?
qu'est-ce qui what
question *f* question
 en _______ in question
queue *f* waiting line
 faire la _______ to stand in line
qui who, whom
quitter to leave
quoi which, what
que whatever
quoique although
quotidien *m* daily newspaper
quotidien(ne) daily

R

rabais *m* discount
raconter to relate, to tell
radical *m* stem *(grammatical)*
 à _______ **irrégulier** stem-changing
rafraîchissement *m* refreshment
raison *f* reason
 avoir _______ to be right
raisonnable reasonable
ralentir to slow down
rame *f* subway train
randonnée *f* hike
ranger to put away, to arrange, to put in order
rapide *m* express train
rapide rapid
rappel *m* reminder
rappeler, se _______ to remember
rapport *m* relationship
 par _______ **à** in relation to
rapporter to bring back
 se _______ **à** to refer to
raquette de tennis *f* tennis raquet
raser, se _______ to shave
rater to miss; to fail (an exam)
RATP *f* **(Régie Autonome des Transports Parisiens)** Paris bus and subway agency
rattraper, se _______ to make up
raviser, se _______ to change one's mind
rayon *m* department
réalisateur/réalisatrice *m, f* producer
réaliste realistic
récemment recently
récepteur *m* television set
 _______ **en couleurs** color TV set
recevoir to receive
 _______ **un diplôme** to finish a course of study; to graduate
recherche *f* research
réciproque reciprocal
récit *m* story
 faire le _______ to tell the story
réclame *f* advertisement
réclamer to claim
recommencer to start over
reconnaître to acknowledge

reçu(e) received, admitted; successful
être _______ to pass (an exam)
recueil de vœux *m* choice of preferences
récupérer to pick up
redoubler to repear (a year)
réduction *f* discount
réduit(e) reduced
réel(le) real
refaire to do again
réfléchi(e) reflexive
réfléchir à to think about
refléter to reflect
réforme *f* reform
refuser to refuse
regarder to look at
règle *f* rule
régler to adjust; to settle; to pay
regretter to regret, to be sorry
régulièrement regularly
reine *f* queen
rejeter to reject
relation *f* relationship
_______ **amicale** friendship
remarque *f* remark
remarquer to notice
remercier to thank
remettre, se _______ **à** to get back to
remonter to go back (in time)
remplacer to replace
remplir to fill out
rencontrer to meet by chance
rendez-vous *m* appointment, engagement
avoir un _______ to have a date
prendre _______ to make an appointment
se donner _______ to arrange to meet
rendre to return, to give back
_______ **un service** to do a favor
se _______ **à** to go to
se _______ **compte de** to realize
renforcer to reinforce, to strengthen
renseignement *m* information
bureau de _______**s** information counter
renseigner to inform
se _______ to obtain information
rentrée *f* opening of school
rentrer to come home
renvoyer to send back
réparer to repair
reparler to speak again
repas *m* meal
repêchage *m* second chance
répéter to repeat
réplique *f* reply
répondeur *m* answering machine
répondre to answer
réponse *f* answer, reply
reportage *m* account
reposer, se _______ to rest
reprise *f* time, occasion
à plusieurs _______**s** on several occasions
requin *m* shark
RER *m* **(Réseau Express Régional)** suburban rapid transit line
réseau *m* network
résidence *f* residence, dwelling
_______ **secondaire** vacation home
résoudre to solve
ressembler to resemble
ressentir to feel (an emotion)
ressusciter to resuscitate, to revive
rester to remain; to stay
_______ **à** to be left
Resto U (RU) *m abbrev. for* **restaurant universitaire** university restaurant
résultat *m* result
résumer to summarize
retard, être en _______ to be late
retenir to retain
retirer to obtain; to withdraw
retour *m* return
de _______ **à** back at, having returned to
être de _______ to be back
retourner to go back to
retrouver, se _______ to meet by design
réunion *f* meeting; reconciliation
réunir to bring together again
réussir to succeed; to pass (an exam)
réussite *f* success
rêve m dream
réveiller, se _______ to wake up
revenir to come again, to come back
rêver to dream
révision *f* revision
revoir to see again
révolutionnaire revolutionary
revue *f* magazine
rez-de-chaussée *m* ground floor
rhum *m* rum
rien nothing
rigoler to laugh *(slang)*
rire to laugh
risque *m* risk
courir des _______**s** to take chances
risquer, se _______ to risk, to venture
riz *m* rice
robe *f* dress
_______ **de (en) coton** cotton dress
roi *m* king
_______ **du pétrole** oil baron
rôle *m* part
roman *m* novel
rose pink
rôti(e) roasted
rouge red
rougir to blush
rouler to drive
route *f* road
rue *f* street
ruine *f* ruin
russe Russian

S

SDF *m* **(sans domicile fixe)** homeless
SNCF *f* **(Société Nationale des Chemins de Fer Français)** French national railroad system

sable *m* sand
sac *m* sack
_______ **à dos** backpack
sache *pres. subj. of* **savoir**
sage wise, good
saigner to bleed
sain et sauf safe and sound
saisir to seize
saison *f* season
saisonnier(-ière) seasonal
salade *f* lettuce
sale dirty; sordid
salle *f* room
_______ **de bains** bathroom
_______ **de cinéma** movie house
_______ **de classe** classroom
_______ **de théâtre** theater
saluer to greet
salut hi *(colloquial)*
samedi *m* Saturday
sans (que) without
sauf except
sauver, se _______ to run off
savoir to know, to know how
savourer to enjoy
science *f* science
_______**s humaines** social sciences
scolaire school-related
année _______ school year
séance *f* showing
sécher to cut (a class) *(colloquial)*
secondaire secondary
seconde *f* first year of **lycée**
secrétaire *m, f* secretary
séduire to attract
séjour *m* stay
sel *m* salt
sélectif(-ive) selective
selon according to
semaine *f* week
sembler to seem
Sénégal *m* Senegal
sens *m* meaning
_______ **figuré** figurative meaning
_______ **propre** literal meaning
sensation *f* **à** _______ sensational
sentiment *m* emotion
sentir to feel
séparer to separate
septembre *m* September
série *f* series, succession
sérieux m seriousness
sérieux(-euse) responsible; serious
service *m* service
à votre _______ at your service
être en _______ to be in use
serviette *f* napkin; towel; briefcase
servir to serve
se _______ to help oneself
se _______ **de** to use
seul(e) alone
sévère strict
si if; yes
sida *m* AIDS
siècle *m* century
sieste *f* nap
signaler to indicate; to signal
signe, faire _______ to signal
simultanément simultaneously
singulier *m* singular
ski *m* ski
faire du _______ to go skiing
société *f* company
socio-économique socioeconomic
sœur *f* sister
soi oneself
soif *f* thirst
avoir _______ to be thirsty
soir *m* evening
soirée *f* evening, party
soit *pres. subj. of* **être**
soldat *m* soldier
soleil *m* sun
faire du _______ to be sunny
somme *f* sum
sommeil *m* sleep
avoir _______ to be sleepy
sondage *m* poll
sonner to sound, to strike
sorte *f* sort, kind
de _______ **(que)** so (as, that)
sortie *f* exit; release
sortir to go out
soudain suddenly
souffrir to suffer
souhaiter to desire, to wish
soulier *m* shoe, slipper
sourd-muet *m* deaf-mute
sourire to smile
sous *m pl* money *(colloquial)*
sous-sol *m* basement
sous-titres *m pl* subtitles
souvenir *m* memory
souvenir, se _______ **de** to remember
souvent often
speakerine *f* announcer
spécialisation *f* major field
spécialisé(e) specialized
spectacle *m* show
sportif(-ive) athletic
sport d'hiver *m* winter sport
station balnéaire *f* seaside resort
stimuler to stimulate
structure *f* construction *(grammatical)*
subir to undergo
subjectivité *f* subjectivity
subjonctif *m* subjunctive *(mood of a verb)*
succéder to follow
successif(-ive) successive
sucre *m* sugar
sud *m* south
sud-ouest *m* southwest
suffire to suffice
suggérer to suggest
suite *f* following
à la _______ **de** after
suivant(e) following
suivre to follow
_______ **un cours** to take a course
sujet *m* subject
au _______ **de** about
super neat, cool
supérieur(e) superior
enseignement _______ *m* higher education
supermarché *m* supermarket
supplément *m* supplementary fee
supplémentaire further
supporter to endure, to bear
supprimer to cancel
sûr(e) sure
bien sûr of course
surgelé(e) frozen (produce)
surpeuplé(e) crowded
surprenant(e) surprising
surprendre to surprise
surpris(e) surprised

surtout chiefly
sympathique pleasant

T

tableau *m* picture
_______ **des verbes** verb chart
taire, se _______ to be quiet
tant (de) so much, so many
taper to type
tard late
plus _______ later
tarif *m* rate
_______ **réduit** reduced rate
tasse *f* cup
taux *m* rate
taxi *m* **en** _______ by taxi
tel(le) such
_______ **ou** _______ this or that
télé *f* television
_______ **par câble** cable television
_______ **7 jours** French *TV Guide*
téléachat *m* home shopping
télécommande *f* remote control
télématique *f* view data processing
téléphone *m* telephone
au _______ on the telephone
_______ **mobile** cellular phone
téléphoner to telephone
télétravail *m* telecommuting
téléviseur *m* television set
télévision *f* television
à la _______ on television
poste de _______ *m* television set
tempête *f* storm
_______ **de neige** snowstorm
temple *m* Protestant church
temporel(le) having to do with time
temps *m* time; weather; tense
de _______ **en** _______ from time to time
en même _______ **que** at the same time (as)
il est _______ it is time
_______ **libre** free time
_______ **verbal** tense
tenez! here!
tenir to hold
se _______ **au courant** to keep oneself well-informed
tennis *m* tennis
faire du _______ to play tennis
raquette de _______ *f* tennis raquet
terminaison *f* ending
terminale *f* last year of **lycée**
terrasse *f* terrace
à la _______ on the terrace
terre *f* earth
terrifier to terrify
territoire *m* territory
tête *f* head
TF 1 Télévision Française 1 (TV network)
thé *m* tea
théâtre *m* theater
pièce de _______ *f* play
thon *m* tuna
Tiers monde *m* Third World
timide shy
tiret *m* dash
titre *m* title
tomber sur to come upon, to encounter
tonnerre *m* thunder
tort *m* wrong, injustice
avoir _______ to be wrong
tôt early
plus _______ earlier
totalité *f* entirety
toucher to touch
_______ **un chèque** to cash a check
toujours still
tourisme *m* touring, tourism
tournage *m* shooting (of a film)
tourner to turn
_______ **un film** to make a film
tous all
_______ **les jours** every day
tout(e) all
en _______ in all
_______ **à coup** suddenly
_______ **de même** all the same
_______ **de suite** immediately
_______ **(e) le, la...** all the . . . , the whole . . .
_______ **le monde** everyone
_______ **à l'heure** a while ago, in a while
trac, avoir le _______ to be afraid
traduire to translate
train *m* train
monter en _______ to board a train
par le _______ by train
traité *m* treaty
_______ **de paix** peace treaty
traiter to treat; to deal with
traître *m* villain
trajet *m* trip
tranche *f* slice
tranquille quiet, peaceful
tranquillement peacefully, quietly
transformer to change
se _______ to turn into
transitif(-ive) transitive
transports en commun *m pl* mass transport
travail *m* work
langue de _______ working language
marché du _______ job market
_______ **bénévole** volunteer work
travailler to work
travailleur(-euse) industrious, hard-working
travaux pratiques *m pl* drill or discussion sections
travers, à _______ through
traverser to cross
trimestre *m* quarter
triste sad
il est _______ it is sad
tristesse *f* sadness
tromper to deceive
se _______ to be wrong
trompeur(-euse) deceitful
trop (de) too much, too many
de _______ too many, excessive
trou *m* hole
trouble *m* disturbance
trouille *f* fear *(colloquial)*
avoir la _______ to be afraid *(colloquial)*
trouver to find
se _______ to be found, to find oneself; to be located

truc *m* thing *(colloquial)*
truie *f sow*
type *m* guy, fellow

U

uniquement solely
unité de valeur *f* credit
universitaire university
  cité _______ residence hall complex
utile useful
  être _______ to be of service (help)
utiliser to use

V

vacances *f pl* vacation
  en _______ on vacation
  grandes _______ summer vacation
  forfait _______ *m* vacation package deal
  _______ **vertes** eco-tourism
valable valid
valeur *f* value, worth
  _______**s** values
  unité de _______ *f* credit
valider to validate
valise *f* suitcase
vallée *f* valley
valoir to be worth
  _______ **la peine** to be worth the trouble
  _______ **mieux** to be better *(impersonal)*
vaniteux(-euse) vain
varier to vary
variété *f* variety
  _______**s** variety show
vedette *f* male or female star
veille *f* preceding day
vélo *m* bicycle
  faire du _______ to go biking
vendeur/vendeuse *m, f* salesperson
vendre to sell
vendredi *m* Friday
venir to come
vent *m* wind
  faire du _______ to be windy
venu *past part. of* **venir**
vérifier to check
véritable real
vérité *f* truth
verre *m* glass
  _______ **à vin** wineglass
vers toward, to
version, _______ **originale** film in its original language
vestimentaire clothing-related
vêtements *m pl* clothes
veuf *m* widower
veuille *pres. subj. of* **vouloir**
veuillez please be so kind
veuve *f* widow
viande *f* meat
vidange *f* emptying; draining off
  faire la _______ to change the oil
vide empty
vie *f* life
  style de _______ lifestyle
  _______ **active** working life
vieux/vieille old
vieux *m* old person
  mon _______ old buddy
ville *f* town
  en _______ downtown
vin *m* wine
virgule *f* comma; decimal point
visage *m* face
vite fast, quick, quickly
  pas si _______ not so fast
vitesse *f* speed
vivant(e) lively, living
vivre to live
  la douceur de _______ pleasant lifestyle
voici here is, here are
voie *f* track
voilà there is, there are
voir to see
voisin(e) *m, f* neighbor
voiture *f* car; subway or railway car
voix *f* voice
vol *m* flight
volant *m* steering wheel
voler to steal
voleur/voleuse *m, f* thief
volley *m* volleyball
volontaire *m, f* volunteer
volonté *f* will
volontiers willingly
vols-vacances *m pl* reduced airfares for vacation travel
Vosges *f pl* Vosges Mountains in northeast France
vouloir to want
voulu *past part. of* **vouloir**
voyage *m* trip, travel
  _______ **à forfait** vacation package deal
voyager to travel
voyageur/voyageuse *m, f* traveler, passenger
voyelle *f* vowel
vrai(e) true
vraiment really
vu *past part. of* **voir**

W

walkman/baladeur *m* portable cassette player
web *m* www
western *m* western (movie)

Y

yaourt *m* yogurt

Z

zapping *m* channel surfing
zut! darn it!

Indice

Credits

Text and Realia Credits

We wish to thank the authors, publishers, and holders of copyright for their permission to reprint the following:

Page 25 Courtesy of Prisunic; **27** Courtesy of Mme Ursula Vian; **32** *Delacroix: Vieux Paris* Courtesy of Axelles Fine Arts; **52** Courtesy of SECODIP; **56** Courtesy of Le Ministère de la Culture France; **60–61** Courtesy of Editions Gallimard, par Annie Ernaux; **96** Courtesy of the New York Times syndication sales corporation; **97** Courtesy of SECODIP; **99** Courtesy of *Playbill* Magazine; **114** Courtesy of Editions Fernand Nathan; **129** courtesy of Milan Presse; **131–132** Courtesy of Gallimard, par Didier Daeninckx, tiré de *Zapping*,1994, Courtesy of Editions Denoel; **139** *Lucky Luke* Courtesy of Lucky Production; **139** *Astérix* Courtesy of Editions Dargaud; **139** *Agrippine* Courtesy of *Le Nouvel Observateur,* par Claire Brétécher; **150** *Un Million sans impots* Courtesy of Milan Presse; **150** *Ils voulaient la lune* courtesy of Editions J'ai Lu; **150** *Courts toujours* Courtesy of Hachette Jeunesse; **150** *Sherlock Holmes revient* Courtesy of Milan Presse; **164** Courtesy of Librairie Larousse; **165** Courtesy of Librairie Larousse, tiré de *Francoscopie;* **186** courtesy of Centre National de la photographie et du cinema; **196** Courtesy of Milan Presse; **200** Courtesy of Milan Presse; **204–205** Courtesy of Milan Presse; **207–208** Courtesy of Flammarion; **228** Bayard Presse-1996; **233** Courtesy of Milan Presse; **234** Courtesy of Frantour Tourisme; **241** Courtesy of World-Plus AT&T; **252** Courtesy of IDRAC; **268** Courtesy of *L'Etudiant,* tiré du *Guide Pratique,* septembre 1988; **273** Courtesy *of Le Monde;* **281** Courtesy of SNES; **290** Courtesy of Milan Presse; **313** Courtesy of Office National du Tourisme Tunisien; **315–316** Courtesy of *Le Journal Français,* 1996; **317–318** Courtesy of Editions Le Seuil, par Tahar Ben Jelloun; **334** Courtesy of Milan Presse, tiré de *Les Clés* 31 Août-6 Septembre 1995; **343** Courtesy of Librairie Larousse, tiré de *Francoscopie 1997.*

Photo Credits

Unless specified below, all photos in this text were selected from the Heinle & Heinle Image Resource Bank. The Image Resource Bank is Heinle & Heinle's proprietary collection of tens of thousands of photographs related to the study of foreign language and culture.

Page 2 (bottom) © Ray Stott, The Image Works; **33** (bottom) © Windenberger, Rapho; **34** © HOA-QUI, The Image Works; **51** (left) © HOA-QUI, The Image Works; (top right) © HOA-QUI, The Image Works; (bottom right) © HOA-QUI, The Image Works; **65** Nicholas Raducanu; **66** (top) Corbis-Bettmann; (middle) Corbis-Bettmann; (bottom) The Phillips Collection; **67** (right) Corbis; (left) © M. Antmann, The Image Works; **84** Corbis; **98** Corbis; **104** (bottom) Corbis-Bettmann; **137** © M. Granitsas, The Image Works; **138** (both) © The Granger Collection; **162** Corbis; **166** Corbis-Bettmann; **177** Nicholas Raducanu; **178** (both) Museum of Modern Art, NY; **179** © L. Kourcia, Rapho; **194** Nicholas Raducanu; **205** Nicholas Raducanu; **206** Corbis; **212** (top) The Granger Collection; (bottom) Art Resource, © 1999 Artists Rights Society (ARS), New York / ADAGP, Paris; **213** (left) © De Richemond, The Image Works; (right) © Lucas, The Image Works; **214** Corbis; **242** © Agence France Presse/Archive Photos; **249** © Lee Snider, The Image Works; **250** (top) © HOA-QUI, The Image Works; (bottom) The Granger Collection; **251** © Dailloux, The Image Works; **282** Corbis; **287** HOA-QUI, The Image Works; **288** (bottom) HOA-QUI, The Image Works; **307** HOA-QUI, The Image Works; **321** © IPA, The Image Works; **322** (top) Art Resource, © Scala; (bottom) Giraudon/Art Resource, © 1999 C. Herscovici, Brussels / Artists Rights Society (ARS), New York; **323** © K. Preuss, The Image Works; **343** Corbis; **344** Corbis.